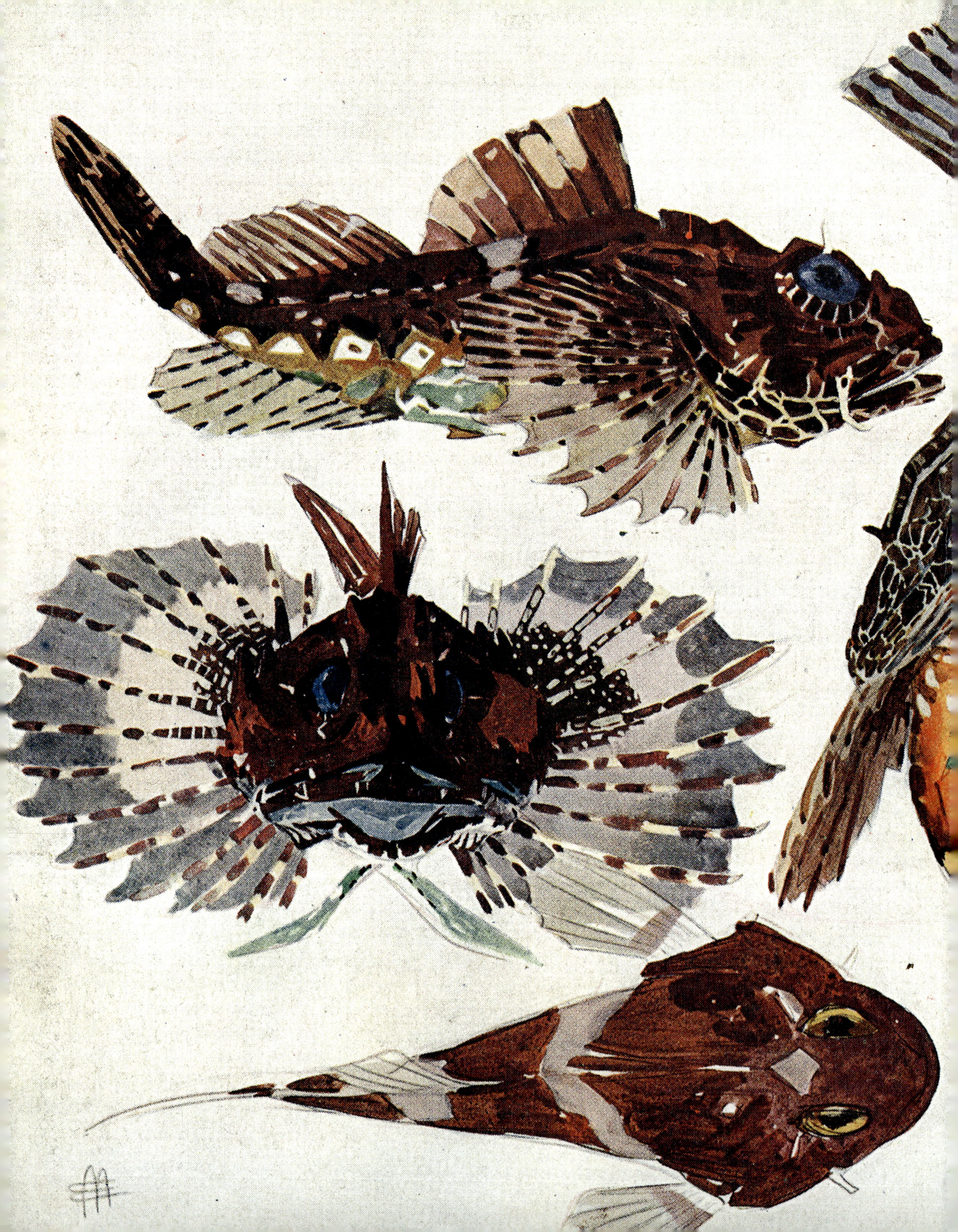

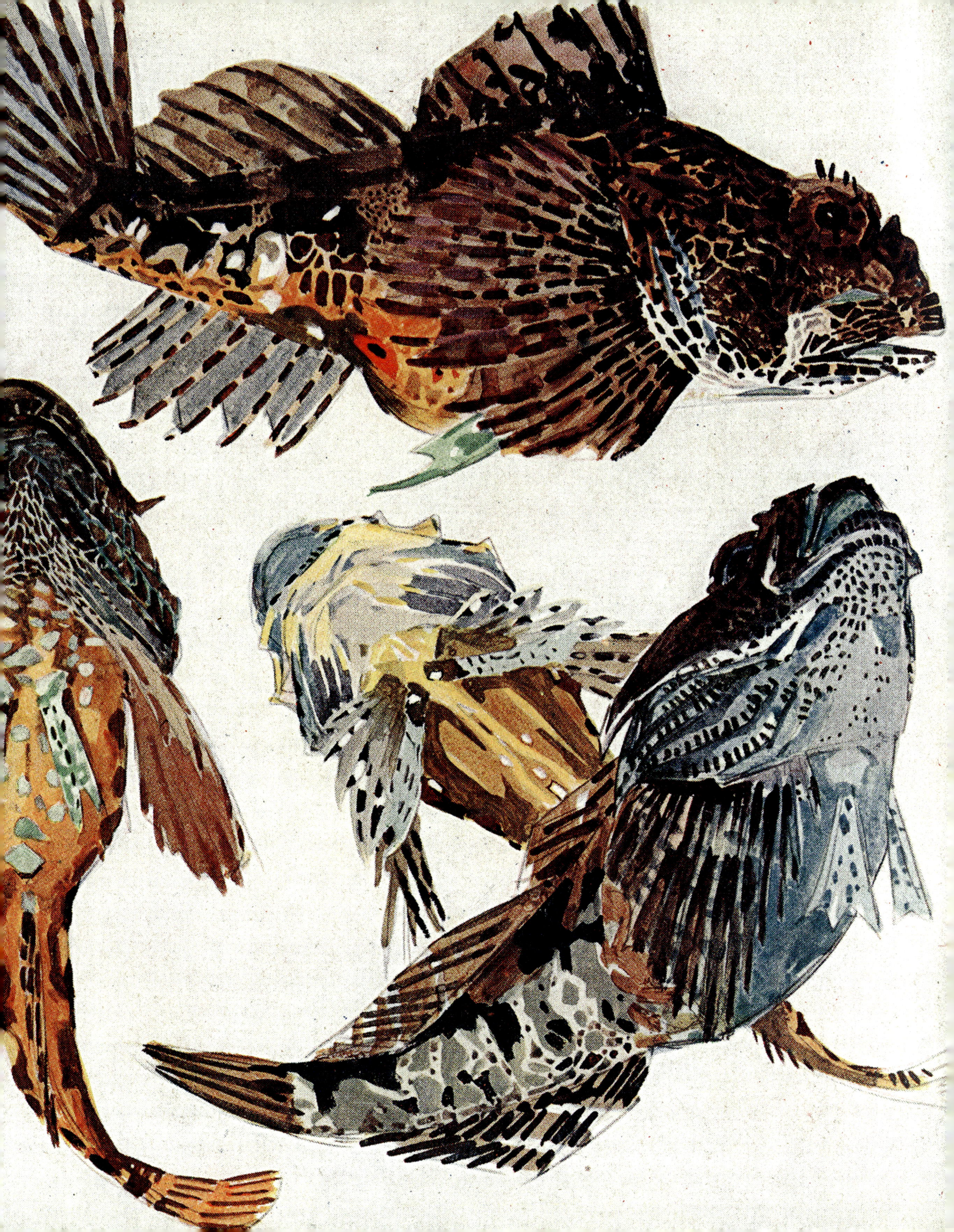

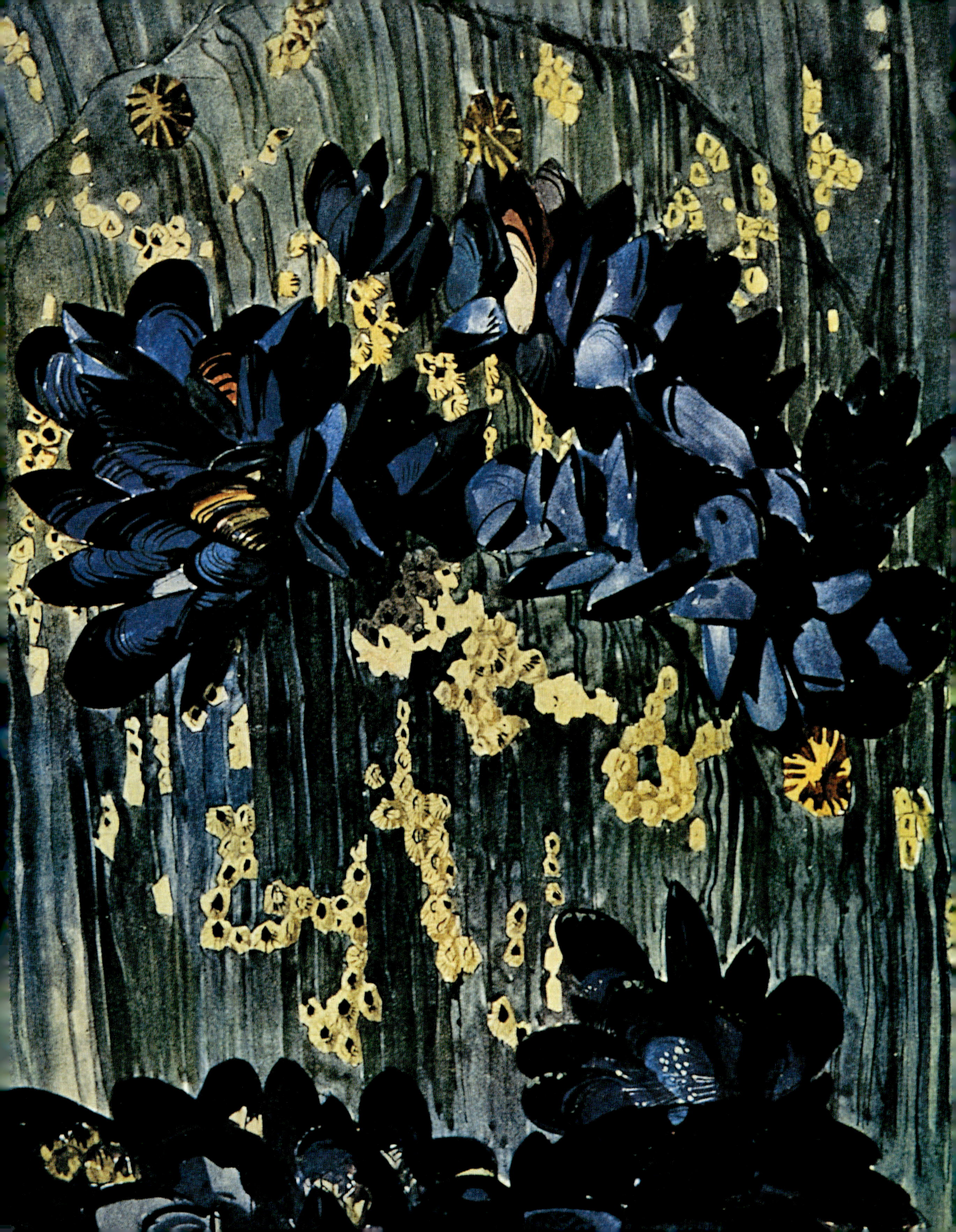

Denis-Michel Boëll

MATHURIN MÉHEUT
LA MER ET LES MARINS

Editions OUEST-FRANCE

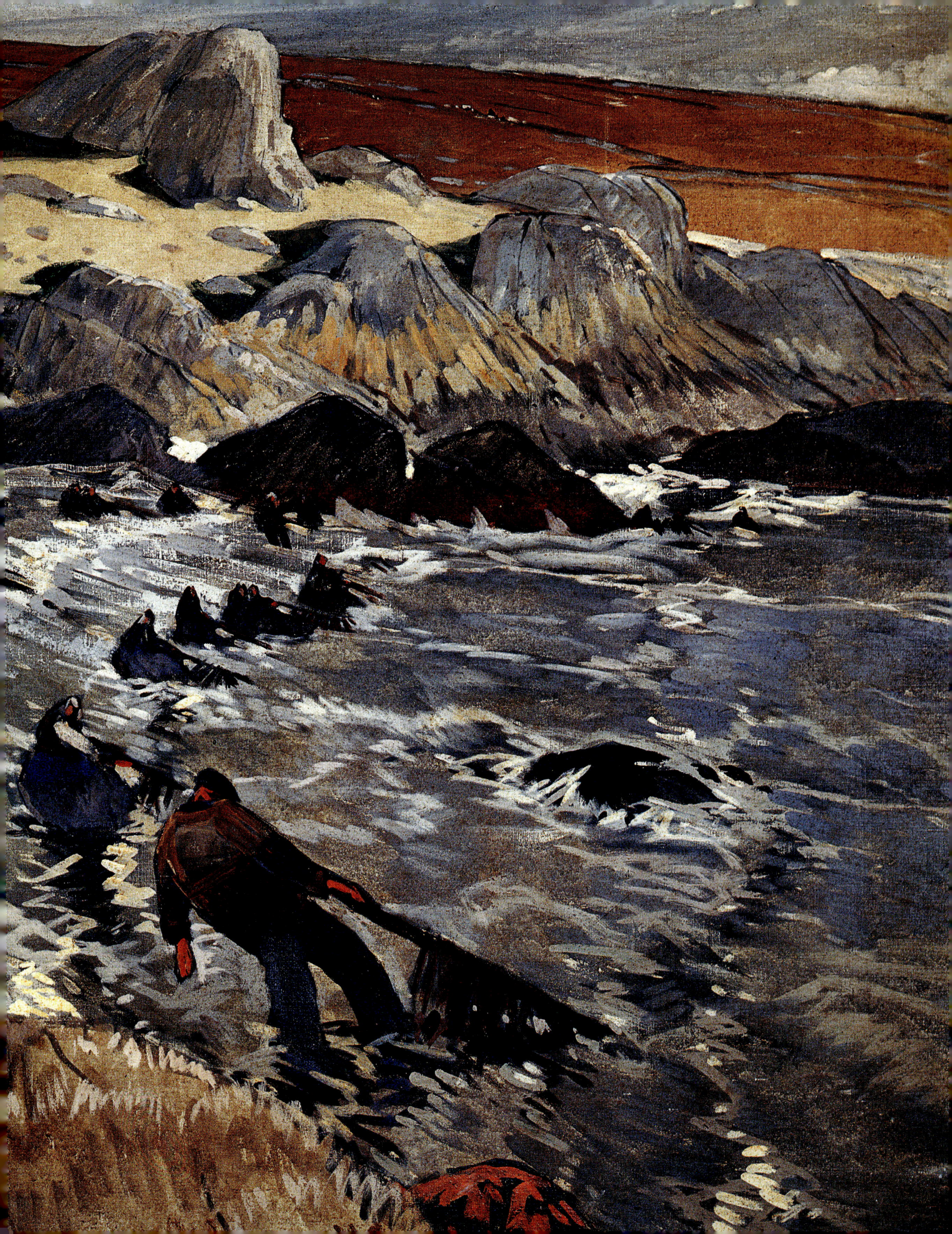

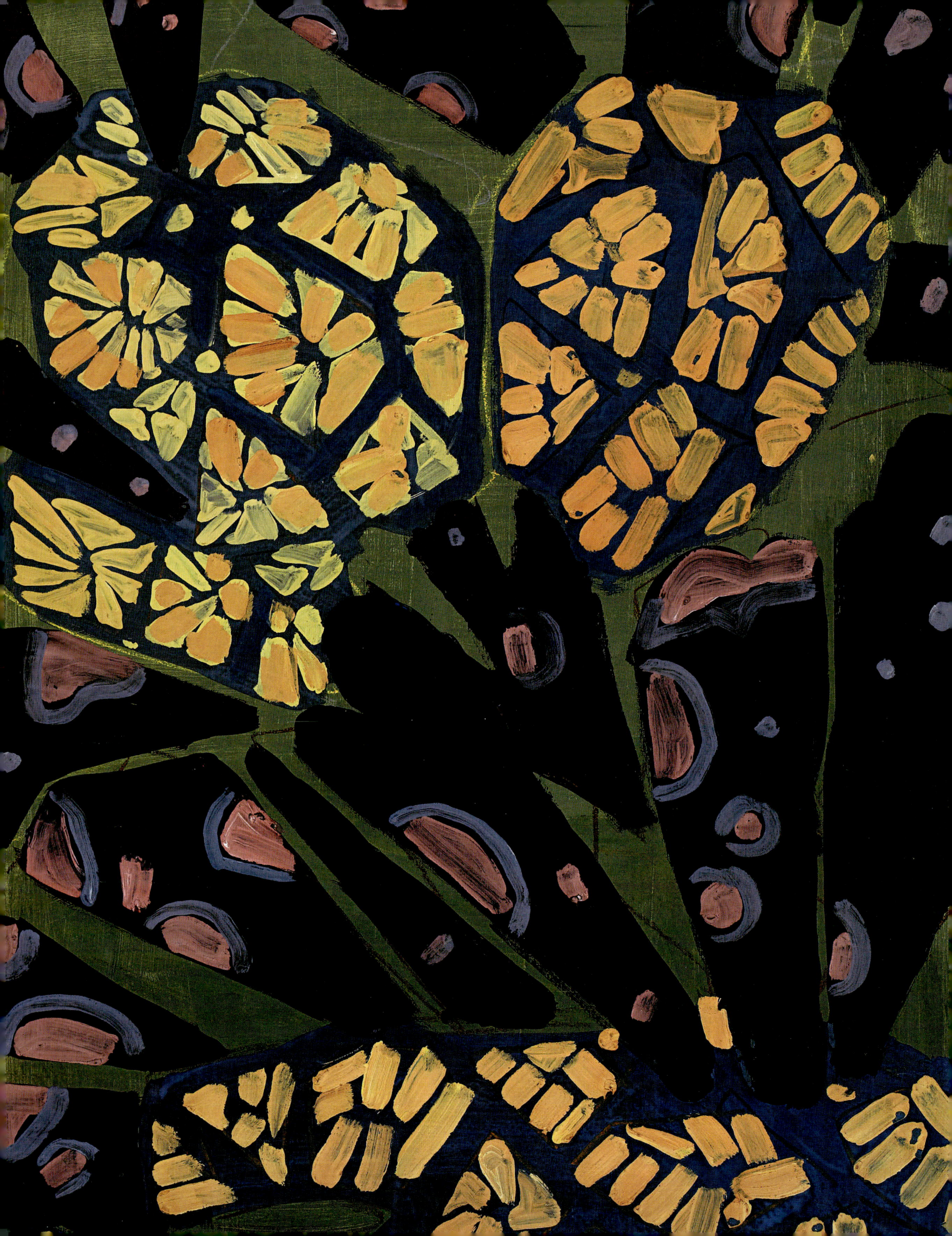

UN ITINÉRAIRE ARTISTIQUE

DE LAMBALLE À PARIS, LES DÉBUTS D'UN DESSINATEUR

Lamballe est, à la fin du XIXe siècle, l'un de ces gros bourgs qui jouent au sein d'une Bretagne rurale le rôle de centres commerciaux et artisanaux. Charpentiers, tisserands, tanneurs, cordiers… *Ici, ont vécu des dynasties d'artisans, écrira Florian Le Roy dans sa préface au livre Vieux Métiers bretons illustré* par Mathurin Méheut (1944). La vie sociale est rythmée par le calendrier des fêtes religieuses, pardons et assemblées, des marchés et des foires. Celle de la Sainte-Croix – communément nommée la Montbran, du nom du site qui surplombe la vallée du Frémur – marque au début septembre la fin des moissons et le retour à l'école des petits paysans ; elle est un rendez-vous important pour les éleveurs, en particulier de chevaux de trait. Foires et pardons sont dans cette société rurale des occasions de rencontres et de déploiement des costumes et des coiffes par lesquels les communautés se distinguent et rivalisent d'élégance.

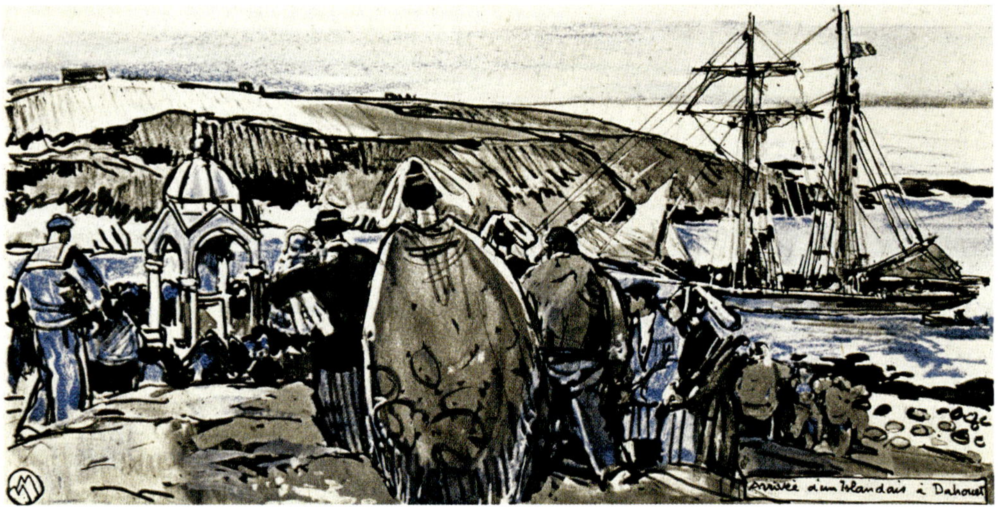

ARRIVÉE D'UN ISLANDAIS À DAHOUËT. **ILLUSTRATION POUR *VIEUX MÉTIERS BRETONS*, HORIZONS DE FRANCE, 1944.**

DOUBLE PAGE PRÉCÉDENTE
BOTRYLLES. INTERPRÉTATION DÉCORATIVE, CENTRE POMPIDOU, (DÉTAIL) MNAM-CCI, LUX.O.552D.

PAGE DE DROITE
MAURICE PILLARD-VERNEUIL, *LA MER*, PAGE DE TITRE DU PREMIER ARTICLE DANS *ART ET DÉCORATION*, JANVIER 1910, P. 1.

À 15 kilomètres au nord de Lamballe, le petit port de Dahouët, un des plus sûrs abris de la baie de Saint-Brieuc, accueille des caboteurs et arme des goélettes à la « grande pêche » de la morue à Terre-Neuve puis, jusqu'en 1913, en Islande, où des équipages recrutés en partie dans l'arrière-pays font des campagnes de six à sept mois. Tout près de là, les dunes littorales de Pléneuf sont acquises, au début des années quatre-vingt, par l'ingénieur Charles Cotard, l'un des aménageurs du canal de Suez, et les premiers villégiateurs, parisiens, rennais, mais aussi lamballais, font construire des villas en bordure de la vaste plage de sable : la station balnéaire de Val-André est née, attirant des estivants pour lesquels Lamballe, sur la ligne des Chemins de fer de l'Ouest conduisant de Paris à Brest, est le point de passage obligé. Ainsi s'amorce une mutation sociale et économique notable dont Méheut sera le témoin.

Né à Lamballe le 21 mai 1882, il est le fils d'un artisan menuisier à la tête d'un atelier d'une dizaine d'ouvriers, situé dans la rue Notre-Dame, qui conduit au point culminant de la ville, l'église collégiale édifiée à partir du XIIe siècle. C'est là qu'il effectue son premier apprentissage avant d'entrer à l'âge de quatorze ans dans l'atelier d'un peintre en bâtiment, Mathurin Guernion, qui l'initie à la préparation des couleurs comme aux techniques décoratives et lui communique ses propres aspirations artistiques. Ses parents l'autorisent à partir à Rennes en 1898 pour y suivre pendant quatre ans l'enseignement de l'École régionale des beaux-arts dirigée par Félix Lafond (1850-1917), qui s'efforce d'orienter les élèves vers des applications pratiques, en direction en particulier des industries d'art. Auprès de maîtres comme Jules Ronsin (1867-1937), Méheut étudie l'anatomie humaine et animale, produit des projets décoratifs, et bénéficie d'une bourse dès 1900 pour découvrir le musée du Louvre. Il participe pour la première fois en 1902 à l'un des concours régulièrement organisés par la revue *Art et Décoration* : son étude de « Lys blanc commun et lys rouge du Japon » lui vaut le premier prix ! Le jury loue la qualité de l'observation et la sobriété du rendu, *la recherche du caractère distinctif de la fleur, simplement et heureusement traduit*[1]. C'est probablement à Rennes qu'il croise Léon Berthaut (1864-1946), qui lui demande d'illustrer un récit inspiré par son voyage en 1901 à Terre-Neuve et à Saint-Pierre-et-Miquelon, qu'il publie en 1903 sous le titre *Fantôme de Terre-Neuve*.

À l'automne 1902, Méheut gagne Paris où il s'inscrit à l'École nationale des arts décoratifs, mais suit également les enseignements d'Eugène Grasset à l'École normale d'enseignement du dessin (l'École Guérin), rue Vavin. Né en Suisse en 1845, Grasset est le théoricien et l'un des maîtres d'une nouvelle esthétique à base de décor ornemental, l'Art nouveau, qui s'est développée dans la dernière décennie du XIXe siècle. Sa production touche à de multiples domaines : le vitrail, la mosaïque, l'affiche, le livre illustré, la typographie, et il a dirigé la publication en 1896-1897 des fascicules de planches de *La Plante et ses applications ornementales*, illustrée par douze artistes dont Maurice Pillard-Verneuil. Il a achevé en 1897 la série des « Dix estampes décoratives » sous-titrée « Figures de femmes. Fleurs emblématiques » dont l'exposition à Bruxelles (quatrième exposition de la Libre Esthétique), à Zurich, puis à Vienne en novembre 1898 pour la première exposition de la Sécession, suscite un très vif intérêt. Tout autant que ces estampes, la célèbre silhouette féminine qui « sème à tout vent »

DOUBLE PAGE SUIVANTE
À GAUCHE
HIMANTHALIALOREA

À DROITE
ANÉMONES DE MER REPRODUITES DANS *L'ILLUSTRATION*, N° 3695, 20 DÉCEMBRE 1913, P. 508-509.

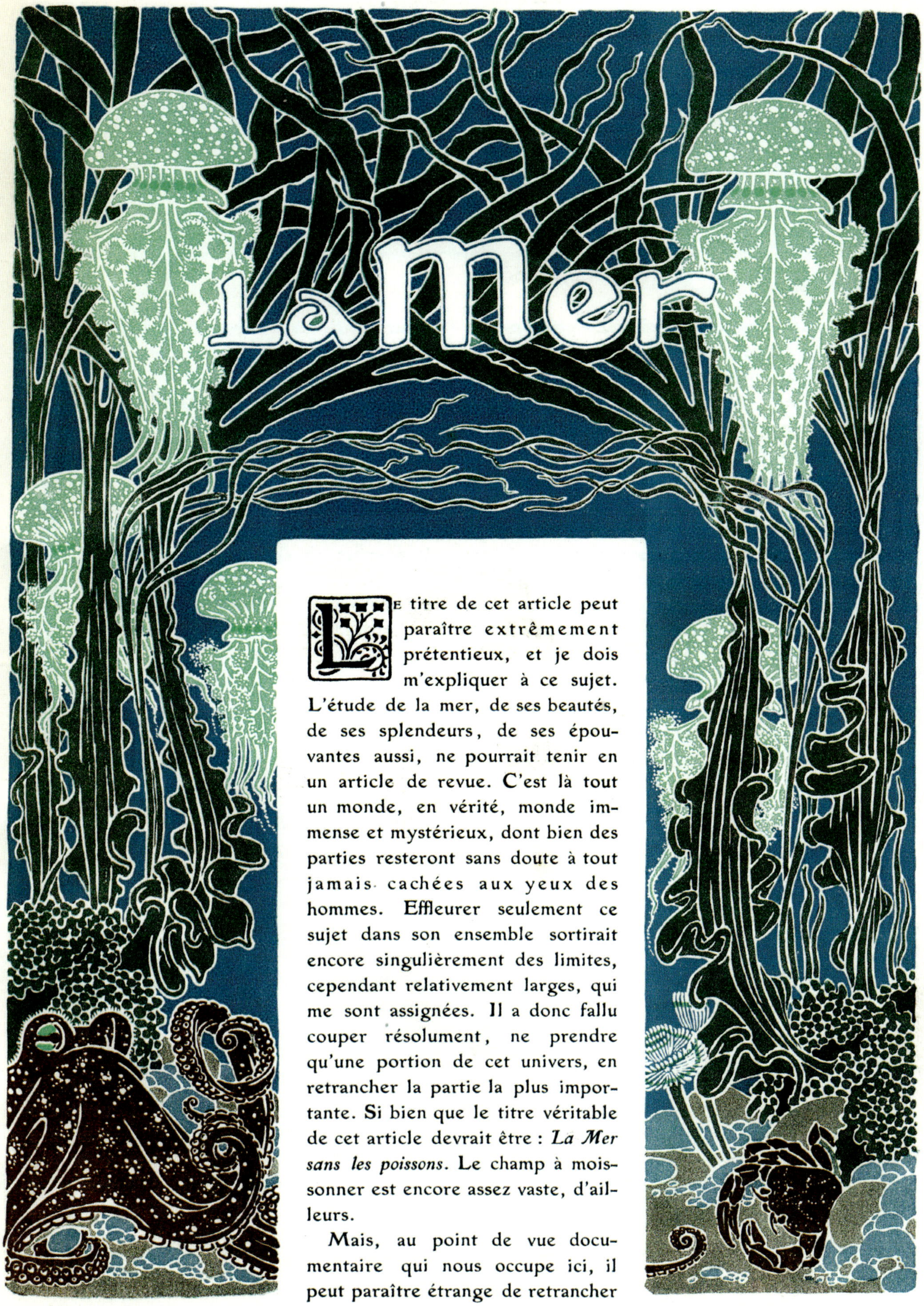

La Mer

Le titre de cet article peut paraître extrêmement prétentieux, et je dois m'expliquer à ce sujet. L'étude de la mer, de ses beautés, de ses splendeurs, de ses épouvantes aussi, ne pourrait tenir en un article de revue. C'est là tout un monde, en vérité, monde immense et mystérieux, dont bien des parties resteront sans doute à tout jamais cachées aux yeux des hommes. Effleurer seulement ce sujet dans son ensemble sortirait encore singulièrement des limites, cependant relativement larges, qui me sont assignées. Il a donc fallu couper résolument, ne prendre qu'une portion de cet univers, en retrancher la partie la plus importante. Si bien que le titre véritable de cet article devrait être : *La Mer sans les poissons*. Le champ à moissonner est encore assez vaste, d'ailleurs.

Mais, au point de vue documentaire qui nous occupe ici, il peut paraître étrange de retrancher

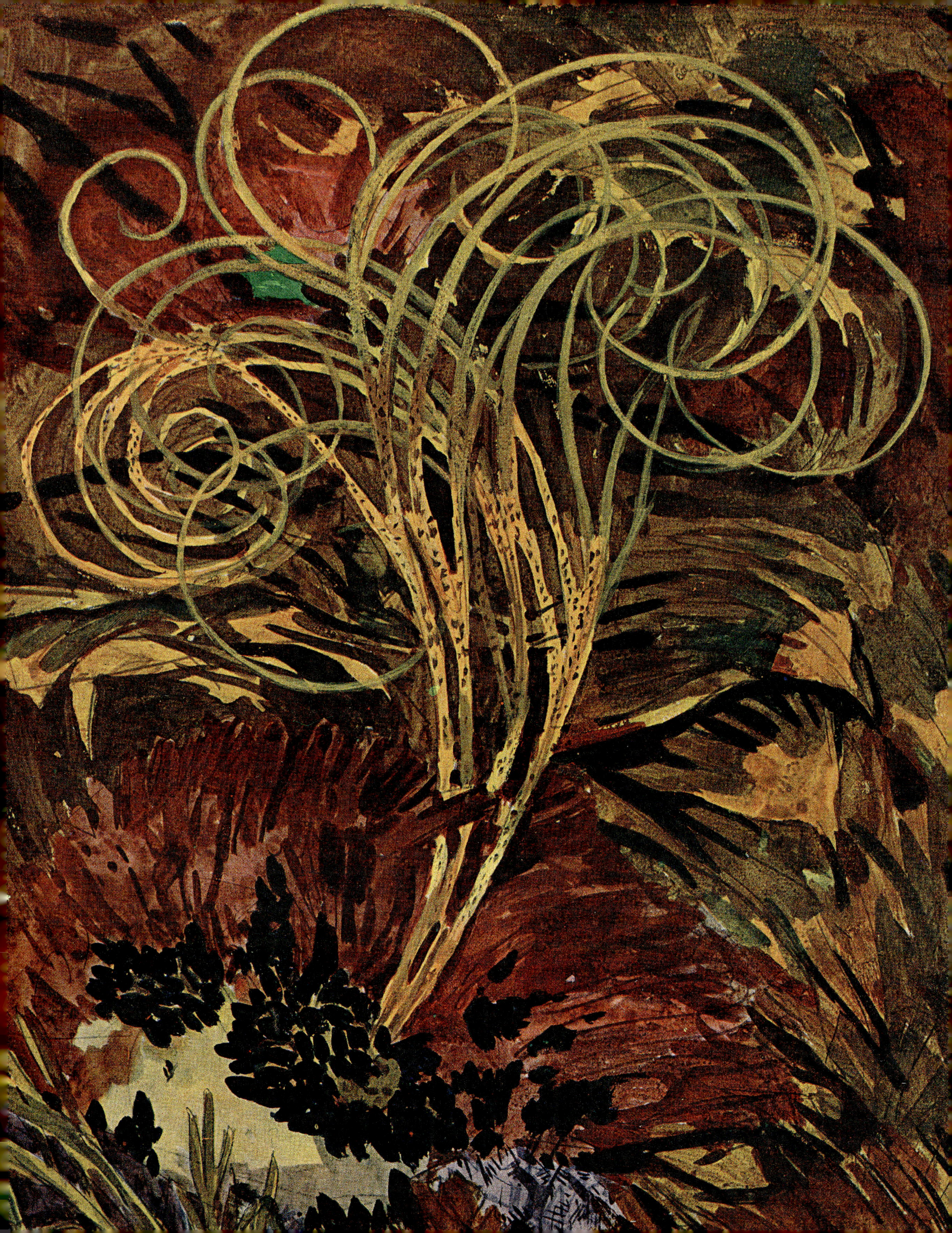

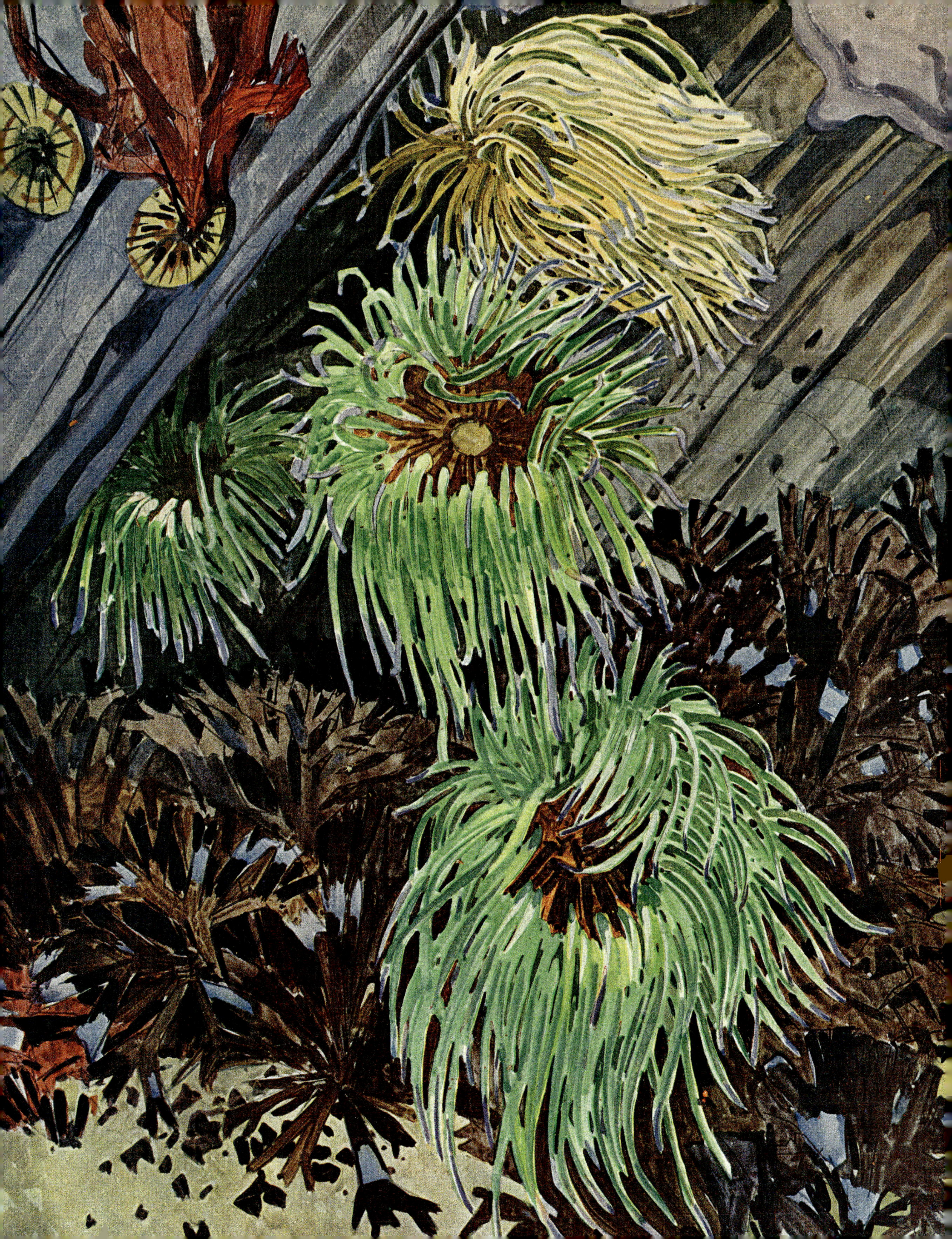

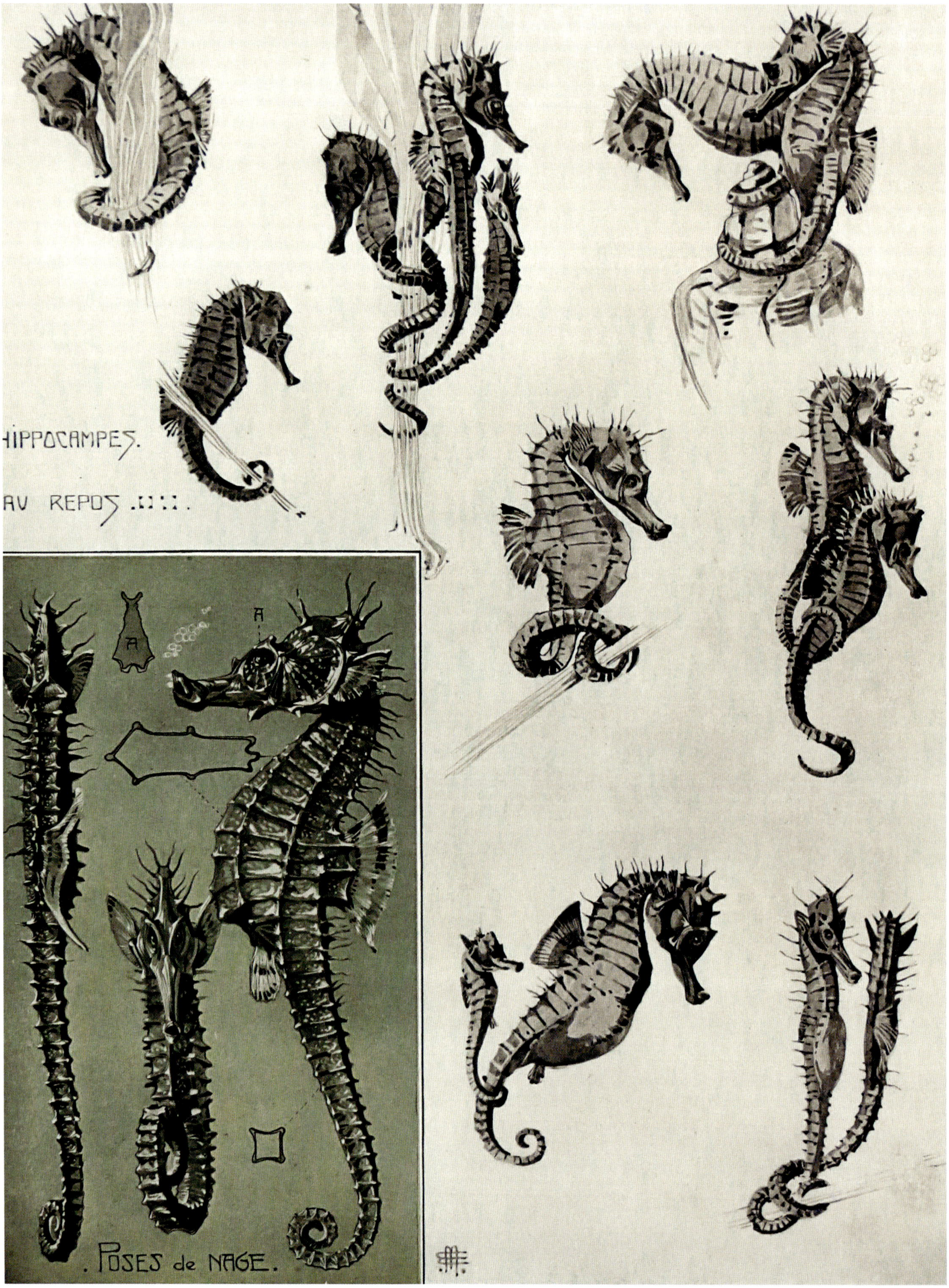
HIPPOCAMPES.
AU REPOS
A
A
POSES de NAGE.

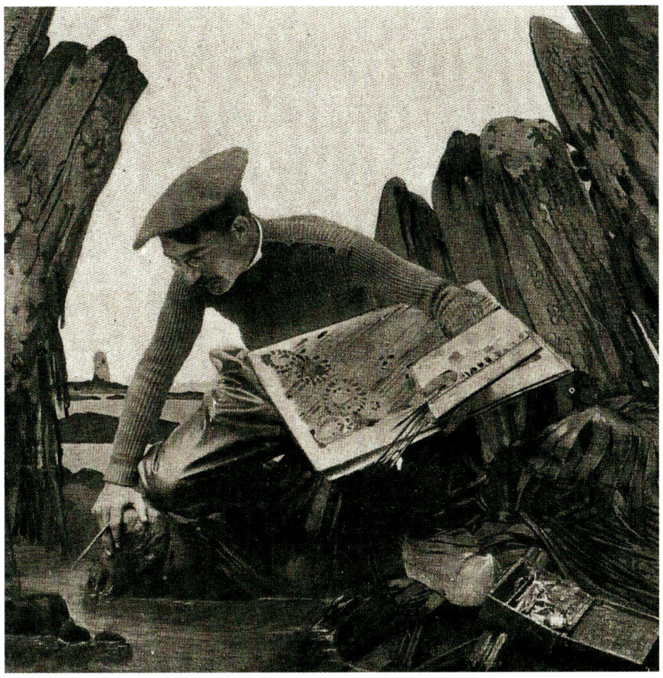

LE PEINTRE MÉHEUT AU TRAVAIL DANS *L'ILLUSTRATION*, N° 3695, 20 DÉCEMBRE 1913, P. 506.
© Musée national de la Marine/ S. Dondain © ADAGP, Paris, 2012.

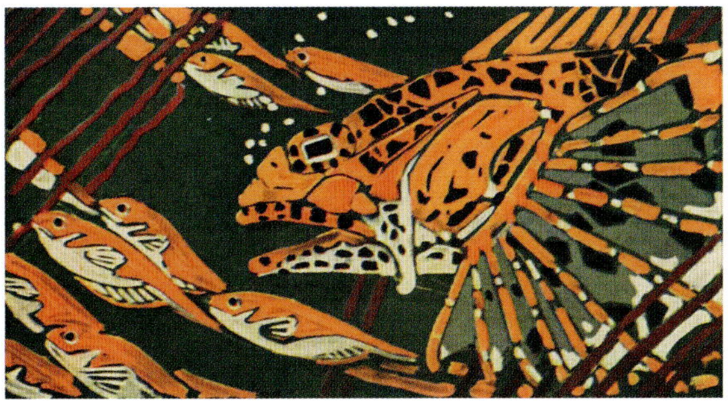

***COTTUS*, FRISE DÉCORATIVE PUBLIÉE DANS LA REVUE *L'ARCHITECTE*, 1914-1915.**
Coll. Gilles Baratte/Denis-Michel Boëll © ADAGP, Paris, 2013.

***HIPPOCAMPES*. PLANCHE *D'ETUDES D'ANIMAUX PAR M. MEHEUT SOUS LA DIRECTION DE E. GRASSET*, PARIS, LIBRAIRIE CENTRALE DES BEAUX-ARTS, 1911.**
Coll. part./Denis-Michel Boëll © ADAGP, Paris, 2013.

sur les pages de garde et les couvertures des dictionnaires Larousse, dessinée en plusieurs versions entre 1890 et 1897, résume l'esthétique de Grasset : union symbolique de la femme et de la fleur, équilibre entre les noirs et les blancs, les semis, les volutes et les larges aplats. La démarche qu'il enseigne comporte trois étapes : la connaissance à travers l'étude d'après nature ; l'analyse de la structure du vivant, permettant d'en comprendre les principes ; l'interprétation géométrique enfin, source de création.

Après avoir effectué son service militaire à Saint-Lô (1903-1904), Méheut revient à Paris, réalisant des travaux d'illustration pour plusieurs publications, au premier rang desquelles *Art et Décoration*, « revue mensuelle d'art moderne », dont la maison mère, la Librairie centrale des beaux-arts, est dirigée par Émile Lévy qui a repris en 1885 la maison d'édition fondée par son père. La revue est animée par un groupe d'artistes, d'architectes, d'historiens et de critiques d'art. Puvis de Chavannes (1824-1898), Jean-Paul Laurens (1838-1921), Luc-Olivier Merson (1846-1920), le sculpteur Emmanuel Frémiet (1824-1910) en sont les premières figures tutélaires. Le graveur de monnaies et médailles Oscar Roty (1846-1911, auteur de la célèbre *Semeuse*), les architectes Émile Vaudremer (1929-1914) ou Lucien Magne (1849-1916) et, bien sûr, Eugène Grasset (1845-1917) témoignent de l'importance donnée aux arts appliqués. Les historiens et critiques d'art Roger Marx (1859-1913) et Léonce Bénédite (1856-1928), conservateur du musée du Luxembourg, rédigent les relations des expositions et des salons, et se montrent d'influents relais d'opinion. La revue propose régulièrement des concours auxquelles participent jeunes artistes et étudiants, qui trouvent là l'occasion d'une première publicité, et une rémunération fournie par le partenariat d'entreprises spécialisées dans la production d'étoffes, de meubles, de bijoux… En 1904, Méheut ne remporte que le troisième prix d'un nouveau concours, mais deux de ses projets sont publiés et commentés de façon louangeuse.

Au cours des années suivantes, il illustre plusieurs articles de Maurice Pillard-Verneuil qui traitent des applications décoratives du monde végétal ou animal : plante, oiseaux, papillons. Il se tourne donc initialement vers l'interprétation de la nature, faune et flore. L'observation du vivant constitue sa première école. Et c'est par centaines qu'il produit les illustrations des grands ouvrages édités par le « Père » Lévy : *L'Encyclopédie artistique et documentaire de la plante* en 1908, puis les cent *Études d'animaux* en 1911.

Pendant la même période, il expose des dessins et des gravures, souvent à sujets animaliers, au Salon des Artistes français, à celui de la Société nationale des beaux-arts, ou encore aux deux premiers salons de la Société des Artistes animaliers en 1911 et 1913[2]. C'est donc à un spécialiste de la figuration animale que Maurice Pillard-Verneuil demande d'accompagner les articles qu'il entend consacrer à la mer en 1910. Le milieu marin, dont la connaissance n'en est qu'à ses balbutiements, pourrait-il se révéler une fabuleuse source d'inspiration ?

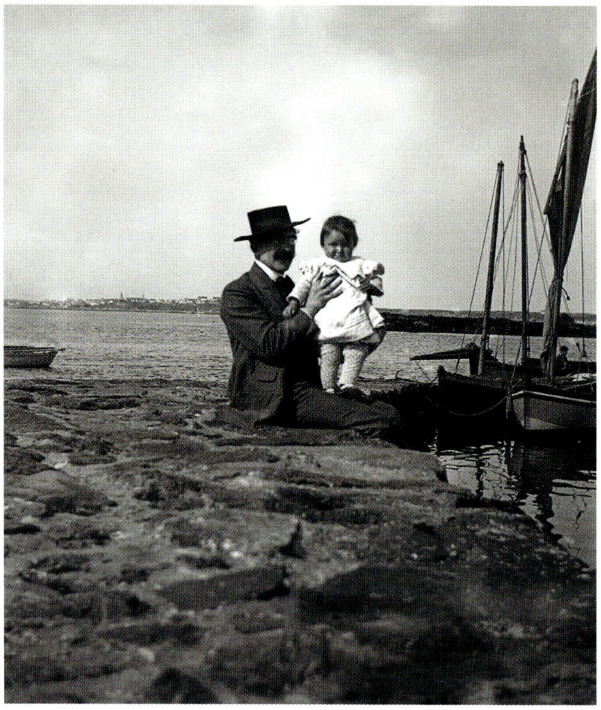

M. MÉHEUT AVEC SA FILLE MARYVONNE À ROSCOFF. PHOTOGRAPHIE, PLAQUE DE VERRE, 18 X 24.
Coll. part. © Musée national de la Marine/A. Fux © ADAGP, Paris, 2013.

À DROITE *OURSINS (PARACENTROTUSLIVIDUS)*, PLANCHE REPRODUITE DANS *ÉTUDE DE LA MER. FAUNE ET FLORE DE LA MANCHE ET DE L'OCÉAN*, (DÉTAIL) PARIS, E. LÉVY, 1913.
© Musée national de la Marine/ A. Fux © ADAGP, Paris, 2013.

LA RÉVÉLATION DE LA MER À ROSCOFF

À la fin de l'été 1909, Méheut effectue un premier séjour à Roscoff après avoir pris contact avec le directeur de la station biologique, fondée en 1872 sous le nom de « laboratoire de zoologie expérimentale » par Henri de Lacaze-Duthiers (1821-1901). Trois articles paraissent dans *Art et Décoration* en janvier, mai et décembre 1910.

Le séjour sur la côte bretonne va durer deux ans. Passionné par une tâche qui lui ouvre de nouveaux horizons, le jeune artiste s'installe en famille – il est accompagné de sa femme et de sa fille – dans la petite cité de la côte léonarde qui lui procure un cadre d'observation privilégié pour ses études d'animaux marins. *Il est venu demander l'hospitalité à une station biologique qui pût lui fournir à la fois les moyens d'observer vivants et dans leur cadre naturel les animaux qu'il voulait peindre, et les indications scientifiques nécessaires pour les bien comprendre*[3]. Ces lignes du professeur Yves Delage (1854-1920), à la tête du laboratoire depuis 1901, soulignent l'importance de cet environnement de chercheurs pour l'initiation de Méheut aux mystères de la vie sous-marine : *Pendant plus de deux années, il a vécu notre vie de laboratoire qui n'est pas sans rapport avec celle des ateliers, participant aux excursions, courant les grèves, dépouillant avec nous les produits des dragages et des pêches pélagiques, se mêlant à nous comme s'il eût été des nôtres*[4].

Deux terrains d'étude s'offrent au dessinateur : les aquariums, permettant de longues observations et des descriptions attentives aux moindres détails, et les milieux naturels où le croquis doit saisir sur le vif animaux et végétaux qui se meuvent au rythme des marées. Méheut approfondit sa connaissance de la faune et de la flore grâce aux échanges avec les hommes de science, en particulier avec Paul Marais de Beauchamp (1883-1977), qui met à profit un long séjour sur place pour rédiger la savante étude sur les grèves de Roscoff qui paraîtra en 1914, illustrée de 74 phototypies et de 30 dessins de Méheut.

À Roscoff et dans les environs, celui-ci réalise des centaines de croquis, dessins, gouaches, aquarelles. Bien au-delà des trois articles initialement prévus, il rassemble la matière d'un imposant ouvrage qui sera publié en 1913 sous le titre *Étude de la mer. Faune et flore de la Manche et de l'océan*, dont les deux volumes totalisant 400 pages contiennent plus de 350 illustrations, parmi lesquelles une cinquantaine de planches en couleurs. Ces planches comportent elles-mêmes des dizaines d'études de chaque espèce : ainsi, le chabot (ou *cottus*) est dessiné plus de cinquante fois, saisi sous tous les angles et dans plusieurs attitudes, à l'affût, la femelle en train de pondre, ou le mâle gardant la ponte. Même si la perspective d'applications décoratives est présente, c'est bien la matière naturaliste qui domine cet ouvrage, résultat d'un long travail d'observation attentive, d'abord dans les aquariums où les espèces marines sont recueillies, puis dans les trous d'eau, les *flaques* formées sur l'estran par le retrait

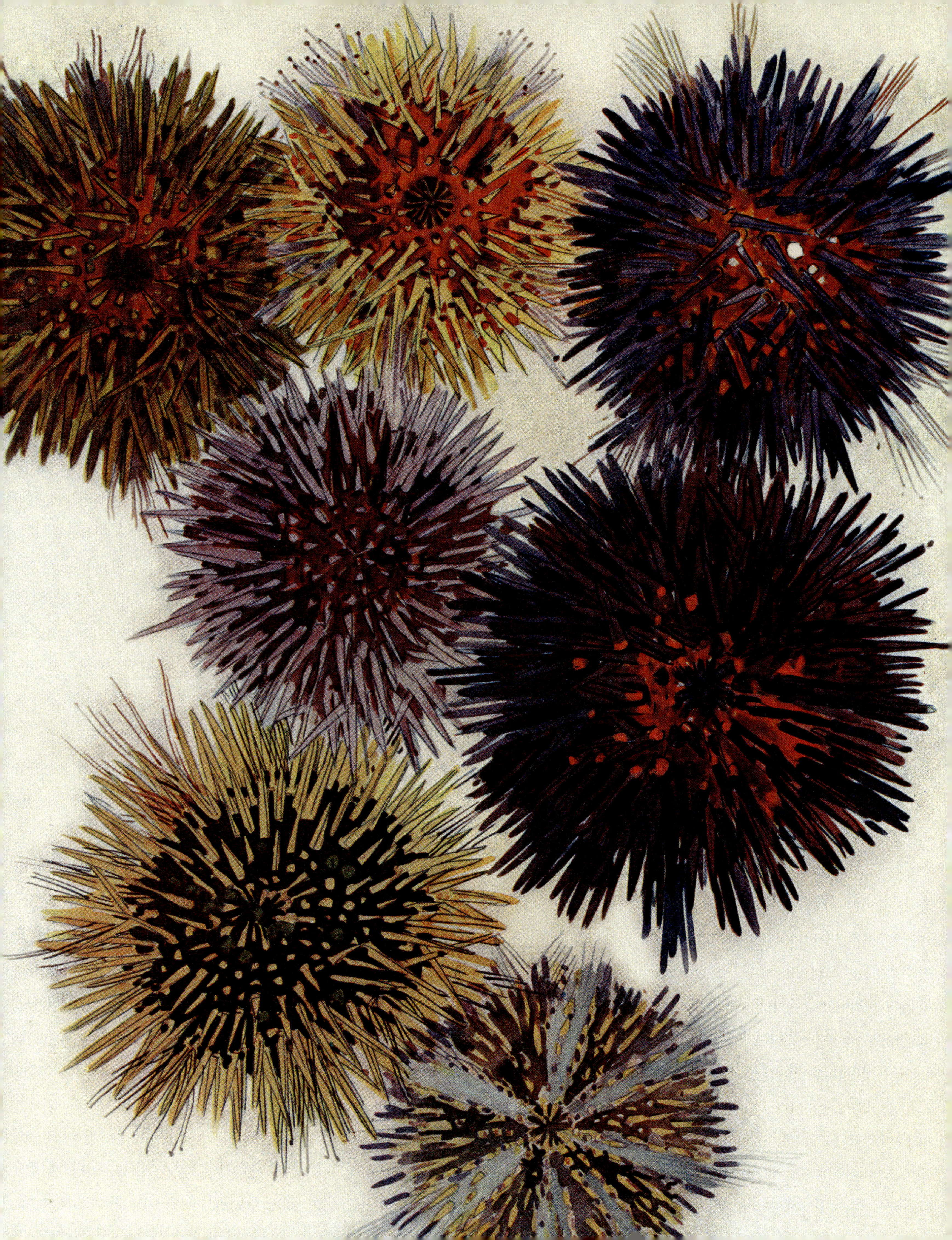

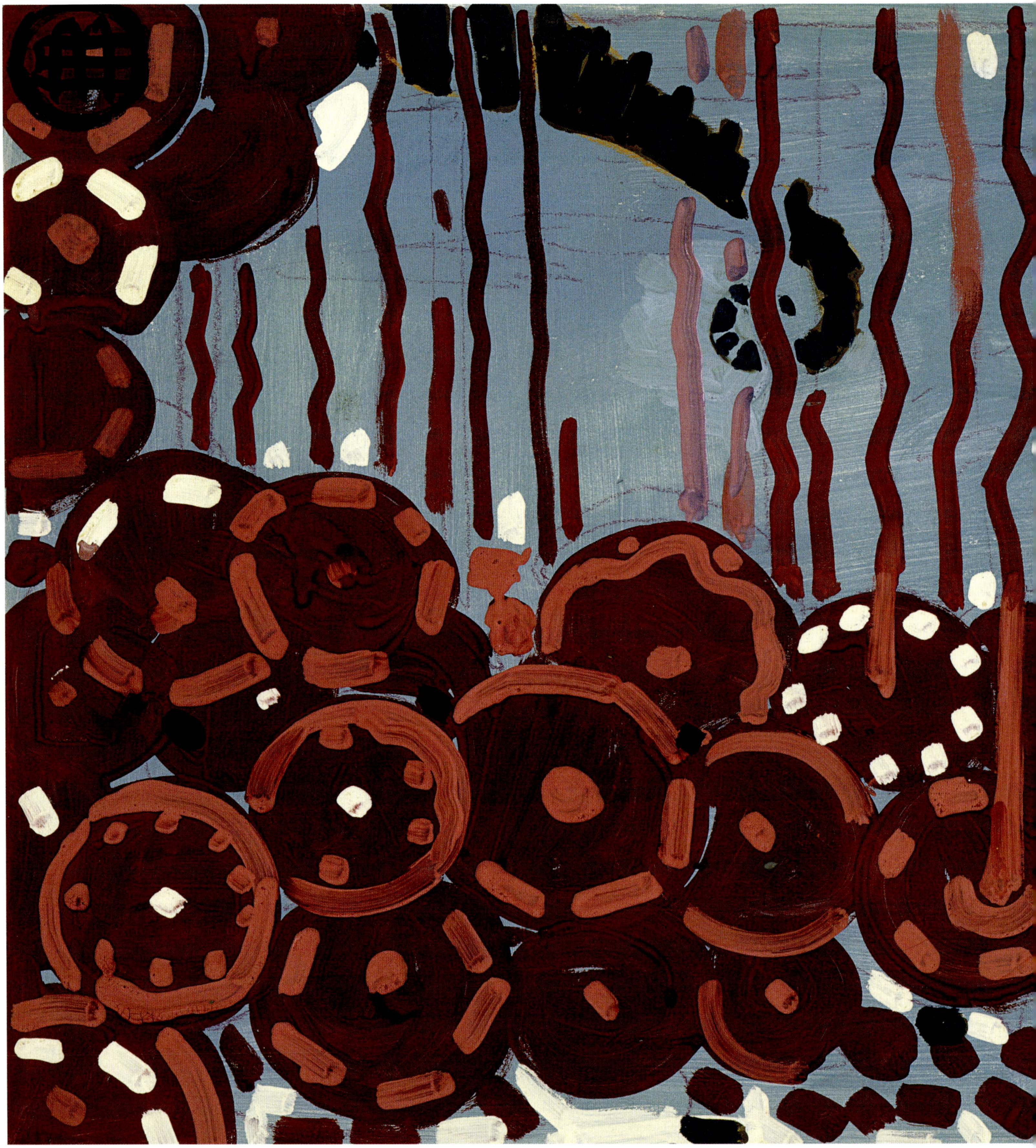

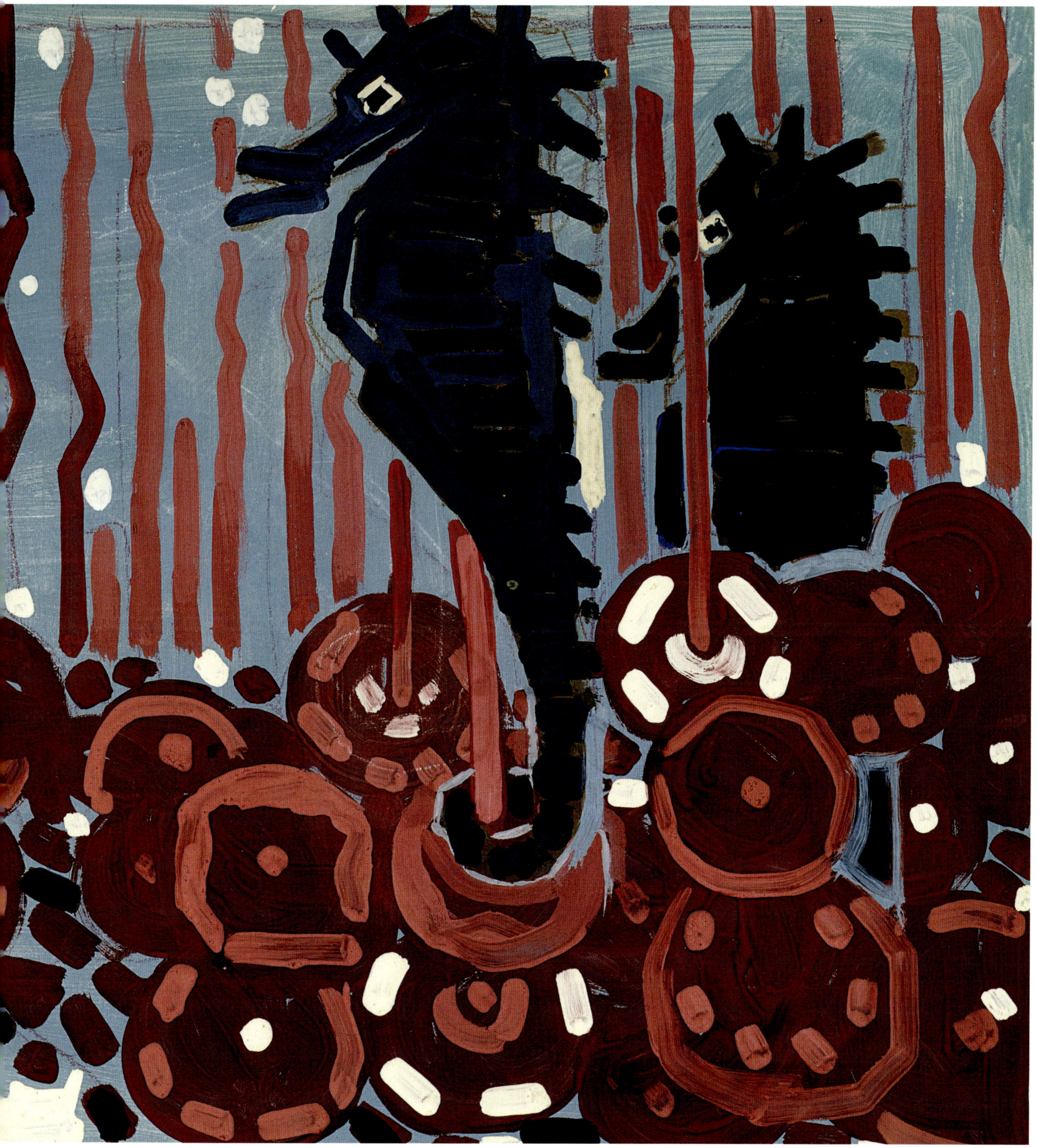

HIPPOCAMPES.
INTERPRÉTATION DÉCORATIVE, GOUACHE SUR PAPIER CENTRE POMPIDOU, MNAM-CCI, LUX.O.553D.

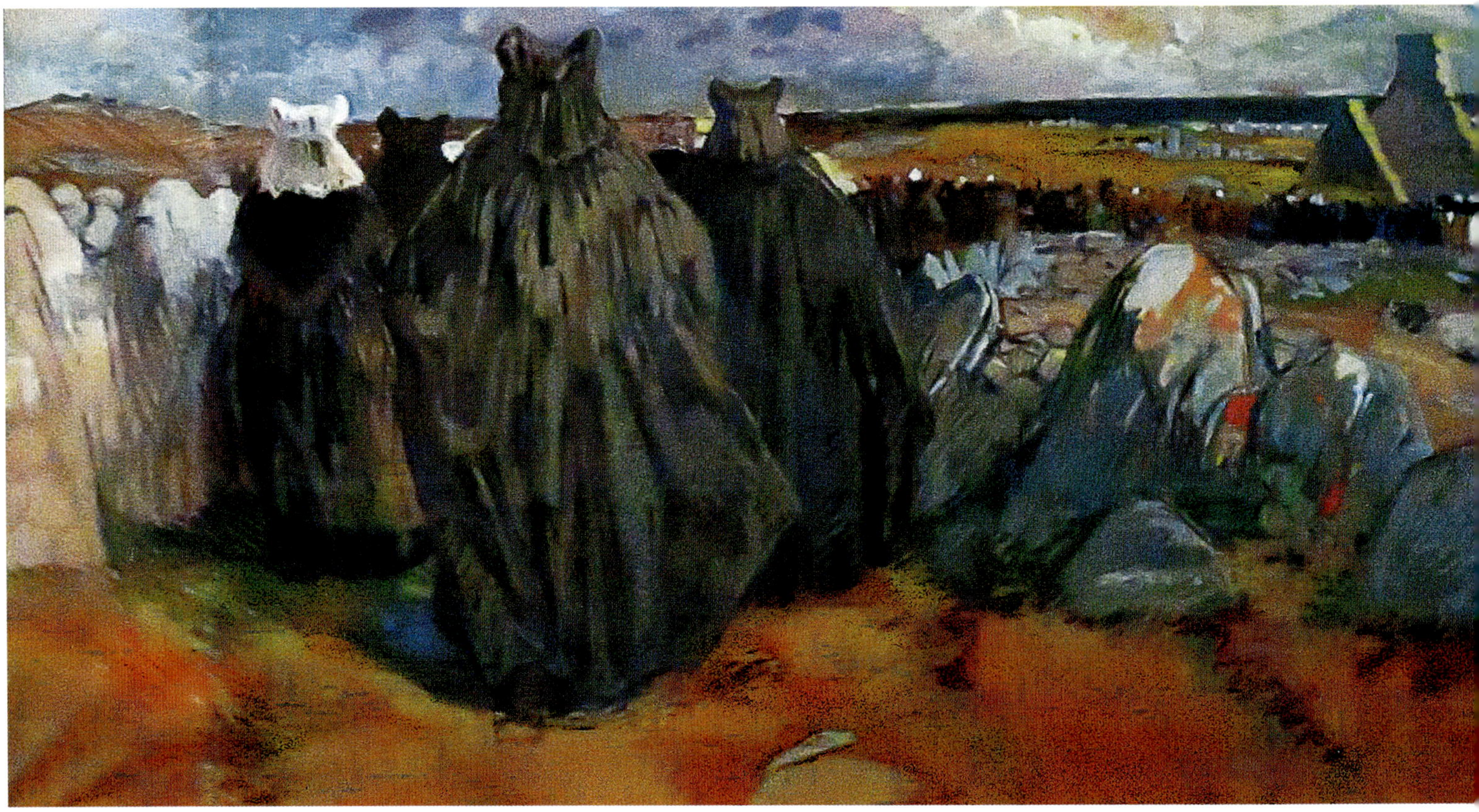

***L'ÉTÉ, LE PARDON*, CASÉINE SUR PAPIER MAROUFLÉ SUR TOILE, DÉPÔT DE L'ÉTAT AU MUSÉE DES BEAUX-ARTS DE RENNES.**

de la marée, et enfin dans les milieux naturels dont l'exploration nécessite de s'aventurer un peu plus loin, voire d'embarquer en direction d'îlots, de grottes, d'herbiers, de champs d'algues, milieux particulièrement intéressants pour la richesse de leur vie végétale et animale. Ce séjour sur la côte fournit en outre au jeune Parisien originaire de Lamballe l'occasion de découvrir un milieu humain qu'il n'avait fait qu'effleurer dans son enfance : le monde des marins-pêcheurs et des usagers de l'estran, des populations littorales qui tirent leur gagne-pain des ressources de la mer. Laboratoire d'un regard scientifique porté sur les richesses de la nature, Roscoff est également le *terrain*, au sens que les ethnographes donnent à ce mot, d'une enquête en milieu humain. Les activités quotidiennes, les pratiques sociales des communautés côtières de Bretagne deviennent l'un de ses sujets de prédilection : travaux des champs, pêche, récolte du goémon, mais aussi pardons et processions religieuses. Il met en œuvre une *science* de l'humanité, une approche humaniste et sensible des travaux et des jours qui va susciter l'intérêt du fondateur des *Archives de la Planète*, Albert Kahn.

L'EXPOSITION AU PAVILLON DE MARSAN (28 OCTOBRE – 24 DÉCEMBRE 1913)

Émile Lévy, qui a acquis un millier de dessins, organise la première exposition de Méheut à Paris, au musée des Arts décoratifs. Le catalogue paraît sous le titre *Mathurin Méheut. La mer, faune et flore. Œuvres diverses*, avec une préface de Gabriel Mourey (1865-1943), homme de théâtre et critique d'art. Neuf des seize sections de l'exposition, qui rassemblent les 269 premiers numéros du catalogue, correspondent à son étude de la faune et de la flore : algues, poissons, crustacés, mollusques, échinodermes, animaux (terrestres), coelentérés, vers et procordés, mais aussi 68 dessins originaux pour le livre *Études d'animaux*. Viennent ensuite 93 études de scènes et de types bretons, puis 4 grandes « maquettes décoratives » sur le thème des saisons : *Le Printemps, sarclage des champs ; L'Été, pardon à l'île de Batz ; L'Automne, les feux de goémon ; L'Hiver, gros temps sur la côte*. La saisonnalité des activités humaines s'inscrit dans le cycle de la vie paysanne. En adoptant cette temporalité de la société traditionnelle rurale, Méheut s'inscrit à la fois dans la filiation de l'histoire de l'art occidental et dans le calendrier des travaux et des jours du monde préindustriel. Un triptyque, *La Coupe générale du goémon*, et quatre œuvres composent ensuite une frise décorative sur le thème de *La Côte bretonne, l'hiver*. Cinq gravures sur bois et vingt-neuf dessins consacrés aux « vieux métiers bretons »

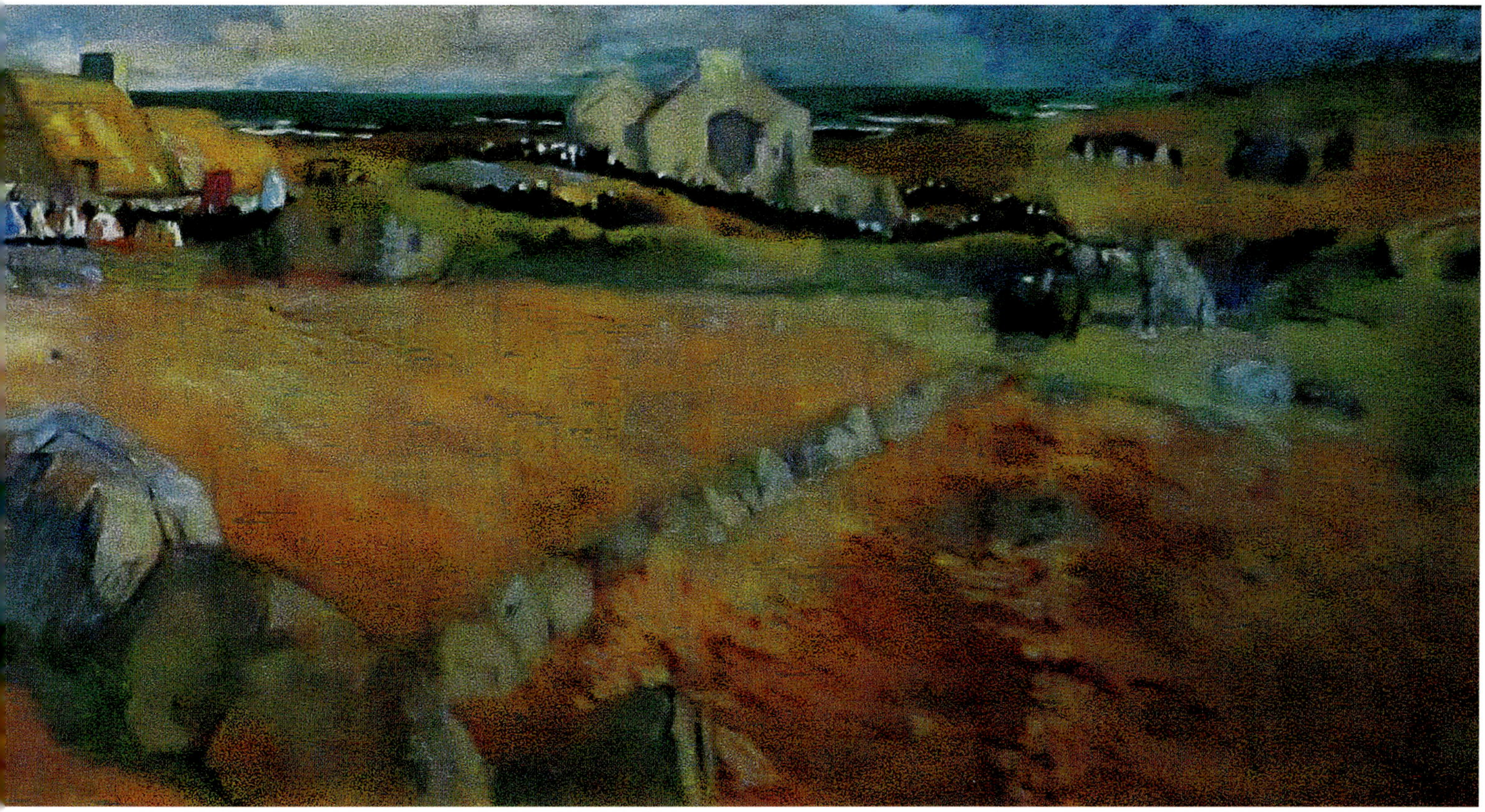

témoignent d'un vif intérêt, qui ne se démentira jamais, pour les savoir-faire et les gestes des artisans. L'exposition s'achève sur dix-huit *Interprétations ou études d'après la faune et la flore marine* qui répondent au programme du courant artistique animé par Grasset et Pillard-Verneuil. Trois d'entre elles (*Botrylles, Étoile de mer et moules, Hippocampe*) figurent au nombre des huit œuvres acquises par l'État à l'issue de l'exposition, et sont conservées aujourd'hui par le Musée national d'art moderne. L'État acquiert aussi l'une de ces grandes compositions qui manifestent l'ambition de l'artiste : traiter *a tempera* ou à la caséine, dans de grands panneaux décoratifs, les moments forts de la vie littorale. *L'Été, le pardon à l'île de Batz* sera déposé au musée des Beaux-Arts de Rennes.

Dès la fin novembre, Méheut est informé de l'obtention d'une bourse de voyage de 16 500 francs accordée par l'Université de Paris. Ce sont à la fois l'observateur scientifique et l'artiste qui sont distingués. Les bourses « Autour du monde » ont été instituées en 1898 par un « généreux donateur anonyme » dont l'identité ne fut dévoilée qu'en 1907, le banquier philanthrope Albert Kahn (1860-1940). *Il s'agissait d'abord, dans la pensée du fondateur, d'ouvrir chaque année à une élite de jeunes maîtres ce que Descartes a appelé « le grand livre du monde »*, expliquera le philosophe Henri Bergson en 1931[5]. Les lauréats sont pour la plupart de jeunes agrégés et, pour plus de la moitié, d'anciens élèves de l'École normale supérieure. Un voyage d'une quinzaine de mois ouvrira les yeux de ces jeunes intellectuels sur la diversité des cultures et des institutions politiques, religieuses, sociales et économiques des pays visités. L'observation, la comparaison doivent déboucher sur l'échange : la rédaction d'un rapport, éventuellement assorti de conférences, est la seule exigence formulée. Des 72 boursiers français de 1898 à 1930, Mathurin Méheut sera le seul artiste et le seul non diplômé[6]. Si Albert Kahn a bien visité l'exposition du pavillon de Marsan, et s'est montré intéressé par le regard que porte Méheut sur la nature et sur les hommes, c'est vraisemblablement au professeur Delage, membre de la commission d'attribution des bourses, que l'artiste doit d'avoir été choisi. L'influence de l'inspecteur des Beaux-Arts Armand Dayot (1851-1934) a sans doute également joué[7]. Marguerite Méheut est autorisée à accompagner son mari dans ce périple organisé en quelques semaines. Le programme doit comporter des étapes à Hawaii et à Java et deux longs séjours de six mois au Japon et aux Indes, ce terme comprenant Ceylan. Seule la première partie en sera accomplie.

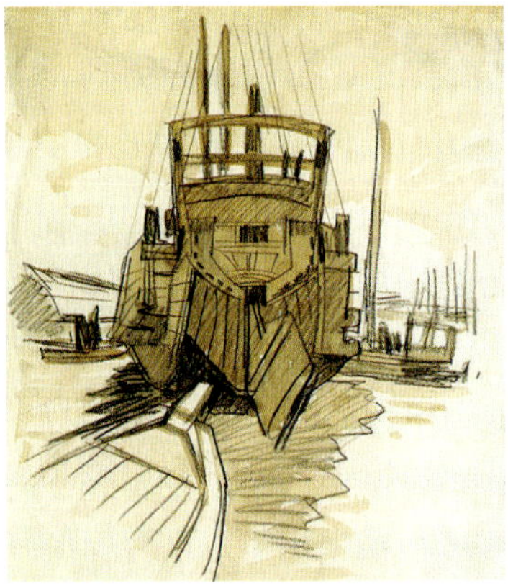

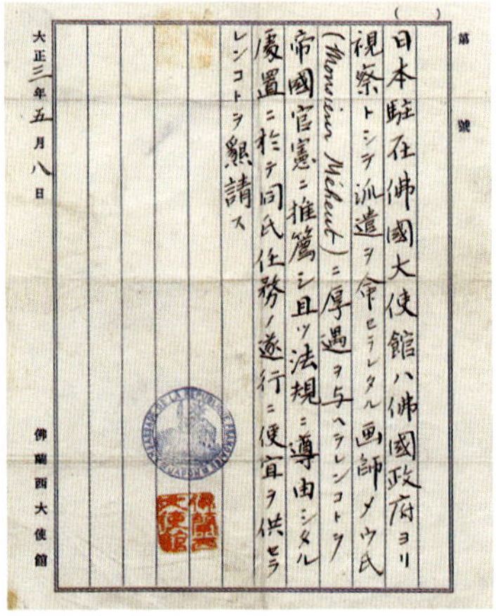
第　號

日本駐在佛國大使館ハ佛國政府ヨリ
視察トシテ派遣ヲ命セラレタル画師メウ氏
(Monsieur Méheut)ニ厚遇ヲ与ヘラレンコトヲ
帝國官憲ニ推薦シ且ツ法規ニ遵由シタル
處置ニ於テ同氏任務ノ遂行ニ便宜ヲ供セラ
レンコトヲ懇請ス

大正三年五月八日

佛蘭西大使館

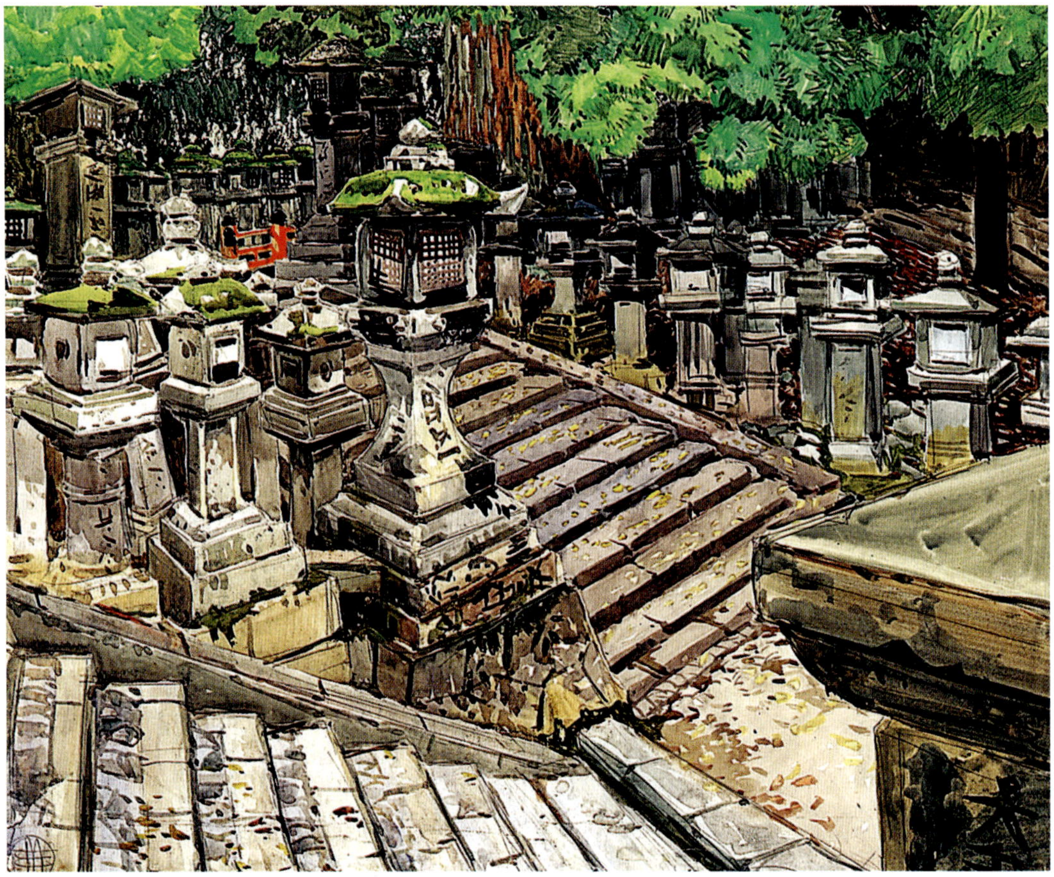

***SAKAI, JAPON*, 10 JUIN 1914.**
CRAYON ET LAVIS, 44,6 X 29,6.
Lamballe, musée Mathurin-Méheut, Inv. 72.16 C 3. © ADAGP, Paris, 2013.

LETTRE DE RECOMMANDATION DE L'AMBASSADE DE FRANCE À TOKYO EN JAPONAIS, 1914.
Coll. part. © Musée national de la Marine/A. Fux © ADAGP, Paris, 2013.

ESCALIERS BORDÉS DE LANTERNES DE PIERRE À KASUGA, NARA.
AQUARELLE, GOUACHE ET MINE DE PLOMB, 49 X 57.
Coll. Gilles Baratte © ADAGP, Paris, 2013.

AUTOUR DU MONDE. HAWAII ET LE JAPON

Parti du Havre le 10 janvier 1914 à bord de *La Provence*, le couple traverse l'Atlantique puis les États-Unis et, de San Francisco, gagne les îles Hawaii au début février. Dans la perspective d'une nouvelle étude de la faune et de la flore océane, du Pacifique cette fois, l'artiste commence par observer de près les espèces captives : *Pendant près de quinze jours, je viens rôder à l'aquarium, croquant, esquissant, sans jamais risquer quelque chose de sérieux, tellement désarmé devant de pareilles couleurs, tellement impuissant à traduire ces tons féeriques*[8]. D'Honolulu, il confie son émerveillement à Armand Dayot : *Je fais, dans la mer polynésienne des découvertes merveilleuses, invraisemblables, et je note, je note, je note… de mon mieux toutes ces splendeurs impossibles à décrire… C'est inouï*. Second volet de son enquête, Méheut parcourt les grèves : *Je cours les plages, explorant les flaques, les cuvettes, et finissant par dénicher à l'extrémité de l'île un groupement de pêcheurs canaques intéressants. Ils sont d'une adresse remarquable au lancement de l'épervier, de tous les filets*[9]. Gestes des pêcheurs, pirogues à balancier, fêtes locales sont les sujets de ses études complémentaires, ainsi que *de nombreux documents sur l'art canaque copié au merveilleux musée Bishop*[10]. En avril, il gagne le Japon.

À l'approche de Yokohama, la première impression du jeune voyageur n'est pas le dépaysement. La familiarité avec la baie de Douarnenez, avec les sombres rangées de pins festonnant la côte, avec les centaines de voiliers de travail, est d'abord picturale. *La côte japonaise nous apparaît par un beau soleil matinal : des voiles blanches à l'infini… on dirait une baie bretonne, des sardiniers gagnant le large : la baie de Douarnenez.*

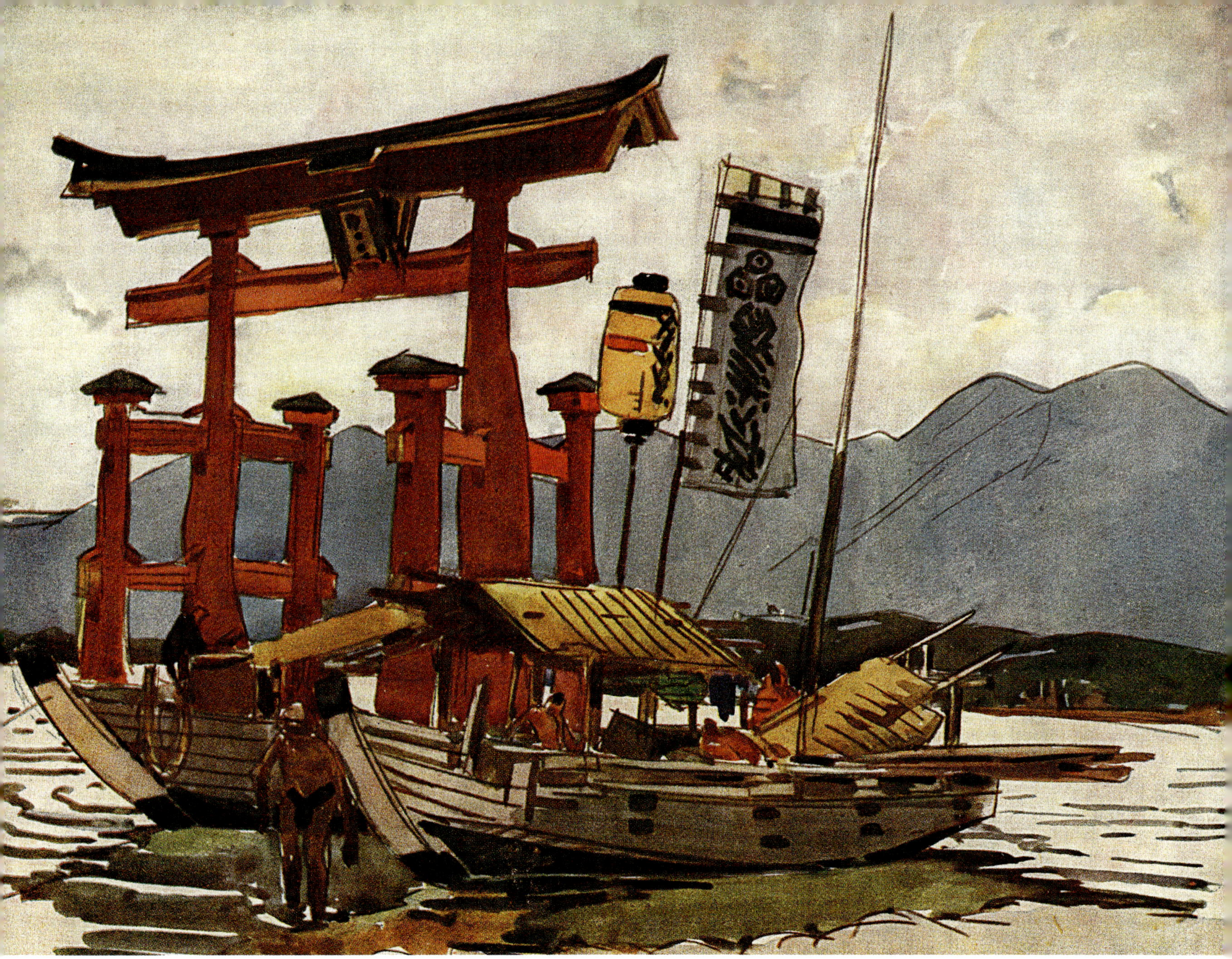

***PÈLERINS PRÈS DU TORII (PORTIQUE SACRÉ) DE MIYAJIMA*, REPRODUIT DANS *L'ILLUSTRATION*, N° 4077, 23 AVRIL 1921, P. 365.**

Les barques nous frôlent, les pêcheurs complètement nus. Immédiatement nous songeons à Hokousaï prodigieusement vrai, prodigieusement moderne ; les mêmes gréements, les mêmes accessoires, les mêmes types, que dans ses vues du Fuji, que les figures de ses albums (mon enthousiasme pour cet artiste n'a fait que croître du reste à la vue de ses modèles, de son pays)[11]. À Sakai, où son crayon saisit les formes arrière de jonques, il complète à l'aquarium son panorama de la faune marine, mais saisit également, d'un pinceau vigoureux, l'activité des quais. Cependant, ce ne sont pas les richesses marines et maritimes de l'océan Pacifique qui retiennent principalement l'attention du voyageur. Il s'intéresse aux gens et aux modes de vie et consacre des croquis rapides, qu'il rehausse d'aquarelle, aux activités des ports, aux travaux des paysans ou des porteurs de marchandises. Il croque des silhouettes de bûcheron, de laboureur, de teinturier, regarde avec curiosité la cérémonie du thé, les spectacles de théâtre, les pratiques religieuses ; il découvre avec émerveillement les lieux sacrés, parcs et temples, dont il multiplie les descriptions précises et souligne la singularité : grands torii vermillon, lanternes de pierre, galeries de colonnes. Il s'attache à la peinture des animaux sacrés – daims, biches et faons ou encore tortues – et des *miko*, gardiennes des sanctuaires shintô. Les œuvres résultant de ces émerveillements ne seront révélées au public qu'en 1921, d'abord par un article dans *L'Illustration*, qui annonce sa nouvelle exposition parisienne, puis par celle-ci. Il en tirera au cours des années d'après-guerre des tableaux peints à la gouache, à la caséine, incorporant parfois à celle-ci du sable ou de la poudre d'or.

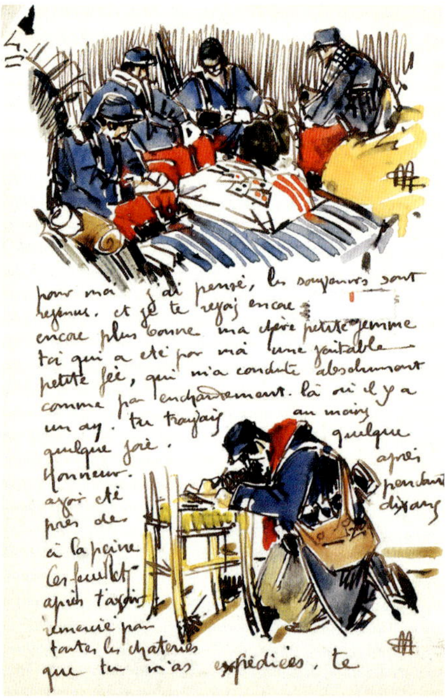

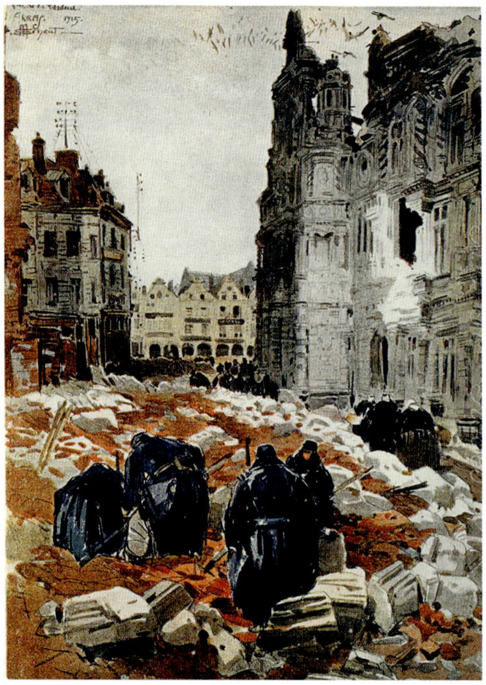

UNE PARTIE DE CARTES. LA LETTRE ÉCRITE SUR UNE CHAISE. **ENCRE NOIRE ET AQUARELLE SUR PAPIER, LETTRE À MARGUERITE MÉHEUT, DÉCEMBRE 1914. 19,1 X 12,7.**
Coll. part. © ADAGP, Paris, 2012.

ARRAS, MARS 1915. **CRAYON ET AQUARELLE. ŒUVRE EXPOSÉE EN 1916 À LA *TRIENNALE*, À PARIS, ET PUBLIÉE DANS *CROQUIS DE GUERRE DE MATHURIN MÉHEUT* (1918).**
© Musée national de la Marine/ S. Dondain, © ADAGP, Paris 2013.

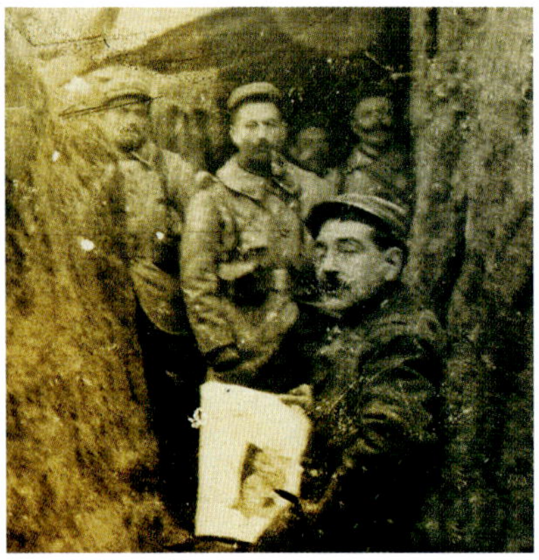

MÉHEUT DANS UNE TRANCHÉE, PHOTOGRAPHIE DATÉE 1914-1915 SUR L'ALBUM. LAMBALLE, MUSÉE MATHURIN-MÉHEUT.
© E. Rousseau, Grand Angle, Lamballe.

« UN ARTISTE COMBATTANT »

Apprenant l'annonce de la mobilisation générale, décrétée le 1er août 1914, Méheut abrège son voyage pour regagner la France en compagnie de son épouse. Ils débarquent à Marseille le 28 septembre ; une semaine plus tard, il a rejoint le 136e régiment d'infanterie du 10e corps d'armée, à quelques kilomètres d'Arras. Mobilisé d'octobre 1914 à février 1919, Méheut combat en première ligne, des tranchées de l'Artois à celles de l'Argonne, où il est affecté, au bois de la Gruerie, à l'été 1915. Ses qualités d'observateur et de dessinateur sont employées à partir de janvier 1916 par le Service topographique du 10e corps d'armée, dans la Meuse, dans la Somme, en Champagne, puis à la fin de 1917 par le Service cartographique de la 1re armée, successivement dans les Flandres, en Lorraine puis à nouveau en Picardie. Promotion au grade de lieutenant, citations élogieuses, décoration de la Légion d'honneur attestent de l'attitude exemplaire du combattant.

Tout au long du conflit, il émaille sa correspondance quasi quotidienne avec sa famille et avec les amis de l'arrière d'innombrables croquis à la mine de plomb, aux crayons de couleur, au stylo-plume et au pinceau. Dans la fébrilité que confère l'urgence, il témoigne avec humanité du quotidien des Poilus, fait d'horreur, d'attente, de désarroi, de courage, d'humour. Dès qu'il en a le loisir, il dessine ses « croquetons », des notes prises sur le vif, au cœur de la vie des soldats. L'aquarelle vient rehausser des feuilles de tout format, composées dans les ruines d'Arras en mars 1915, ou dans la forêt de la Meuse à la fin de l'été de la même année. Devant le spectacle de la nature, l'artiste exprime alors sa sensibilité : *Ce matin encore, dans les coupes de tranchées, je regardais les merveilles de la forêt en automne ; mon pauvre cœur d'artiste se gonflait, tous ces trésors entrevus seraient perdus. Tout ce que je comprends dans ces bois, je ne pourrai le rendre, le traduire, donner le 2e panneau du triptyque que je me proposais : la mer, la forêt, la montagne ; et cela serait encore bigrement plus intéressant que la mer ! Mes couleurs, mon papier, la joie de travailler ! Si je tombe ici que mon sang serve à dorer davantage ces champignons écarlates, et que d'autres décorateurs, d'autres artistes viennent et essayent de traduire la forêt, absolument couverte de merveilles. Tu n'as pas idée, ma chère femme, du trésor des troncs d'arbres,*

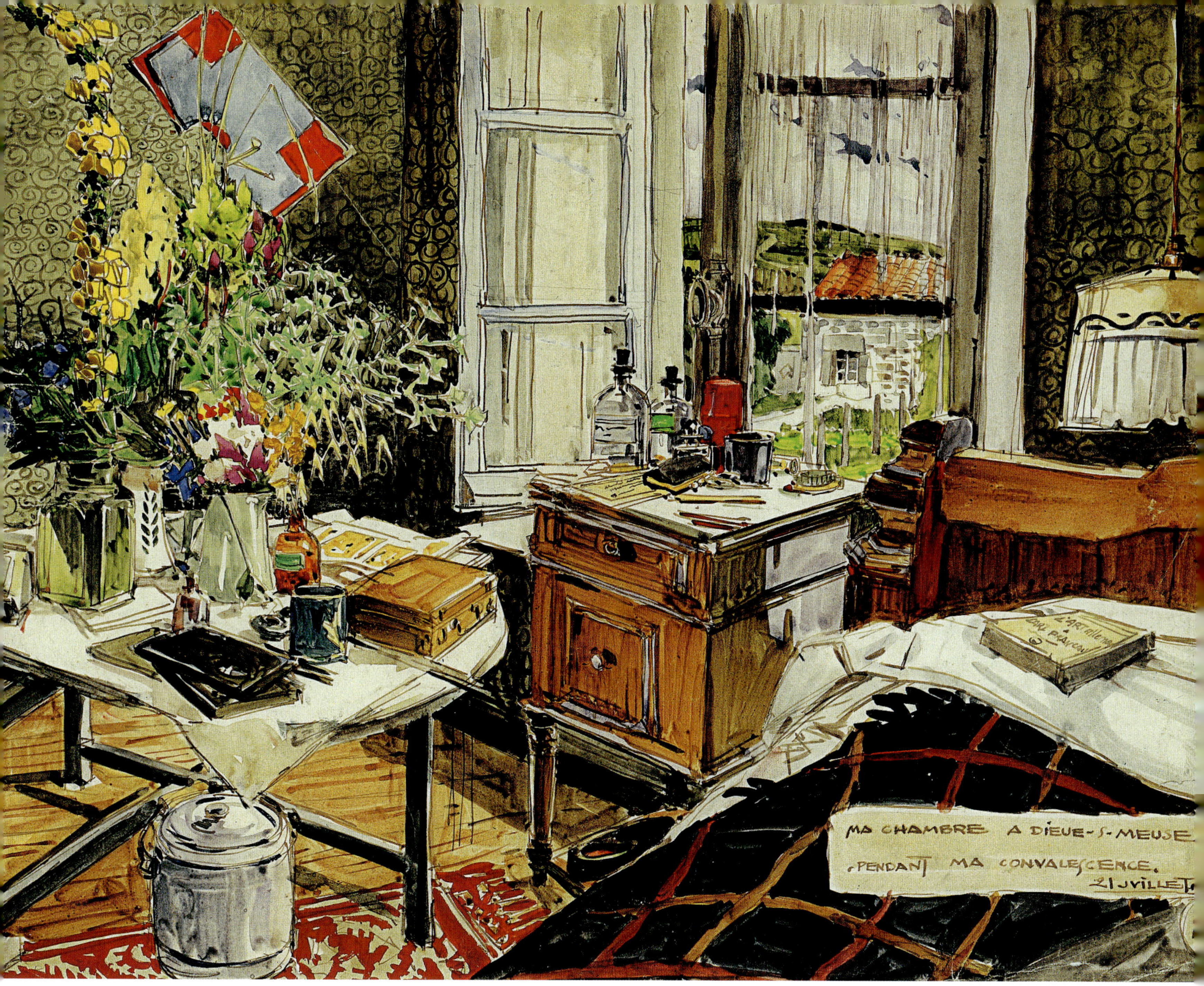

MA CHAMBRE À DIEUE-S-MEUSE PENDANT MA CONVALESCENCE 21 JUILLET 17. STYLO-PLUME ET AQUARELLE, 43 X 59,5.
Coll. part. © ADAGP, Paris, 2013.

des sous-bois, faune et flore, c'est un véritable enchantement… (lettre du 17 septembre 1915[12]) À partir de 1916, Méheut utilise les presses et le matériel de reprographie des services topographique et cartographique pour imprimer des travaux officiels de commande – cartes de vœux, diplômes –, mais aussi des estampes plus personnelles, qu'il colorie à la gouache, et des feuilles illustrées qu'il multiplie pour ses divers correspondants. Parmi ceux-ci figure Armand Dayot, qui va jouer un rôle essentiel dans la publication de son témoignage. Un numéro spécial de la revue qu'il dirige, *L'Art et les artistes*, paraît en 1915 sous le titre « Au front », mêlant les œuvres d'artistes engagés dans les combats, dont sept de Méheut, et celles d'illustrateurs dont le travail est aux yeux de celui-ci *du chiqué, du faux*. Il est révolté par cette publication malgré l'appréciation louangeuse de Dayot : *C'est toujours aussi la sincère représentation des êtres et des choses à travers l'émotion spirituelle ou attendrie d'une âme d'artiste profondément éprise de vérité*[13]. Dayot consacre un nouvel article en 1916 à Méheut, cette fois dans *L'Illustration*, sous le titre « Un artiste combattant[14] » et, en 1918, Devambez édite un grand in-folio reproduisant 52 œuvres, dont 19 en couleurs, sous le titre *Croquis de guerre*, avec une préface du grand historien d'art Gustave Geffroy. D'un point de vue personnel, ces années d'épreuves et de séparation auront contribué à renforcer le caractère exigeant, et intransigeant, de l'ancien combattant ; d'un point de vue artistique, elles auront confirmé son aptitude à témoigner, et n'auront pas nui à sa notoriété.

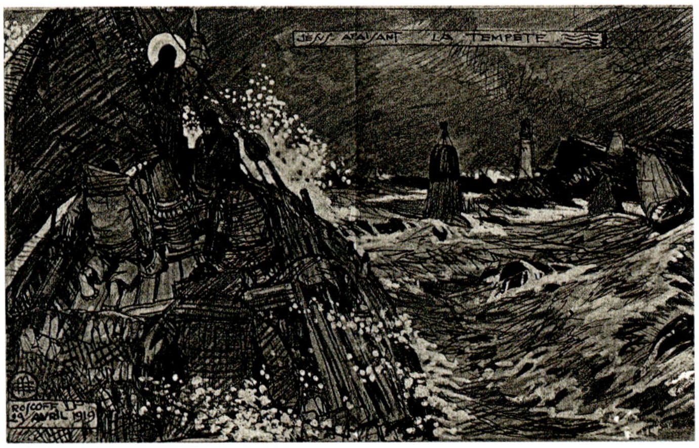

***JÉSUS APAISANT LA TEMPÊTE, ROSCOFF 29 AVRIL 1919,* GRAVURE À L'EAU-FORTE, 12 X 18.**
Gilles Baratte © Musée national de la Marine/A. Fux
© ADAGP, Paris, 2013.

L'APRÈS-GUERRE 1919-1921

Au lendemain de sa démobilisation, Méheut part en famille se ressourcer dans le Finistère, à Roscoff d'abord, puis à Saint-Guénolé Penmarc'h où le professeur de lettres et écrivain Auguste Dupouy (1872-1967) lui procure une maison face à la mer. Dans ce pays bigouden où sa fille est inscrite à l'école, la famille traverse l'hiver et s'intègre à la population. L'artiste approfondit son observation de la vie quotidienne des paysans et des pêcheurs. Il parcourt les champs, sort en mer, approche hommes et femmes au travail. Au crayon gras, il fixe d'un trait rapide et sûr les gestes, les attitudes, les détails du vêtement, et ceux du gréement et des aménagements des canots à bord desquels il embarque. Il transposera quelques-unes des scènes observées en de magistrales estampes. Deux d'entre elles, évoquant la pêche à la sardine, sont localisées et datées : Saint-Guénolé, décembre 1919 et janvier 1920. Au cours de cet hiver d'après-guerre, il prend contact à Quimper avec la faïencerie Henriot, auprès de laquelle il va jouer un rôle éminent, chef de file d'une génération de créateurs qui va renouveler la céramique bretonne entre les deux guerres. De retour à Paris, la famille habite 45 rue Falguière, dans le quartier de Montparnasse.

Pour sa deuxième exposition personnelle au pavillon de Marsan, du 28 avril au 29 mai 1921[15], Méheut partage les espaces du musée des Arts décoratifs avec le sculpteur animalier Gaston Le Bourgeois (1880-1956). Cette exposition dresse un bilan des huit années passées : la mer, comme en 1913, y est un thème dominant, mais les œuvres inspirées par le voyage à Hawaï (6) et au Japon (86) sont une révélation. Quatre-vingt-douze dessins de guerre y sont également présentés, ainsi qu'un ensemble de vingt-trois gravures sur bois, et des céramiques réalisées chez Henri Chaumeil et chez Henriot à Quimper. L'État fait à nouveau l'acquisition de douze œuvres, dont huit estampes[16].

Le 19 mai 1921, Méheut écrit au ministre de la Marine pour solliciter le titre de peintre de la Marine, officialisé par un décret de 1920 qui stipule qu'il *peut être conféré à des artistes qui ont consacré leur talent à l'étude de la mer, de la marine, des gens de mer*. Quel artiste correspond mieux que lui à cette définition ? *Peut-être les quelques livres que j'ai publiés sur la mer, les études des revues, et présentement mon exposition au Pavillon de Marsan me laissent espérer quelque droit à ce titre*, avance-t-il. Il est nommé peintre titulaire par arrêté ministériel du 14 juin 1921, et rejoint les maristes Pierre-Louis Gatier, Léon Haffner, Lucien Jonas, Gaston Roullet, Sandy Hook, Albert Sébille et Paul Signac parmi les cinquante porteurs du titre. Le sien sera renouvelé tous les cinq ans.

UNE ACTIVITÉ DÉBORDANTE

Confirmant la diversité de ses talents, l'exposition de 1921 débouche sur de multiples sollicitations : décors d'intérieurs pour plusieurs particuliers, début de collaborations fécondes, avec la Compagnie des messageries maritimes et avec des éditeurs de livres illustrés. Il fréquente la société « Autour du monde » animée par le géographe Jean Brunhes, travaille assidûment avec la faïencerie Henriot, participe activement à la Société de la gravure sur bois originale, adhère en 1926 à la Société des artistes décorateurs.

Il reçoit en 1922 la commande de quatre images pour la brochure des Messageries maritimes qui détaille les services de la compagnie pour 1923. Il entame simultanément une première entreprise d'illustration pour les éditions Mornay. Les 68 bois gravés en deux tons

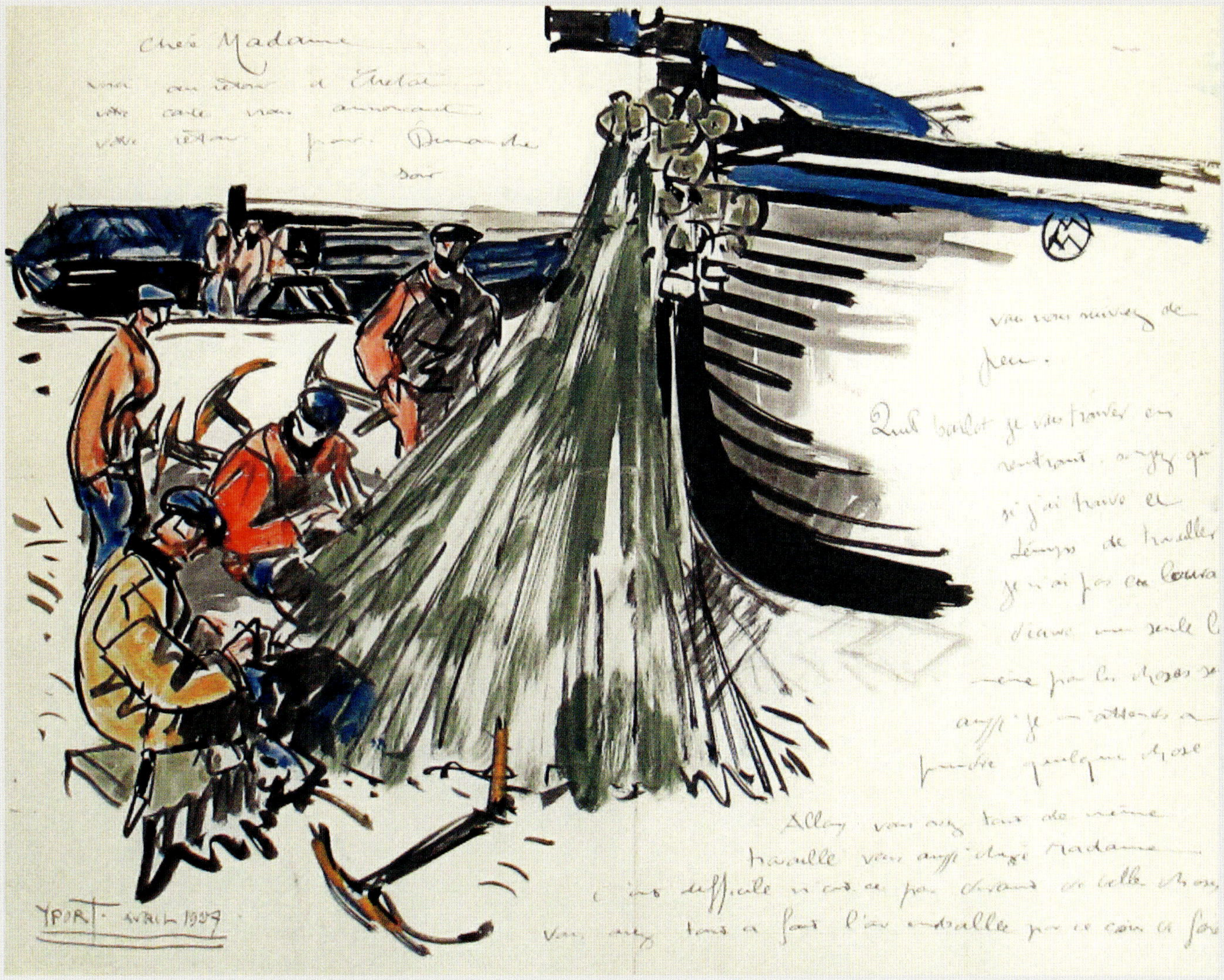

CI-DESSUS *YPORT, AVRIL 1929 [PÊCHEURS RAMENDANT UN FILET]*. LETTRE LM 39.
Dinan, musée Yvonne-Jean-Haffen-Maison d'artiste de la Grande Vigne/C. Pigot © ADAGP, Paris, 2013.

CI-CONTRE *YPORT, NOVEMBRE 1926*. L'UNE DES PREMIÈRES LETTRES À YVONNE JEAN-HAFFEN. LM 28.
Dinan, musée Yvonne-Jean-Haffen-Maison d'artiste de la Grande Vigne/C. Pigot. © ADAGP, Paris, 2013.

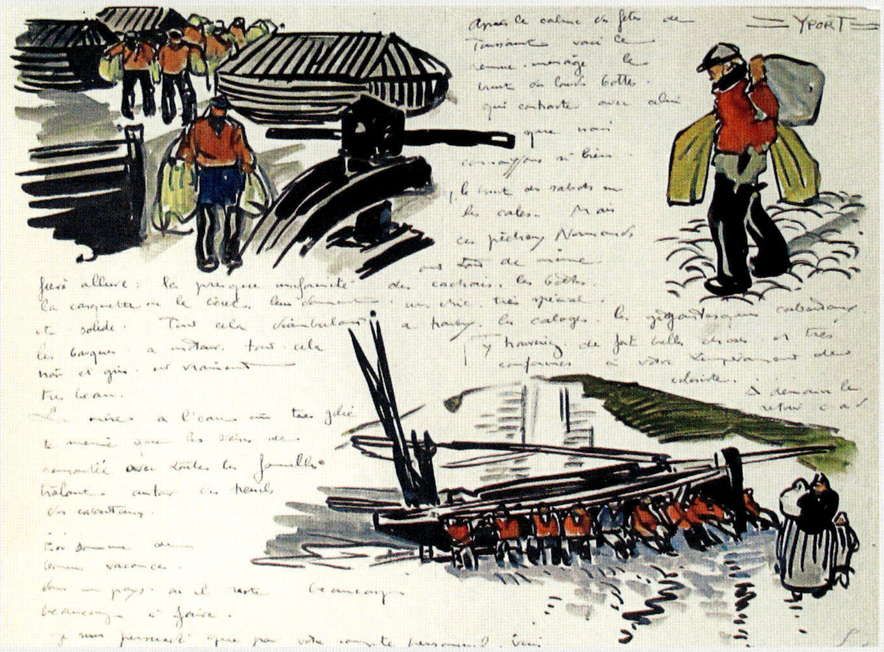

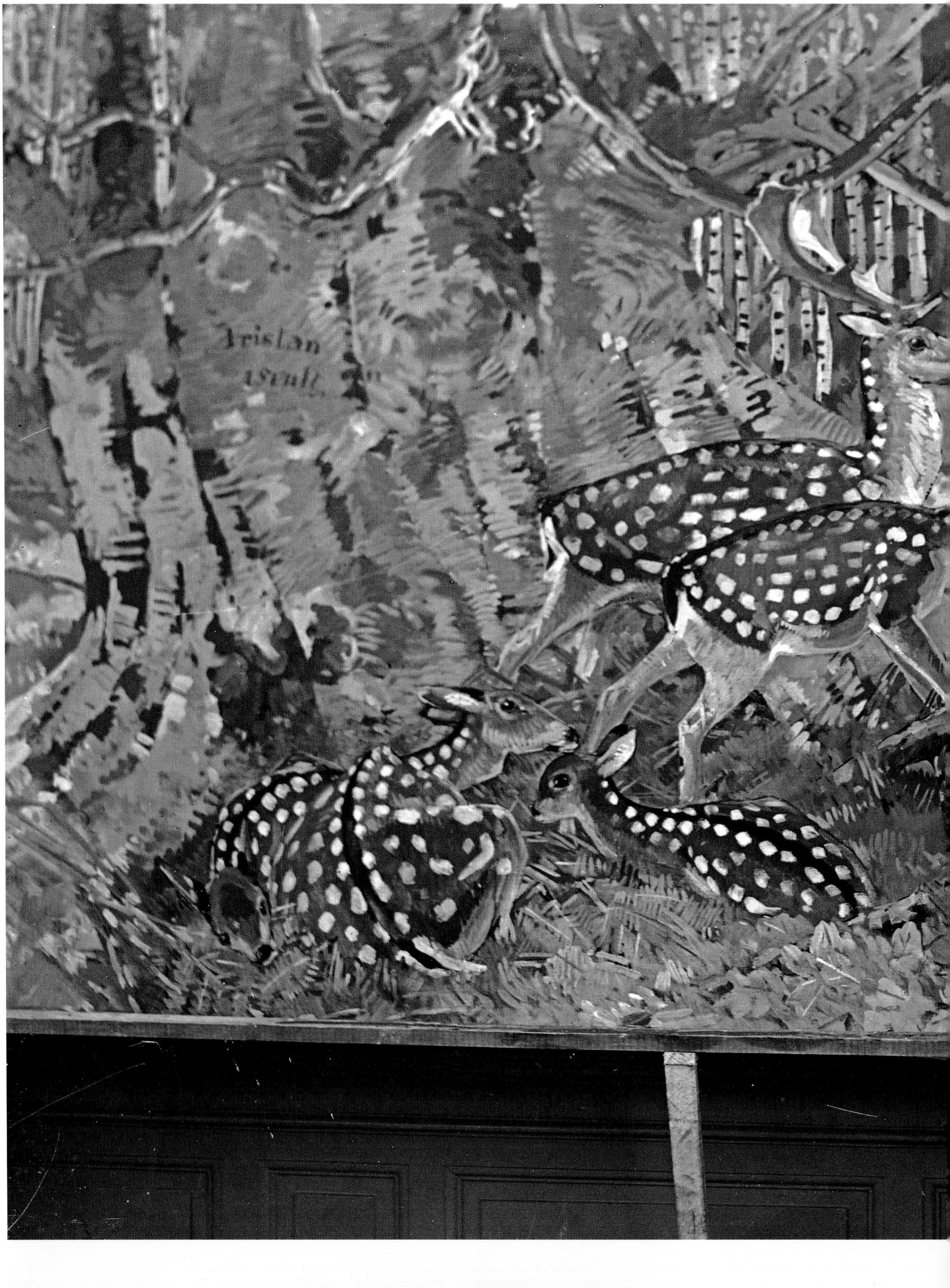
Tristan
Iseult

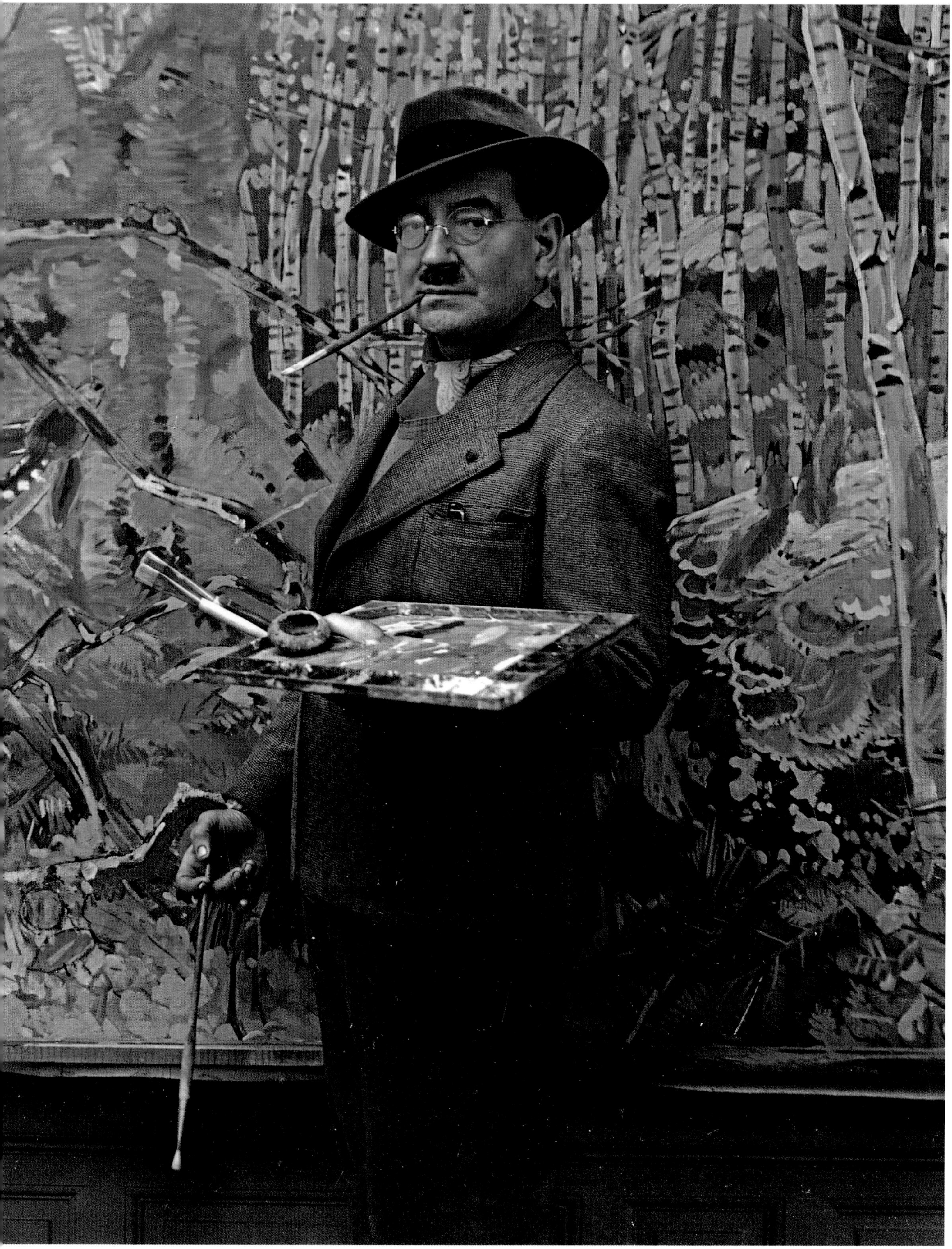

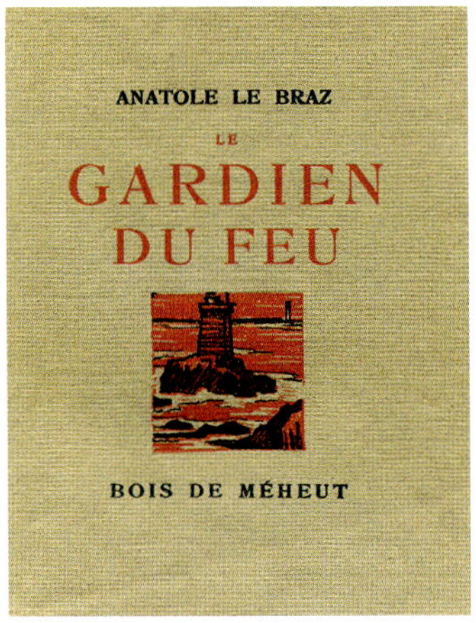

PAGE PRÉCÉDENTE MATHURIN MÉHEUT, PINCEAU À LA BOUCHE, DEVANT UN PANNEAU POUR LE PAQUEBOT *GEORGES-PHILIPPAR*. PHOTOGRAPHIE, PLAQUE DE VERRE, 9 X 12.
Coll. part. © Musée national de la Marine/A. Fux © ADAGP, Paris, 2013.

ANATOLE LE BRAZ, *LE GARDIEN DU FEU*. BOIS DE MÉHEUT, PARIS, ÉDITIONS MORNAY, 1923 (COUVERTURE).
Coll. part./Denis-Michel Boëll © ADAGP, Paris, 2013.

LOCRONAN, LE PASSAGE SOUS LES RELIQUES. ILLUSTRATION POUR *AU PAYS DES PARDONS*, ALBERT RICHARD, 1937.
Coll. part./Denis-Michel Boëll © ADAGP, Paris, 2013.

pour le roman d'Anatole Le Braz *Le Gardien du feu* résultent de semaines, voire de mois de labeur, depuis les repérages sur le terrain jusqu'à la composition des planches, vignettes, culs de lampe qui s'harmonisent avec le texte. En octobre 1923, une exposition personnelle de 146 œuvres s'ouvre à San Francisco, dans une galerie d'art créée dans le grand magasin City of Paris appartenant au Français Paul Verdier (1882-1966), et déclenche l'enthousiasme de la presse locale.

Dans la maison que lui construit en 1924 son ami Julien Heulot au hameau d'Alleray entre Montparnasse et Vaugirard, son activité est intense, sa sociabilité développée, même s'il se tient à l'abri de trop nombreuses sollicitations. Face au défilé des commanditaires, des clients, des éditeurs, il trouve souvent refuge dans son atelier situé au second étage pendant que son épouse reçoit au rez-de-chaussée visiteurs et clients. Il participe en 1924 à la décoration de la villa Le Caruhel à Étables ; il séjourne à Barbizon et dans les Vosges pour dessiner les forêts ; il réalise un premier panneau décoratif pour le paquebot *D'Artagnan* et va copier, au musée de Cluny, les tapisseries de la Dame à la licorne pour l'aménagement de deux autres paquebots. Il en décorera dix en dix ans ! Pour la Société de la gravure sur bois originale, il grave deux estampes, dont celle du menu annuel ; il poursuit une collaboration active avec la faïencerie Henriot, qui prépare sa participation à l'exposition des Arts décoratifs de Paris, mais décline l'invitation formulée par Jeanne Malivel, fondatrice du mouvement des Seiz Breur (les Sept Frères), d'être l'« âme des sept ». L'indépendance est l'un des traits fondamentaux de son caractère.

Un vent d'innovation et de modernité souffle sur l'Exposition internationale des Arts décoratifs et industriels modernes organisée du 29 avril au 25 octobre 1925 à Paris. Au sein du Village français, la Maison de Bretagne, *Ty Breiz*, inaugurée fin juillet, accueille les créations du groupe des Seiz Breur, récemment constitué, dans une salle d'auberge, l'*Osté*. Mobilier, faïence, jouets, textile d'ameublement témoignent d'un profond renouvellement de formes et des motifs. À l'étage, les faïenceries de Quimper déploient leurs récentes productions ; les services de table *La Mer* et *La Galette*, édités par Henriot, y obtiennent un grand succès.
Au printemps 1926, Méheut est invité en Sologne par l'écrivain Maurice Genevoix dont il va illustrer *Raboliot*. Parties de pêche en étang, parties de chasse nocturnes sur les pas des braconniers, croquis chez l'empailleur Touraille : il se documente sur cet univers singulier. Il y est rejoint par un couple d'amis, Édouard et Yvonne Jean, voisins de la rue Falguière rencontrés trois ans plus tôt. Méheut a accepté de prodiguer ses conseils à la jeune femme (1895-1993), à l'aube d'une carrière d'artiste. Elle est séduite par le talent de son mentor. Le travail commun en Sologne est la première étape d'une collaboration étroite, qui durera trente ans. En mai, Méheut adresse à Yvonne Jean-Haffen sa première « lettre ornée », inaugurant une correspondance artistique qui comportera plus de 1 400 courriers illustrés[17]. Précieuses sources d'information sur la carrière de Méheut, ces lettres mêlent souvenirs de voyages, esquisses de projets et échos d'œuvres en devenir, reflets des travaux effectués sur le terrain et dans l'atelier. Ayant conseillé à sa jeune disciple d'exposer, non plus au Salon des Artistes français, mais à celui des Artistes décorateurs, il écrit : *Pourquoi quitter le grand Salon ? [...] je ne puis croire vous avoir fait faire fausse route, je ne puis croire que l'étude de la nature, les recherches vers ce qui vibre, vit, soient négligeables ; que la gravure, l'Art décoratif soient des Arts inférieurs et réclamant moins de goût que pour établir un tableau*[18]. C'est le manifeste véhément d'un artiste décorateur.

En août, il part pour le Finistère *via* Cancale, Saint-Malo et Lamballe, travaille à la faïencerie de Quimper, se rend à Notre-Dame de Rumengol, à Plougastel et à la fête des Filets bleus à Concarneau. Invité à l'automne par le docteur Mouchotte à Bruneval, tout près d'Étretat, il découvre les valleuses et les grèves du pays de Caux. À Yport, il s'enthousiasme : [Je] *viens d'assister au départ des barques. Épatant, épatant !* Il ajoutera : *Les belles scènes qu'il y a à Étretat c'est inouï, d'un grandiose, c'est inouï.* Sa capacité d'émerveillement, sans limite, se traduit par des dizaines de dessins réalisés sur les plages de galets au pied des falaises.

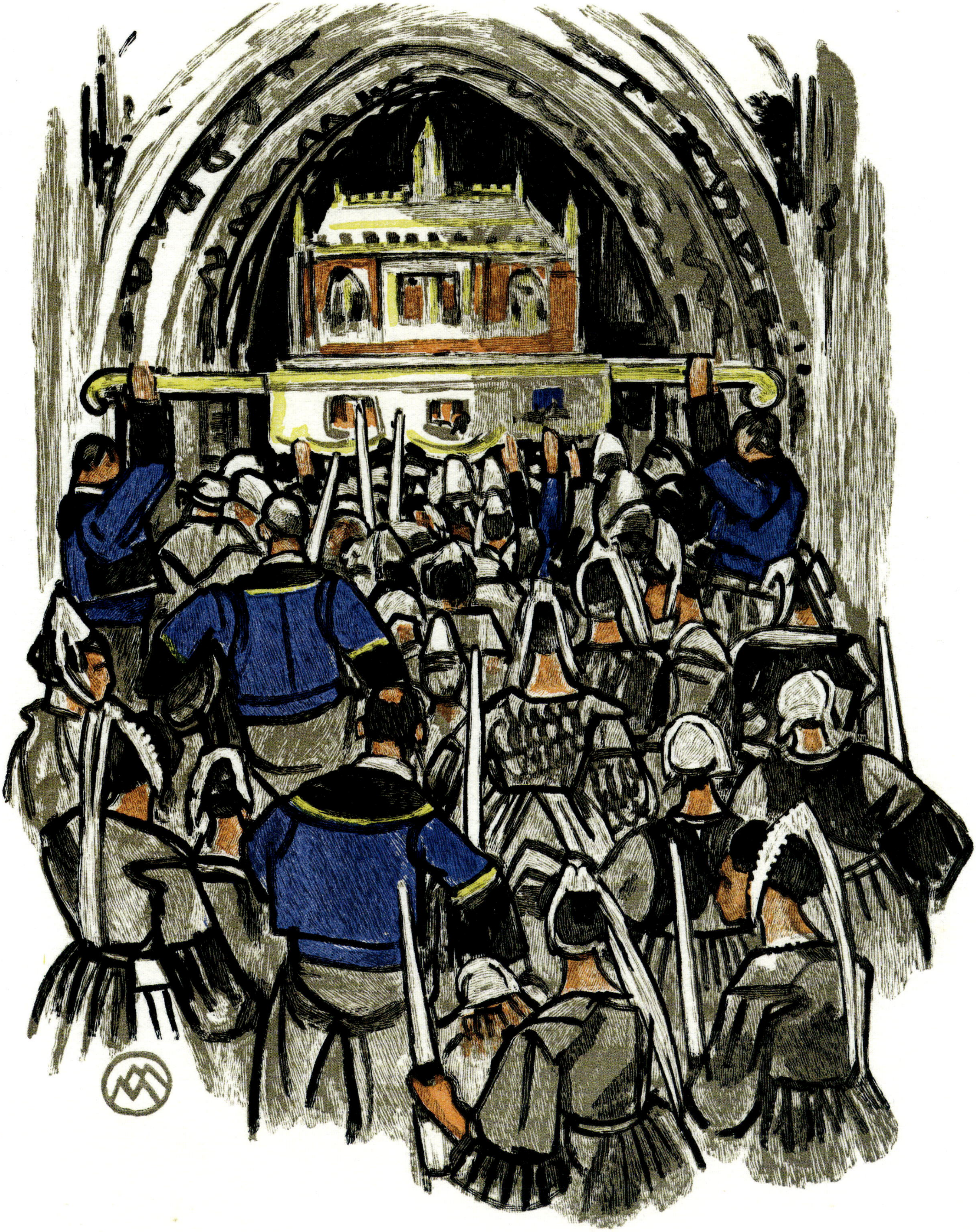

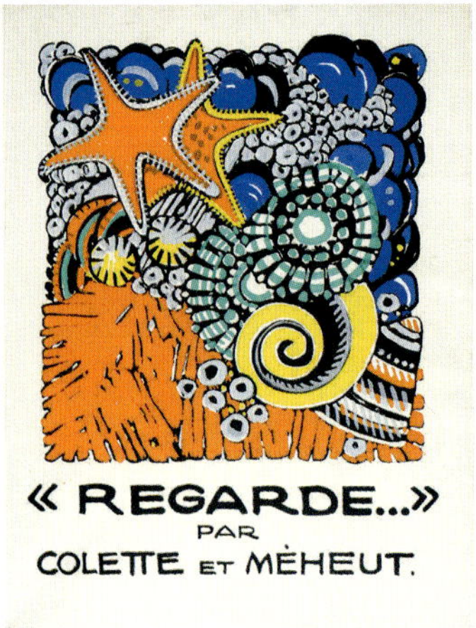

REGARDE...
PAR COLETTE ET MÉHEUT, COUVERTURE.
© E. Rousseau, Grand Angle, Lamballe © ADAGP, Paris, 2013.

En 1927 paraît l'*Étude de la forêt*, fruit de plusieurs années d'exploration d'un univers qui le fascine depuis son passage dans les tranchées de l'Argonne. Au cours de cette année, il multiplie les excursions à Brest et Camaret, au Faouët et à Roscoff, sur les quais de Concarneau et Douarnenez et, en Bretagne intérieure, à Scaër et Coray. Travaillant à plusieurs reprises à la faïencerie de Quimper, il fréquente aussi en région parisienne les céramistes Henri Chaumeil, René Meynial, Alphonse Gentil et François-Eugène Bourdet. Ces deux derniers conçoivent d'après son projet le décor du hall des Messageries maritimes. À la fin de l'année, Méheut produit ses premières pièces à la Manufacture nationale de Sèvres, et il peut par ailleurs écrire le 1er décembre : *Et voici le livre de Colette qui s'avance, hélas comme toujours on part sur un beau programme, l'on croit au beau livre… ! et puis voici la facture du papier trop cher, du pochoir trop élevée, du trop grand nombre de planches et finalement malgré toute la bonne volonté de l'éditeur (ce qui est le cas cette fois-ci) ce n'est pas encore le bouquin dont on a rêvé*[19] : le projet engagé avec Jean-Guy Deschamps et l'enlumineur au pochoir Jean Saudé ne satisfera pas totalement l'artiste exigeant.

L'année suivante, Méheut s'attelle à la décoration du paquebot *Georges-Philippar*, à l'illustration de *Mon frère Yves* et d'*Au pays des pardons*. Pour le roman de Loti, il se rend à Paimpol et à Brest, à l'île Vierge et à Rosporden, ville natale du héros, Yves Kermadec. Il fait même poser à Paris un « matelot » en tricot rayé qui grimpe dans les haubans de l'atelier ! Pour l'ouvrage de Le Braz, il court les pardons tout au long du mois d'août. L'année est encore placée sous le signe de la céramique puisque Méheut travaille beaucoup à Sèvres. En décembre, son exposition personnelle à la Galerie Charpentier, rue Saint-Honoré, est un succès. Il y vend des tableaux et des céramiques, et l'État acquiert pour le musée du Luxembourg une grande toile consacrée aux paludières de Guérande (aujourd'hui au musée d'Orsay).

L'année 1929 est celle de la parution de *Regarde !* signé par Colette et Méheut, mais aussi, dans la collection de « La Petite Illustration », du roman d'Isabelle Sandy *Le Dieu noir*, situé en pays bigouden. Les lettres adressées à Yvonne Jean-Haffen tiennent la chronique des manifestations parisiennes auxquelles il assiste, des obsèques nationales du maréchal Foch, le 26 mars, à la bénédiction des automobiles pour la Saint-Christophe en juillet. En avril, il est à Tréguier pour le pardon de Saint-Yves, et séjourne également dans le Midi chez Albert Kahn, pour lequel il réalise la décoration de la villa Miramar. En juillet, il assiste à la grande troménie de Locronan, en septembre, au pardon de Sainte-Anne-la-Palud. Le travail est intensif, les déplacements sont fréquents entre l'atelier parisien où les œuvres sont achevées, la Bretagne où il retourne en enquête à chaque occasion et le Midi où s'aménagent les paquebots et où Albert Kahn accueille généreusement au Cap-Martin.

VOYAGES ET MISSIONS

En 1930, Méheut décore le paquebot *Jean-Laborde*. Il est en février à Saint-Malo pour le pardon des terre-neuvas, et l'été à Roscoff, Quimper, Douarnenez et à la pointe du Raz pour le pardon de Notre-Dame-des-Naufragés. Il adresse durant l'été ses maquettes pour un projet de décor à Pittsburgh (Pennsylvanie). Elles sont acceptées. Il traverse donc l'Atlantique en octobre, sur l'*Île-de-France*, à bord duquel il effectue de nombreux croquis. Il doit réaliser la décoration murale d'un immense hall de réception dans l'immeuble Heinz. La tâche est gigantesque, et Yvonne Jean-Haffen le rejoint et le seconde. Après l'inauguration de la salle, le 8 novembre, l'artiste et son assistante reviennent ensemble et débarquent au Havre.

Pour l'Exposition coloniale, événement parisien majeur de l'année 1931, Méheut a œuvré à Sèvres, concevant huit vases qui ornent le salon de l'Afrique du nouveau Musée permanent des colonies abritant le commissariat de l'Exposition. En décembre, il part de Marseille à bord du paquebot *Angkor* pour la Grèce et la Crète, où il travaille là aussi en compagnie d'Yvonne Jean-Haffen. Dans la perspective de la décoration d'un nouveau navire, les Messageries maritimes leur ont offert d'aller étudier la civilisation minoenne. Ils visitent et relèvent les fresques des palais de Cnossos, explorent les musées de Candie et d'Athènes,

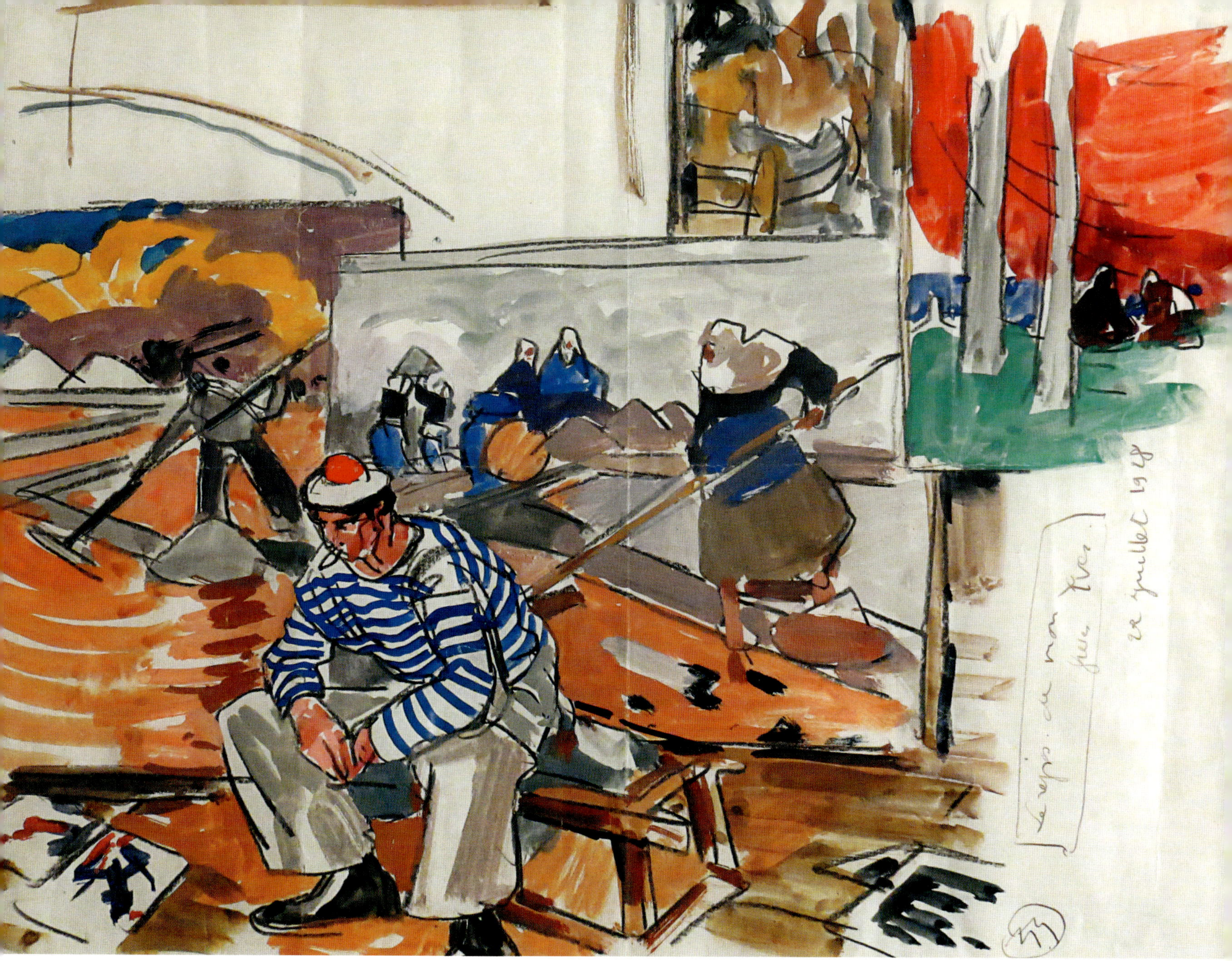

LE REPOS DE MON FRÈRE YVES.
LETTRE À YVONNE JEAN-HAFFEN, LM 208, 1928.
Dinan, musée Yvonne-Jean-Haffen-Maison d'artiste de la Grande Vigne/Denis-Michel Boëll © ADAGP, Paris, 2013.

visitent le Parthénon, qui figure à l'arrière-plan d'un portrait de Méheut que peint Yvonne. Au Pirée, il peint des marchands de fruits, un boucher au narguilé, des émigrants arméniens… Pour venir à bout des dix-sept panneaux commandés, il loue avec Yvonne Jean-Haffen un atelier villa d'Alésia.

LA PROVENCE

Ces années d'intense labeur apportent à Méheut une certaine aisance : il acquiert, sur les hauteurs de Cassis, un terrain sur lequel son ami architecte Julien Heulot édifiera une villa dans laquelle les Méheut vont séjourner régulièrement à partir de 1934. La Provence devient un nouveau terrain d'exploration. En 1932, Méheut s'attache à tous les aspects du pèlerinage des Saintes-Maries-de-la-Mer : procession, bénédiction de la mer, prières, danses de nuit au son des guitares, gitans, gardians. Par la suite, il s'intéresse aux joutes nautiques, auxquelles il assiste systématiquement, à Cassis, La Ciotat, Marseille. Son intérêt se porte également au spectacle des corridas. Sur chacun de ces sujets, il multiplie les études aux crayons de couleur et les séries de gouaches. Familier des quais et des terrasses de café des ports du golfe du Lion, il observe le trafic des navires, le déchargement des oranges à La Joliette, la drague à vapeur qui cure les bassins ; il fréquente – et dessine – les pêcheurs côtiers, à Cassis, où il sort en mer traquer le thon, comme à Marseille. De la préparation des nasses en osier pour la capture des rascasses aux étals de marchands de coquillages, il compose des scènes animées qui fourniront des images pour les menus des restaurants Prunier.

En 1931, il a réalisé un panneau de décor pour le restaurant parisien et, l'année suivante, il conçoit la vaisselle de table de l'établissement. Resté à Paris en juillet 1932, il peint clients et musiciens à La Coupole, joueurs de biniou devant la gare Montparnasse et couple de sonneurs chez Postic pour le bal de la fête nationale. Il voit paraître un étonnant et luxueux ouvrage auquel il a participé, intitulé *Pax Mundi. Livre d'or de la paix.* Édité à 450 exemplaires à Genève à l'initiative de la Société des Nations et du Bureau international du travail, reproduisant des messages de paix du monde entier émanant d'hommes politiques, de chefs religieux, d'écrivains et d'hommes de science, ce gros livre est orné de reproductions d'œuvres anciennes et de gravures sur bois en couleurs dues à douze artistes contemporains. Méheut, qui a illustré la célèbre ballade de Paul Fort *La Ronde autour du monde*, se réjouit : *3 000 francs en vente, presque tout souscrit, gros succès paraît-il de mes dessins à côté de ceux de Foujita,* [Maurice] *Denis,* [Bernard] *Naudin, etc.* Fin 1932, il termine ses tableaux (marché malgache et paysage du Canigou) pour le paquebot *Maréchal-Joffre*, mis en service le 22 janvier suivant. Ce même jour, il assiste à La Ciotat au lancement du *Président-Doumer*, dernier paquebot des Messageries maritimes sur lequel il interviendra. Il louera avec Yvonne Jean-Haffen un atelier avenue de Ségur, afin de travailler ensemble aux panneaux de ce navire. Elle a reçu la commande du décor de la salle de jeux des enfants, sur le thème du *Roman de Renart*; lui illustre le roman de *Tristan et Iseut.* Au printemps 1934, c'est pour la Compagnie générale transatlantique que l'activité est intense : illustration de brochures, de menus, célébration du quatrième centenaire de l'arrivée de Jacques Cartier au Canada, projets de décoration pour le *Normandie*. Recevant en mars le menu imprimé d'animaux marins, il se désole : *Tout le tirage est raté, j'en suis désolé*[20].

ENTRE PARIS ET LA BRETAGNE

On le presse par ailleurs d'avancer l'illustration de *Filles de la pluie*, roman d'André Savignon pour lequel il dispose de nombreux croquis faits à Ouessant, mais il éprouve le besoin de retourner sur l'île les compléter. Il enrichit chaque année son fonds de « documents » bretons. Il consacre une longue série de dessins au pardon de Ploudalmézeau où l'on bénit les chevaux. Il court au pardon de Saint-Nicodème en Pluméliau dessiner la descente de l'ange qui allume le feu de joie. En 1935, il effectue de nouvelles enquêtes à Paimpol et Ploubazlanec en vue de l'illustration du roman de Loti *Pêcheur d'Islande*. À la Pentecôte, il suit le pardon de Saint-Mathurin à Moncontour. À la fin de l'année, il poursuit ses recherches sur la grande

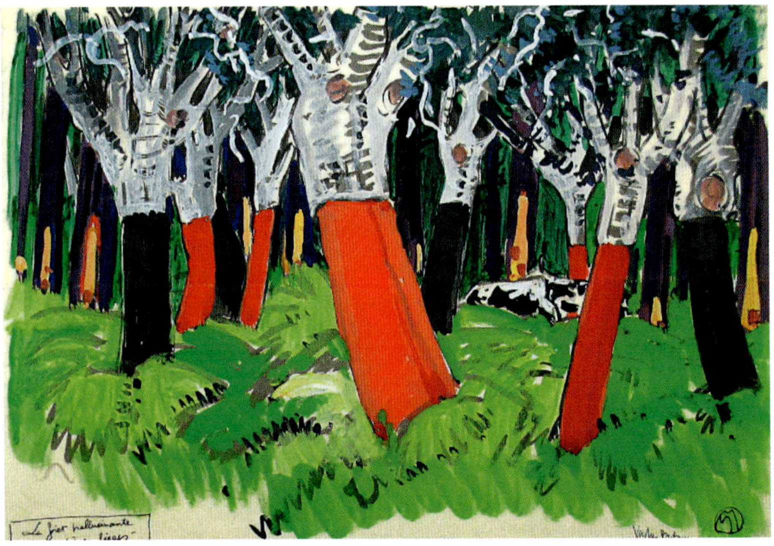

***LA FORÊT HALLUCINANTE OU LES CHÊNES LIÈGE, PRÈS DAX,* AOÛT 1938. LETTRE LM 94C.**
Dinan, musée Yvonne-Jean-Haffen-Maison d'artiste de la Grande Vigne/C. Pigot © ADAGP, Paris, 2013.

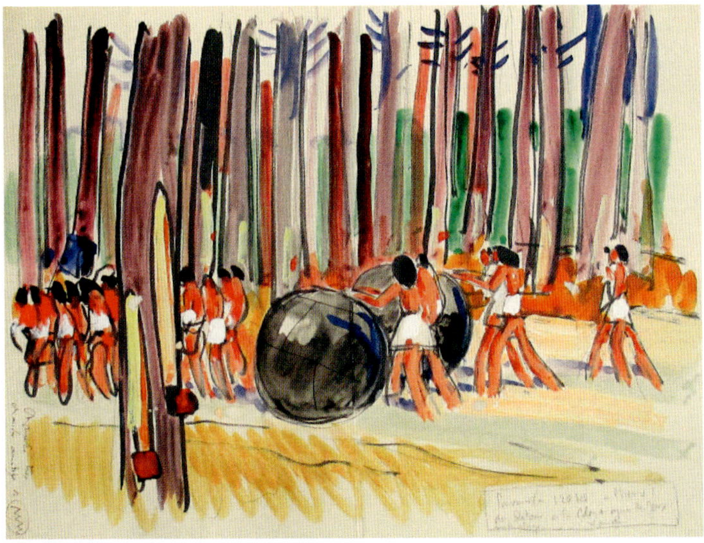

***SOUVENIR À 120 KM À L'HEURE DU RETOUR À LA COLONIE APRÈS LES JEUX SUR LA PLAGE (LANDES).* LETTRE LM 97C.**
Dinan, musée Yvonne-Jean-Haffen-Maison d'artiste de la Grande Vigne/C. Pigot © ADAGP, Paris, 2013.

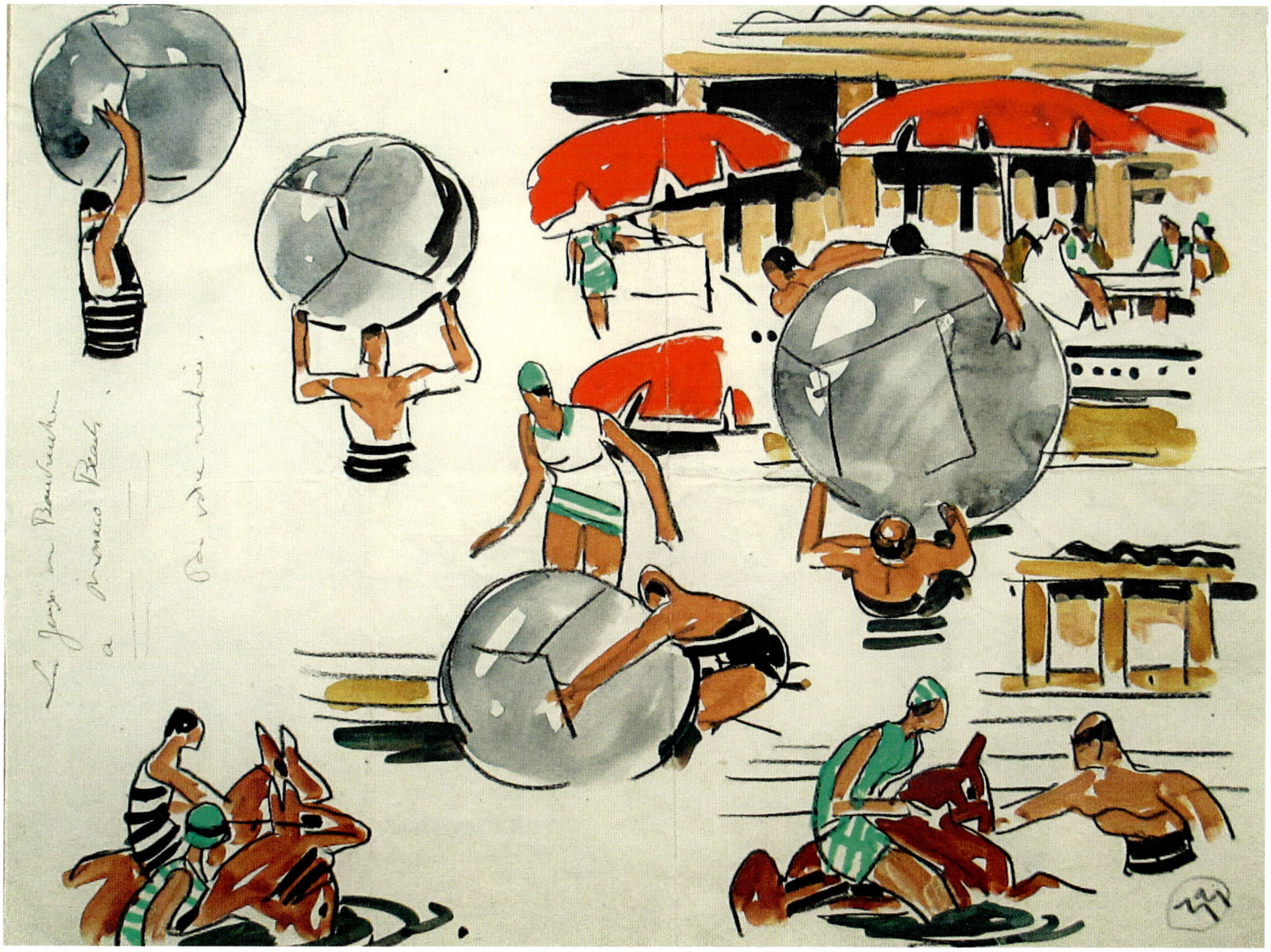

LES JEUX EN BAUDRUCHE À MONACO BEACH (1929).
LETTRE LM 371.
Dinan, musée Yvonne-Jean-Haffen-Maison d'artiste de la Grande Vigne/C. Pigot © ADAGP, Paris, 2013.

pêche à Saint-Malo, descend dans la cale à poisson d'un morutier, offre une gouache sur ce sujet à Simone Barnagaud-Prunier. Il est hospitalisé à la suite d'une crise de rhumatismes, qui va occasionner au cours de trois étés suivants des séjours en cure à Dax.

Il mène cependant à bien deux chantiers importants à Paris, intervenant à la fois dans le décor du pavillon de la Marine marchande et dans celui de la Bretagne à l'occasion de l'Exposition internationale des arts et techniques dans la vie moderne de 1937. Il couvre les frontons du pavillon breton d'un grand décor peint qui suscite une controverse. Un premier projet représentait des fileuses et des ouvriers de la faïencerie. Un des sujets finalement retenus, montrant deux couples de danseurs en costume traditionnel, surmontés d'un jeune flûtiste et entourés d'un tourbillon de rubans, semble trop futile aux yeux des tenants d'un art engagé. Dans le cadre de cette exposition, il produit son – unique – affiche pour un bal de la Marine.

LANDES ET PAYS BASQUE

Pendant ses trois cures thermales à Dax (1936-1938), il excursionne en autocar dans les Landes et au Pays basque, découvrant de nouveaux sujets d'intérêt : courses landaises, jeux de quilles et de pelote basque, scènes de marché, exploitation forestière et transport du bois, trains de chalands sur l'Adour… Quand il est cloué sur place par les soins, il dessine le quotidien des curistes dans l'établissement thermal des Baignots. Mais dès qu'il peut s'évader à Biarritz ou Hendaye, il croque des scènes de pêche, de pelote et de courses taurines. Et de retour dans le Midi, il peint les vendanges à Cassis et deux instantanés du tournage par Marcel Pagnol du film *César* sur les quais. À la fin de l'été 1938, partant de Dax pour Cassis en automobile, il n'ose faire arrêter le chauffeur qui roule *à 120 km/h*, mais trouve le moyen de croquer à la gouache le retour de plage d'une troupe d'enfants en colonie de vacances ! Au

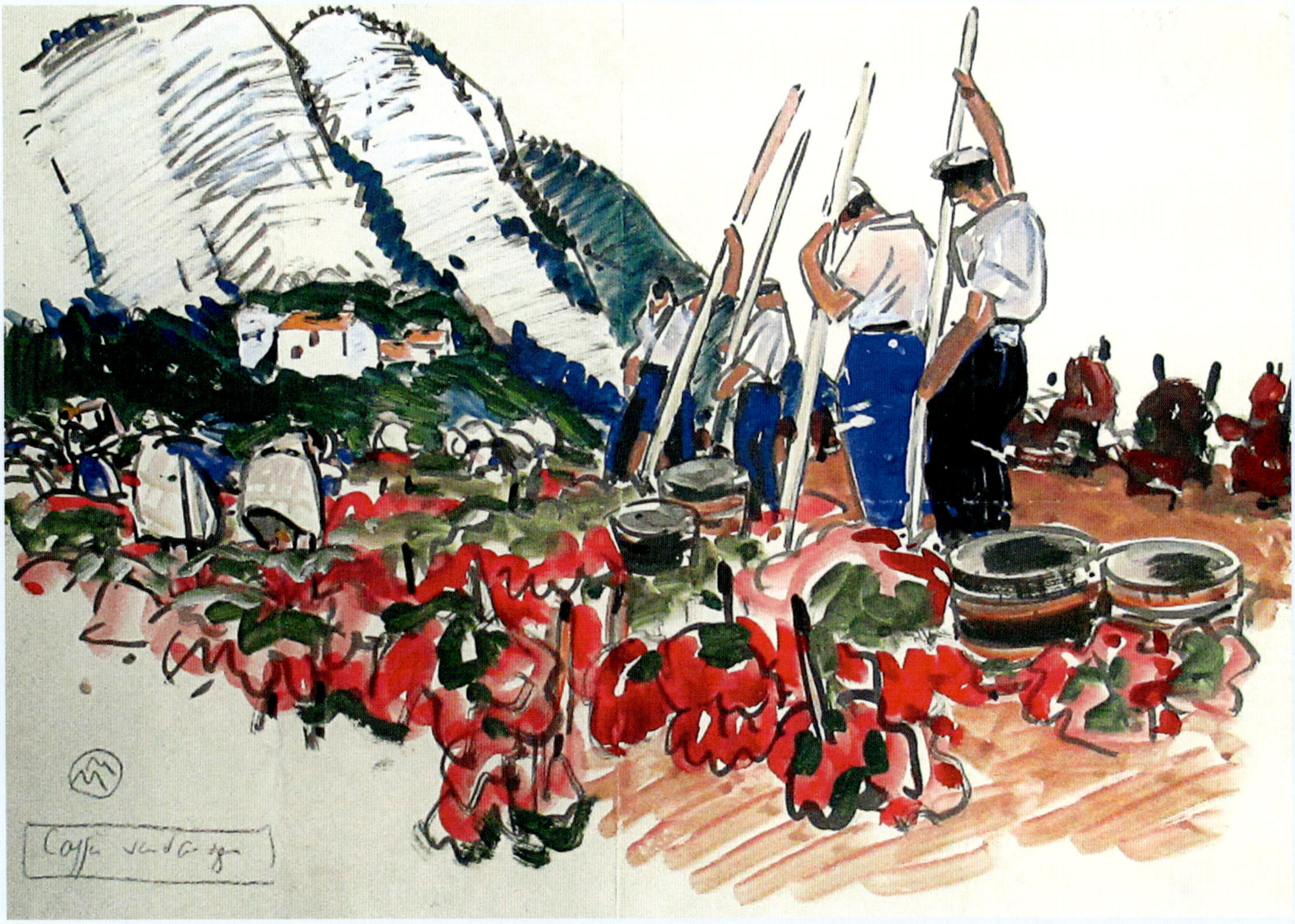

CI-DESSUS *CASSIS. LES VENDANGES (1937).* LETTRE LM 66C.

À DROITE EMBARCATIONS DE PLAISANCE (KAYAK, CANOË, PIROGUES) SUR LA CALE, CASSIS, AOÛT 1938. LETTRE LM 100C.

Dinan, musée Yvonne-Jean-Haffen-Maison d'artiste de la Grande Vigne/ C. Pigot

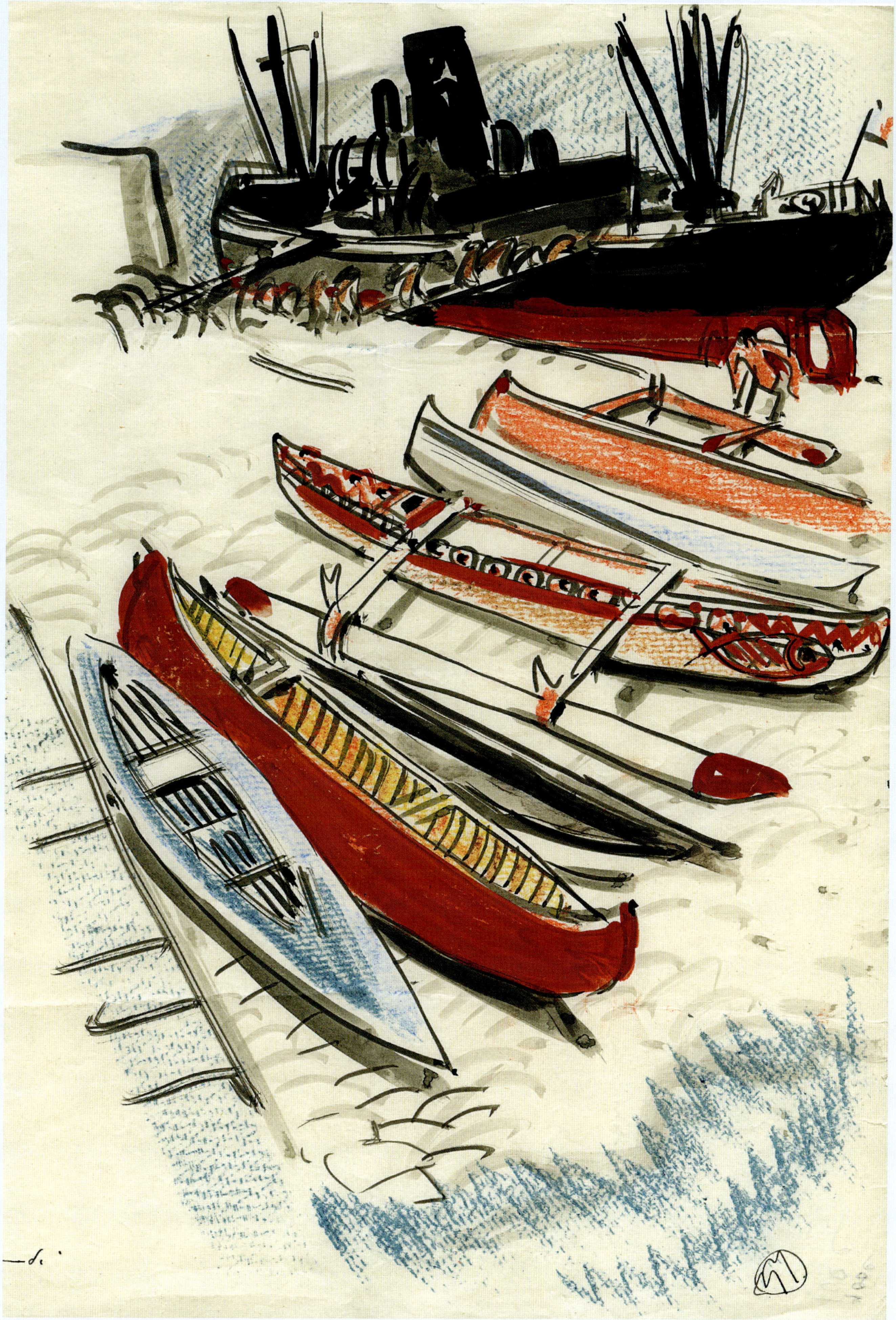

bord de la Méditerranée cette fois, il ne limite plus ses observations aux poissons et aux terrasses des cafés du port. Il s'intéresse aux cabines et aux embarcations de plage, au loueur de périssoires, aux plaisirs de la plage et aux baigneurs : *Cela n'a pas la profondeur de la Bretagne mais tout de même il y a quelque chose de vivant, de bien-être que l'on ne trouve qu'au soleil, voir des corps en action, le corps tonifiant de toute cette belle jeunesse, il y a tout de même quelque chose d'épatant, j'ai fait deux grandes peintures et beaucoup de croquis en couleur [...] dans ce coin des Anglais il y a des nageurs extraordinaires, ils jouent dans les vagues et la vague les ramène dans les rochers, c'est inouï, et magnifique, de vraies sirènes, mais je n'ose m'approcher pour dessiner*[21].

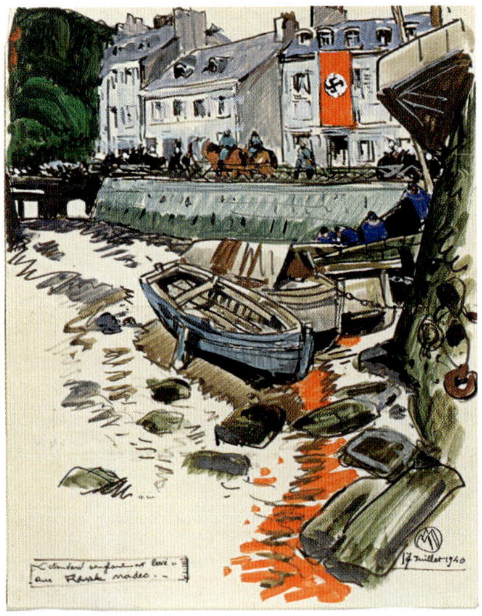

L'ÉTENDARD SANGLANT EST LEVÉ RUE RENÉ MADEC.
17 JUILLET 40. LETTRE LM 224 C.
Dinan, musée Yvonne-Jean-Haffen-Maison d'artiste de la Grande Vigne/ C. Pigot © ADAGP, Paris, 2013.

LES ANNÉES DE GUERRE

Le printemps 1939 est consacré à l'élaboration de la tapisserie commandée par la Manufacture nationale des Gobelins, une *allégorie de la vie marine*, dont il propose une maquette gouachée. Une fois celle-ci acceptée, il prépare le 10 avril la toile de 4 x 6 mètres sur laquelle il va peindre le carton, modèle en dimensions réelles. Pendant l'été, on le presse d'*activer pour le transporter à Aubusson* ; le travail est achevé le 3 septembre, deux jours après la déclaration de la guerre. Incité par ses amis à quitter Paris, craignant les bombardements sur la capitale, l'artiste a rédigé son testament et confie son inquiétude : *Et voilà de nouveau la misère et les soucis. Que vont devenir les artistes dans ce chaos ? les autres se débrouilleront toujours, mais changer de métier, à mon âge...* Et pourtant les mois d'été sont passés à des dessins animaliers, à des recherches pour des créations céramiques à Quimper, à des motifs pour des créations textiles : *Ne croyez-vous pas qu'avec ces motifs repris de l'ancien l'on pourrait rajeunir un peu la décoration bretonne, surtout dans le domaine de la broderie, ce serait beaucoup moins chargé que les broderies dites bigoudennes.* Méheut est très préoccupé par un ambitieux projet de décor de salle à manger et de salle de bal à sujets bretons, à Brest, dans le chantier duquel son ami Heulot est impliqué. Il rencontre en Bretagne le propriétaire des lieux, qui ne donnera pas suite en raison des circonstances. Une dizaine de gouaches illustrent les rencontres entre militaires et filles dans une maison de passe brestoise, le *Boum Daisy*, d'autres aux scènes de foire et de marché « de guerre ».

Méheut passe à Paris le premier semestre 1940, conçoit les décors du restaurant lillois *À l'huîtrière*, et gagne en juin la Bretagne – Quimper où habite sa fille Maryvonne, puis Rennes, où il est chargé d'enseignement à l'École des beaux-arts jusqu'en 1944, et enfin Dinan, où il sera accueilli à de nombreuses reprises dans la maison acquise en 1937 par le couple Jean, *La Grande Vigne*. Dans ce havre qu'il baptise « le Paradou », l'élevage local et l'environnement rural rendent le ravitaillement et la vie quotidienne moins difficiles.

La grande entreprise de ces années de guerre est l'ensemble décoratif constitué d'immenses panneaux qu'Yves Milon, directeur de l'Institut de géologie et doyen de la Faculté des sciences de l'Université de Rennes, lui propose à la fin de 1941. Méheut accepte en novembre, et la commande est confirmée en 1942. Vingt panneaux consacrés à la flore et à la faune des temps préhistoriques, ainsi qu'à l'exploitation des ressources du sol, doivent être réalisés par ses soins, cinq autres par Yvonne Jean-Haffen qui représentera des paysages de Bretagne à la géologie caractéristique. Cette ambitieuse entreprise à quatre mains[22], dans les conditions précaires de l'Occupation, va accaparer les deux artistes durant cinq années : repérages *in situ*, mise en place des sujets, préparation des toiles immenses et exécution des peintures à la caséine, harmonisation des couleurs, marouflage et mise en place dans les locaux prévus, inaugurés en 1947.

Méheut donne encore des illustrations aux éditeurs Horizons de France et Arthaud, pour *Visages de la Bretagne* et *L'Art breton*, mais mène surtout à bien en trois ans sa participation à l'un de ses ouvrages les plus célèbres, *Vieux Métiers bretons*, dont Florian Le Roy a achevé la rédaction en 1942. Méheut va puiser dans ses « documents » pour illustrer certaines activités auxquelles il s'intéresse depuis parfois trois décennies, mais il reprend ses enquêtes

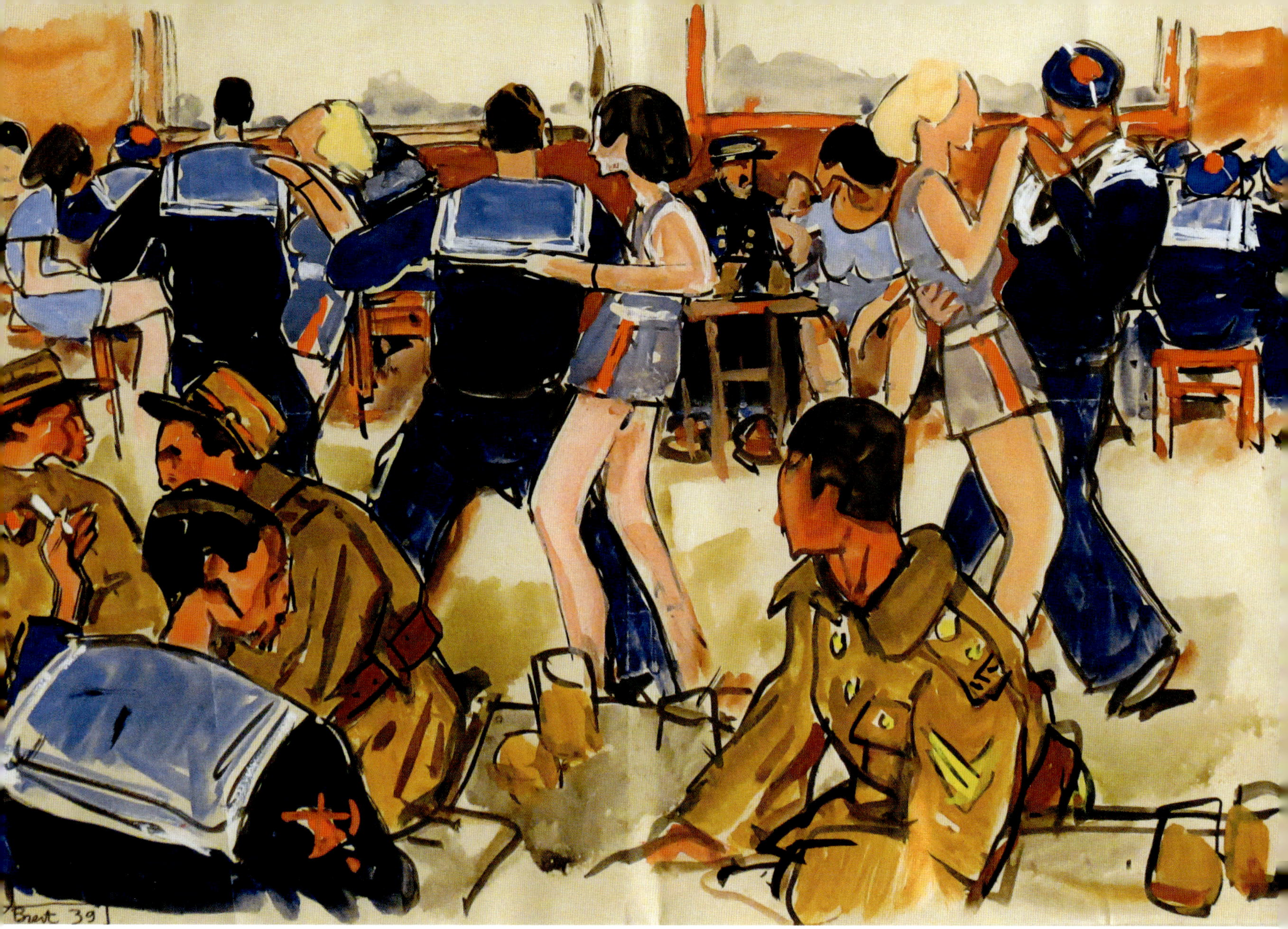

BREST, BOUM DAISY, 1939.
LM 185C.
Dinan, musée Yvonne-Jean-Haffen-Maison d'artiste de la Grande Vigne/ Denis-Michel Boëll

de terrain afin d'actualiser et compléter ses informations. Il parcourt à nouveau la Bretagne en tous sens, des marais salants de Guérande aux chantiers navals de Douarnenez, des villages de terre-neuvas des bords de la Rance aux ardoisières de la Montagne Noire. Il réalise de véritables reportages, qui prolongent le texte de Le Roy. Il inclut, dans le chapitre « De fil en aiguille », des croquis d'une brodeuse et de broderies faits à Pont-l'Abbé, chez Le Minor. La rencontre de Marie-Anne Le Minor, fin 1942, est le prélude à une amitié et à une coopération qui se traduira en 1947 par la publication de deux livres sur les brodeurs, dont les textes seront respectivement dus à Auguste Dupouy et à Jean de La Varende. Pendant ces années de guerre, il poursuit sa fréquentation des pardons, à Sainte-Anne-la-Palud, Notre-Dame de la Joie, Saint Cornély à Carnac, Saint-Hervé à Gourin.

L'APRÈS-GUERRE

Il se plaint fin 1944 des trop nombreuses sollicitations d'éditeurs, qui ne débouchent pas toujours sur des contrats. Ainsi, il travaille beaucoup sur le thème de la mort, dans la perspective d'une illustration du livre d'Anatole Le Braz envisagée avec l'éditeur Floch. Cette *Légende de la mort chez les Bretons armoricains* ne verra jamais le jour, mais il en reste de nombreux dessins préparatoires. Une nouvelle édition de *Pêcheur d'Islande* restera également à l'état de projet. Les deux années d'après-guerre sont en partie consacrées à des expérimentations dans le domaine de la gravure. Passionné par la dimension technique de l'imprimerie, il a de fréquents échanges avec des imprimeurs comme Jean Luginbuhl à La Néogravure, Georges Duval, un spécialiste de la phototypie, et plus tard avec l'Imprimerie moderne de Nantes (Beuchet et Vanden Brugge). À l'occasion du changement d'adresse parisienne des éditions de l'Arc-en-Ciel, il participe, aux côtés des auteurs et des illustrateurs de la maison (Colette,

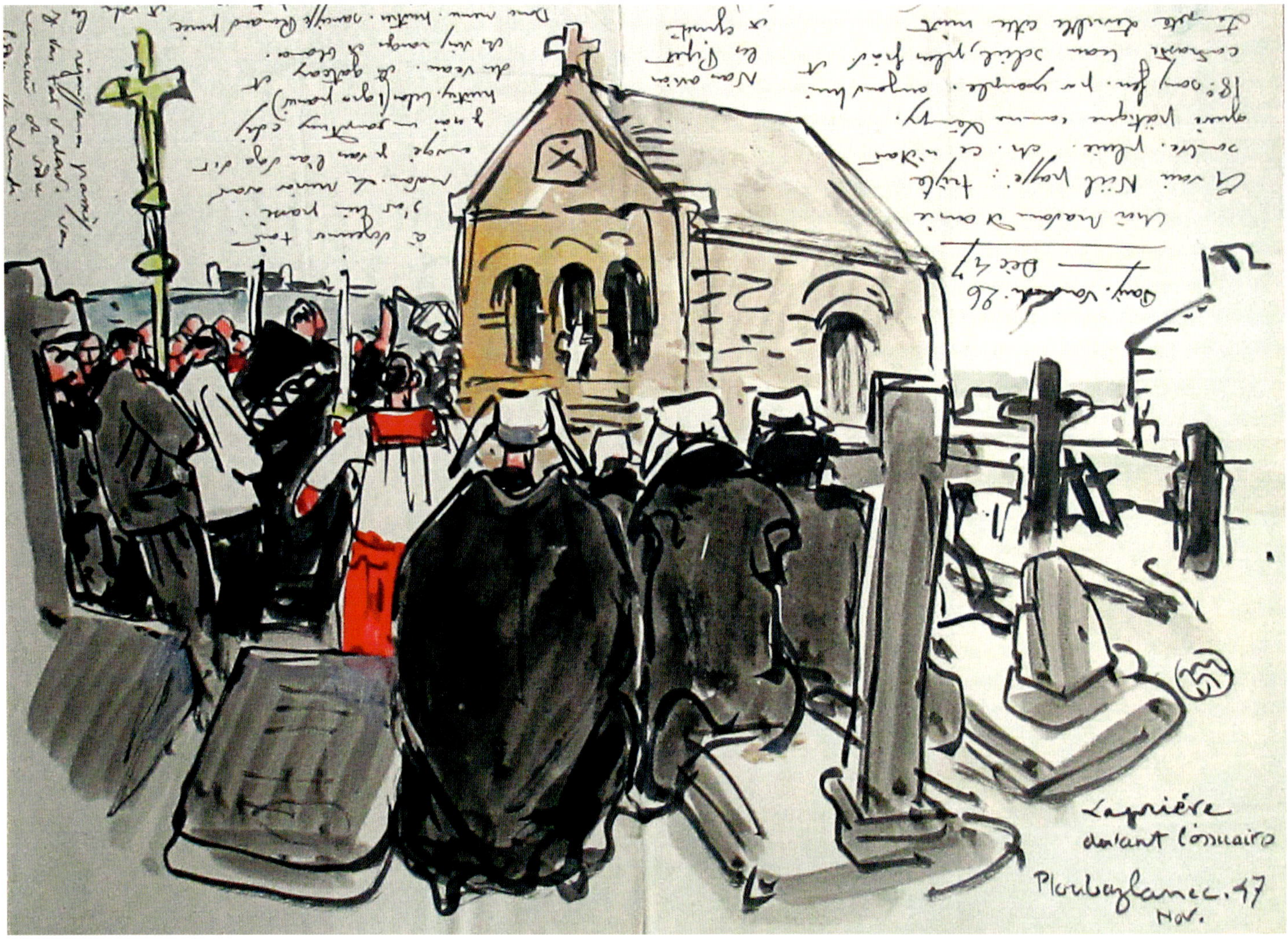

LA PRIÈRE DEVANT L'OSSUAIRE, PLOUBAZLANEC, NOVEMBRE 1947.
LETTRE LM 178D.
Dinan, musée Yvonne-Jean-Haffen-Maison d'artiste de la Grande Vigne/C. Pigot © ADAGP, Paris, 2013.

Francis Carco, Pierre Mac Orlan, André Dignimont, Gus Bofa, Léon Haffner et le directeur artistique, André Collot) à une publication intitulée *La Crémaillère* qui commémore l'installation de Gaston Renson dans ses nouveaux locaux. Celui-ci s'apprête à publier en 1947 *Sous le pied de l'archange*, de Roger Vercel, roman pour l'illustration duquel Méheut met en œuvre chez l'imprimeur Duval un procédé de gravure d'après une plaque de verre. Pour ce livre, il réalise de nombreux croquis dans la baie du Mont-Saint-Michel, suivant les pêcheurs à pied jusqu'aux nasses des pêcheries fixes, tout au « bas de l'eau ».

En 1947 également, l'ancien Poilu puise dans ses croquis de guerre pour illustrer à son tour le roman de Roland Dorgelès, *Les Croix de bois*, publié initialement en 1919. Il transpose dans la trame narrative du roman des scènes qu'il a lui-même vécues et dessinées sur le vif, recomposant à la gouache et recadrant ses croquis au format du livre. Ce travail d'adaptation nous est connu par les épreuves des hors-texte qu'il adresse à son ami Xavier Grall en les légendant. On a là un autre exemple de la réutilisation, trente ans après, de ses « documents ». La décoration de navires pour la Compagnie générale transatlantique reprend cette même année au rythme d'au moins un navire par an jusqu'en 1953. À partir de 1951 s'ajoutent les tableaux destinés à orner les carrés des cargos de la Société française de transports pétroliers. Méheut se rend donc à Schiedam près de Rotterdam, où ces unités sont construites et aménagées au chantier naval Wilton Fijenoord. Et pour traiter les thèmes imposés pour ces navires aux noms de provinces, il repart sur le terrain repérer un château ou observer une meute de chasse à courre.

En 1951, Méheut achève un panneau spectaculaire évoquant le port de Sainte-Marine, destiné à la Caisse d'épargne de Pont-l'Abbé. Il est nommé peintre honoraire de l'Armée et entreprend un grand décor de carreaux de céramique pour la façade de la faïencerie Henriot à Quimper. Il participe également, aux côtés de onze autres artistes – parmi lesquels Albert Brenet, Félix Lorioux, Jean-Adrien Mercier ou Jean Picart Le Doux –, à l'illustration d'un

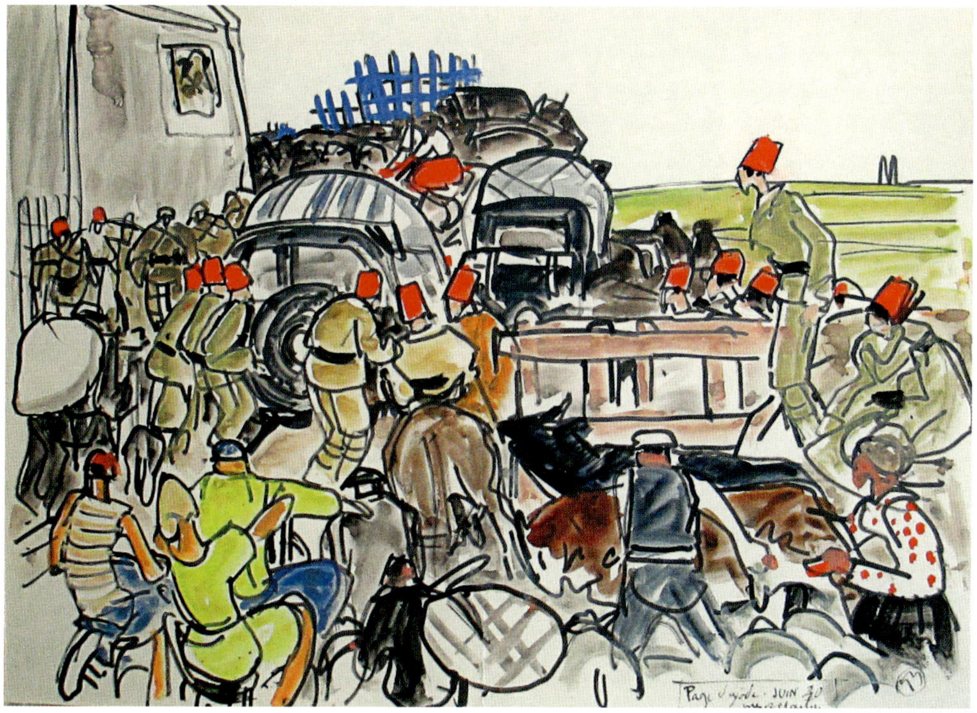

PAGE D'EXODE.
JUIN 40 PRÈS DE CHARTRES.
LETTRE LM 216C.
Dinan, musée Yvonne-Jean-Haffen-Maison d'artiste de la Grande Vigne/C. Pigot
© ADAGP, Paris, 2013.

livre édité par le Rotary-Club, *Nantes, une porte de l'Europe*. Le maître d'œuvre en est Alfred Letourneur, l'un des gérants de l'Imprimerie moderne de Nantes. Pour cet album qui célèbre la renaissance du port ligérien, Méheut offre de nouvelles variations sur ses sujets classiques (pêche à la sardine et au thon, conserverie), mais aussi une image lumineuse du vignoble de Sèvre-et-Maine et une vue intérieure des Forges de Basse-Indre. Il travaillera à plusieurs reprises avec cet imprimeur nantais qui utilise l'offset, par exemple pour une plaquette éditée par les Ateliers et Chantiers de la Loire à Saint-Nazaire en 1952. Sa production éditoriale reste intense. On remarquera les dix illustrations pour *Mers bretonnes* de Jean de La Varende (1950), les 17 gouaches originales pour la couverture et les hors-textes du livre de Jean Chagnolleau *Les Îles de l'Armor* (1951) et les 82 images fournies en 1954 pour le volume de Marie Mauron sur la Provence dans la collection « En parcourant… » aux éditions Les Flots bleus. Le format modeste du livre et sa médiocre qualité d'impression ne rendent pas hommage aux travaux effectués par l'artiste dans cette province sillonnée et aimée depuis vingt ans, et parcourue en 1950 et 1951 en compagnie d'Yvonne Jean-Haffen pour préparer ce livre, qu'il juge *complètement raté*[23].

En 1953, Méheut est à Boulogne-sur-Mer pour prendre part à une marée en mer du Nord à bord d'un chalutier des Pêcheries Delpierre, principal armateur du premier port de pêche français. Les séries de dessins qu'il en rapporte sont destinées à un ouvrage voulu par la chambre de commerce, pour lequel un texte a été demandé à Jean de La Varende. Celui-ci ayant fourni un manuscrit trop imposant, on fait appel à Roger Vercel. Le livre *Boulogne, grand port de pêche* paraîtra en 1956, l'année où Méheut est élu à l'Académie de Marine. Il reproduit, au format à l'italienne, des scènes de pêche au chalut et de débarquement du poisson issues de cette dernière sortie en mer. Plusieurs sont reprises dans le dernier ouvrage auquel il collabore aux côtés de Marin Marie et d'Albert Brenet, *Pêcheurs des quatre mers*.

Du 9 au 22 décembre 1955, la galerie Bernheim Jeune accueille son ultime exposition personnelle, qui n'est que la quatrième de toute sa carrière. Intitulée « Images de mon pays et d'ailleurs », elle rassemble 157 œuvres, dont un tiers relatives à la Bretagne, et montre la diversité de ses sujets d'intérêt récents : Boulogne-sur-Mer, la Provence, la Grèce, le cirque, des animaux, quelques fleurs, quatre maquettes décoratives et une douzaine de monotypes, relatifs au Japon ou à la Camargue. En décalage complet avec les courants artistiques qui dominent la scène de l'après-guerre, Méheut reste apprécié par de nombreux amateurs, et le succès de cette exposition le rassure sur la valeur de sa peinture. Sa réception à l'Académie de Marine, même tardive, consacre une œuvre largement tournée vers le monde maritime et les gens de mer, de Bretagne et d'ailleurs. Quelques mois après un dernier « pèlerinage » à Sainte-Anne-la-Palud, il décède à son domicile parisien le 22 février 1958.

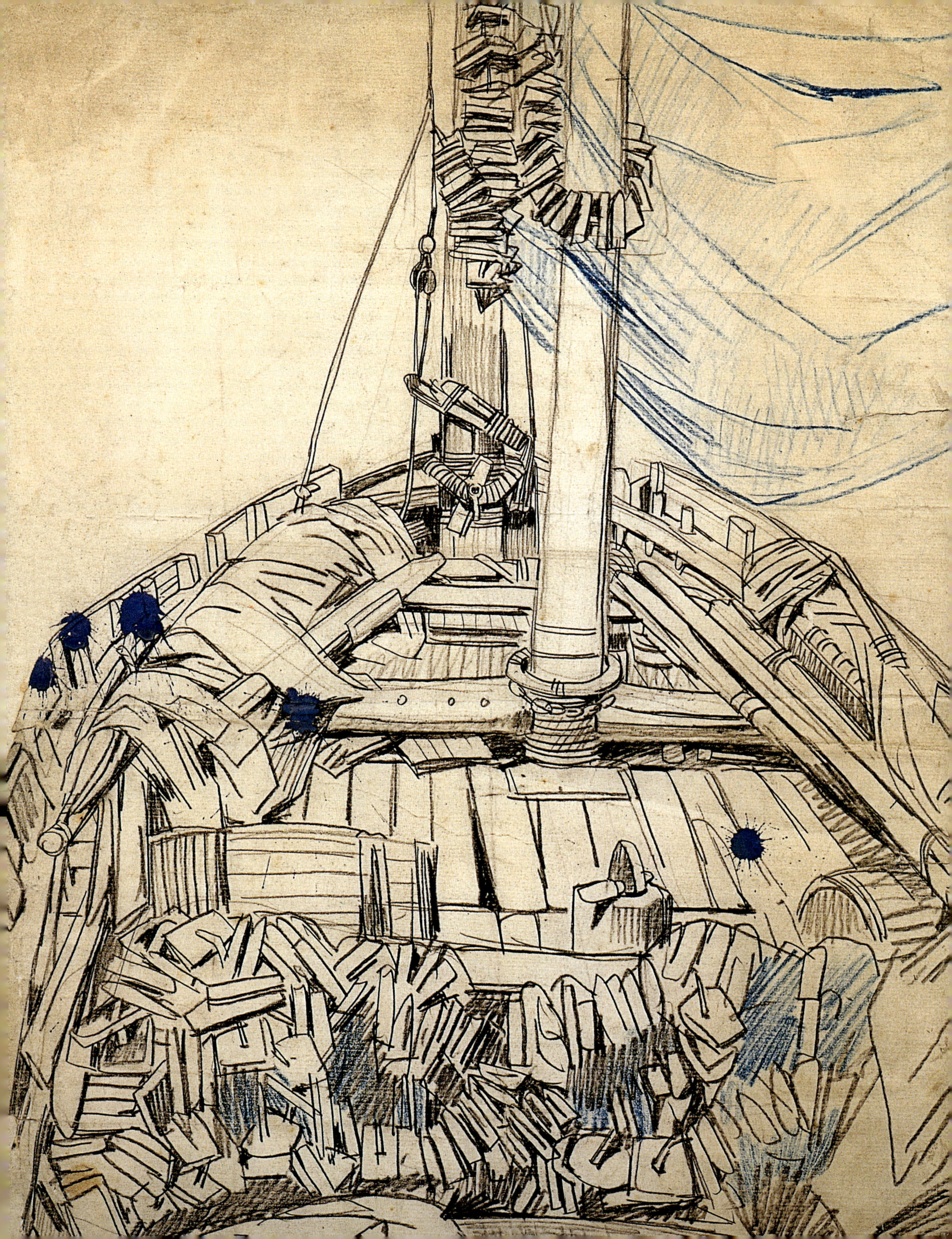

LE DESSINATEUR : UN CAPTEUR D'IMAGES

Tel m'apparaît toujours Méheut l'un des plus étonnants capteurs d'images qu'il m'ait été donné d'admirer, dont le regard savait surprendre ce que d'autres yeux ne voient point, dont la main, presque aussi vive, d'une souplesse souvent confondante, savait fixer presque dans l'instant, avec une justesse illuminante, ce que ses yeux avaient surpris[24]. Ce jugement rétrospectif de Maurice Genevoix rejoint le témoignage de nombreux contemporains : Méheut était un prodigieux dessinateur, au coup de crayon économe et efficace, qui allait à l'essentiel, savait fixer un geste, un tour de main, une allure, une silhouette, la tension d'un effort, le relâchement d'un instant, mais aussi évoquer un mouvement de foule, l'arrivée d'un cortège, la dramaturgie d'un spectacle, le recueillement ou la ferveur d'un groupe humain, même représenté de dos… Les milliers de croquis dont Maryvonne Méheut a généreusement fait don pour constituer le fonds du musée de Lamballe, exposés et publiés par celui-ci, ont popularisé ce talent.

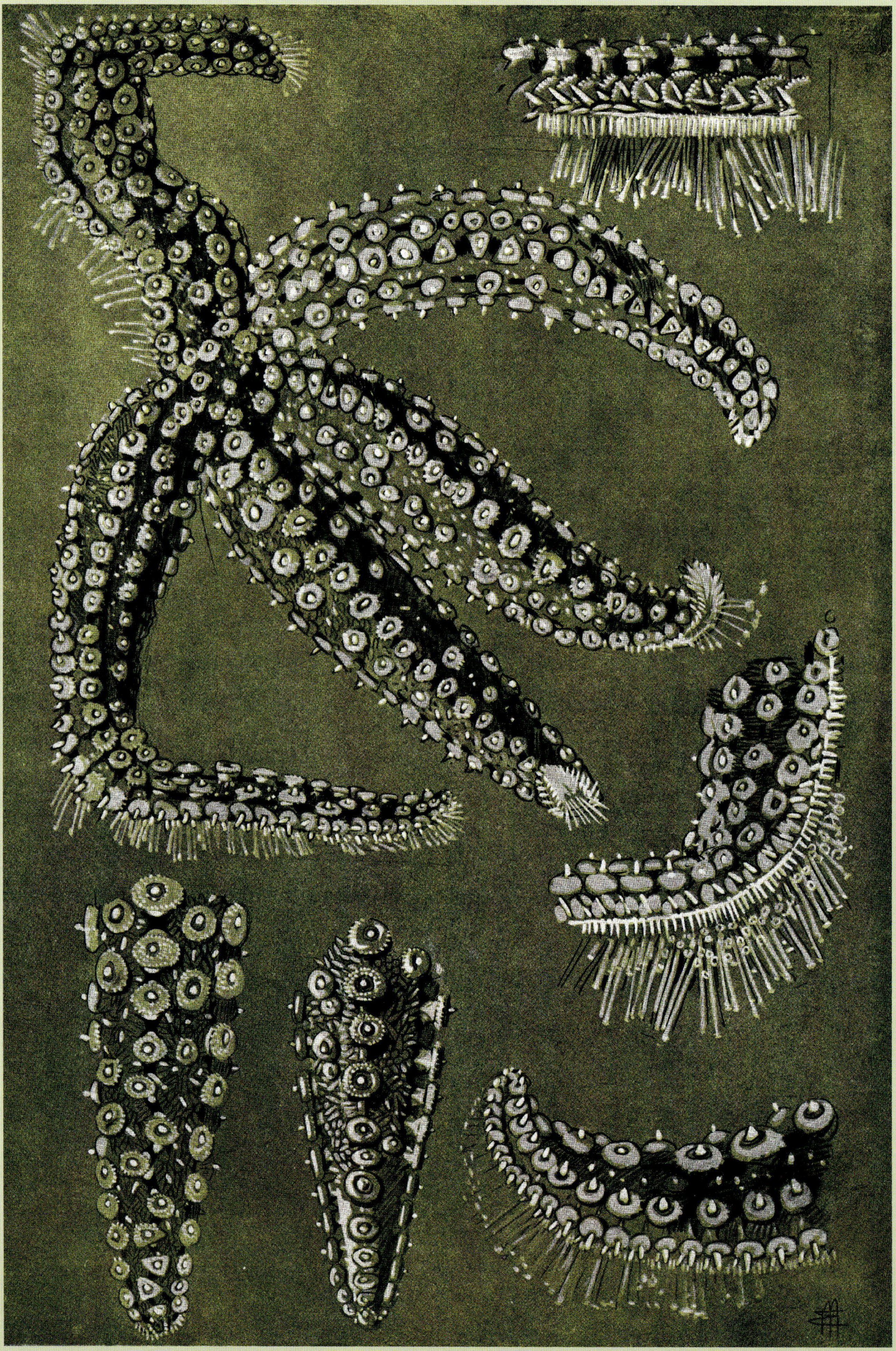

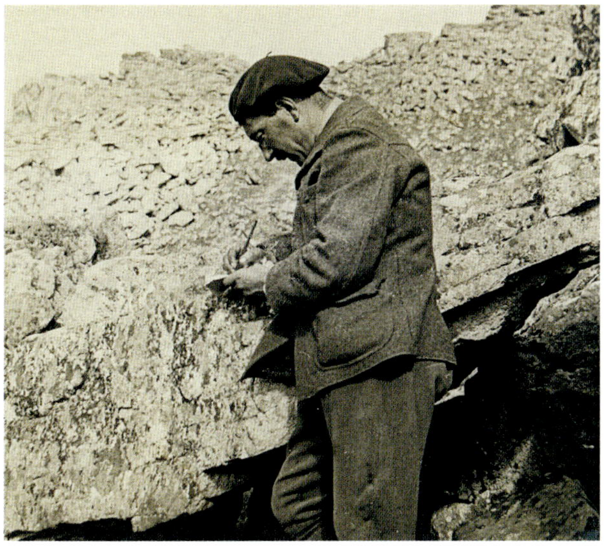

MÉHEUT PRENANT DES CROQUIS À LA POINTE DU RAZ. PHOTOGRAPHIE.
Lamballe, musée Mathurin-Méheut
© E. Rousseau,
Grand Angle, Lamballe
© ADAGP, Paris, 2013.

DOUBLE PAGE PRÉCÉDENTE *INTÉRIEUR D'UNE CHALOUPE DEMI-PONTÉE.* DESSIN AU CRAYON FOURMILLANT DE DÉTAILS TECHNIQUES FINEMENT OBSERVÉS.
Lamballe, musée Mathurin-Méheut
© ADAGP, Paris, 2013.

Méheut parlait modestement de « croquetons », insistant sur la fonction documentaire que ces dessins remplissaient pour lui : *Je fais du document.* En se définissant comme un glaneur, un preneur de notes en vue de travaux plus aboutis (d'illustration ou de décoration…), il assume une démarche artistique traditionnelle : les croquis faits sur le terrain, les études multipliées préparent les œuvres composées en atelier. Mais cet art du dessin n'est facile et spontané qu'en apparence, comme l'avait déjà analysé Genevoix au printemps 1926 en accueillant à Brinon-sur-Sauldre l'artiste chargé d'illustrer *Raboliot.* Lors d'une partie de pêche en étang, lors des enquêtes chez l'empailleur et sur les traces du braconnier, l'écrivain avait observé la démarche de l'artiste : *Dessiniez-vous ? Je n'en sais rien. Je crois que c'était autre chose. Votre hâte, votre fougue, ne trahissaient nulle impatience, nulle tension qui fût perceptible. On oubliait, à vous regarder, ce feuillet et ce crayon, ces godets, ces couleurs, et jusqu'aux gestes de votre main. Le croquis semblait naître seul, s'avivait, existait déjà, sans qu'à aucun moment, entre le monde et lui, on eût senti s'interposer rien qui rappelât l'effort d'une volonté, l'intervention préméditée d'un créateur.* […] *Facile ? C'est bonne grâce à le dire. Cette longue attention, cette volonté, ce patient, cet acharné labeur… Mais vous penserez, Méheut, que si nous savons cela, jamais nous ne l'admirons mieux qu'aux instants où l'élan de votre œuvre nous contraint à l'oublier*[25].

L'apparente facilité est en effet le fruit d'un labeur acharné, le résultat d'un long apprentissage, dont les deux étapes fondatrices sont les dessins naturalistes et les croquis de guerre, multipliés après une formation classique. Les œuvres de jeunesse, appliquées et déjà précises, utilisent des techniques classiques, les hachures, l'estompe, les rehauts de craie ou de gouache blanche. Les études d'animaux réalisées à partir de 1907, puis certaines planches de faune et de flore marine mobilisent les mêmes outils : la mine de plomb, que va bientôt remplacer le crayon gras, et les touches de gouache réussissent à transposer reliefs et volumes.

LE DESSINATEUR NATURALISTE

Dans la mouvance de la revue *Art et Décoration* et sous l'influence d'Eugène Grasset, Méheut est conduit à explorer la nature, la faune et la flore. Des animaux forment la matière de son premier recueil de cent planches, *Études d'animaux*, publié en 1910 à la Librairie centrale des beaux-arts, et figurent parmi les sujets des premières gravures qu'il présente dans des salons artistiques avant la guerre. Issu d'un milieu rural et d'une région marquée par l'élevage, celui des chevaux comme des volatiles de basse-cour, il prendra toute sa vie plaisir à la fréquentation des foires et des pardons aux chevaux, à la visite des jardins zoologiques, des ménageries des cirques et même du Concours agricole annuel de la porte de Versailles.

En 1910-1911, durant le séjour au laboratoire de Roscoff, le dessin devient un outil de connaissance quasi scientifique. Le millier de représentations au crayon, à la gouache et à l'aquarelle qui formeront la matière de l'*Étude de la mer* résultent d'une observation attentive des algues, mollusques, crustacés, poissons, soit dans leur milieu naturel côtier, soit dans les aquariums. Certaines espèces sont représentées plusieurs dizaines de fois, selon une variété de points de vue qui nous en révèlent les aspects changeants. Le dessin est alors une discipline, une entreprise systématique pour traquer le vivant et en restituer la palpitation. Ondulations

***GRANDE ÉTOILE DE MER (ASTERIASGLACIALIS),* DESSIN REPRODUIT DANS *ÉTUDE DE LA MER. FAUNE ET FLORE DE LA MANCHE ET DE L'OCÉAN,* PARIS, E. LÉVY, 1913.**
© Musée national de la Marine/A. Fux © ADAGP, Paris, 2013.

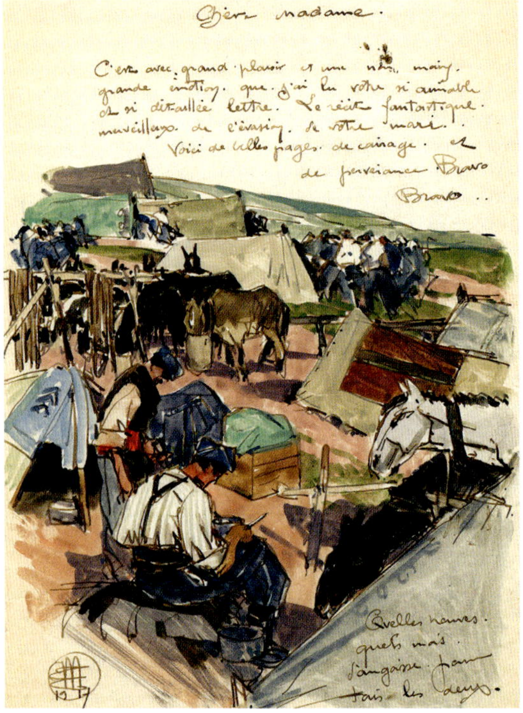

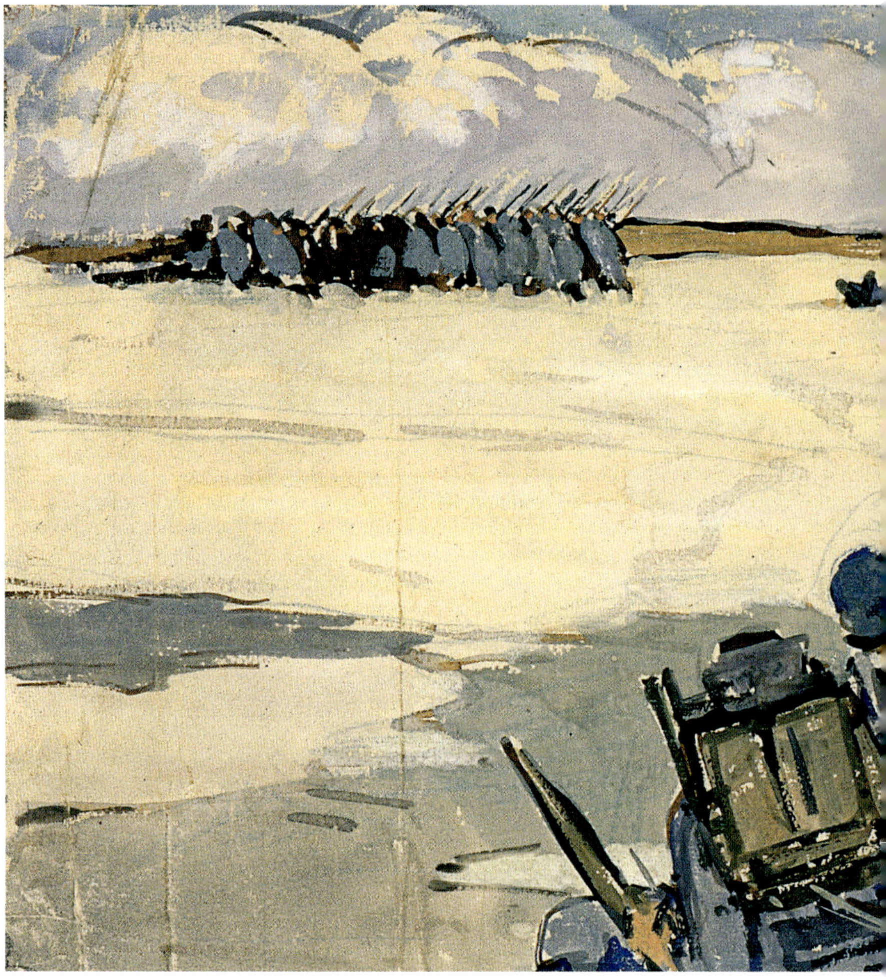

LETTRE ILLUSTRÉE DU 19 SEPTEMBRE 1917 À JEANNE DUTILH, MARRAINE DE GUERRE DE MATHURIN MÉHEUT.
Coll. part. © Musée national de la Marine/S. Dondain © ADAGP, Paris, 2013.

des algues, ouverture et fermeture des anémones, ballet des poissons, et jusqu'au combat des espèces pour leur survie ; ce mouvement que le cinéma nous a depuis habitués à percevoir, Méheut le restitue en multipliant les angles, en restituant les changements de couleurs et de formes. La prodigieuse richesse de cette moisson qu'il exploitera tout au long de sa carrière de décorateur et d'illustrateur résulte d'une discipline exercée pendant de nombreux mois, d'une application dans la description qui requiert à la fois des qualités de patience et la compréhension du « fonctionnement » des organismes vivants. Pour se mesurer au fascinant univers coloré découvert dans les trous d'eau, les herbiers, les champs de laminaires et dans les aquariums, il est conduit à employer une palette très variée que commente avec lyrisme Gustave Babin célébrant en 1913 dans *L'Illustration* « Le peintre de la vie sous-marine ».

Le voyage entrepris autour du monde lui fournit l'occasion d'élargir encore sa palette. Les poissons observés en 1914 dans l'aquarium d'Honolulu proposent de surprenantes alliances chromatiques, des panachages éblouissants de bleu vif, de jaune citron, d'orange. Le Japon provoque l'apparition d'une gamme de vermillons rencontrés sur les torii des temples, qu'il utilisera dans le décor extérieur de la villa qu'il fera édifier vingt ans plus tard à Cassis. Ces rouges retrouvés après-guerre dans les voiles et les filets de pêche trempés dans un bain de cachou marqueront des œuvres majeures tels le départ de chaloupes exposé en 1921 sous le titre *Le Printemps, les sardiniers* ou le tableau *Les Grands Filets*, quelques années plus tard.

CROQUIS DE GUERRE

Dans ses fonctions d'observateur, puis de cartographe, le sous-officier Méheut voit ses talents de dessinateur mobilisés : il transcrit ou interprète des photographies, ou encore décrit avec la plus grande exactitude possible ce qu'il voit lui-même : tranchées et positions ennemies, impact des tirs d'artillerie, configuration mouvante d'un paysage bouleversé par les aménagements et les combats. Mais dès qu'il a accompli sa tâche, c'est avec les mêmes outils que l'artiste rend compte, au plus près, des hommes qui vivent, se battent et meurent dans ce

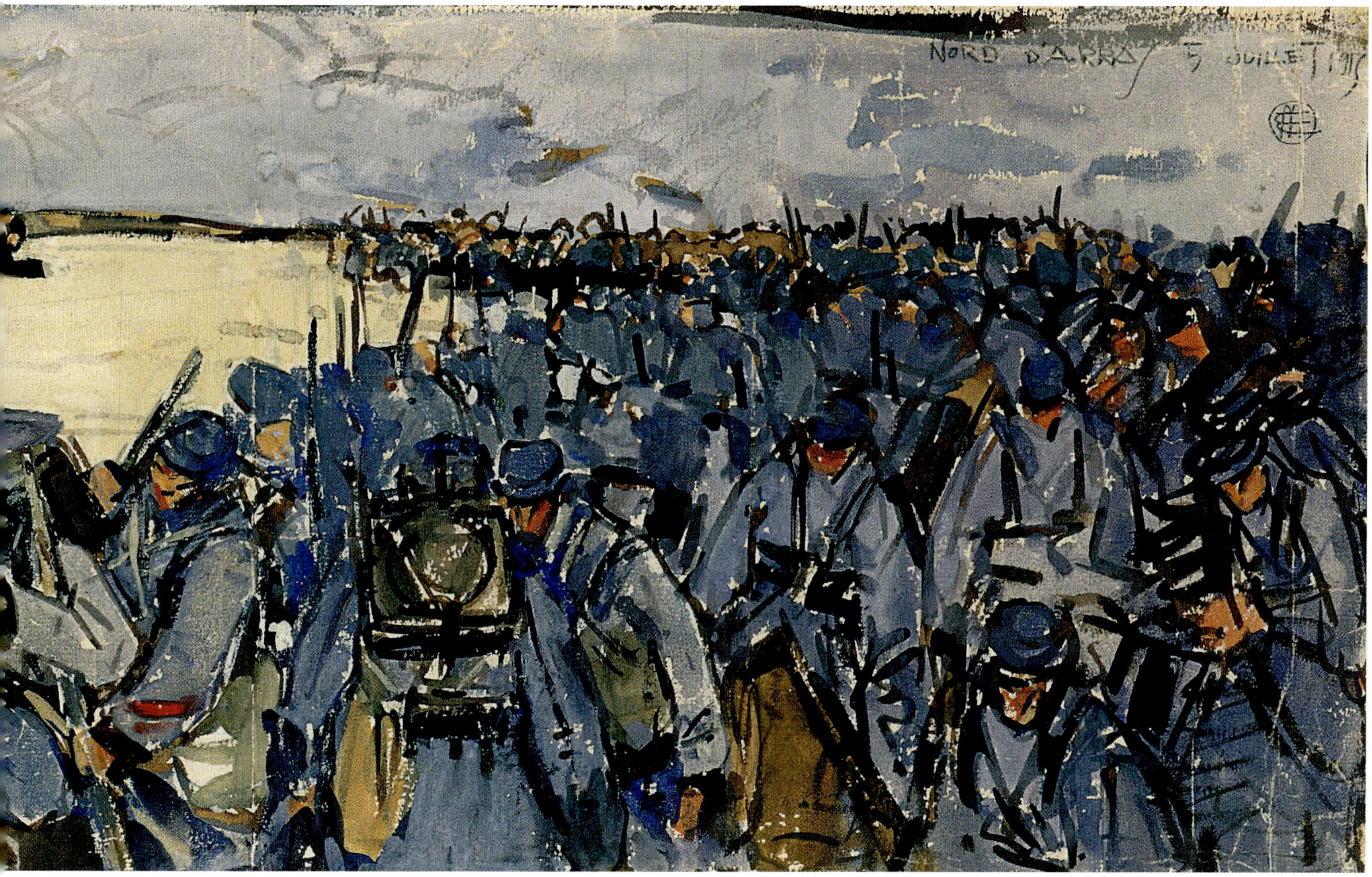

NORD D'ARRAS, 5 JUILLET 1915 [L'EXÉCUTION CAPITALE].

paysage. Les dessins réalisés durant ces cinq années sont d'abord faits pour témoigner, pour faire partager à sa femme, à sa fille et à quelques autres correspondants la vie quotidienne du Poilu : les activités militaires, la construction des tranchées, le feu de l'artillerie allemande, mais aussi le repos, le sommeil, l'attente, les repas (la « soupe ») et la détente (la partie de cartes). Une occupation essentielle fait l'objet de nombreux croquis : l'écriture et la lecture de la correspondance. Ce moment de communion avec la famille, il le représente en même temps qu'il le vit.

Dès qu'il a un moment, il dessine l'univers dans lequel il est immergé. Son sujet, ce sont d'abord les hommes, proches compagnons et parfois officiers, prisonniers ennemis et soldats des armées alliées, membres des troupes venues d'outre-mer, d'Afrique du Nord, de Chine, dont il note les étranges tenues et coutumes. Saisis dans la multiplicité des occupations auxquelles la guerre les contraint, ces hommes sillonnent des labyrinthes de tranchées, aménagent des abris, transportent du matériel, montent à l'assaut des lignes d'en face, reviennent en tirant des corps, secourent des blessés, goûtent des instants de répit, somnolent entre deux attaques… L'artiste rend compte des activités vitales, des moments d'urgence, des périodes d'attente. Il saisit dans l'instant les gestes, les attitudes et simultanément traduit des états d'esprit et des sentiments : concentration, fébrilité, angoisse, résignation, lassitude, épuisement, solidarité, dévouement… Nul doute que c'est dans ces moments arrachés au déluge de boue et de mitraille qu'il a forgé son sens de l'instantanéité et l'efficacité du trait qui résume, avec une extrême économie de moyens, situations et mouvements, replaçant l'individu dans l'histoire collective. La rapidité est requise, le crayon ou la plume vont à l'essentiel. En même temps, le témoin sait se faire oublier : prenant pour sujet ceux dont il partage la vie – les hommes de sa section, certains de ses proches camarades, dont certains sont parfois nommés –, l'artiste met en œuvre une discrétion et un respect permettant que soit acceptée la révélation de ces instants d'intimité. Lorsqu'un peu plus de temps lui est donné, il produit des compositions plus élaborées, minutieusement aquarellées. Autorisé en mars 1915 à se rendre

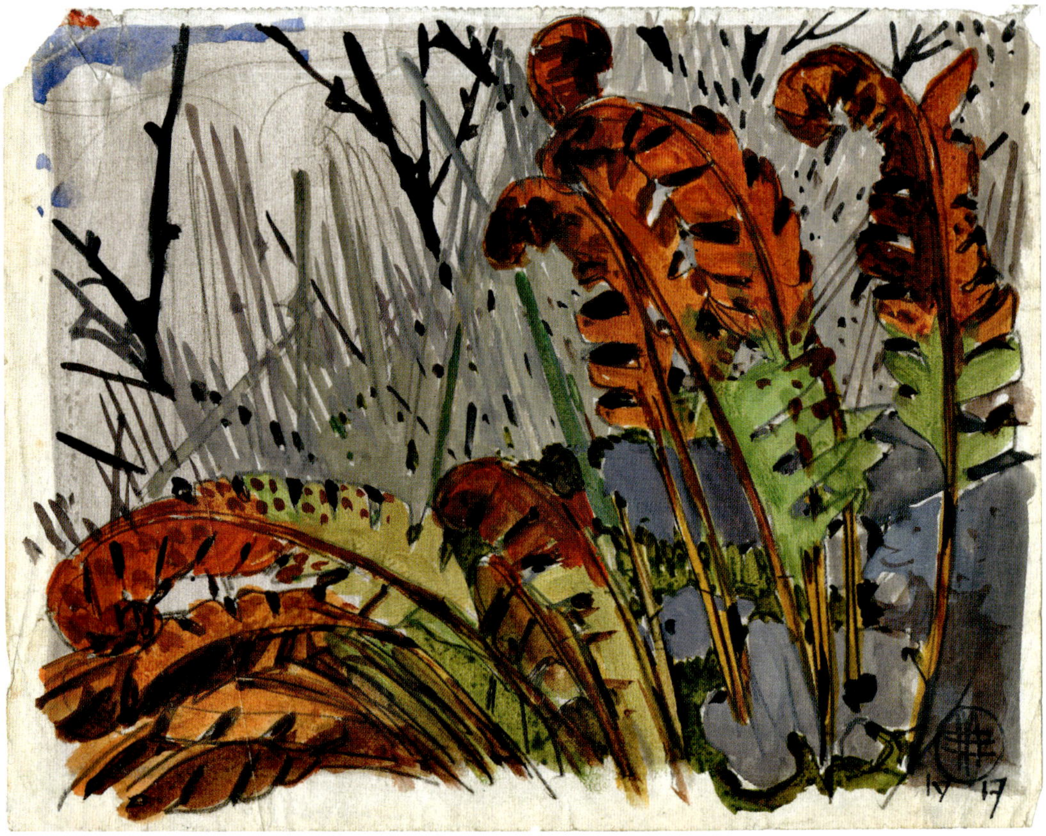

ÉTUDE DE FOUGÈRES.
GOUACHE ET CRAYON GRAS NOIR SUR PAPIER.
Lamballe, musée Mathurin-Méheut
© ADAGP, Paris, 2013.

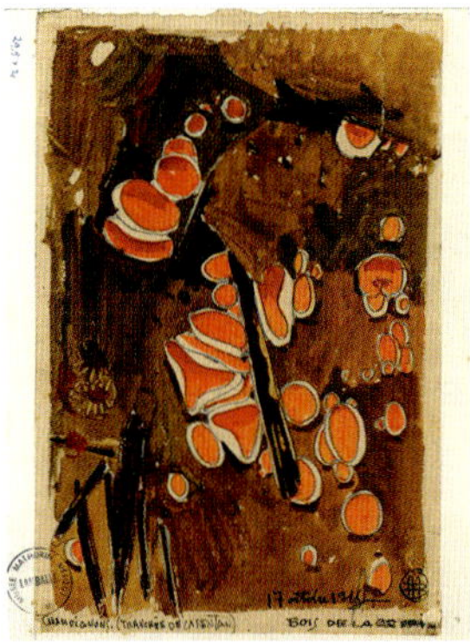

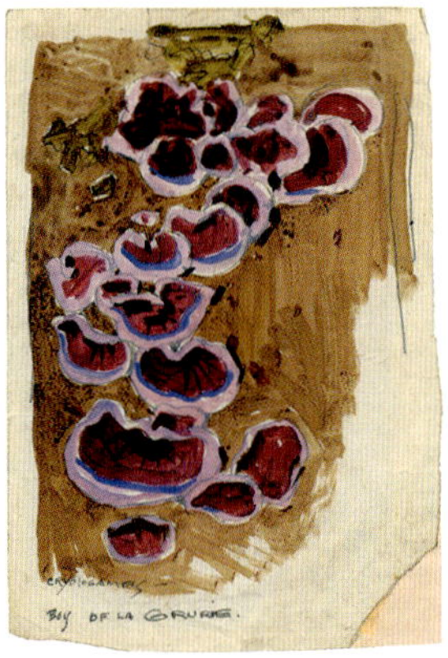

CHAMPIGNON (TRANCHÉE DE CARENTAN) BOIS DE LA GRURIE, 17 OCTOBRE 1915.
CRAYON ET AQUARELLE.
Lamballe, musée Mathurin-Méheut
© ADAGP, Paris, 2013.

CRYPTOGAMES, BOIS DE LA GRURIE.
CRAYON ET AQUARELLE.
Lamballe, musée Mathurin-Méheut
© ADAGP, Paris, 2013.

UN GUETTEUR, BOIS DE LA GRURIE. SEPTEMBRE 1915.
MINE DE PLOMB ET AQUARELLE.
Lamballe, musée Mathurin-Méheut
© ADAGP, Paris, 2013.

à Arras, il exécute de grandes représentations de la ville en ruine. Son crayon s'attarde sur les maisons à pignons menacées de destruction et sur les décombres qui ont envahi la Petite Place et il enlumine à l'aquarelle ces détails architecturaux. En juillet 1917, cloué au lit par une crise de rhumatismes, il retranscrit sa chambre de convalescent dans les moindres détails, posant avec virtuosité des touches de couleur qui restituent le motif du papier peint, la transparence des voilages, le mobilier et les pétales multicolores d'un bouquet ensoleillé. Rien n'est laissé au hasard dans cette scène savamment composée : on peut y lire le titre de l'ouvrage posé sur le lit : *L'Art allemand et l'art français du Moyen Âge*, d'Émile Mâle, dans lequel le grand médiéviste s'efforce de démontrer que l'art germanique n'est fait que d'emprunts. Plusieurs dessins aquarellés, réalisés dans les tranchées de l'Argonne en automne expriment l'émerveillement de l'artiste devant la nature et démontrent une maîtrise de la composition comme en atteste le petit chef-d'œuvre *Un guetteur, bois de la Gruerie (1915).*

LES OUTILS DU DESSINATEUR

Au cours de ces années de guerre, Méheut acquiert la maîtrise de toute une gamme d'outils. Il utilise son stylo Waterman doté d'une plume souple, pour des tracés d'une grande sûreté, qu'il aime à compléter de lavis d'encre. Il dessine le plus souvent au crayon Conté, dont il taille la mine en biais de façon à obtenir des traits d'épaisseur variée, et des crayons de couleur de marque Crayolor. Il semble ignorer la gomme : si son trait lui paraît infidèle à la réalité, il propose un autre croquis. S'il veut retenir un agencement technique, un geste particulier, il ajoute un gros plan détaillé. Il procède souvent par séquence, montrant l'avancement de l'aménagement des tranchées et, quelques années plus tard, les étapes de la remontée d'une barque sur la cale de Saint-Guénolé.

Son usage de l'aquarelle et de la gouache varie selon les circonstances ; quelques touches rapidement disposées permettent d'animer les silhouettes et de densifier les volumes. Elles suffisent quelquefois à compléter les traits de crayon : les silhouettes de trois hommes halant un canot sur une grève normande, les allures de marins solidement campés sur leur esquif, les femmes tirant sur leurs avirons dans la ria d'Étel sont rendues vivantes en trois légers coups de brosse ou de pinceau. Par leur simplicité, par l'efficace économie du trait et de la couleur, ces images, souvent reproduites aujourd'hui par la carte postale, sont devenues des icônes.

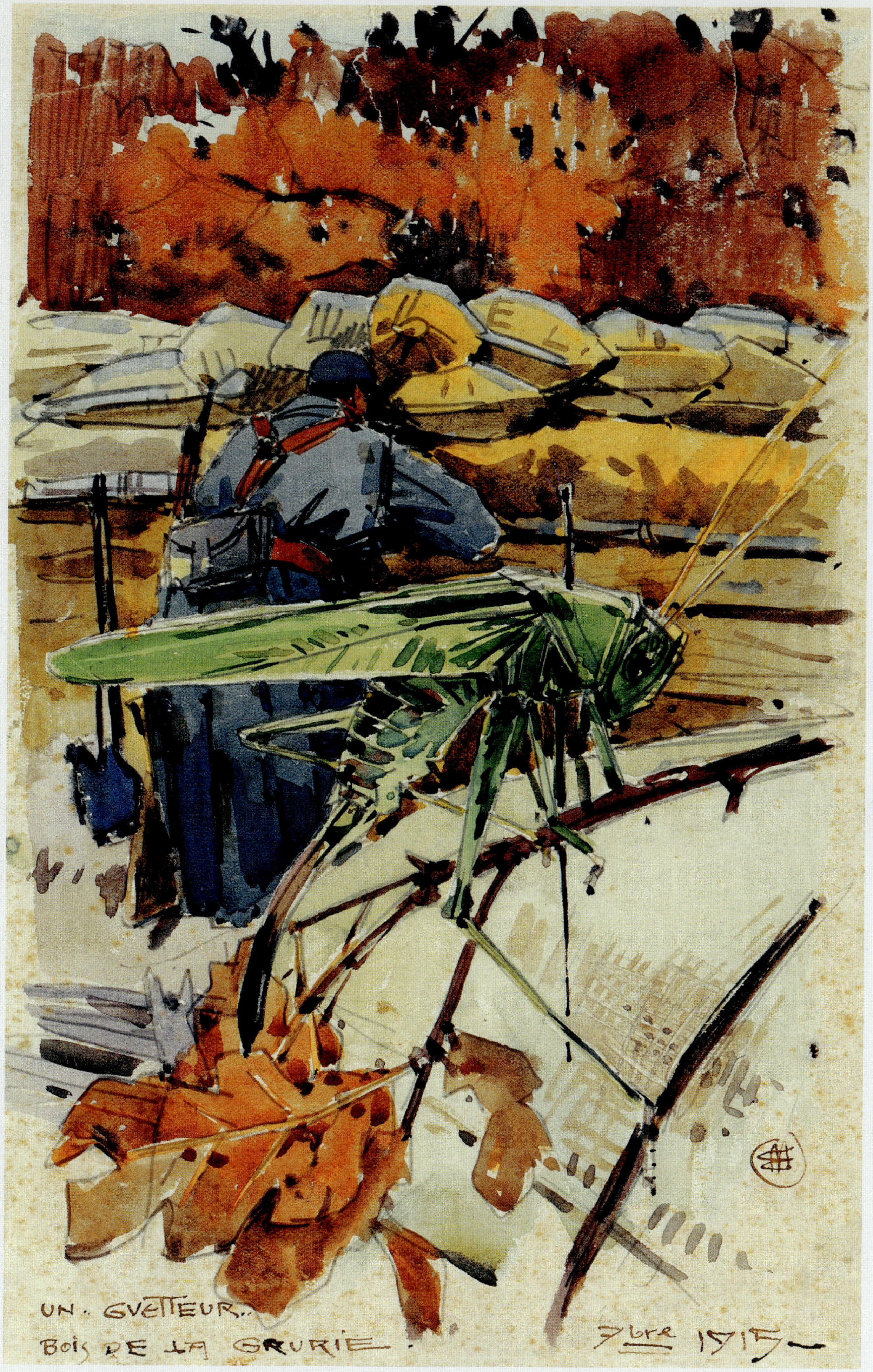
UN . GUETTEUR..
BOIS DE LA GRURIE.
7bre 1915

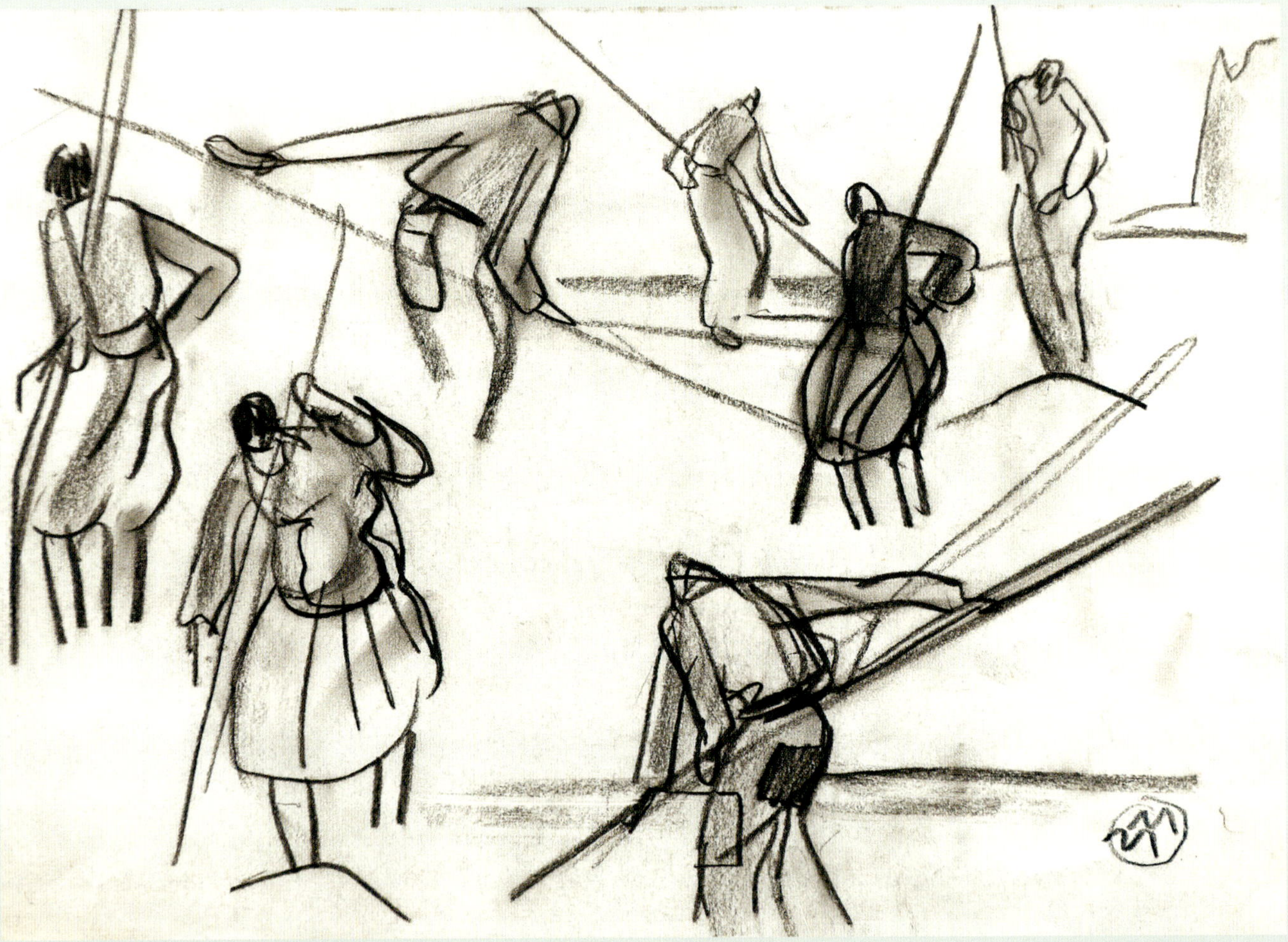

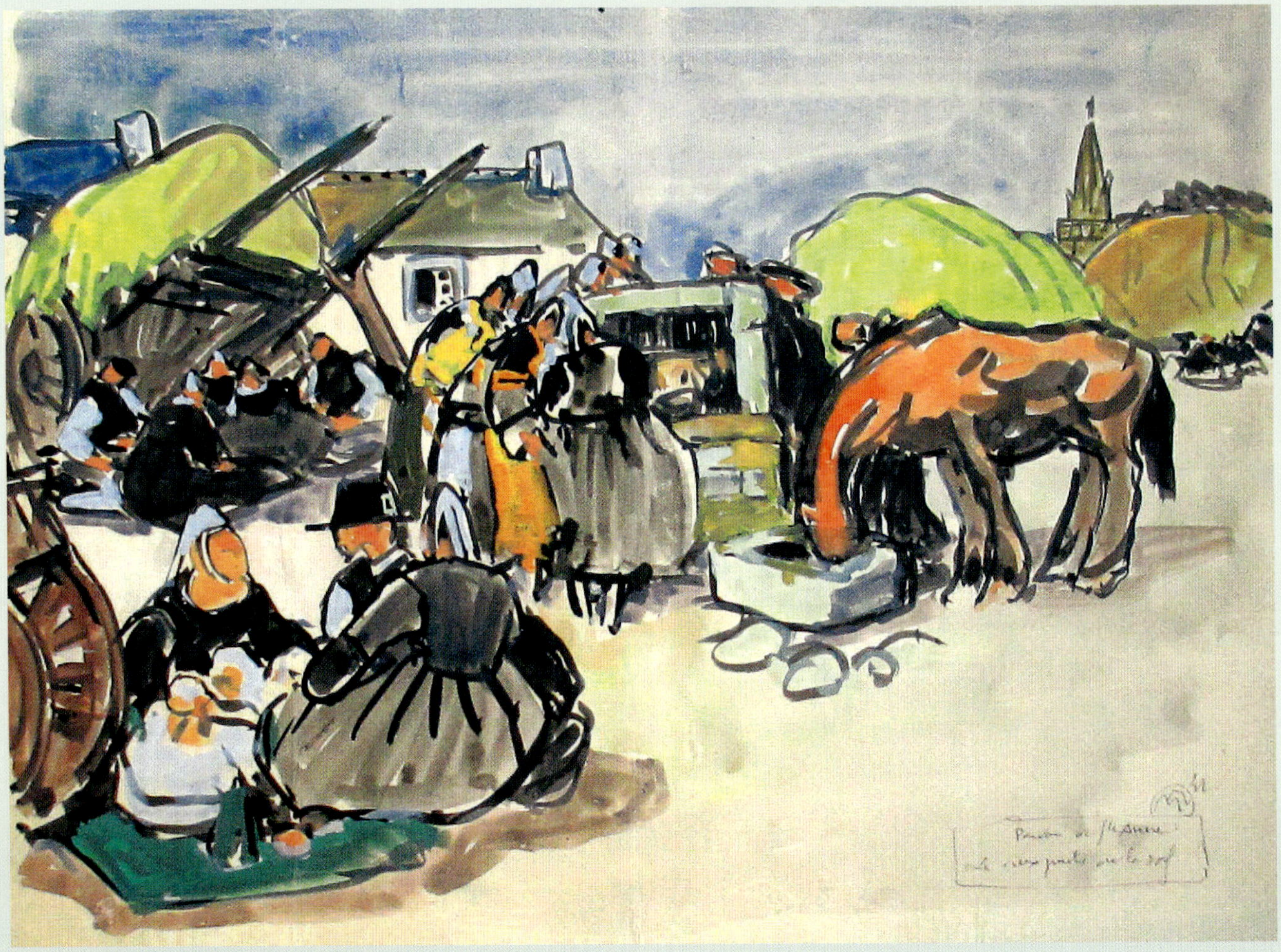

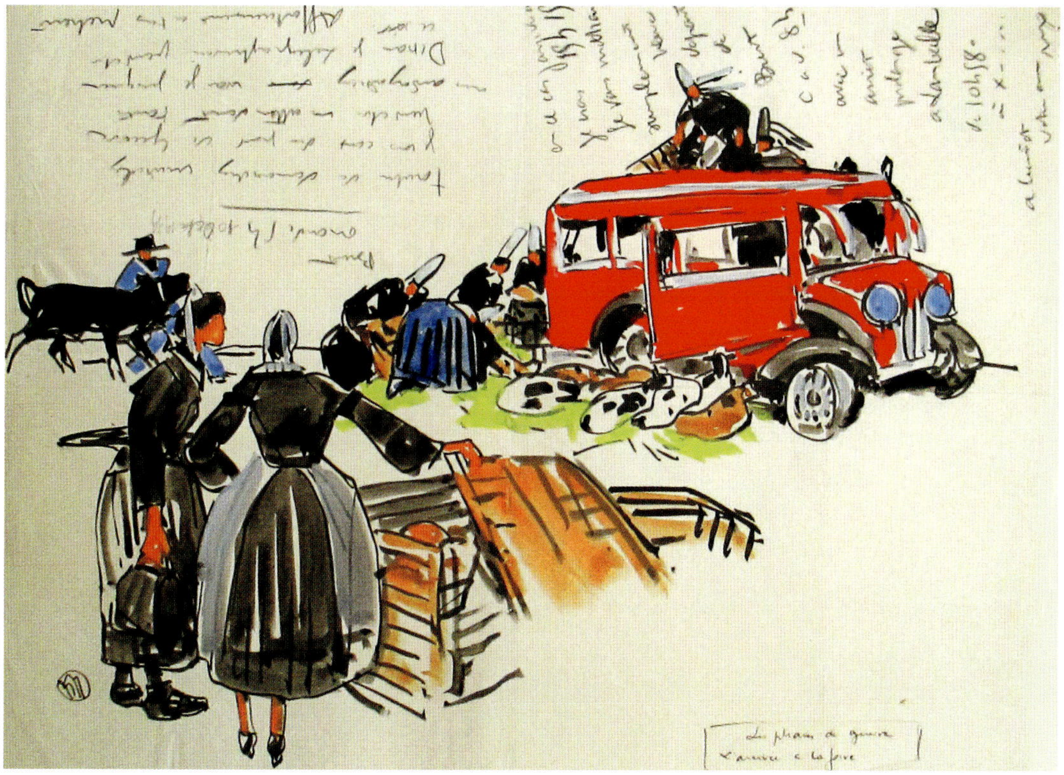

CI-CONTRE À DROITE
LES PHARES DE GUERRE. L'ARRIVÉE À LA FOIRE.
GOUACHE, LM 177 C.
Dinan, musée Yvonne-Jean-Haffen-Maison d'artiste de la Grande Vigne/C. Pigot © ADAGP, Paris, 2013.

À GAUCHE
TRANSPORT DU SEL À LA GÈDE.
CRAYON CONTÉ ET SANGUINE.
Lamballe, musée Mathurin-Méheut © E. Rousseau, Grand Angle, Lamballe © ADAGP, Paris, 2013.

PARDON DE SAINTE-ANNE [LA PALUD]. LE VIEUX PUITS OU LA SOIF. **GOUACHE, LM 18 D.**
Dinan, musée Yvonne-Jean-Haffen-Maison d'artiste de la Grande Vigne/C. Pigot © ADAGP, Paris, 2013.

UN CHRONIQUEUR DU QUOTIDIEN

Dessinateur de tous les instants, de toutes les situations, Méheut enrichit sans cesse son fonds de documents, attentif aux activités humaines, de travail comme de loisir. Son sujet de prédilection est, bien sûr, la Bretagne, mais sa Bretagne n'est pas une succession de paysages. Elle est une réalité sociale et culturelle, composée d'individus et de groupes humains, d'activités laborieuses, paysannes, maritimes, artisanales et de lieux de sociabilité : les églises et chapelles autour desquelles s'organisent les fêtes religieuses, les quais des ports et places de marché où s'échangent les produits du travail, les bistrots où se tissent d'autres liens sociaux. Cette Bretagne vit au rythme des travaux de la terre, des saisons de pêche, du calendrier des foires et des pardons, fêtes religieuses et profanes qui mêlent procession et kermesse, rassemblent pèlerins, mendiants et colporteurs.

Tout au long de sa vie, Méheut sera un coureur de pardons et les croquis qu'il y réalise se comptent par centaines. Dans son département natal, Méheut assiste à la célébration de son saint patron à Moncontour, et à celle de saint Yves à Tréguier. Dans le Nord-Finistère, il fréquente les pardons de Roscoff et de l'île de Batz, de Saint-Pol-de-Léon, de Plouguerneau, de Saint-Jean-du-Doigt et du Folgoët. Il se rend à Sainte-Marie du Menez-Hom, à Notre-Dame de Rumengol, à Plougastel. Mais ceux qu'il préfère sont les pardons de Notre-Dame-de-la-Joie à Penhors en pays bigouden et de Sainte-Anne-la-Palud au fond de la baie de Douarnenez. Le parcours de la grande troménie de Locronan, à partir de 1929, lui est également familier. Il ira aussi à Sainte-Barbe au Faouët, à Saint-Cornély à Carnac, et poussera jusqu'à Pluméliau et Saint-Cado. Dans chacune de ces manifestations, il quête l'authenticité. Dès 1926, il met en garde Yvonne : *N'allez pas vous faire estamper à Sainte-Anne-d'Auray, pèlerinage de baigneurs où l'élément indigène est submergé et truqué. Tous les amis qui y sont allés en sont revenus désolés.* Il quête aussi la singularité, qui se manifeste dans les costumes de fête comme dans les rituels et les accessoires de la liturgie, les bannières, les statues et les modèles de navires portés en procession, les anges qui allument les feux de joie. Il saisit les temps forts de ces manifestations, l'instant de la bénédiction ou de la prière, le vœu fait dans la chapelle à Penhors, le passage sous les reliques à Locronan. Il en campe des personnages comme ce mendiant qui s'appuie sur des béquilles, dont il fait à plusieurs reprises une figure embléma-

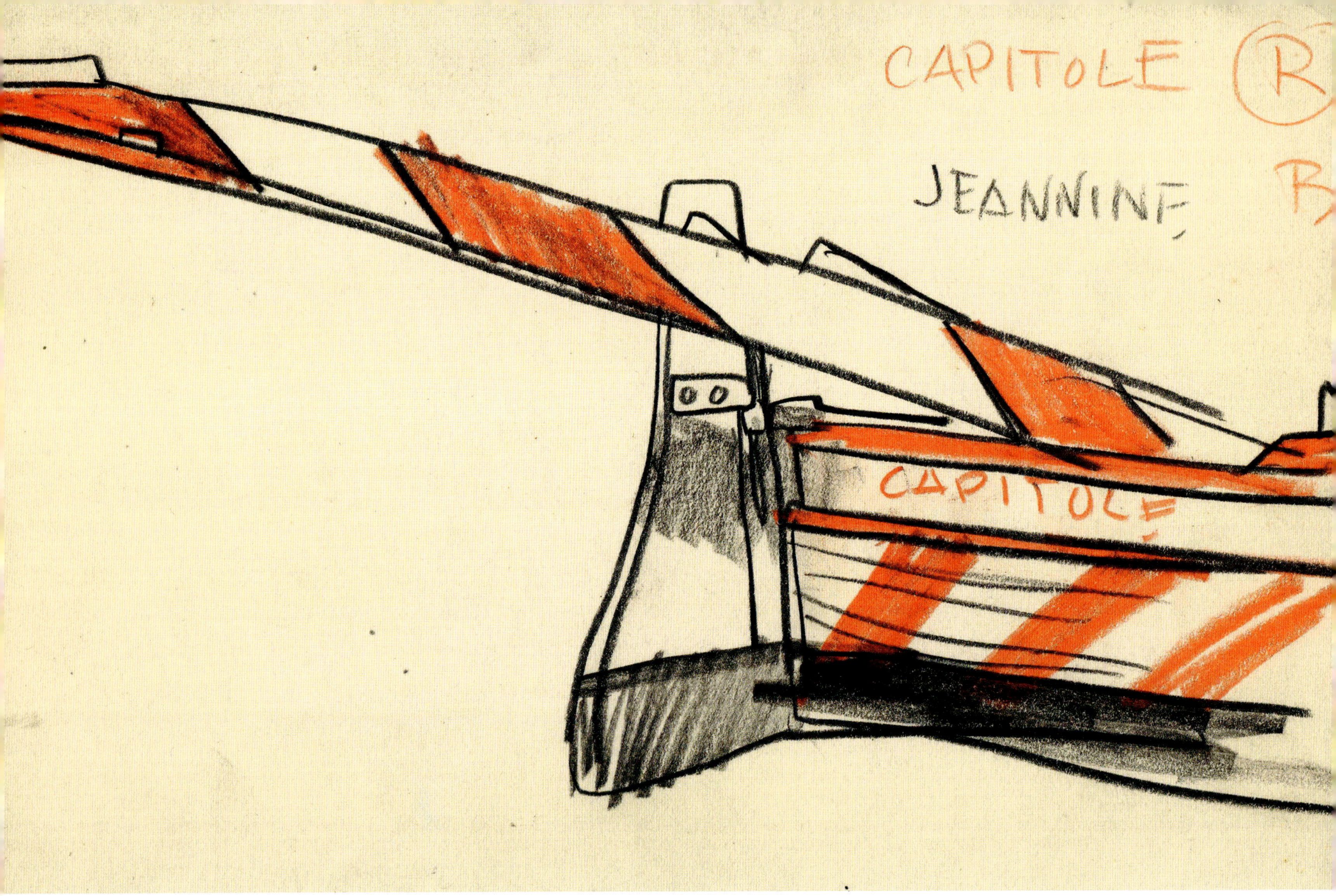

DÉTAIL DE LA POUPE DE LA BARQUE *CAPITOLE*. CRAYONS GRAS DE COULEUR.
Lamballe, musée Mathurin-Méheut

tique. Il en traduit aussi la dimension profane : les buvettes sous la tente, les repas en plein air, les spectacles forains. Si sa présence répétée a de toute évidence une dimension spirituelle, sa participation assidue répond aussi à la nécessité d'apporter son témoignage sur des pratiques et des traits culturels qu'il sent menacés.

Mais son regard n'est pas nostalgique. La Bretagne qu'il affectionne et où il se rend chaque année est encore très largement rurale et artisanale, économiquement et socialement traditionnelle. La charpente marine en bois et la propulsion à la voile répondent aux besoins de la pêche côtière et même hauturière, et ce n'est qu'après la Seconde Guerre qu'il découvre à Boulogne-sur-Mer le chalutage industriel à bord d'unités motorisées à coque métallique. Il s'intéresse alors tout autant à la manœuvre du treuil mécanique qu'il le faisait à la relève manuelle des filets. À terre, il consacre d'importantes séries de croquis à la transformation industrielle des produits de la pêche : friteries de sardines dans le Finistère, saurisseries de harengs dans le Pas-de-Calais. S'il représente de façon précise l'outillage de ces activités, il souligne surtout les gestes empressés de la main-d'œuvre féminine employée à ces travaux.

Sur le littoral de Haute-Normandie où il séjourne au milieu des années vingt, c'est l'activité sur la grève qui retient son attention : remontée des barques, manœuvre des cabestans, dont il détaille la mécanique, impressionné par l'énergie humaine déployée pour la manœuvre. Ses très nombreux croquis saisissent les silhouettes courbées par l'effort et le vent, qu'il anime de quelques touches de lavis d'encre ou d'aquarelle. Il s'attarde sur les scènes plus paisibles de réparation des filets, et analyse avec une grande précision les aménagements, le gréement et les carènes des robustes caïques de pêche dont la coque construite à clins peut affronter l'échouage sur les galets. Ces notes de terrain fourniront la matière du sujet central de la tapisserie *La Mer* en 1939.

En Provence, où il revient régulièrement après la construction de la villa de Cassis, il est évidemment attiré par les ports (Cassis, mais aussi La Ciotat, Marseille, Martigues, Toulon), par les quais où sont amarrés les pointus à bord desquels il accompagne les pêcheurs, mais

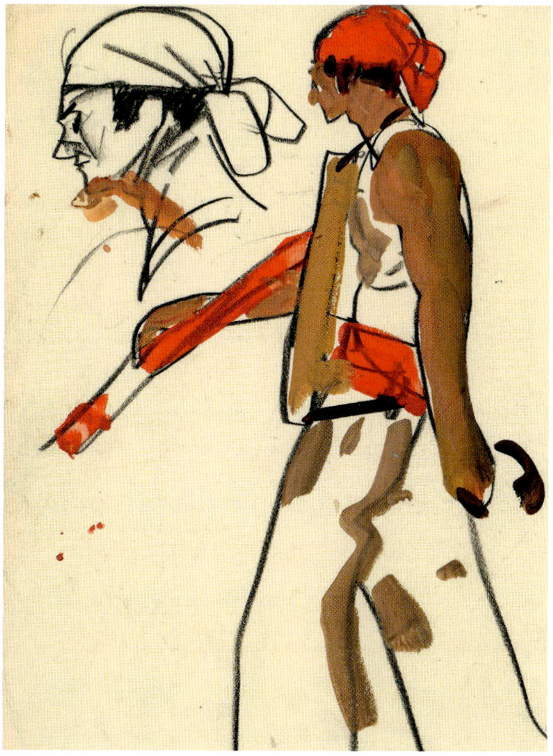

PORTRAIT DE JOUTEUR TENANT SA LANCE ET SON PLASTRON. CRAYON GRAS ET GOUACHE.
Lamballe, musée Mathurin-Méheut

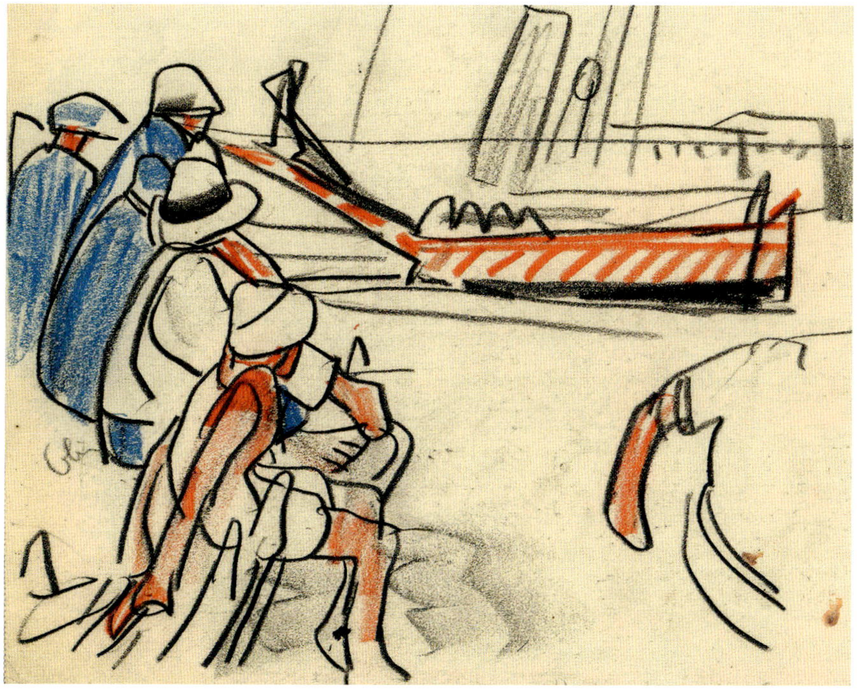

AU SPECTACLE DES JOUTES PROVENÇALES. CRAYONS GRAS DE COULEUR.
Lamballe, musée Mathurin-Méheut

également par les marchés, l'étal du marchand de coquillages, les terrasses des cafés à l'heure du pastis. Trois manifestations spectaculaires retiennent particulièrement son attention : les courses taurines, les joutes nautiques et le pèlerinage des Saintes-Maries-de-la-Mer, dont il décrit le rituel et les à-côtés. Il réalise de véritables reportages sur les corridas en 1934, semblant captivé par l'animation qui règne sur les gradins comme dans l'arène, et brosse à toute vitesse la silhouette des protagonistes du drame qui y est mis en scène : picadors, matadors, spectateurs sont esquissés par des touches rapides de couleurs contrastées. Les joutes nautiques auxquelles il assiste à plusieurs reprises à Cassis, La Ciotat, Marseille, relèvent d'une autre dramaturgie : l'affrontement de deux équipages dont l'antagonisme est symbolisé par leurs couleurs. Méheut utilise les crayons bleu et rouge pour opposer les bateaux, les lances et les tenues des adversaires. Il s'attarde dans la description précise des dispositifs nécessaires à la joute, le plastron défensif et la plate-forme où se tient le jouteur. Il campe de magnifiques silhouettes de compétiteurs coiffés de leurs foulards de tête, brandissant leurs lances, et n'omet pas de représenter, de dos, quelques spectateurs et spectatrices captivés.

Contraint de séjourner à Dax en cure thermale au cours des trois étés 1936-1938, il explore le sud des Landes et le Pays basque avec la même curiosité pour les traits de la culture et des activités locales. Il s'intéresse aux métiers forestiers et en particulier aux résiniers, aux marchés, à une briqueterie dacquoise ; il assiste aux courses taurines et aux parties de pelote basque. L'actualité (la guerre d'Espagne) fait une brève incursion dans ses reportages, à la vue de navires de guerre au large d'Hendaye et de matelots américains dont il campe les silhouettes.

Ces différents exemples nous montrent un artiste curieux de tout, sensible à la diversité culturelle et, partant, bien conscient des spécificités de son milieu d'origine. Si les manifestations les plus spectaculaires retiennent son attention, c'est aussi parce qu'il est attentif à l'originalité des coutumes comme à la beauté des costumes. Mais c'est avant tout dans les gestes du travail que le dessinateur va en Bretagne constituer les archives de la tradition. Trois décennies d'enquête conduisent à cette somme artistique et ethnographique publiée au début de 1944 sous le titre *Vieux Métiers bretons*.

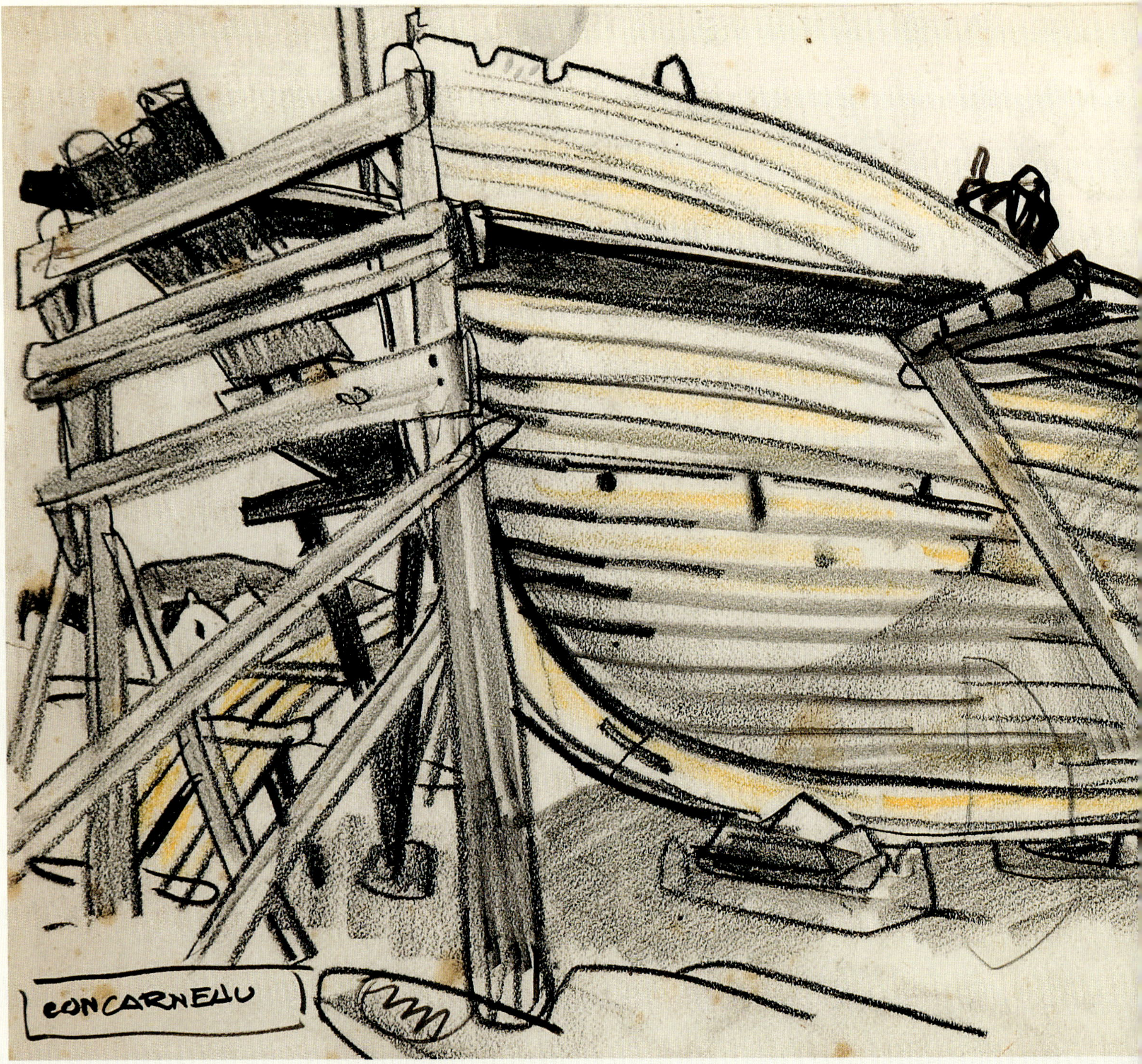
CONCARNEAU

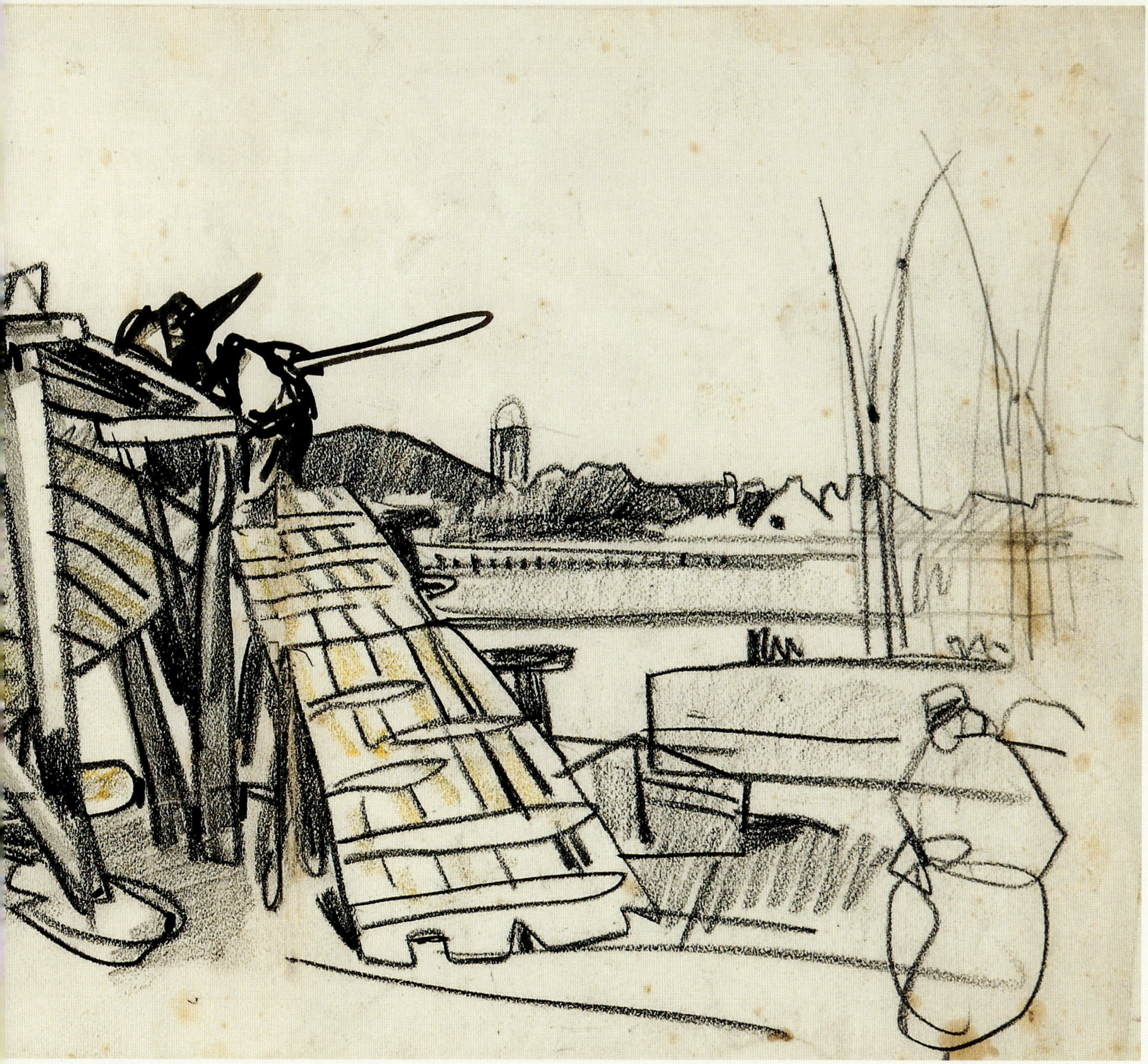

CONCARNEAU.
DESSIN AU CRAYON GRAS
POUR *VIEUX MÉTIERS BRETONS*,
SAINT-BRIEUC, MUSÉE D'ART
ET D'HISTOIRE.

56 ***LA SOIF PENHORS.***
GOUACHE, LETTRE LM 26D.
Dinan, musée Yvonne-Jean-Haffen-Maison d'artiste de la Grande Vigne/C. Pigot

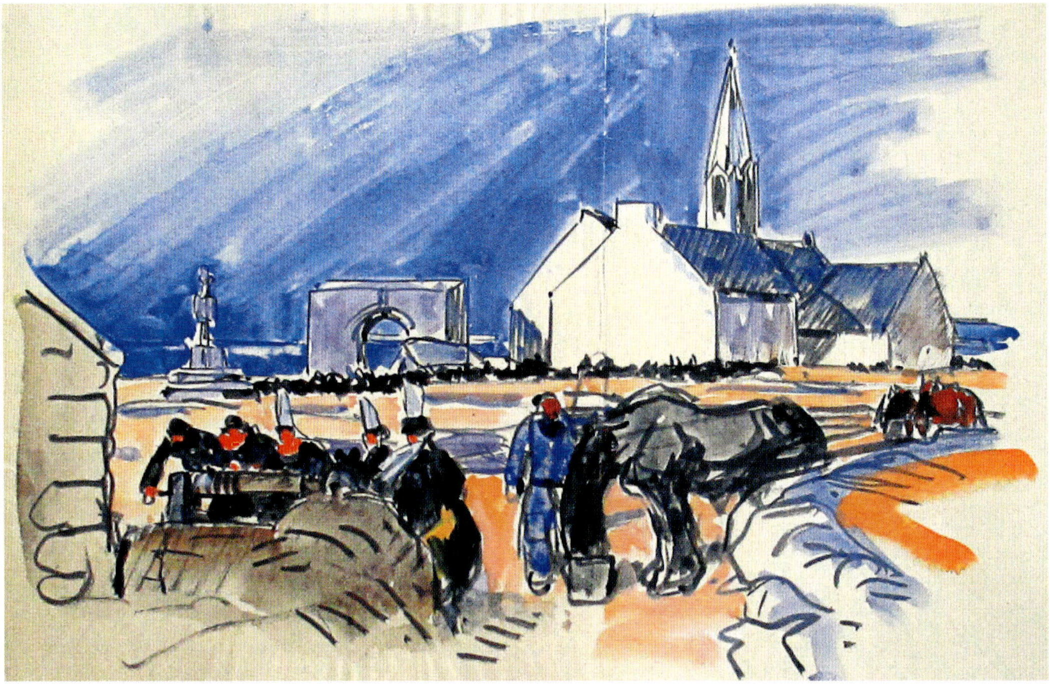

LES ARCHIVES DE LA TRADITION ARTISANALE

Avec l'auteur du texte, Florian Le Roy, qui dédie l'ouvrage à deux aïeux, maître menuisier et charpentier de marine à Lamballe et Pléneuf, il a en commun l'origine géographique et sociale. Le livre passe en revue les techniques de travail de la pierre, du bois, de l'osier, de l'argile, l'exploitation de la terre, la récolte du sel et du goémon, la construction, l'équipement et l'armement des bateaux de pêche. Si cet intérêt pour les traditions artisanales s'inscrit bien dans les préoccupations d'une époque – celle de l'Occupation – marquée par la floraison des expositions régionales d'artisanat et par les grandes enquêtes du Musée national des arts et traditions populaires sur l'architecture rurale, le mobilier traditionnel et les artisans, l'approche de Méheut se distingue des relevés scientifiques, minutieux et descriptifs mis en œuvre par les enquêteurs du musée, car son approche reste artistique. Il restitue les gestes et les tours de main, les attitudes et le maniement des outils, les silhouettes et les costumes des métiers d'un trait vigoureux qui va à l'essentiel, suggérant le contexte humain ou le décor naturel par des compléments de couleur, dans des tonalités choisies avec bonheur. L'ouvrage comporte 350 illustrations, remontant parfois aux années dix et vingt, mais résultant le plus souvent d'enquêtes récentes. Traitées la plupart du temps en bichromie, effectuées au crayon bleu ou noir, rehaussées d'une autre couleur au crayon ou à l'aquarelle, elles complètent le brillant panorama dressé par Le Roy. Chaque chapitre contient en outre une ou plusieurs compositions polychromes dont l'original est généralement réalisé à la gouache. Fruit d'une réelle familiarité avec ces activités, fruit également d'observations menées depuis de longues années, ces œuvres sont un des plus émouvants témoignages produits sur l'artisanat traditionnel ainsi qu'un des plus brillants exemples de son talent de dessinateur.

Albert Kahn entendait, par le biais des *Archives de la Planète*, préserver à l'échelle du monde la mémoire d'une diversité culturelle de sociétés traditionnellement rurales et artisanales, menacées de dislocation par le progrès industriel, par l'urbanisation croissante comme par le colonialisme européen conquérant. À l'échelle de sa région natale, Méheut fait œuvre d'archiviste, à travers ses croquis, résultat d'un émerveillement perpétuel, non seulement devant la beauté de la nature mais surtout devant les savoir-faire de l'homme.

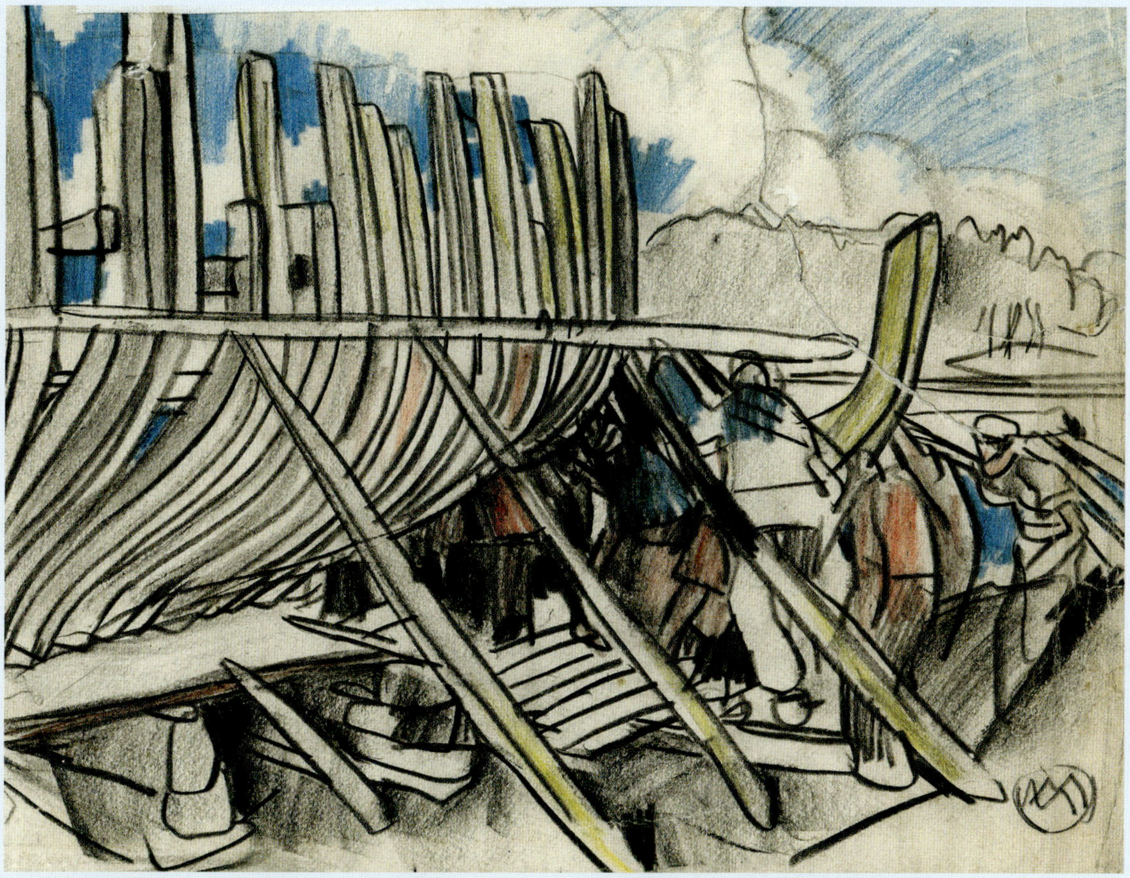

CHARPENTE DE BATEAU EN CONSTRUCTION.* DESSIN AUX CRAYONS DE COULEUR POUR *VIEUX MÉTIERS BRETONS, Saint-Brieuc, musée d'Art et d'Histoire.

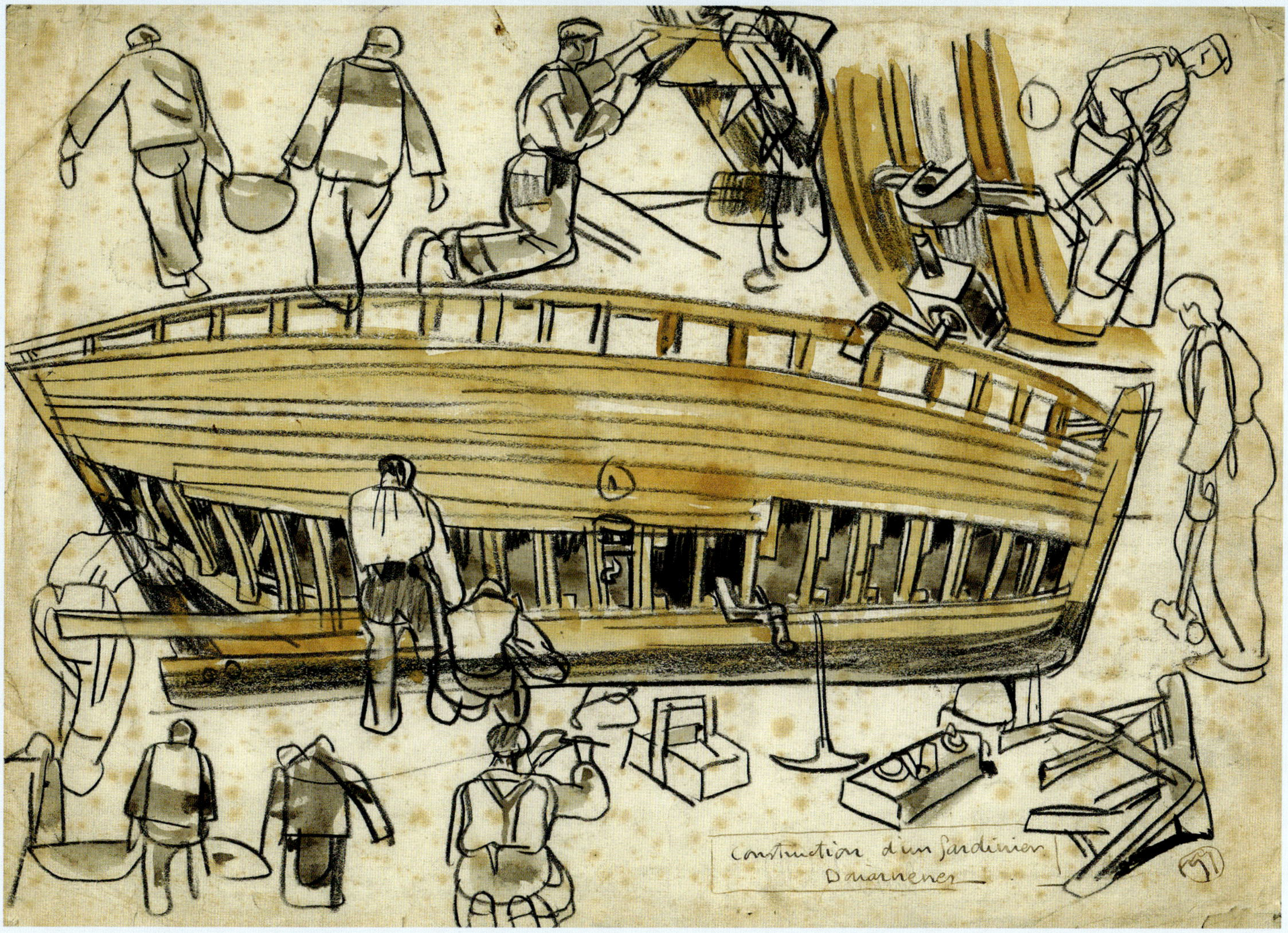

CONSTRUCTION D'UN SARDINIER, DOUARNENEZ.* DESSIN POUR *VIEUX MÉTIERS BRETONS, Saint-Brieuc, musée d'Art et d'Histoire.

joue les gargouilles au-dessus de ma vallée océane, et sa petite gueule baîlle à vide, régu-lièrement...

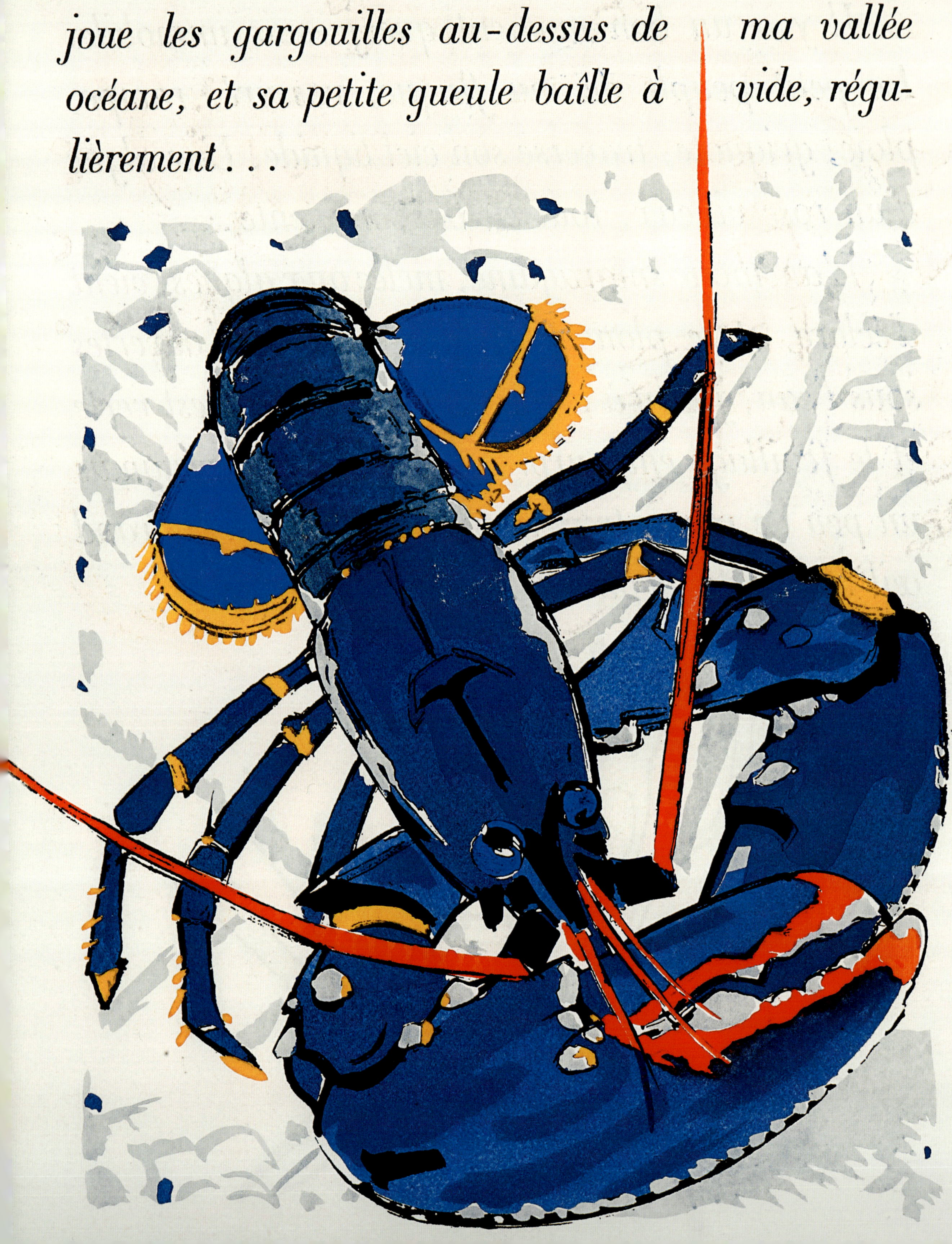

L'ILLUSTRATEUR ET LE GRAVEUR

DÉBUTS LITTÉRAIRES MARITIMES

Méheut est à peine âgé de vingt ans lorsqu'il est sollicité pour contribuer à l'illustration du roman *Fantôme de Terre-Neuve*, publié par Léon Berthaut (1864-1946) chez Flammarion en 1903. Pendant plus d'un demi-siècle, il nourrit de ses dessins originaux, de ses gravures, de reproductions de ses tableaux des dizaines de publications, de nature fort variée : ouvrages scientifiques, romans, nouvelles, poèmes, essais, ouvrages artistiques et touristiques sur la Bretagne, almanachs, recueils d'images, plaquettes publicitaires ou commémoratives… Sa participation va de la réalisation de dizaines de gravures ou de centaines d'études à la simple fourniture d'une image de couverture. Sa notoriété lui vaut des commandes nombreuses, et sa place dans ce domaine est symbolisée par l'essai que lui consacre Raymond Hesse en 1929 dans la série « Les Artistes du livre ».

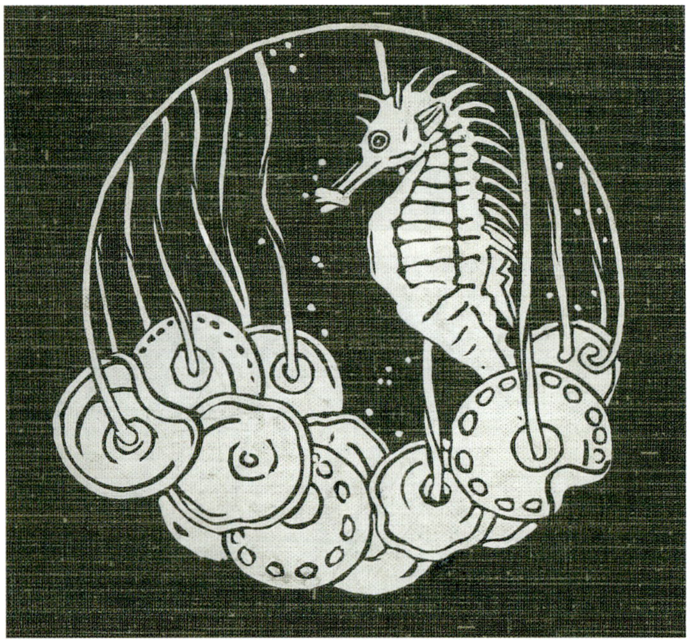

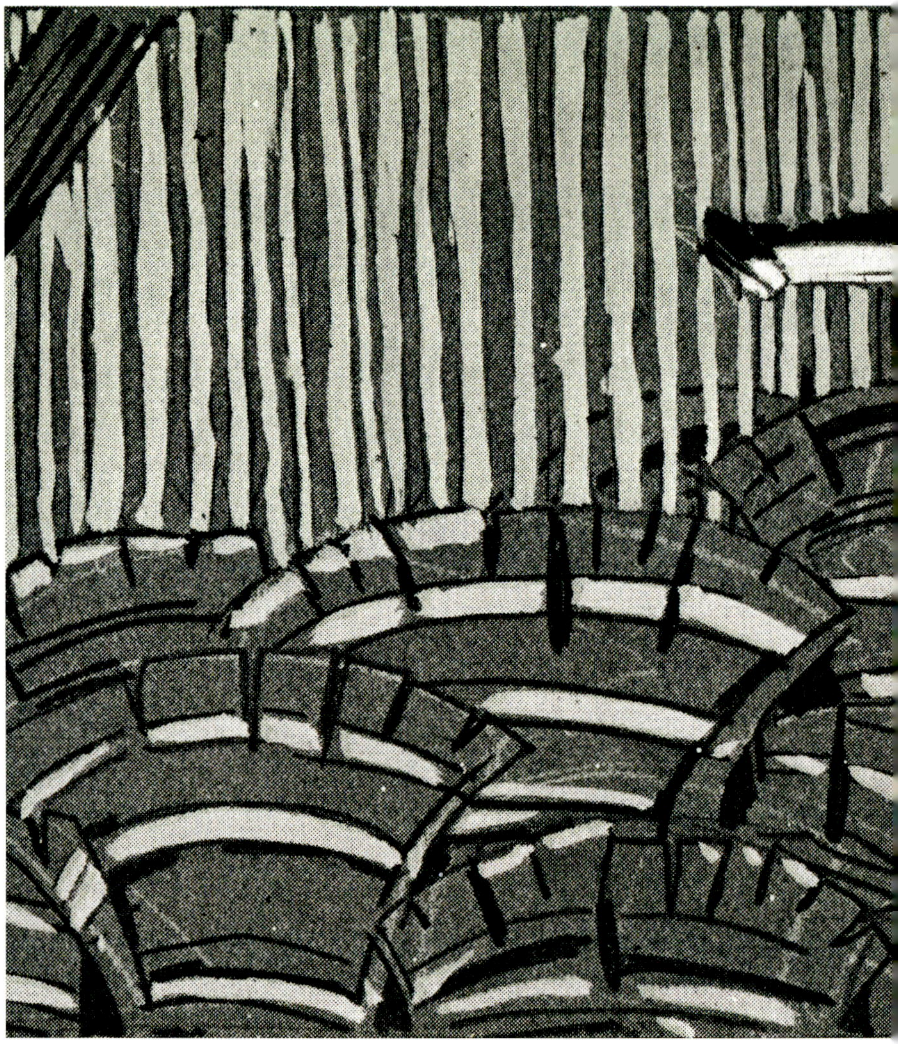

DOUBLE PAGE PRÉCÉDENTE
LE HOMARD,
ILLUSTRATION DE *REGARDE...*
Lamballe, musée Mathurin-Méheut © E. Rousseau, Grand Angle, Lamballe © ADAGP, Paris, 2013.

CI-DESSUS
HIPPOCAMPE, LANIÈRES ET DISQUES D'HIMANTALES STYLISÉS : DÉTAIL DE LA COUVERTURE DE L'*ETUDE DE LA MER. FAUNE ET FLORE DE LA MANCHE.*
Paris, A. Lévy, 1924. © Musée national de la Marine/S. Dondain © ADAGP, Paris, 2013.

L'illustration de *Fantôme de Terre-Neuve* est un exercice d'imagination, destiné à agrémenter le roman inspiré par le voyage effectué par Berthaut à Saint-Pierre-et-Miquelon en 1901. À l'époque, les récits maritimes comme les relations de voyages sont très souvent encore émaillés d'illustrations dues à des dessinateurs expérimentés tels Edmond Rudeaux (1840-1908) qui quinze ans auparavant a produit la première édition illustrée de *Pêcheur d'Islande*, ou Alfred Pâris (1845-1908) qui met aussi bien en images l'histoire navale que les romans d'aventure. Mais la photographie documentaire supplante peu à peu une iconographie dessinée dont le rapport au texte restait assez lointain. Ainsi Méheut partage-t-il l'illustration de cet ouvrage avec deux photographes qui, comme l'auteur, se sont rendus sur les bancs de Terre-Neuve. Confronté pour la première fois à un texte littéraire, il propose des images encore convenues : pour le frontispice, la silhouette d'une goélette dans les mers glacées de l'Atlantique Nord, et pour les quatorze illustrations intérieures, la campagne des bords de la Rance dont sont issus le pêcheur Jacques Le Roux et sa cousine Anne-Marie.

LA DESCRIPTION DE LA NATURE

Collaborateur d'*Art et Décoration* après son installation à Paris, Méheut est impliqué dans les ambitieux projets éditoriaux conduits par Émile Lévy, l'éditeur de la Librairie centrale des beaux-arts. La maison s'est spécialisée dans les grands recueils de planches, destinées en particulier aux artistes et aux décorateurs, publiées par fascicules et regroupées dans d'importants portefeuilles. Entre 1904 et 1908, le jeune artiste participe, sous la direction de Maurice Pillard-Verneuil, à la publication des 48 fascicules de l'*Encyclopédie artistique et documentaire de la plante*, réunis ensuite en quatre grands portfolios comportant des planches aquarellées et dessinées par huit artistes, parmi lesquels Alphonse Mucha. Il est même le principal contributeur de cet ouvrage réunissant des représentations naturalistes et des interprétations décoratives. Il entame en 1907 une série de représentations animales, publiées en 1911 sous

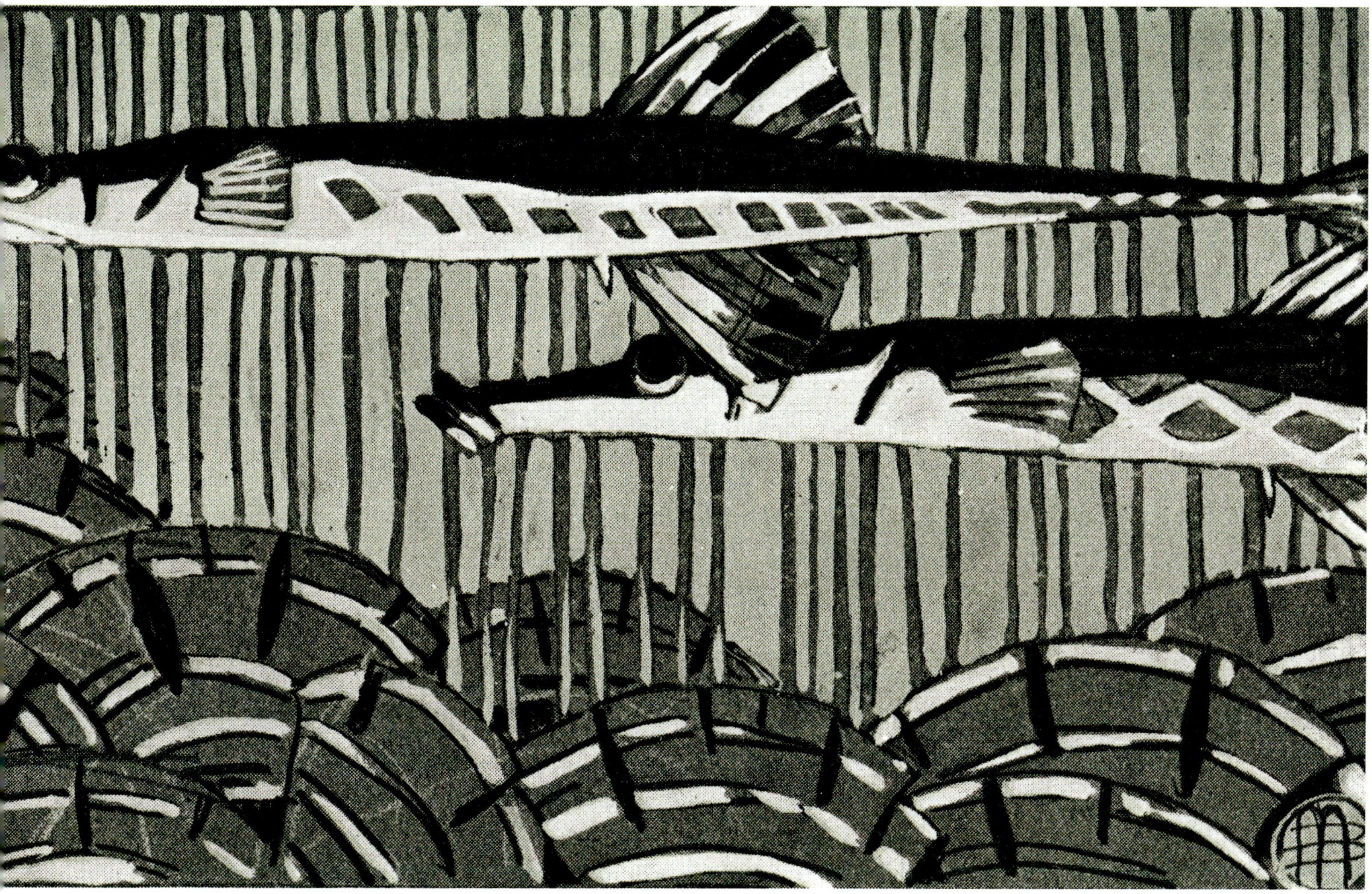

***EPINOCHES DANS L'HERBIER*, ILLUSTRATION DANS *ÉTUDE DE LA MER. FAUNE ET FLORE DE LA MANCHE ET DE L'OCÉAN*, PARIS, A. LÉVY, 1924.**

le titre « Études d'animaux ». Les deux épais volumes comportent 100 planches qui résultent d'observations effectuées non seulement dans les basses-cours et les campagnes, mais aussi au Jardin d'acclimatation et au zoo de Vincennes. La revue promeut le travail de *cet artiste habile et consciencieux qui, depuis plusieurs années, s'est entièrement consacré à l'édification de cette œuvre considérable*, en ces termes : *C'est donc par une étude lente et minutieuse, par la succession de croquis rapides et innombrables, que nous arriverons à la connaissance de l'animal dont nous allons fixer le caractère en quelques dessins types, où vont se condenser les multiples croquis et longues observations que nous avons pu faire d'après lui. Il faut pour cela un entraînement sévère, et une faculté d'observation que chacun ne peut posséder.*

Émile Lévy produit en 1913 les deux volumes de l'*Étude de la mer. Faune et flore de la Manche et de l'Océan,* sous une belle couverture de percaline frappée d'un hippocampe stylisé. Pillard-Verneuil, initiateur du projet, n'est plus mentionné que comme l'auteur des textes. Dans sa préface, Yves Delage décline l'intérêt de l'ouvrage pour des publics variés : *Le naturaliste y rencontrera, sur l'anatomie des formes, des notions assez précises pour lui permettre d'aller jusqu'à la détermination de l'espèce ; le décorateur y verra des structures si nettement exprimées, des connexions, des agencements si solidement établis, qu'il aura toute facilité pour les styliser et en tirer des décorations originales, sans risquer de perdre pied et de tomber dans la divagation ; enfin, le peintre y saisira une expression d'art pur, irréprochable et bien faite pour exciter l'intérêt par l'extraordinaire imprévu des formes et des couleurs*[26]. Bientôt épuisé, le livre sera réédité en 1924 par Michel Lévy, qui a succédé à son père. Le même éditeur commandera ensuite une *Étude de la forêt* (1927), qui comporte encore 110 planches dont 40 en couleurs, et dont le texte est confié à un jeune botaniste sorti de l'École normale supérieure, à l'aube d'une brillante carrière qui le conduira à la Sorbonne et au Collège de France, Lucien Plantefol (1891-1983). Celui-ci signera également la préface de *La Plante exotique* (1931), dont les 24 planches in-folio publiées sous portefeuille sont directement issues de l'éblouissement

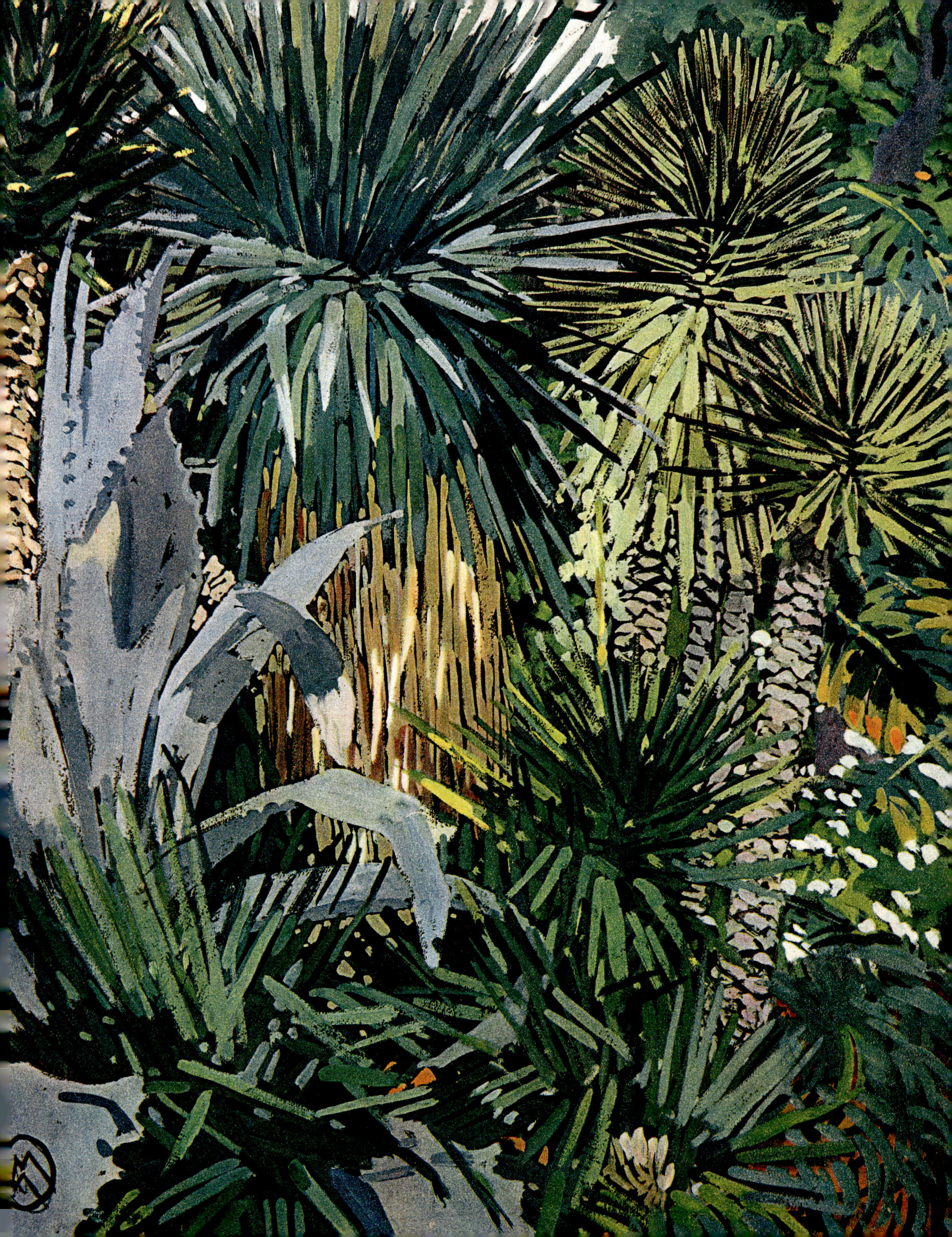

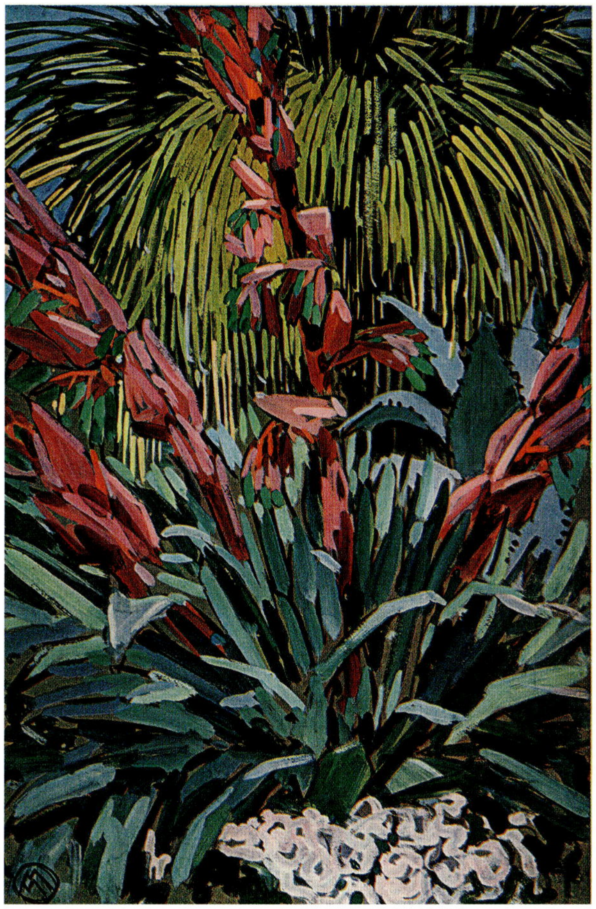

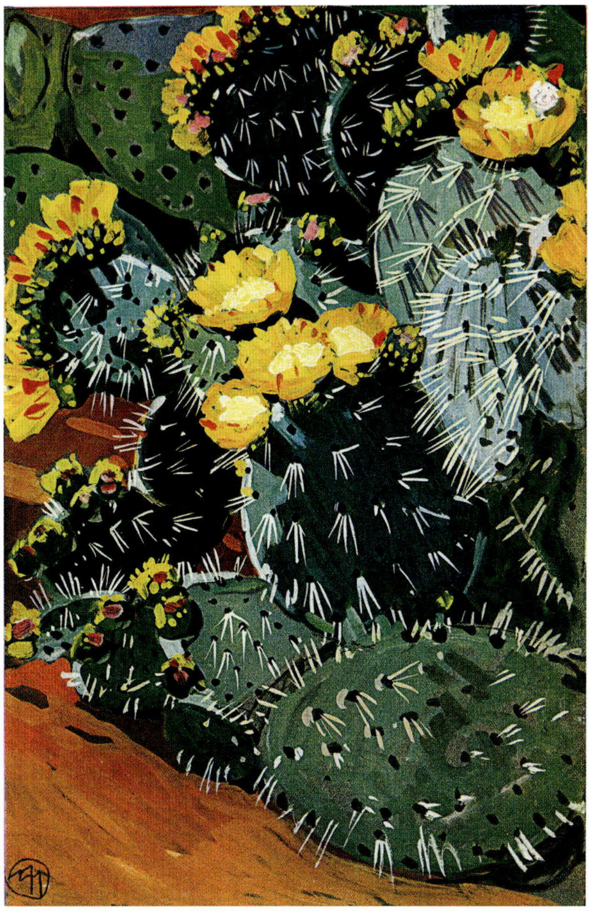

CI-DESSUS
***BESCHORNÉRIA (MEXIQUE). DASYLIRION (MEXIQUE). AGAVE (MEXIQUE)*, PLANCHE DE *LA PLANTE EXOTIQUE*, PARIS, CH. MASSIN & CIE, 1931.**

***NOPAL OU OPUNTIA À RAQUETTES (HAWAÏ)*, PLANCHE DE *LA PLANTE EXOTIQUE*, PARIS, CH. MASSIN & CIE, 1931.**

***AGAVE (MEXIQUE). FOURCROYA (MEXIQUE). YUCCA À FEUILLES D'ALOÈS (AMÉRIQUE CENTRALE)*, PLANCHE DE *LA PLANTE EXOTIQUE*, PARIS, CH. MASSIN & CIE, 1931.**

ressenti devant les luxuriantes plantations des jardins dont Albert Kahn agrémente ses villas de la Riviera méditerranéenne.
Dans ces grands ouvrages, les dessins n'illustrent pas un texte; ils en constituent la matière essentielle et l'artiste a le statut d'auteur principal. L'interprétation décorative prônée par Eugène Grasset, encore d'actualité dans l'*Étude de la mer*, disparaît par la suite du projet artistique. Dans tous les autres recueils, la dimension naturaliste s'impose. La curiosité de Méheut, son sens de l'observation, l'extrême attention accordée aux détails signifiants du vivant sous toutes ses formes, son talent enfin de dessinateur évitent à ces livres à portée scientifique d'être austères. Ils se révèlent de merveilleuses leçons de choses. L'expérience de Roscoff permet immédiatement d'illustrer deux autres textes publiés par les scientifiques du Laboratoire marin : l'étude de Paul-Marais de Beauchamp sur les milieux naturels côtiers (*Les Grèves de Roscoff. Étude sur la répartition des êtres dans la zone des marées*, Paris, 1914) et le recueil de poèmes du professeur Yves Delage *Gloria Parvis* («Gloire aux humbles») édité à Roscoff en 1912 au profit des victimes de la mer.

En 1914 paraît également à Paris un recueil de pages choisies de *La Mer*, l'essai de Jules Michelet publié en 1861. Sous le titre *Fécondité. L'atome. Fleur de sang*, cette publication imprimée à 340 exemplaires sur beau papier comprend 25 gravures sur bois en couleurs, dont des lettrines qui ne sont pas sans rappeler celle de l'*Étude de la mer*. Mêlant l'or et des couleurs en dégradé, la couverture et le frontispice sont ornés de deux grandes figurations d'un poisson nageant dans l'écume des vagues. Ces magnifiques images japonisantes, œuvre des élèves de l'école Estienne, sont réputées avoir été réalisées sous la direction de leur professeur de l'année précédente, Mathurin Méheut. À la veille de la Grande Guerre, celui-ci aura déjà travaillé dans des registres très variés allant de la publication scientifique au livre d'art, du livre technique à la littérature. Mais il a aussi expérimenté différentes techniques de gravure, qui marqueront son itinéraire d'illustrateur.

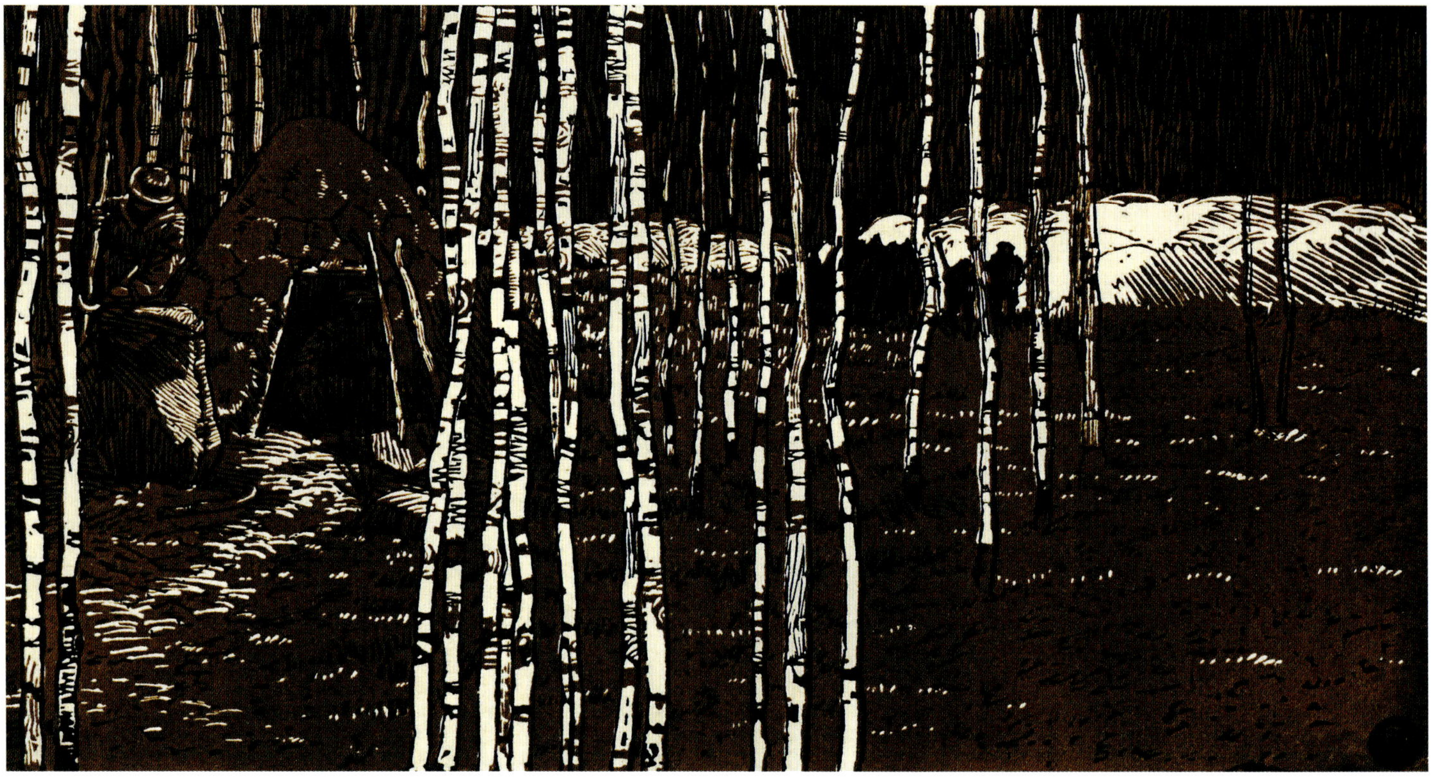

CHARBONNIERS EN FORÊT,
GRAVURE SUR BOIS
EN DEUX TONS (1912).
© Musée national de la Marine/
A. Fux © ADAGP, Paris, 2013.

LE GRAVEUR

À partir de 1910, il présente en effet des estampes (des gravures sur bois en deux tons, et exceptionnellement, à l'eau-forte) aux Salons de la Société nationale des beaux-arts à Paris, ou encore à la 9e exposition internationale d'art de Munich. À côté de sujets animaliers – sa première « spécialité » –, il élabore quelques scènes tirées de ses observations des activités humaines : goémoniers, charbonniers, rituels religieux et mortuaires. Parmi les études animalières, on rencontre des *Cigognes*, des *Renards*, des *Béliers et brebis*, mais aussi des scènes tirées du monde littoral : deux petites gravures sur bois en deux couleurs, *Gode chassant* et *Crabe*, sont révélatrices de la première manière du graveur. Denses, de forme oblongue, elles insèrent l'animal dans une trame de végétaux marins et témoignent de l'influence de l'estampe japonaise. *Goémoniers* (1912), tirée en trois tons, existe en deux versions : l'une en bleu, ocre et noir et l'autre en gris, ocre et noir. *Charbonniers en forêt* (1913), en deux couleurs, est également tirée en plusieurs nuances. La disposition des arbres, en rideau, est une référence explicite à l'estampe japonaise. Ces deux images figurent dans ses deux expositions de 1913, au pavillon de Marsan et au Salon de la Société nationale des beaux-arts. Quant à *Roscovites au pardon* (1912), sa première gravure à l'eau-forte, elle est publiée en 1913 dans la *Gazette des beaux-arts*.

Pendant la guerre, Méheut continue à déployer une activité de graveur. Il utilise en effet les presses et le matériel de reprographie des services topographique et cartographique pour imprimer des travaux officiels de commande (cartes de vœux, citations à l'ordre de l'armée), mais aussi pour tirer des estampes plus personnelles qu'il colorie à la gouache ou à l'aquarelle et des feuilles illustrées qu'il décline pour divers correspondants. Il transpose par exemple un croquis effectué à la plume et à l'encre, fin avril 1915 au passage des deux brancardiers emportant le corps de son camarade le sous-lieutenant Léon Chrétien tombé au combat près d'Arras. Il en tire une estampe monogrammée (*Les Brancardiers de la Croix-Rouge*) au début de 1916. Pour les fins d'année 1916 et 1917, il crée des images de Noël mêlant la tradition biblique et le quotidien militaire, qu'il enlumine de gouache et d'or. Il imprime plusieurs exemplaires d'un dessin au trait représentant la reine des Belges en visite sur le front, qu'il colorie à l'aquarelle et dédicace au général Anthoine, son supérieur direct, et à Pétain, le vainqueur de Verdun. Il illustre, encore, de douze planches le recueil de poèmes de guerre *Jeunes Ruines* publié par André Selthic en 1917.

C'est au lendemain de la guerre que le graveur produit ses plus belles réussites, à la fois dans des estampes monochromes, d'une très grande force d'expression, et dans ses premières

GODE CHASSANT,
1912, GRAVURE SUR BOIS
EN DEUX COULEURS.
Coll. part. © ADAGP, Paris, 2013.

CRABE,
1912, GRAVURE SUR BOIS
EN DEUX COULEURS.
© Lamballe, musée
Mathurin-Méheut.

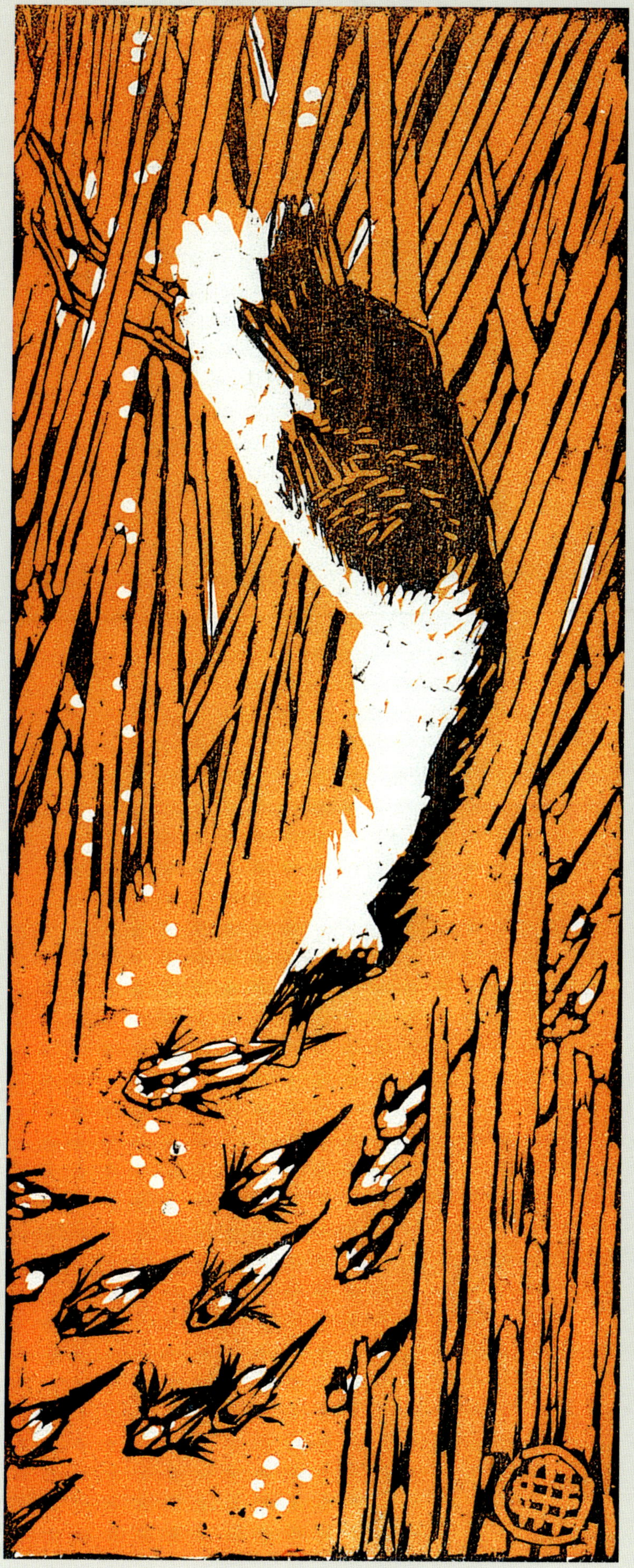
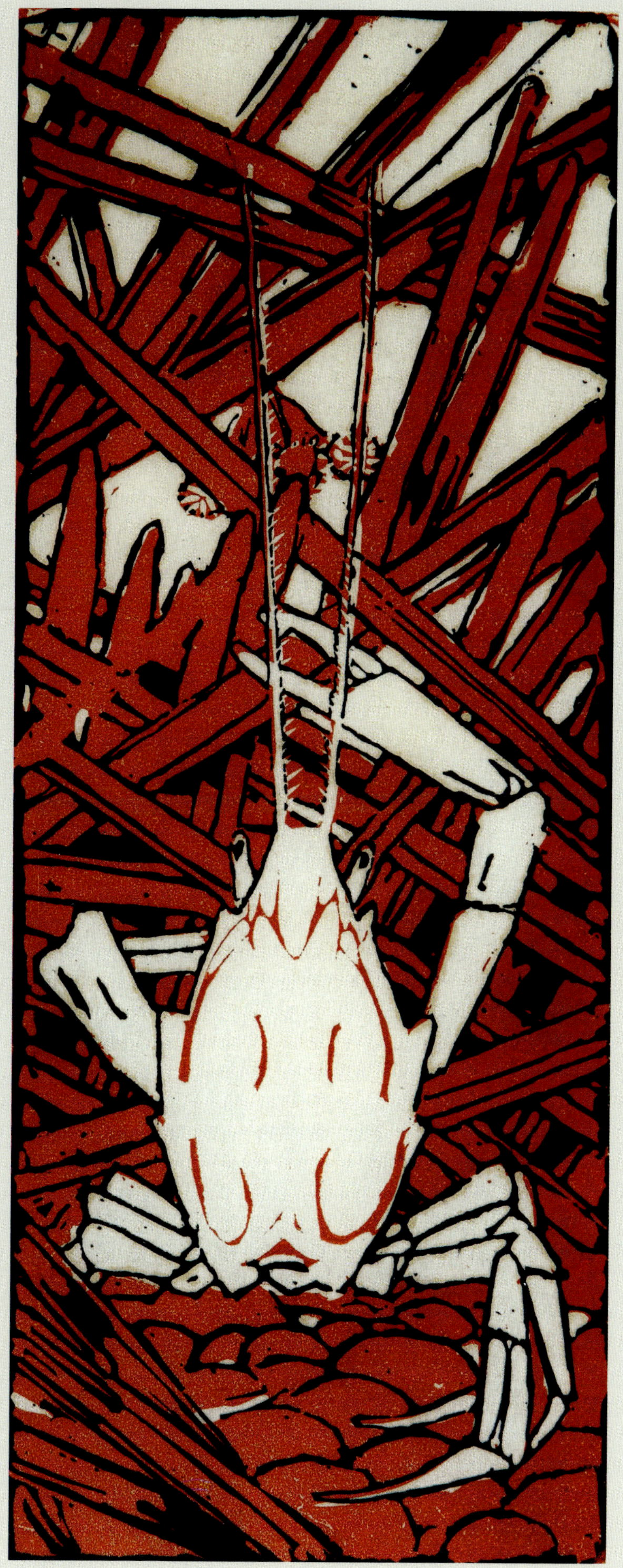

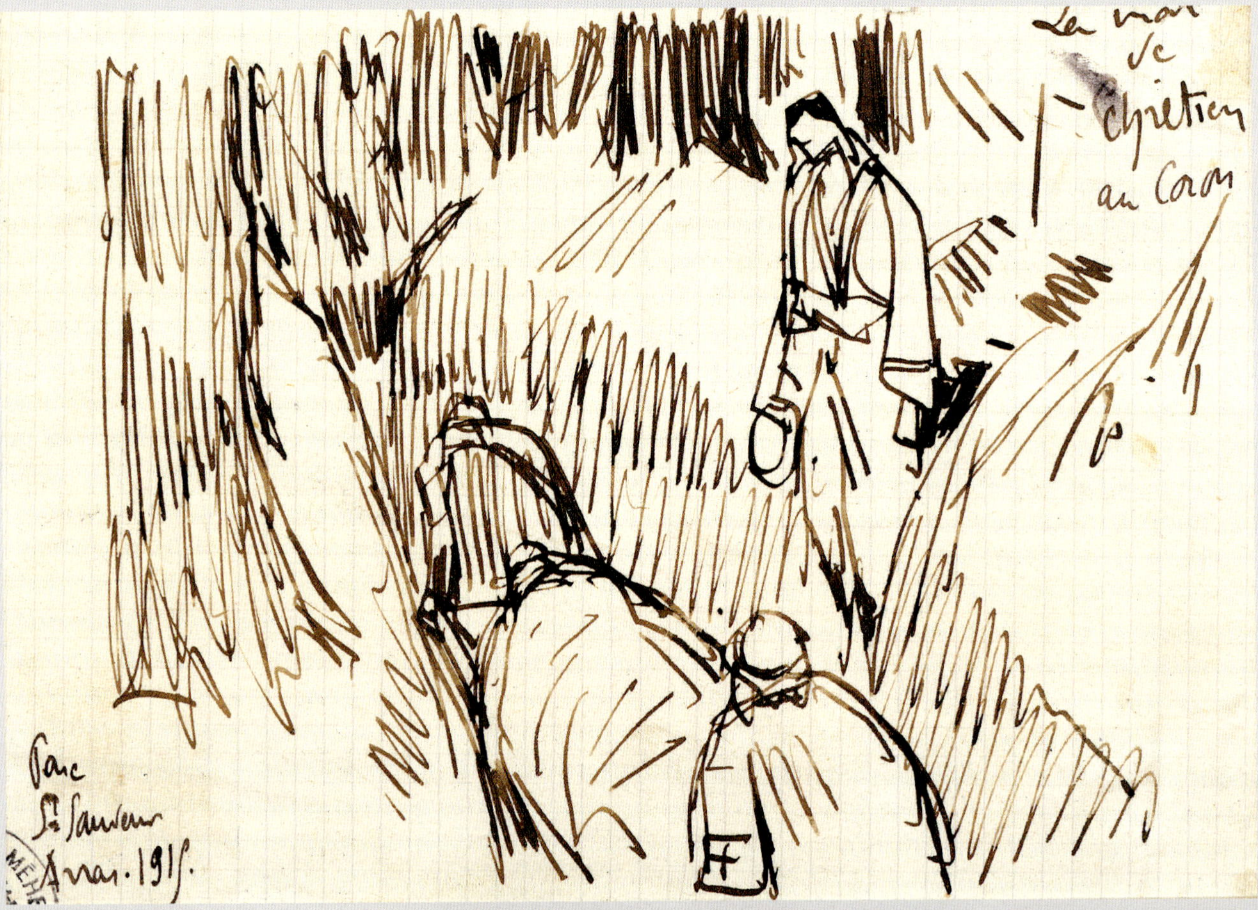
Le mort de Chrétien au Coron
Parc St Sauveur Arras. 1915.

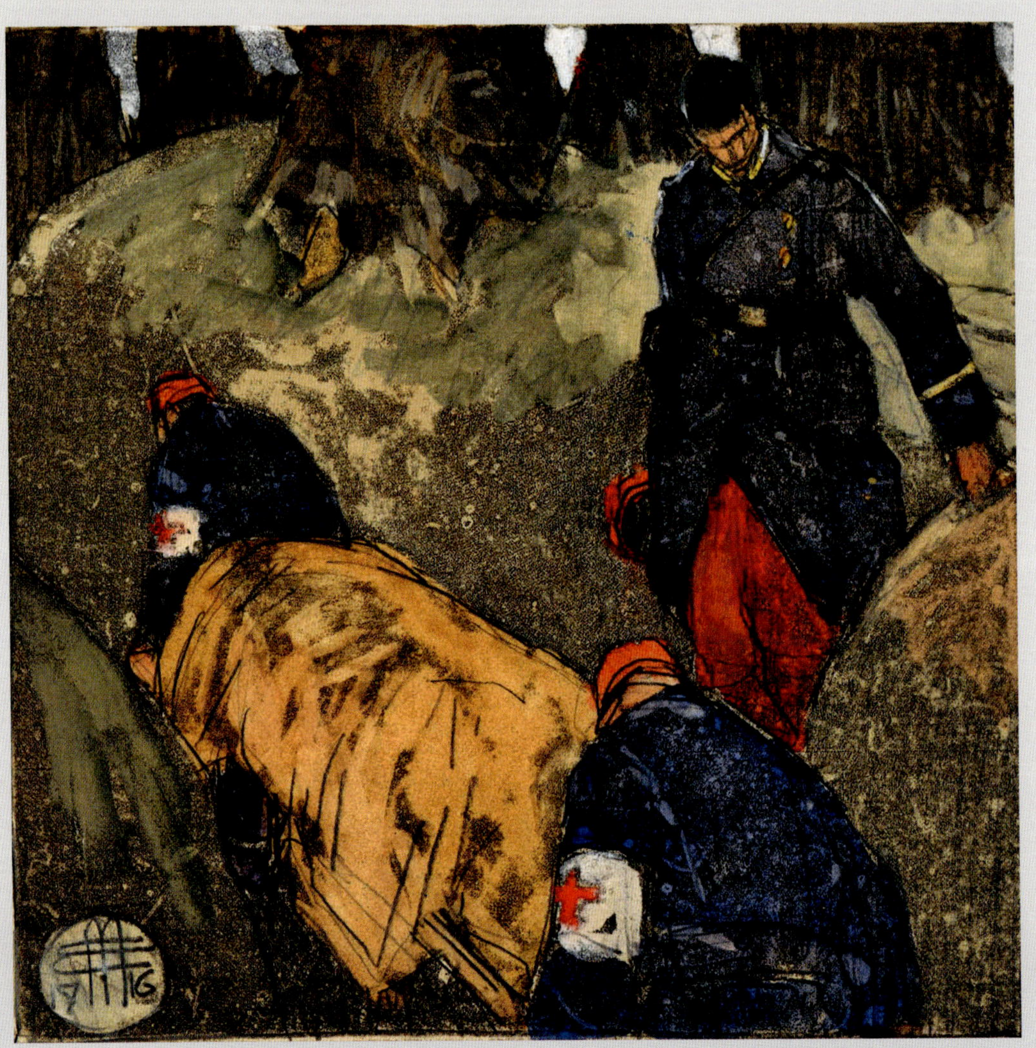

***LA MORT DE CHRÉTIEN AU CORON – PARC ST SAUVEUR ARRAS 1915*. ENCRE SUR PAPIER QUADRILLÉ, 12,9 X 18,2.**
Lamballe, musée Mathurin-Méheut, D1G25 © E. Rousseau, Grand Angle, Lamballe © ADAGP, Paris, 2013.

***LES BRANCARDIERS DE LA CROIX-ROUGE*, ESTAMPE COLORIÉE À LA GOUACHE, DATÉE AVRIL 1916.**
Lamballe, musée Mahurin-Méheut © ADAGP, Paris, 2013.

gravures sur bois destinées à l'illustration de livres. Le séjour au pays bigouden en 1919-1920 inspire en effet à Mathurin Méheut huit grandes planches gravées en taille d'épargne, c'est-à-dire directement à la gouge ou au canif sur bois ou sur linoléum, au format 31,5 x 39, qui figurent au sein de sa seconde exposition au pavillon de Marsan en 1921. Elles ont pour sujets les activités rurales et maritimes de la communauté littorale, et pour titres : *La Remontée des barques*, *Bigoudènes aux filets*, *Église Saint-Guénolé*, *Le Port de Saint-Pierre Penmarc'h*, *Le Jeteur de rogue*, *Sardiniers à l'aviron*, *Bigoudènes au travail*, *Laboureurs à Penmarc'h*. Ces gravures se caractérisent par un violent contraste entre les noirs et les blancs. Le ciel, la terre, les vagues sont sillonnés de traits de gouge, l'horizon est le plus souvent très haut, les conditions atmosphériques varient du temps calme à la nuée nocturne en passant par la course d'énormes nuages. À ces éléments très présents s'opposent les gestes ou les efforts humains parfois violents : marins arc-boutés sur leurs grands avirons, femmes courbées sur leurs houes pour arracher les pommes de terre, foule hissant un canot au sec. L'âpreté du labeur des paysans et des pêcheurs trouve ici une expression brute, exempte de pittoresque. Si les détails vestimentaires ou les repères topographiques (la tour carrée de Saint-Guénolé, le phare de Penmarc'h) ancrent les scènes de travail de la terre et de travail en mer dans une réalité précise, l'opposition tranchée de l'encrage noir et de la réserve blanche donne à celles-ci une valeur universelle, celle de l'affrontement de l'homme et de la nature. Une neuvième image, de format inférieur, prolonge cette série : *Le Baptême de la barque*, issu d'un lavis d'encre, évoque le cérémonial protecteur qui précède l'utilisation du bateau. Sur les vingt et une gravures exposées au pavillon de Marsan en 1921, huit sont acquises par l'État, avec plusieurs dessins préparatoires.

Membre de la Société de la gravure sur bois originale (SGBO), Méheut participe à plusieurs des imagiers (*Cour de ferme*, 1924 ; *Sabotiers bretons*, 1926) et séries de cartes postales (« Au pardon », 1925) édités par cette société à 140 ou 160 exemplaires. Il illustre d'une très belle *Barque de pêche* en deux tons le menu du 26 janvier 1925. En 1928, il participe au recueil de *Chansons populaires françaises de 1870 à nos jours* que la SGBO publie sous la direction de Charles Miguet en 1932 avec une préface de Xavier Privas. Quarante chansons ont été confiées à quarante graveurs : Paul-Émile Colin pour *Le Temps des cerises* de Jean-Baptiste Clément, Henry Cheffer pour *La Boîte de Chine* de Yann Nibor, Quillivic pour *La Paimpolaise* de Botrel. Méheut illustre *La Petite Tonkinoise* composée par Vincent Scotto, rendue immensément célèbre par le comique-troupier Polin et par Joséphine Baker en 1930. C'est l'occasion de replacer dans l'exotisme colonial de l'époque un matelot de la Royale comme Méheut aime les camper dans ses illustrations de *Mon frère Yves*. Il donne également quelques gravures sur bois pour des publications à tirage limité réservées à des publics d'amateurs, tels *L'Ami du lettré* publié par l'éditeur Georges Crès en 1924 ou l'*Almanach du franc buveur* de Léon Baranger et André Simon en 1926.

LES BEAUX LIVRES

En 1923 débute une collaboration avec Mornay, éditeur à Paris de livres illustrés destinés aux bibliophiles, qui publiera entre les deux guerres une centaine d'ouvrages dont soixante-douze constituent, de 1919 à 1934, la collection « Les Beaux Livres ». Souscrits par abonnement (cinq par an), les titres de cette collection mêlent les romans classiques (Balzac, Flaubert, Zola), les auteurs populaires (Anatole France, Colette) et d'autres plus rares ou confidentiels. Mornay fait appel à des illustrateurs variés : les graveurs Louis Jou, Pierre Falké, Barthélemy, Hermann Paul, Deslignères, les aquarellistes Georges Barbier ou Joseph Hémard, ou encore l'animalier Deluermoz pour *Le Livre de la jungle*. Les techniques évoluent avec le goût du public, les gravures sur bois monochromes du début, imprimées avec le texte, font place aux bois en camaïeu ou en couleurs, puis à l'aquarelle reproduite en lithographie, techniques qui nécessitent plusieurs passages. Mais le principe éditorial reste le même : un tirage à un millier d'exemplaires, sur un beau papier de Rives, quelques dizaines d'exemplaires de tête sur grand

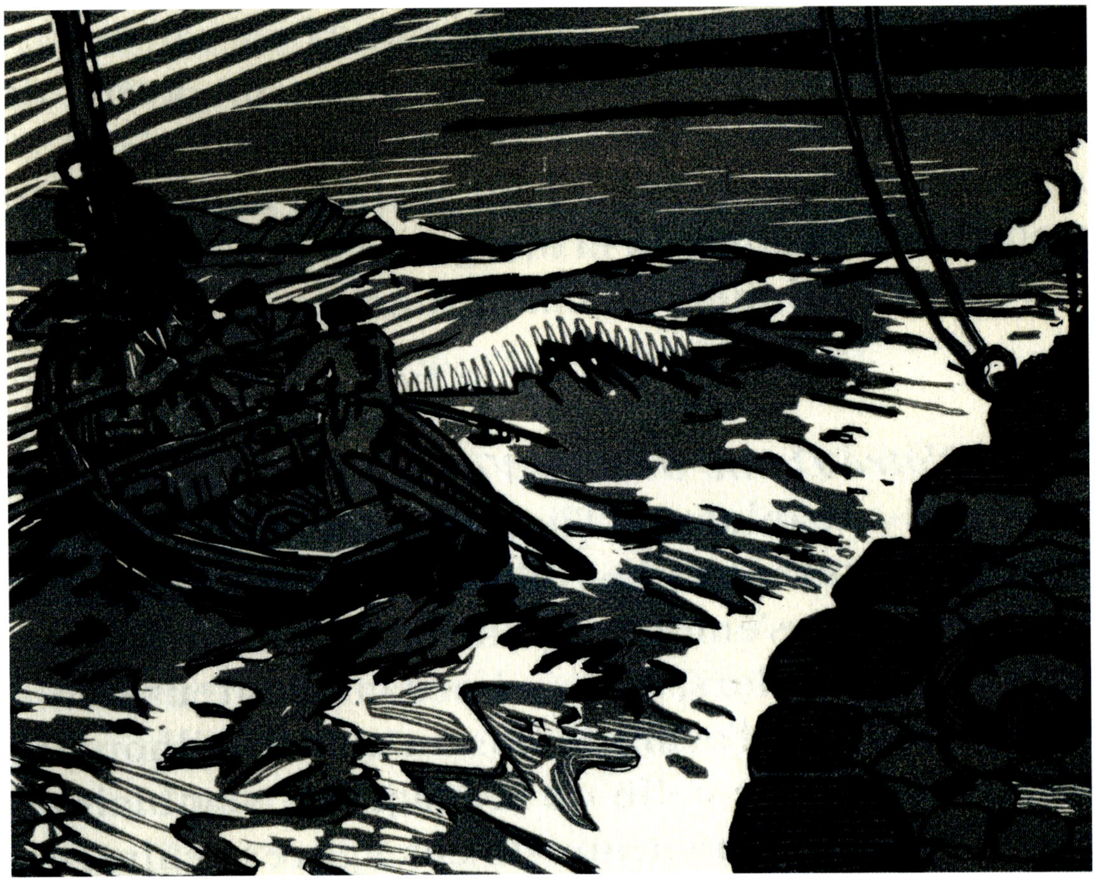

DANS LE RAZ DE SEIN. **GRAVURE SUR BOIS EN DEUX TONS POUR *LE GARDIEN DU FEU*, PARIS, MORNAY, 1923.**
Coll. part./Denis-Michel Boëll

AU PIED DU PHARE DE LA VIEILLE. **GRAVURE SUR BOIS EN DEUX TONS POUR *LE GARDIEN DU FEU*, PARIS, MORNAY, 1923.**
Coll. part./Denis-Michel Boëll

papier du Japon, de Chine ou de Hollande, accompagnés de suites des gravures. Des exemplaires de très grand luxe sont vendus avec les œuvres originales des artistes. À quatre reprises, de 1923 à 1934, Méheut participe à cette aventure éditoriale singulière et se voit confier des textes en rapport avec la mer ou la Bretagne. Pour chacun de ces ouvrages, il entreprend des repérages sur le terrain : les parages de la pointe du Raz et l'île de Sein, le marais briéron, Brest et Rosporden, ou encore l'île d'Ouessant. De ces séjours exploratoires, il rapporte une foule de croquis qui pourront trouver ultérieurement d'autres utilisations. Pour préparer *Le Gardien du feu*, d'Anatole Le Braz, il pousse très loin le souci documentaire et utilise les facilités offertes par le titre de peintre de la Marine. Le cabinet du ministre demande au préfet maritime de Brest *de bien vouloir réserver à Monsieur Méheut le meilleur accueil et en particulier donner des instructions pour qu'il puisse prendre au sémaphore de la pointe du Raz les croquis d'intérieur qui lui sont nécessaires*[27]. Ce tragique récit suscite 68 illustrations en deux couleurs, gravées sur bois d'après les dessins de Méheut. Celui-ci aurait été aidé dans sa tâche par Louis-Joseph Soulas (1904-1954), son ancien élève à l'école Estienne, dont le nom n'est cependant pas mentionné. Soulas est tout de même crédité de la transposition des illustrations de l'ouvrage suivant, *La Brière* d'Alphonse de Châteaubriant, qui a reçu lors sa publication en 1923 le Grand Prix de l'Académie française. Outre la couverture, cette première version illustrée comporte 93 illustrations et ouvre la voie à d'autres artistes, tels René-Yves Creston (1926), Constant Le Breton (1927) ou Henry Cheffer (1932). Pour *Mon frère Yves*, le roman de Pierre Loti qui narre les tribulations d'Yves Kermadec, matelot originaire de Rosporden (1928), Méheut produit 62 illustrations, cette fois en couleurs. *Filles de la pluie. Scènes de la vie ouessantine*, pour lequel André Savignon avait en 1912 reçu le prix Goncourt, est accompagné par Méheut de 51 illustrations dans des tonalités froides de gris, de bleu et de bistre reproduites en zincographie.

En 1925, le normalien Maurice Genevoix (1890-1980), rendu célèbre par la publication de ses carnets de guerre, obtient le prix Goncourt pour *Raboliot*, son chef-d'œuvre, dont le héros est un bûcheron braconnier qui défie l'ordre établi et vit en harmonie avec les paysages de Sologne. L'année suivante, Méheut est chargé par le Cercle parisien du livre d'une

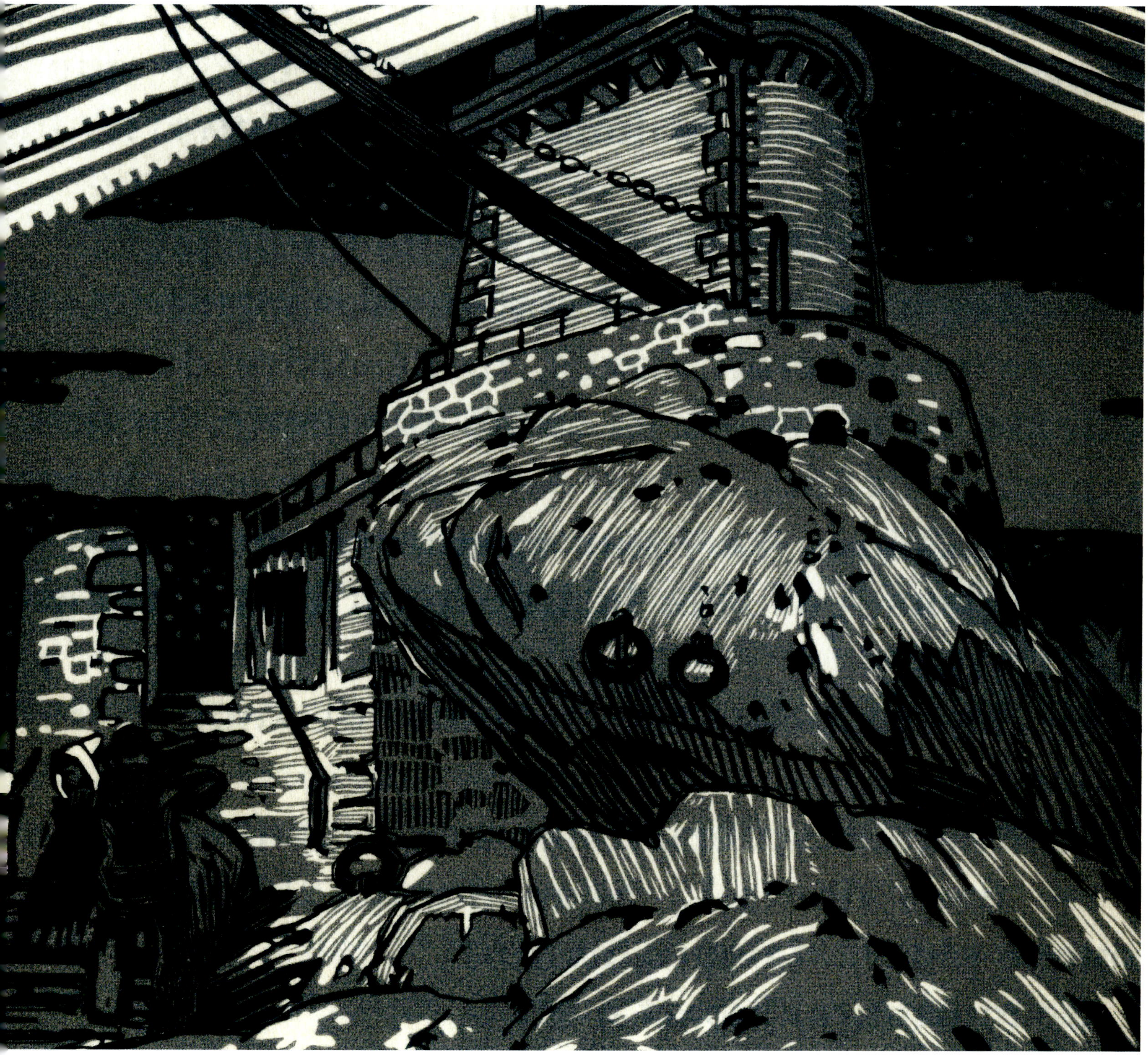

luxueuse édition illustrée destinée à 132 privilégiés, qui sortira des presses en 1928. L'éditeur fait appel pour transposer ses 30 gouaches à Georges Beltrand, dont les gravures sur bois témoignent d'une extrême virtuosité dans le rendu des nuances, car il emploie trois, sept ou dix planches. En 1929 paraît sous la double signature de Colette et Méheut un mince livre de 28 pages comportant, outre la couverture, 17 illustrations aux couleurs éclatantes. Comme l'indique la forme impérative du titre, *Regarde !*, ce fruit d'une coopération amicale est une invitation à ouvrir les yeux et à les tourner vers la mer et ses êtres vivants. Tiré à 750 exemplaires pour l'éditeur Jean-Guy Deschamps par l'Imprimerie nationale, ce livre de grand format (38,5 x 28 cm) unit images et texte dans une mise en page originale. La typographie et le trait du dessin sont imprimés simultanément, mais les illustrations sont ensuite coloriées à la main par le maître du genre, Jean Saudé, auteur du *Traité d'enluminure au pochoir* (1925). Cette méthode confère à chaque exemplaire de ce chef-d'œuvre une fraîcheur singulière.

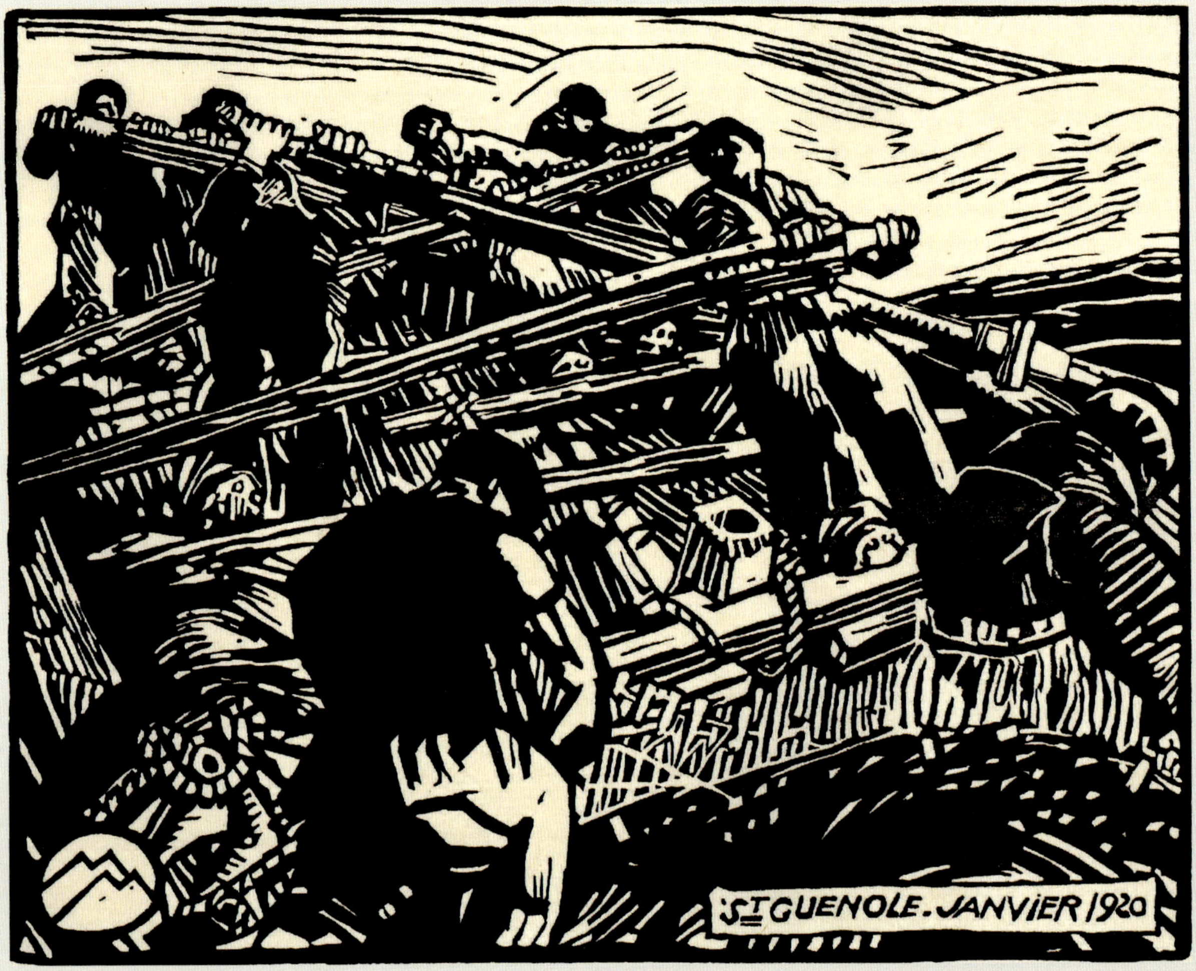

***AUX AVIRONS. ST GUÉNOLÉ. JANVIER 1920*. GRAVURE EN TAILLE D'ÉPARGNE.**

***L'ÉCHOUAGE [LA REMONTÉE DES BARQUES EN HIVER]*, GRAVURE EN TAILLE D'ÉPARGNE, 1919**

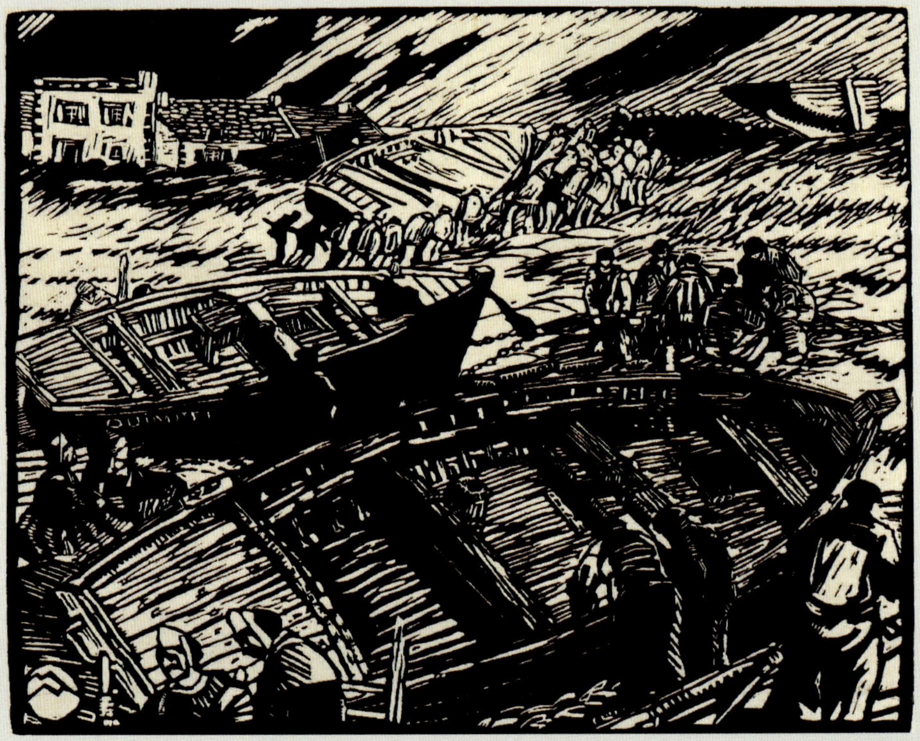

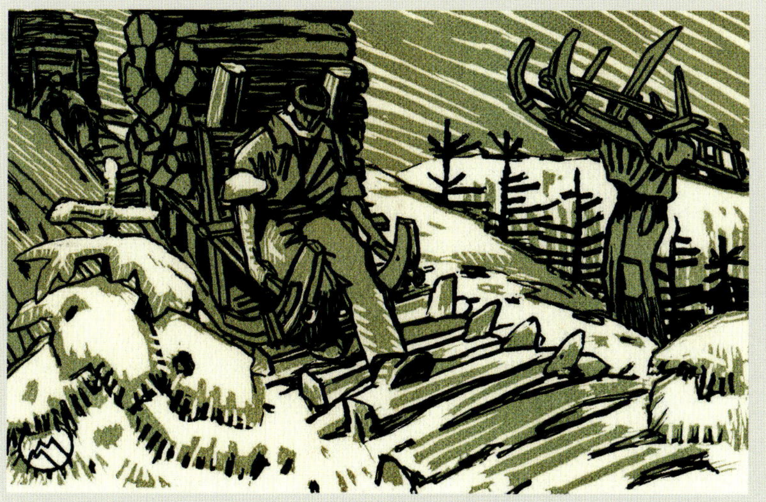

DERNIER SCHLITTAGE.
GRAVURE SUR BOIS EN DEUX TONS, PUBLIÉE DANS *BYBLIS*, 1924.
Coll. part./Denis-Michel Boëll
© ADAGP, Paris, 2013.

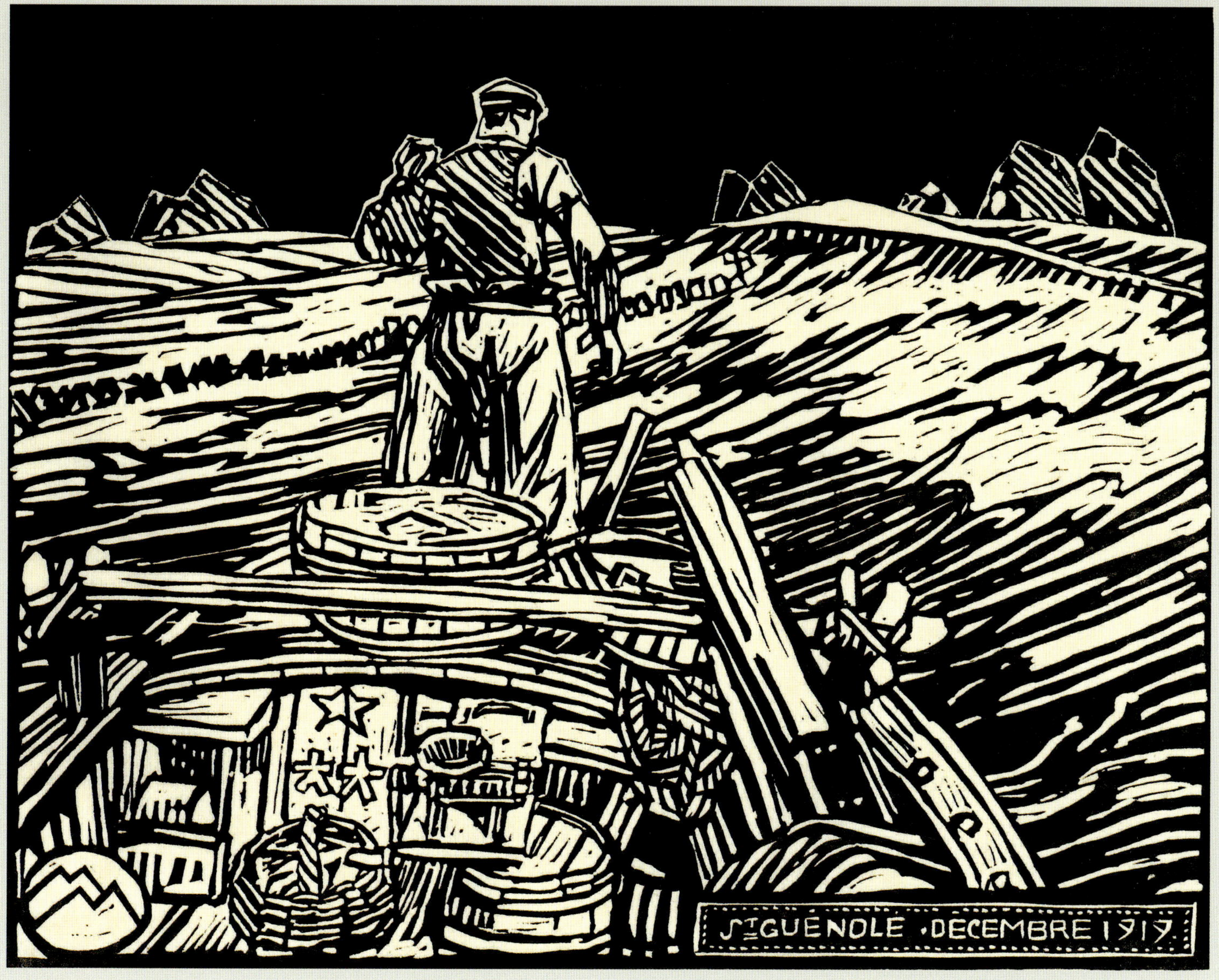

LA ROGUE.
ST GUÉNOLÉ-DÉCEMBRE 1919.
GRAVURE EN TAILLE D'ÉPARGNE.
© Musée national de la Marine/
A. Fux © ADAGP, Paris, 2013.

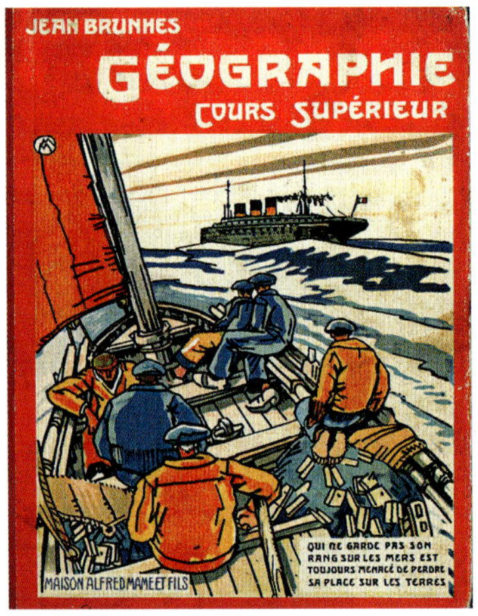

COUVERTURE DE *LEÇONS DE GÉOGRAPHIE À L'USAGE DES ÉCOLES PRIMAIRES : COURS SUPÉRIEUR* PAR JEAN BRUNHES, TOURS, ALFRED MAME ET FILS, 1933.
Coll. part. © Musée national de la Marine/S. Dondain © ADAGP, Paris, 2013.

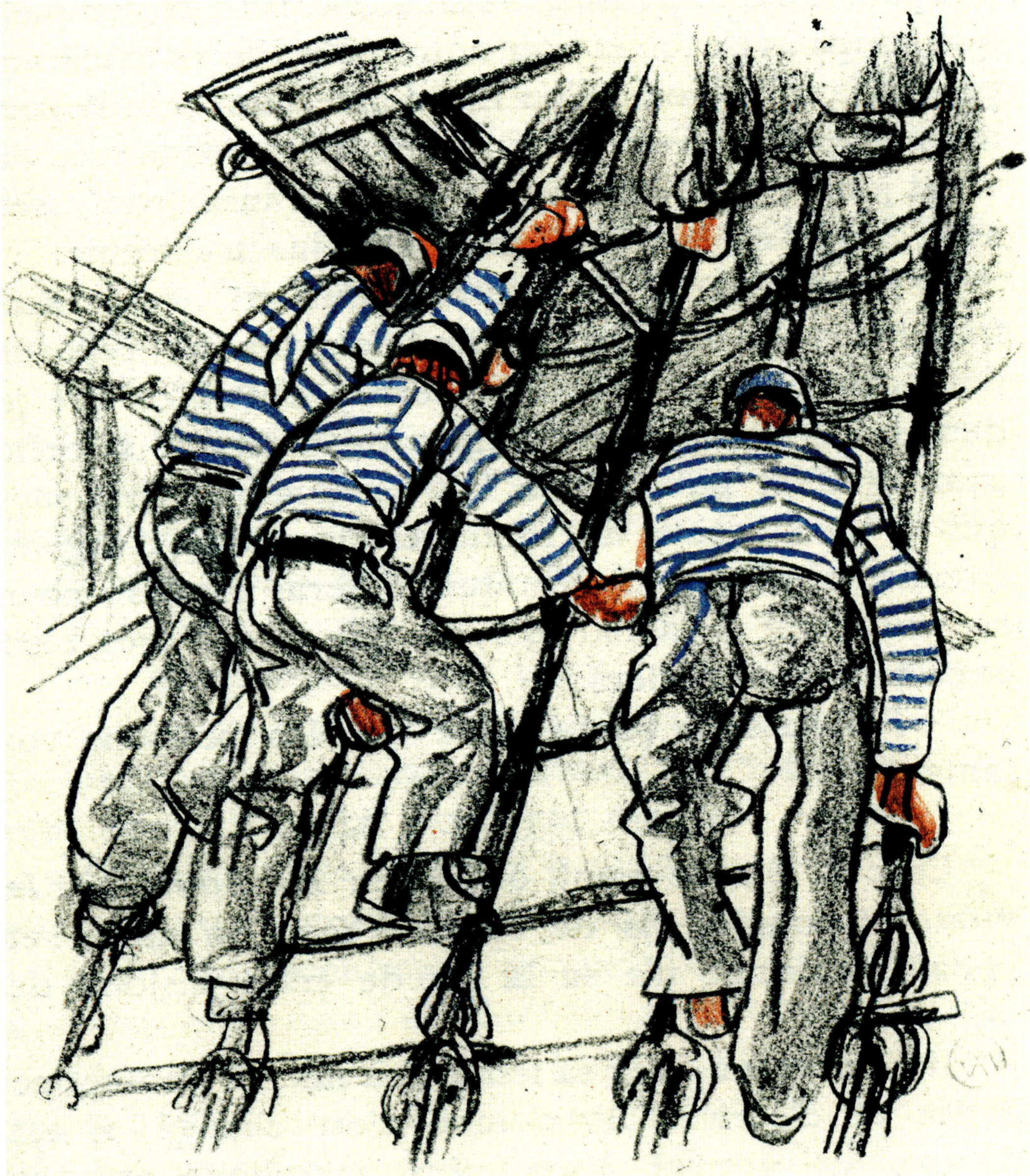

***MATELOTS GRIMPANT DANS LES HAUBANS.* ILLUSTRATION DE *MON FRÈRE YVES*, PARIS, MORNAY, 1928.**
Coll. part./Denis-Michel Boëll © ADAGP, Paris, 2013.

Georges Beltrand assure de nouveau la transposition des bois polychromes illustrant le texte d'Anatole Le Braz *Au pays des pardons*, publié en feuilles sous emboîtage par l'éditeur Albert Richard en 1937. Les pardons évoqués par l'auteur ont tous été suivis par Méheut, qui dispose sur le sujet d'un grand nombre de « documents ».

En 1936, Calmann-Lévy s'adresse à lui pour la nouvelle édition en quinze volumes des œuvres de Pierre Loti. Méheut rejoint une pléiade d'illustrateurs de renom, Jean-Gabriel Domergue, Charles Fouqueray, Maurice Lalau, André-Édouard Marty ou Sylvain Sauvage. Ses 24 illustrations pour *Pêcheur d'Islande* sont reproduites en phototypie par l'imprimeur Duval, et la mise en couleurs au pochoir par Maurice Beaufumé leur confère un aspect velouté.

Dès 1929, Raymond Hesse a publié un éloge de l'artiste dans la série « Les Artistes du livre » éditée par Henry Babou. Selon le principe de cette collection qui réunira quatorze titres, l'étude critique de Hesse, qui reproduit un florilège de gravures, est précédée d'une lettre-préface manuscrite dans laquelle Genevoix exprime son admiration pour le talent du dessinateur.

LE PARDON DES ISLANDAIS À PAIMPOL, DANS *PÊCHEUR D'ISLANDE*, PARIS, CALMANN-LÉVY, 1936.
© Musée national de la Marine/S. Dondain © ADAGP, Paris, 2013.

LA BRETAGNE ILLUSTRÉE

Aux réunions de la société « Autour du monde », Méheut rencontre le géographe Jean Brunhes (1869-1930), directeur des *Archives de la Planète* créées par Albert Kahn. Titulaire de la chaire de géographie humaine au Collège de France depuis 1912, il s'est vu confier à la veille de la guerre la direction des deux premiers volumes d'une ambitieuse *Histoire de la nation*

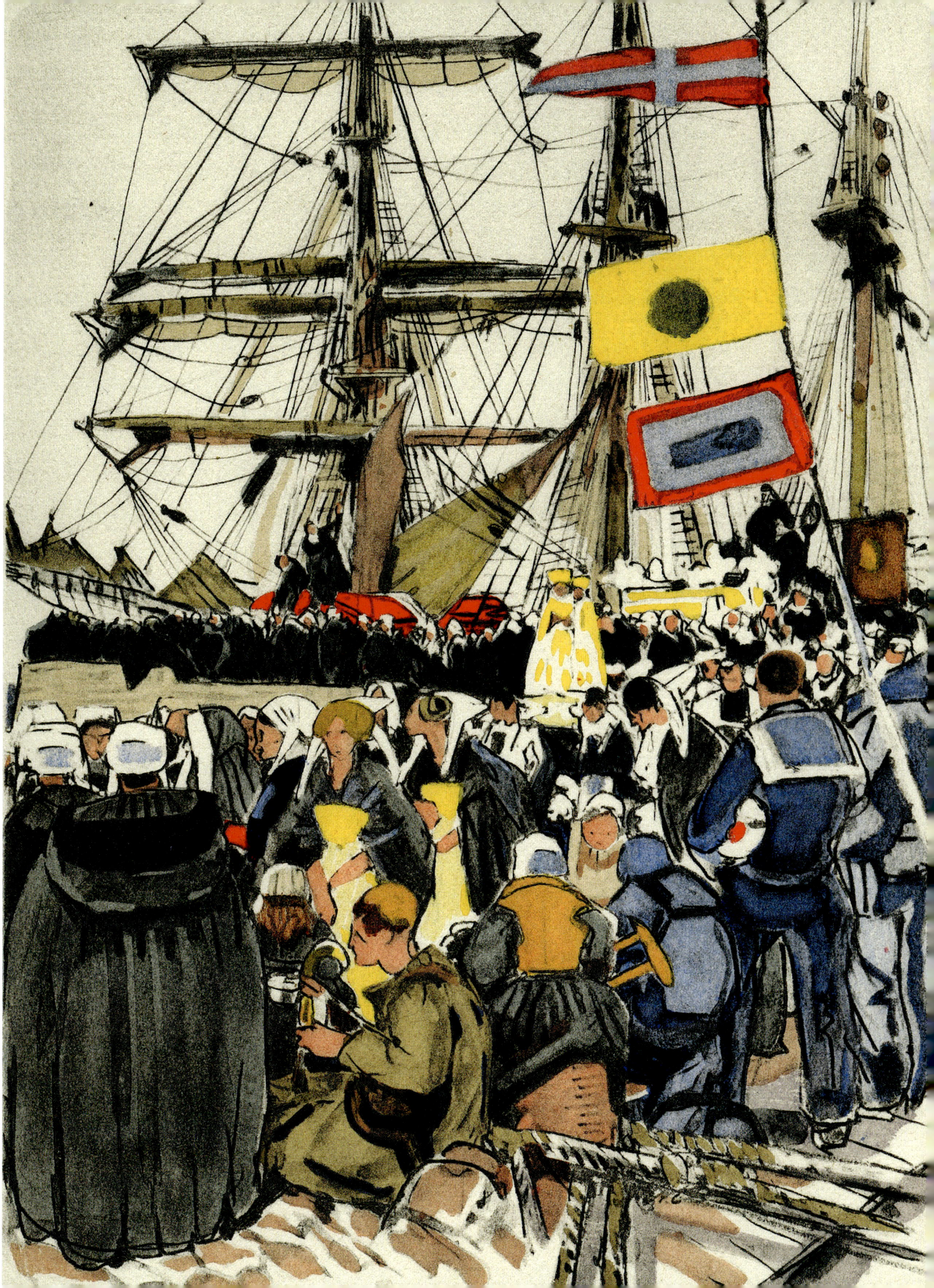

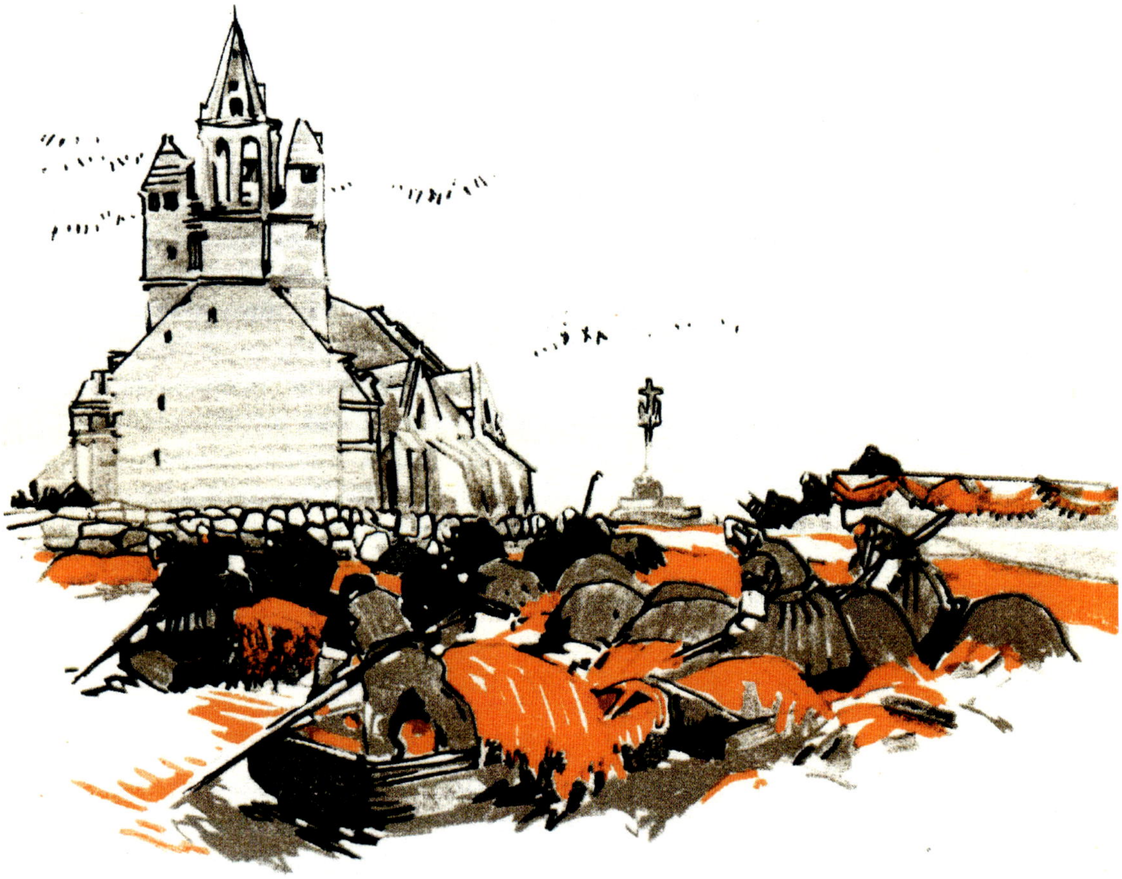

TRANSPORT DU GOÉMON AU PIED DE LA CHAPELLE NOTRE-DAME-DE-LA-JOIE. **ILLUSTRATION DE *LE DIEU NOIR*, PARIS, LA PETITE ILLUSTRATION, 1929.**
Coll. part./Denis-Michel Boëll
© ADAGP, Paris, 2013.

LA REMONTÉE DES CASIERS À CRUSTACÉS PRÈS DE LA POINTE DU RAZ. **GRAVURE SUR BOIS EN DEUX TONS POUR *LE GARDIEN DU FEU*, PARIS, MORNAY, 1923.**
Coll. part./Denis-Mchel Boëll
© ADAGP, Paris, 2013.

française conçue par l'historien, diplomate et homme politique Gabriel Hanotaux (1853-1944), et dont la publication s'échelonnera de 1926 à 1939. Pour illustrer les deux volumes de sa *Géographie humaine de la France*, Brunhes a fait appel au graveur Auguste Lepère (1849-1918). Lorsque le projet éditorial est repris au lendemain de la guerre, Brunhes utilise les travaux de Lepère pour son premier volume, *Le Visage de la France*, et mobilise pour le second intitulé *Géographie politique et géographie du travail* le peintre et décorateur Charles Hoffbauer (1875-1957), l'architecte Georges Wybo (1880-1943), et deux jeunes illustrateurs, Roger Broders (1883-1953) et Mathurin Méheut, auteur pour sa part de 34 illustrations dans le texte et de quatre hors-texte en couleurs. Quelques années plus tard, le géographe fait de nouveau appel à Broders pour illustrer ses *Leçons de géographie à l'usage des écoles primaires*, qui seront en usage durant une décennie dans de nombreuses villes, dont Paris. L'éditeur tourangeau Mame distribue l'illustration des couvertures des trois manuels (cours élémentaire, moyen et supérieur) à trois artistes qui symbolisent la diversité des paysages et des activités humaines de la France métropolitaine. L'Alsacien Hansi évoque le village de Mietesheim et ses maisons à colombage ; Roger Broders représente le massif alpin, dont il se fera une spécialité dans ses affiches touristiques ; et le Breton Méheut élabore une image emblématique des activités maritimes : sur le premier plat de la couverture, une chaloupe sardinière s'élance vers le large en direction d'un paquebot de ligne transatlantique. Entre tradition et modernité, cette image symbolise la vocation maritime de la France. Ce choix situe parfaitement Méheut dans le paysage national des illustrateurs : il devient le spécialiste de la Bretagne, auquel des éditeurs extrêmement divers s'adressent pour produire des images de sa province natale.

À deux reprises, le directeur des éditions de *L'Illustration*, revue qui a consacré plusieurs grands articles à Méheut, demande à celui-ci d'illustrer des textes publiés dans la collection « La Petite Illustration », minces fascicules offerts chaque semaine en prime aux abonnés de la revue. En mai 1929, il accompagne de vingt dessins les trois livraisons du roman d'Isabelle Sandy *Le Dieu noir*. C'est la première fois que cette prolifique romancière ariégeoise éloigne son récit de son univers pyrénéen familier, donnant comme cadre à son intrigue le pays

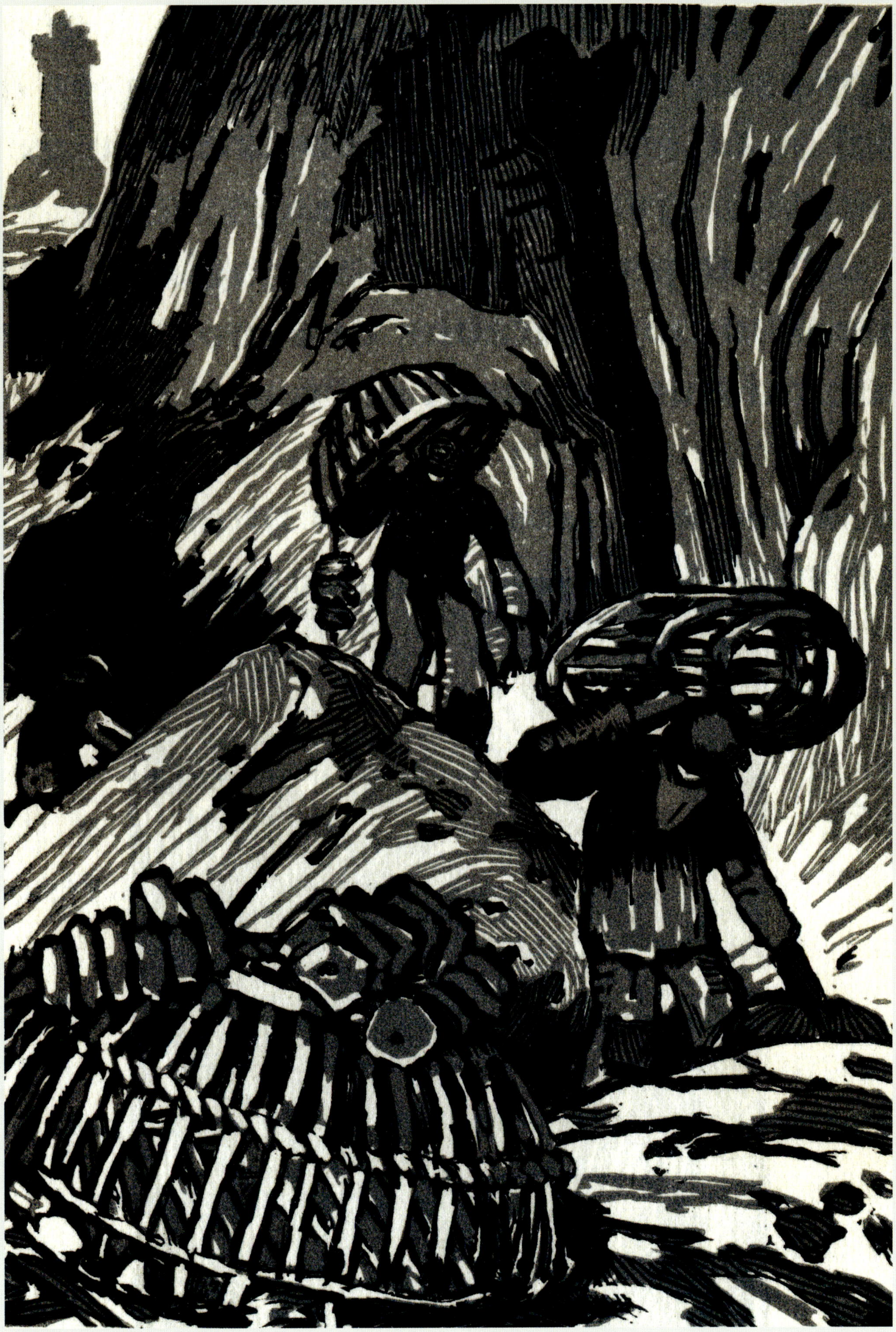

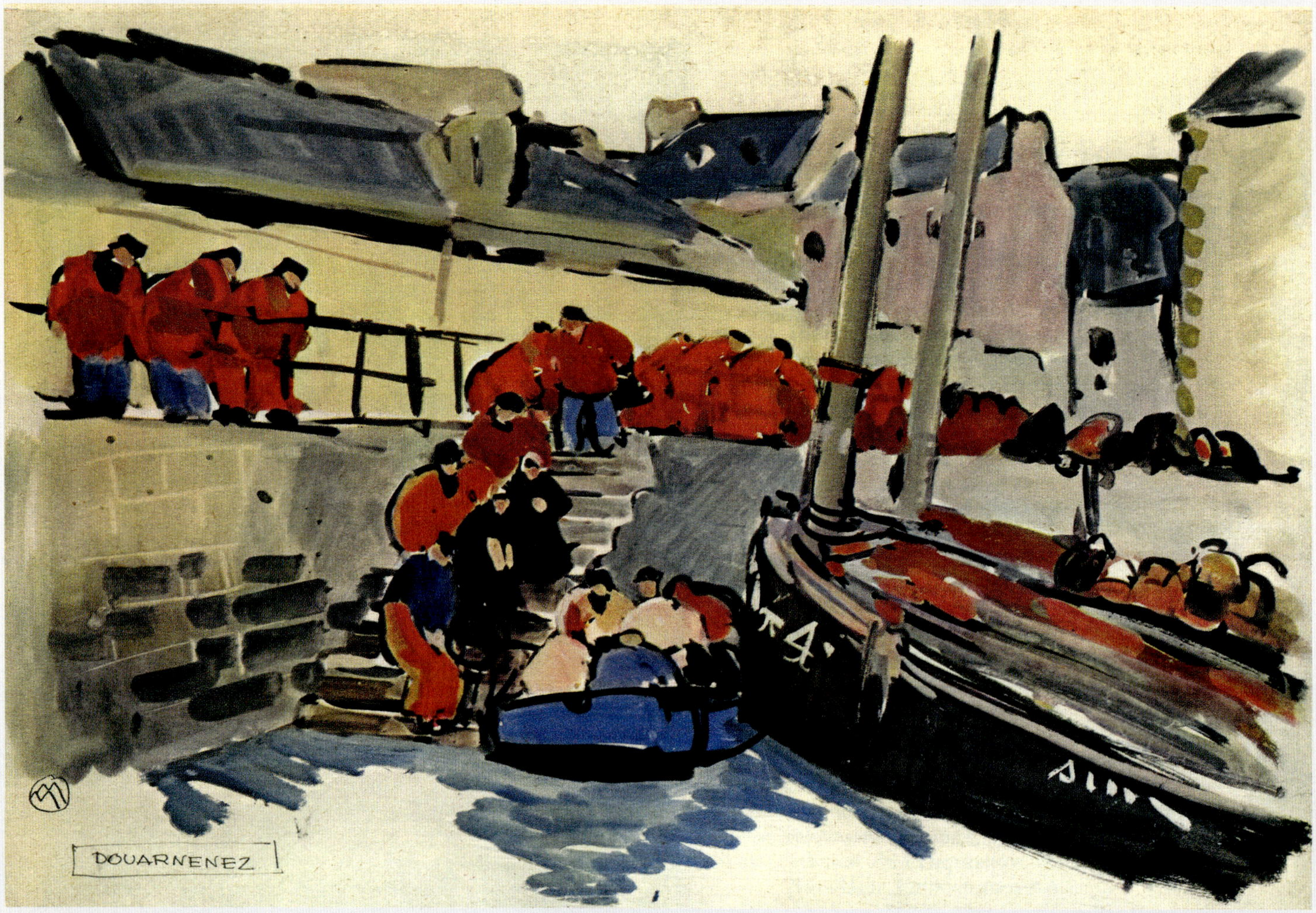

***DOUARNENEZ*. DANS *PAYS DE BRETAGNE*, PARIS, ED. ALPINA, 1937.**
Coll. part. © ADAGP, Paris, 2013.

***LA ROGUE, DOUARNENEZ*, DANS *PAYS DE BRETAGNE*, PARIS, ED. ALPINA, 1937.**
Coll. part. © ADAGP, Paris, 2013.

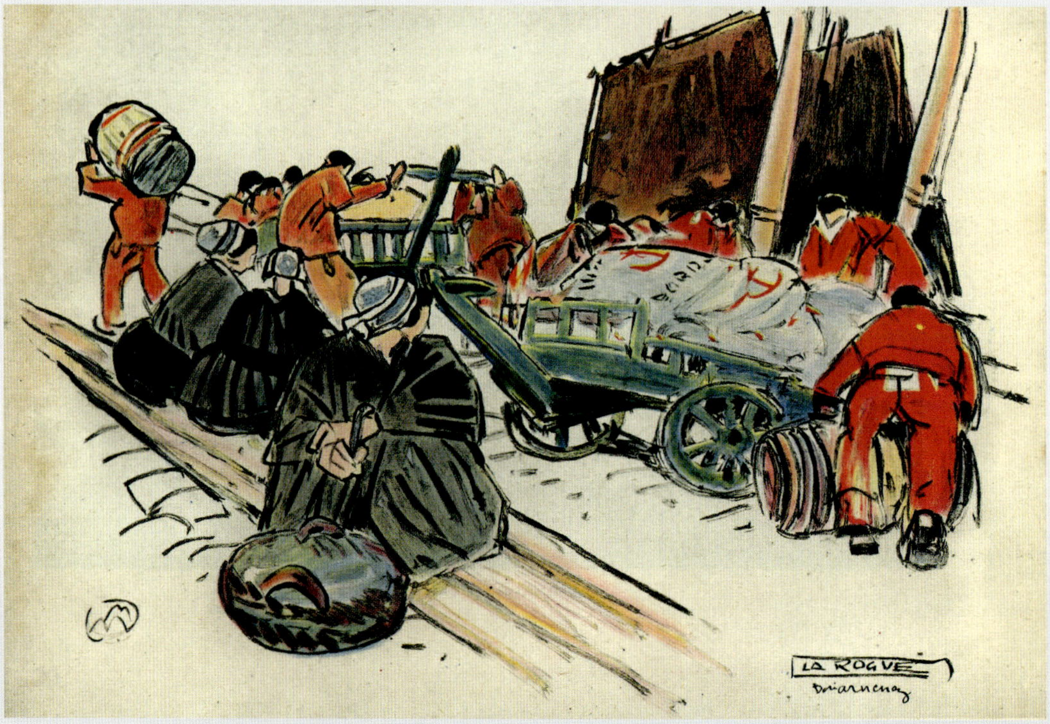

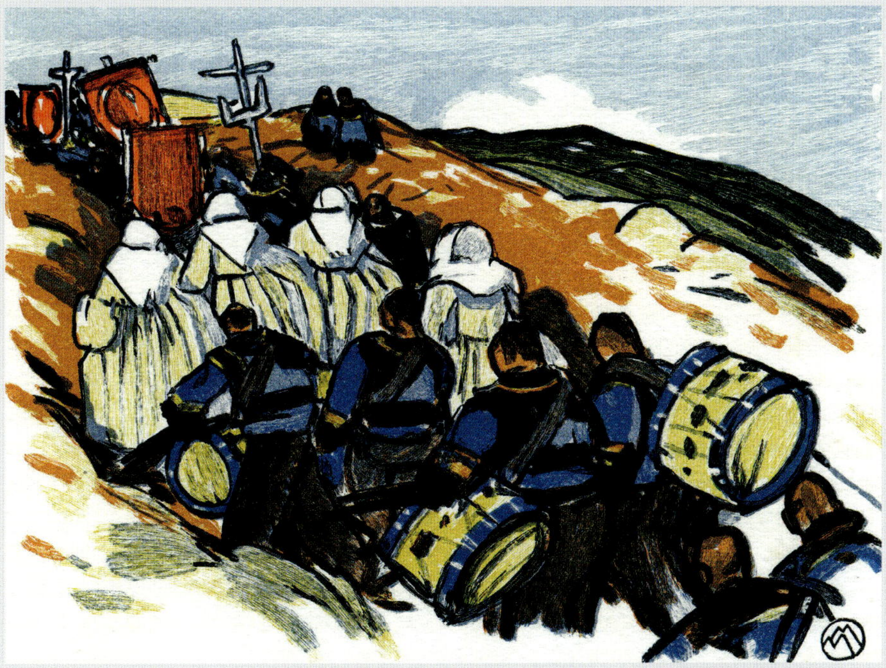

LA TROMÉNIE DE LOCRONAN.
BOIS GRAVÉ EN COULEURS PAR GEORGES BELTRAND POUR *AU PAYS DES PARDONS*, PARIS, ALBERT RICHARD, 1937.
Coll. part./Denis-Michel Boëll

BÉNÉDICTION DE LA MER.
BOIS GRAVÉ EN COULEURS PAR GEORGES BELTRAND POUR *AU PAYS DES PARDONS*, PARIS, ALBERT RICHARD, 1937.
Coll. part./Denis-Michel Boëll

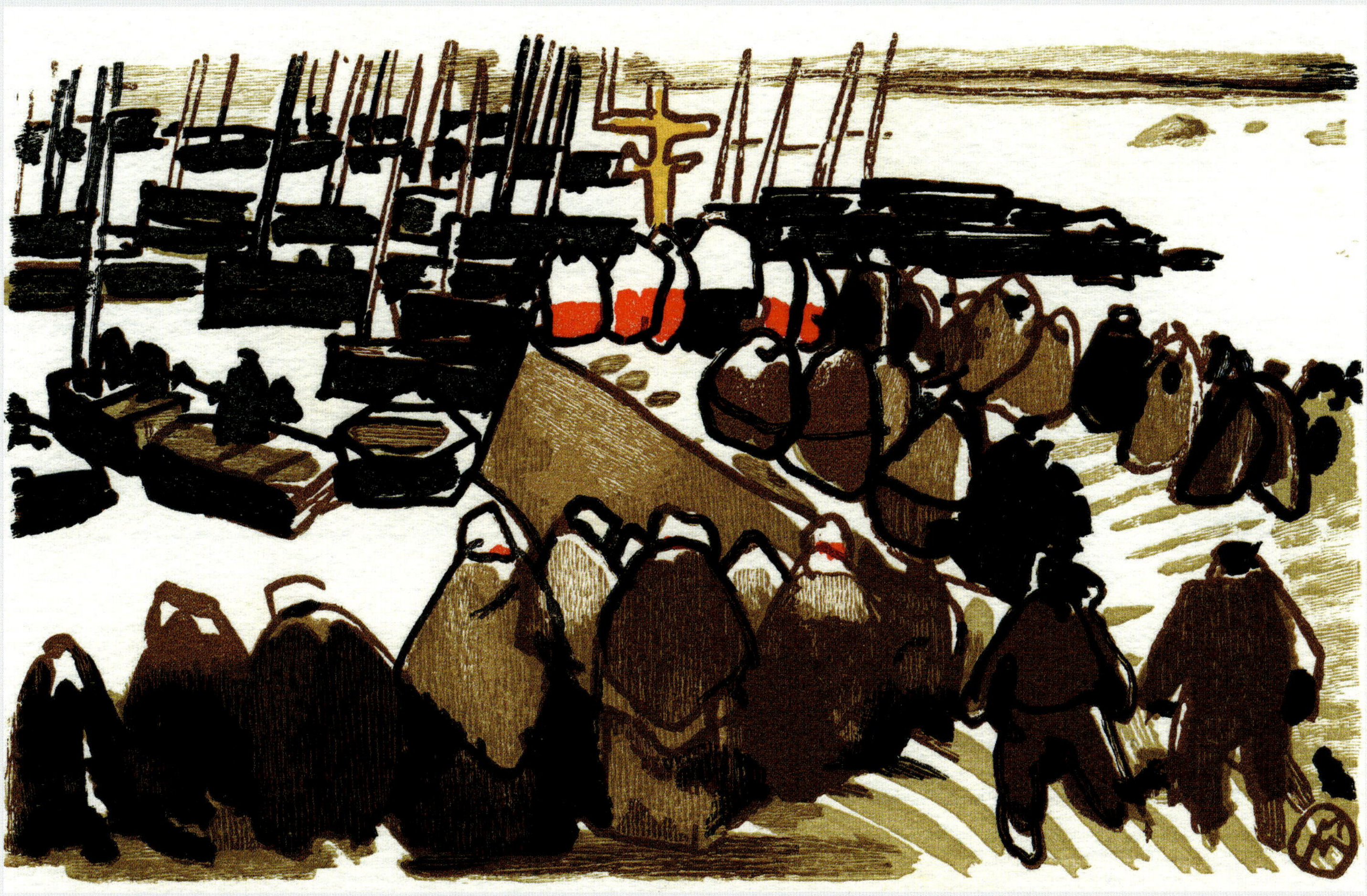

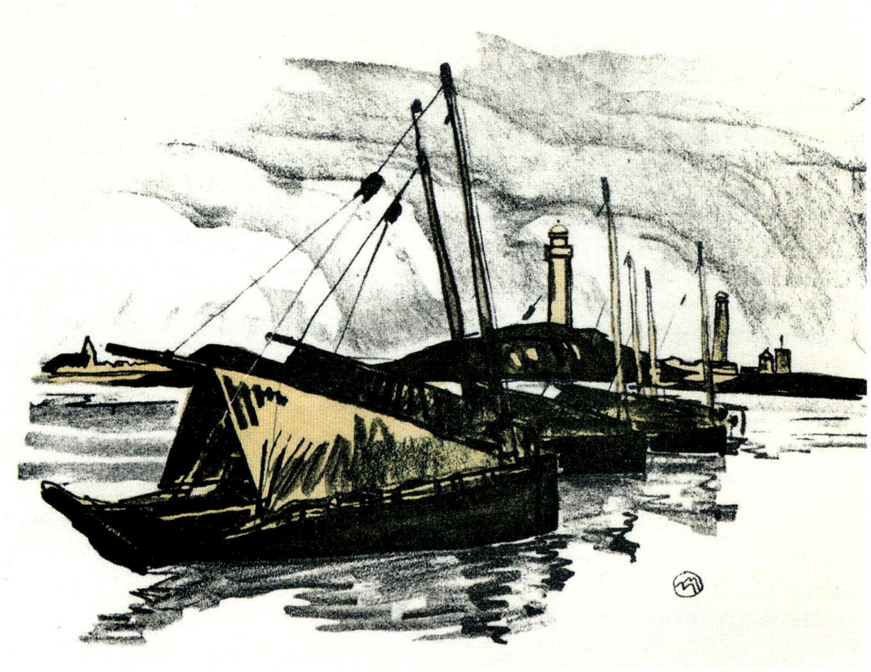

CANOTS À MISAINE « CABANÉS » POUR LE REPAS DU SOIR, AU MOUILLAGE SUR LA CÔTE BIGOUDÈNE. ILLUSTRATION DE *L'HOMME DE LA PALUD*, PARIS, LA PETITE ILLUSTRATION, 1931.
Coll. part./ Denis-Michel Boëll

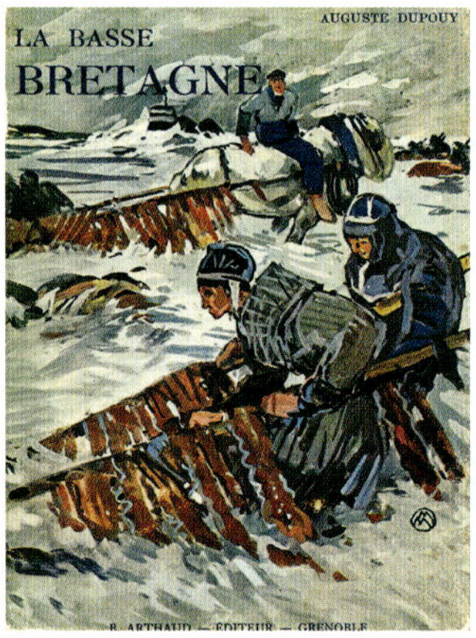

COUVERTURE DE *LA BASSE-BRETAGNE*, GRENOBLE, B. ARTHAUD, 1940.
Coll. part.© Musée national de la Marine/S. Dondain

bigouden. C'est l'occasion pour Méheut de reproduire la pointe de Penmarc'h, la vieille église de Kérity et la chapelle côtière de Notre-Dame-de-la-Joie, de camper paysans, marins-pêcheurs et ramasseurs de goémons, mendiants et indigents. Imprimées en deux tons, les illustrations associent un camaïeu de gris et des orangés stridents qui soulignent l'aspect luisant des laminaires, la blessure mordorée des sillons, et surtout l'éclat des broderies des gilets et des bonnets bigoudens. Un an et demi plus tard, l'artiste fournit quatorze illustrations pour la nouvelle de son ami Auguste Dupouy *L'Homme de la palud*, dont les héros sont les marins de la chaloupe *Sainte-Thumette*. La côte bigoudène est à nouveau le cadre de ce bref récit qui permet à Méheut de croquer des canots cabanés au mouillage, la vente à la criée du poisson au bout d'un môle, ou encore la charpente d'un bateau en construction. On retrouve la silhouette du jeteur de rogue dressé au-dessus des filets et des aménagements soigneusement dessinés du canot sardinier. Au même auteur, il donnera deux dessins pour accompagner *Face au soleil couchant. Brest, la côte et les îles*, publié à Paris en 1934. À cette veine illustrative se rattache un roman publié en juin 1934 aux Éditions de l'Arbalète, signé de François Gryffol. Intitulé *Chan'nik*, il comporte quinze illustrations dont l'auteur n'est pas nommé.

À partir de 1930, plusieurs éditeurs lancent à l'échelle nationale des séries d'ouvrages illustrés de photographies qui répondent à un intérêt pour les régions de France qui croît avec le temps de loisir, les facilités de transport et le tourisme. Horizons de France édite les collections « Types et coutumes », puis « Provinciales » ; Arthaud lance les séries « Les Beaux Pays », puis « Art et paysages » ; Alpina publie de grands volumes enrichis de reproductions d'aquarelles. Chacun de ces éditeurs fera appel à plusieurs reprises à Méheut, pour une image de couverture qui doit être emblématique et résumer le projet du livre, ou pour des séries d'illustrations en hors-texte et en couleurs qui proposent un panorama des sites et des activités caractéristiques de la région. C'est le cas de *Bretagne au bout du monde, types et coutumes*, de Pierre Guéguen, en 1930, et de *Pays de Bretagne* de Florian Le Roy, en 1937. Devenu un spécialiste de la Bretagne en images, Méheut inscrit sa vision des activités des Bretons dans le paysage national de l'édition. Qu'il puise dans son stock de « documents » ou entreprenne de nouvelles recherches, il témoigne des travaux et des jours d'une société en mutation. Scènes de quais et de ports, préparatifs de la pêche et débarquement du poisson, coins de foire, moments de pèlerinages, ces images placent dans des paysages caractéristiques des figures représentatives de la société bretonne. Les métiers et les costumes traditionnels se trouvent privilégiés. L'éditeur Octave-Louis Aubert lui commande en 1936 la couverture de son livre *Les Costumes bretons, leur histoire, leur évolution*, illustré de 350 photographies. En 1947,

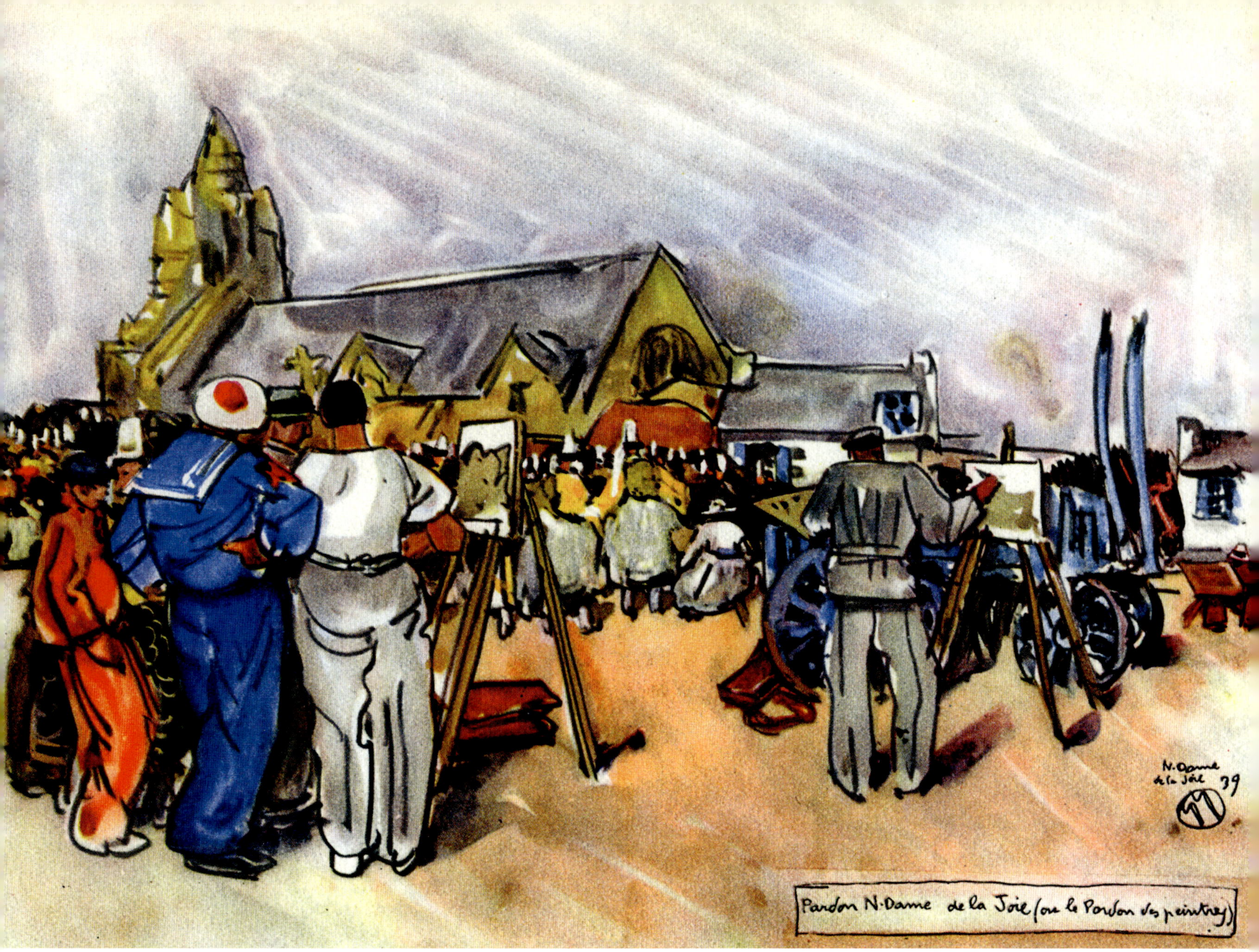

NOTRE-DAME DE-LA-JOIE OU LE PARDON DES PEINTRES.
GOUACHE REPRODUITE DANS *BRODERIES EN BRETAGNE CHEZ LES BIGOUDENS*, PONT-L'ABBÉ, LE MINOR, 1947.
Coll. part./Denis-Michel Boëll
© ADAGP, Paris, 2013.

Marie-Anne Le Minor édite à Pont-l'Abbé deux livres sur les brodeurs illustrés par Méheut. Le texte de Dupouy, *Au pays bigouden*, est accompagné de quatorze images monochromes, dont plusieurs croquis datant des années 1919-20. Celui de La Varende, *Broderies en Bretagne*, réunit des planches chatoyantes d'ornements textiles et des gouaches reproduites de façon subtile et lumineuse. C'est le résultat de la première collaboration de Méheut avec l'Imprimerie moderne Beuchet et Vanden Brugge de Nantes.

En 1947, Méheut puise également dans ses centaines de croquis de guerre pour illustrer à son tour le roman de Roland Dorgelès *Les Croix de bois*. Publié initialement en 1919, ce livre inspiré des engagements de l'auteur durant la Grande Guerre lui a valu le prix Fémina, la célébrité, puis l'accès à l'Académie Goncourt en 1929. Les illustrations de Méheut sont utilisées pour deux rééditions, par les Éditions du Livre à Monte-Carlo (à 5 000 exemplaires) et par les Éditions du Grand Chêne à Lausanne (à 1 000 exemplaires). Vingt-deux vignettes gravées en noir, ouvrant ou fermant les chapitres, et douze lithographies hors-texte, imprimées par Mourlot, dialoguent étroitement avec le récit, qu'il s'agisse de compositions originales inspirées directement par le roman ou, le plus souvent, de réutilisations de croquis de guerre montrant les tranchées et le quotidien du front. Une série de planches tirées à part, dédicacées à son ami rennais Grall, sont légendées par Méheut qui les rattache directement à son expérience vécue. Le neuvième chapitre, « Notre-Dame-des-Biffins », qui relate une exécution capitale, réinterprète ainsi, en format vertical, la gouache de 1915 déjà publiée sous le titre *La Première Exécution* dans les *Croquis de guerre* en 1919, mais il se clôt aussi sur la silhouette insouciante des deux enfants que cette condamnation va rendre, dans le roman, orphelins.

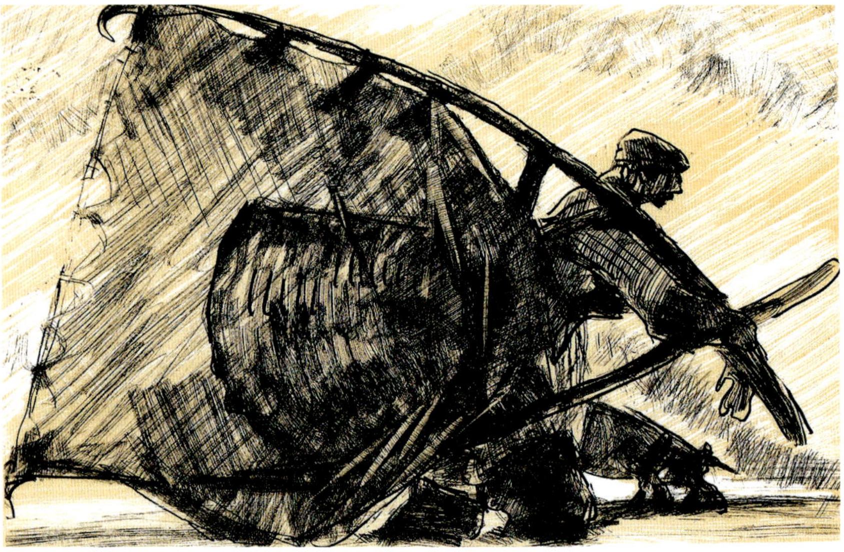

***MONT-SAINT-MICHEL, PÊCHEUR DE CREVETTES AU HAVENEAU,* ILLUSTRATION DE *SOUS LE PIED DE L'ARCHANGE*, 1947.**
Lamballe, musée Mathurin-Méheut
© E. Rousseau, Grand Angle, Lamballe © ADAGP, Paris, 2013.

LA FLAQUE,* ILLUSTRATION DE *REGARDE…
Lamballe, musée Mathurin-Méheut
© E. Rousseau, Grand Angle, Lamballe © ADAGP, Paris, 2013.

UNE EXIGENCE PERMANENTE

Pendant la guerre, l'éditeur Gaston Renson a entrepris la publication illustrée des populaires romans maritimes de Roger Vercel, en faisant appel à André Collot, Pierre Péron, Yvonne Jean-Haffen et René-Yves Creston. *Sous le pied de l'archange*, roman publié initialement en 1937, qui a pour cadre la baie du Mont-Saint-Michel, est confié à Méheut, qui met en œuvre une technique de gravure dont il a déposé le brevet, voisine de celle du cliché-verre de Corot. Le dessin original est établi sur un support translucide (verre, film plastique, papier-calque) et le procédé consiste *à utiliser ce support, par exposition, au travers dudit support, d'une surface sensible à la lumière, pour obtenir, par tout processus approprié, sur la surface lisse de la plaque devant constituer le cliché, une couche discontinue d'une matière protectrice, cette couche étant telle que, après attaque, la surface en question soit creusée en tous ses points non protégés par ladite couche discontinue*[28]. Si le résultat donne à l'artiste le contrôle direct sur la gravure, qui traduit fidèlement son intention première, il s'inscrit dans une tradition artisanale du métier bientôt dépassée par les techniques d'impression industrielle en offset.

La fidélité et la qualité dont il rêvait, Méheut les retrouve chez l'imprimeur nantais, qui va, au cours de la décennie suivante, produire ses publications majeures : *Mers bretonnes*, de Jean de La Varende (1950), *Une porte de l'Europe : Nantes*, (1951), *Boulogne, grand port de pêche* (1956) et *Pêcheurs des quatre mers* (1957). Dans ce dernier album au format à l'italienne, il orne les têtes de chapitre de superbes bandeaux gravés en noir, pendant que la quadrichromie parfaitement maîtrisée restitue les tons vifs de ses tableaux de pêche et de scènes portuaires. Sa permanente exigence ne l'empêchera pas de continuer à donner, par amitié, des gravures à l'armateur Jean Marie pour la couverture de *L'Art et la mer* (1952) ou à Auguste Dupouy pour ses *Souvenirs d'un pêcheur en eau salée* (1953). Car il a toujours accepté de mettre son talent d'illustrateur et de graveur au service d'amis et de partenaires (le faïencier Henriot à Quimper, la mareyeuse Marie Urvoy à Douarnenez, l'Hôtel de la plage à Sainte-Anne-La Palud et l'armateur Jean Delpierre à Boulogne), pour lesquels il a composé des en-têtes pour du papier à lettres, des motifs publicitaires, des illustrations pour des menus, des prospectus, des dépliants. Il a retenu la leçon d'Eugène Grasset, selon lequel il n'est pas d'art majeur. Dans le domaine de l'illustration, toutes les applications artistiques sont également dignes d'intérêt.

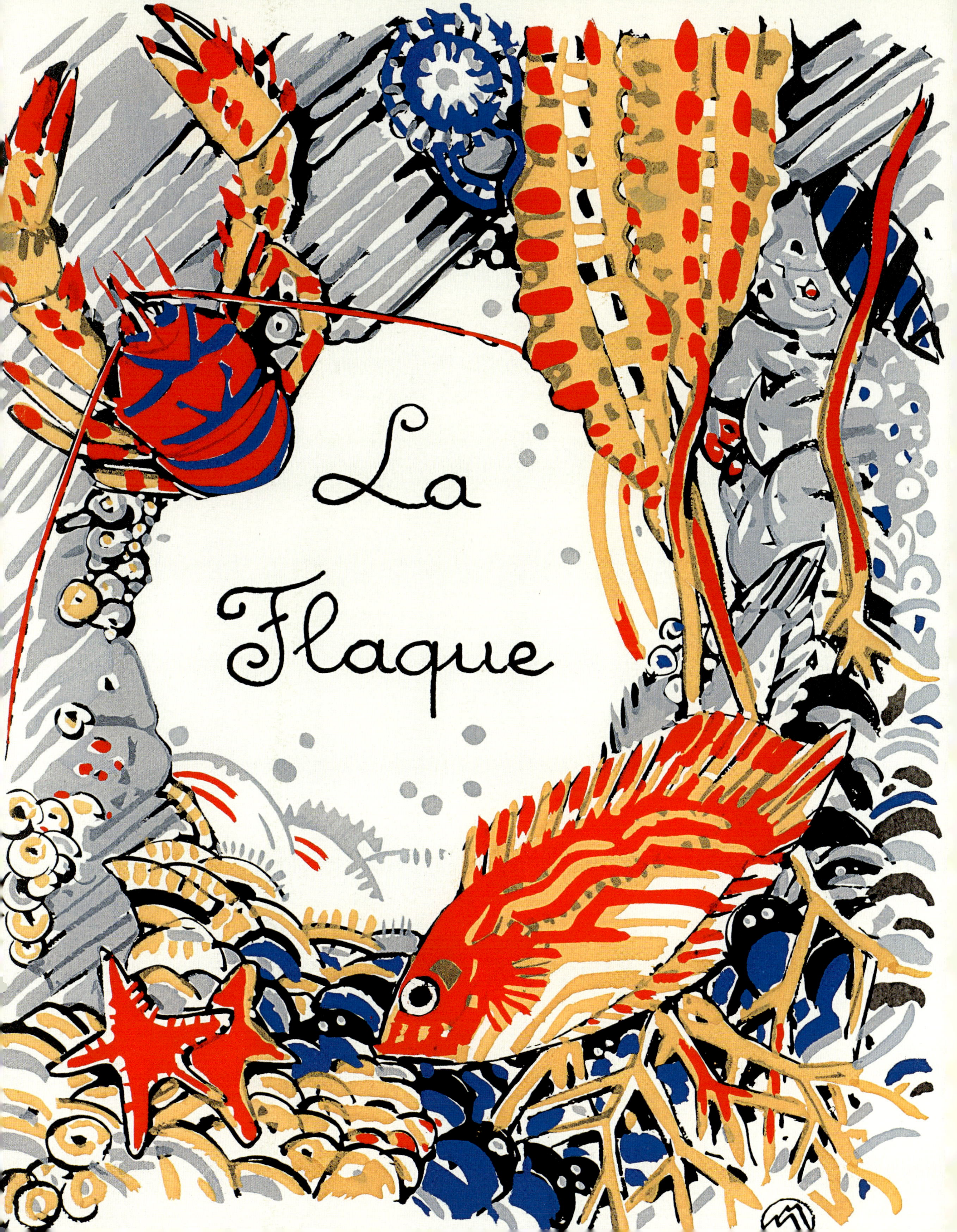
La Flaque

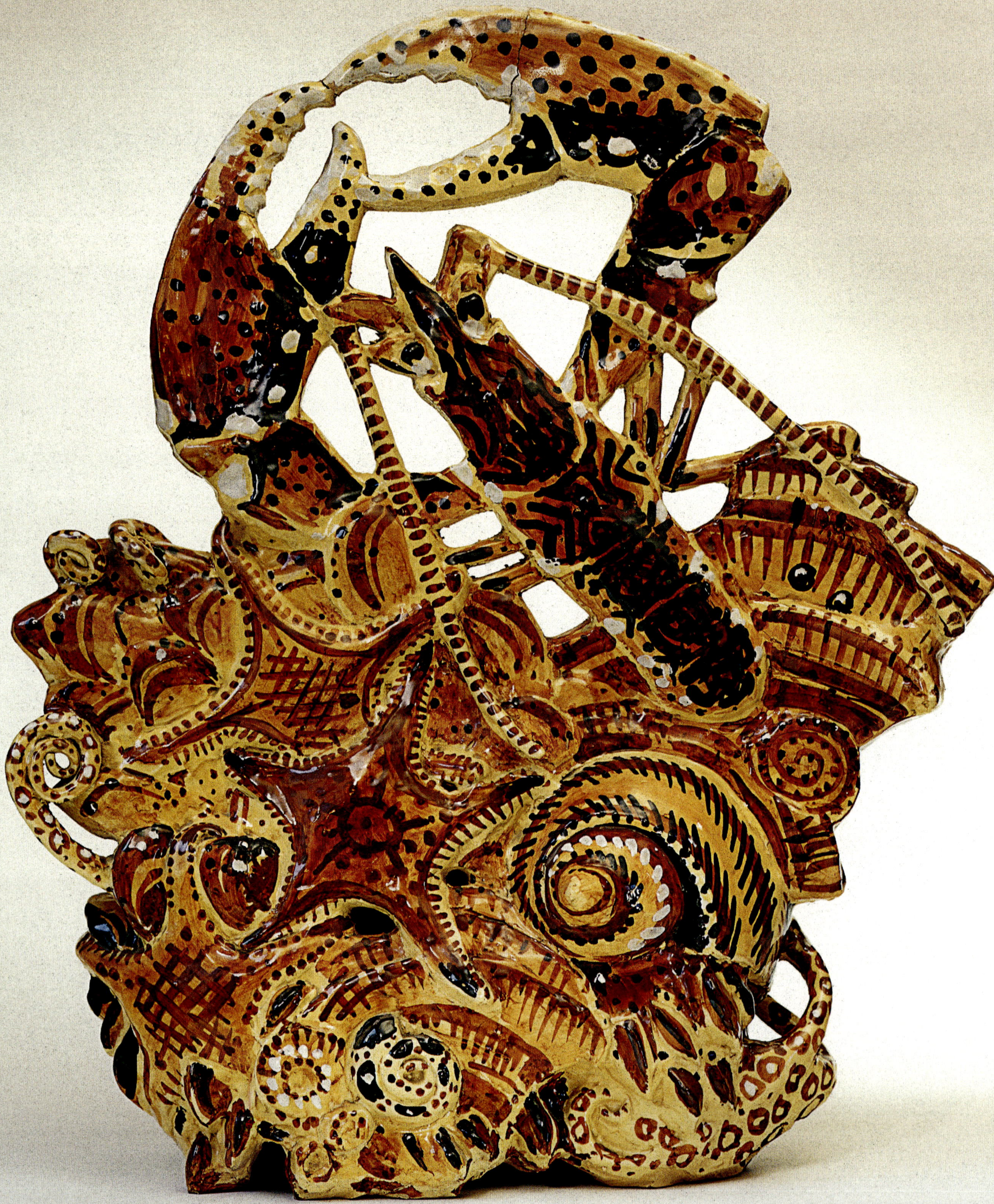

LE RENOUVEAU DE LA CÉRAMIQUE

La céramique est un autre des arts appliqués dans lesquels Méheut va pouvoir prolonger la leçon d'*Art et Décoration*: s'inspirer de l'observation de la nature afin d'en tirer des interprétations décoratives. Travaillant avec de multiples ateliers, en Bretagne, en région parisienne et à l'étranger, il explore des techniques et des domaines très variés allant de la vaisselle de table, pour laquelle il conçoit plusieurs services largement diffusés, à la sculpture, du carrelage décoratif à la mosaïque. Faïence émaillée, craquelée ou vernissée, terre chamottée, grès, porcelaine: durant trois décennies, il ne cesse d'expérimenter et d'imaginer de nouveaux sujets, faisant toujours preuve de créativité et, parfois, d'une grande audace.

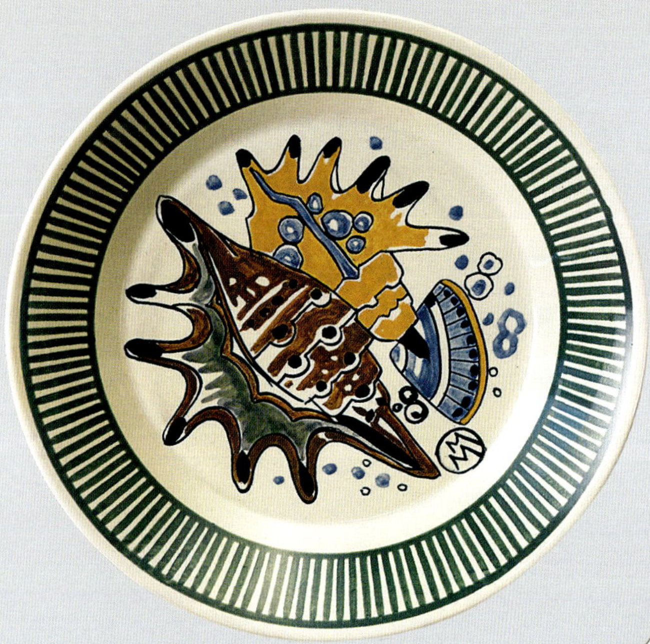

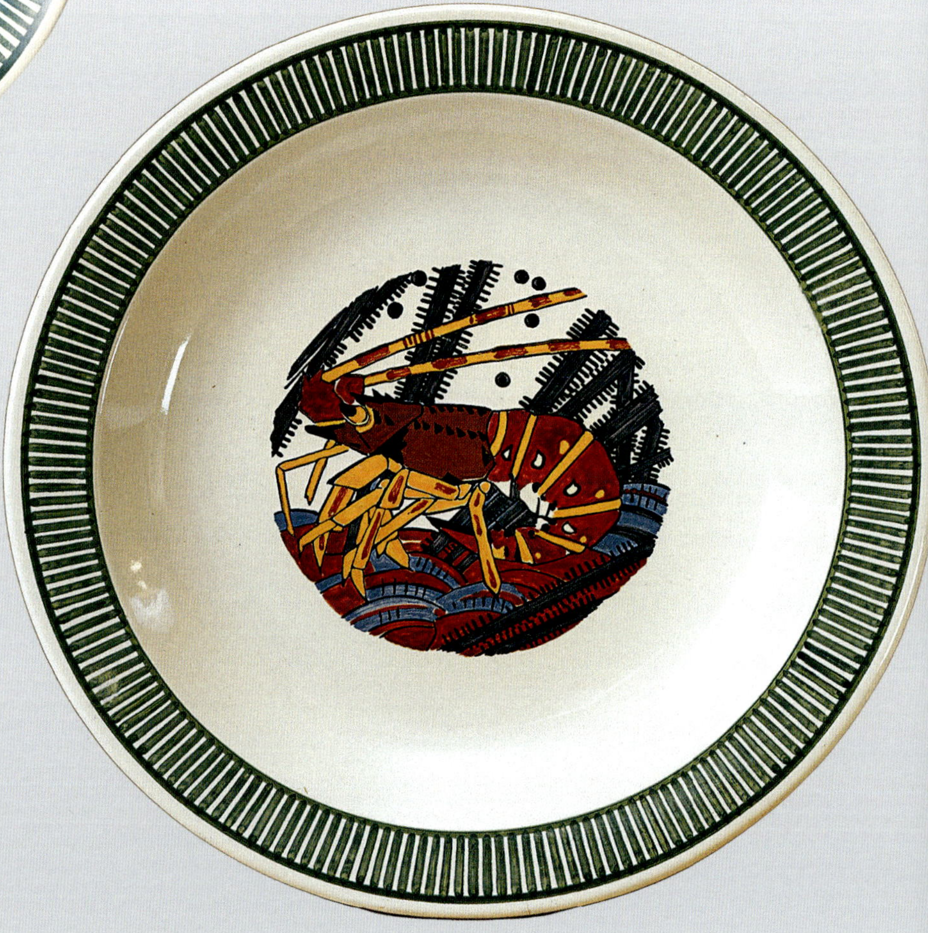

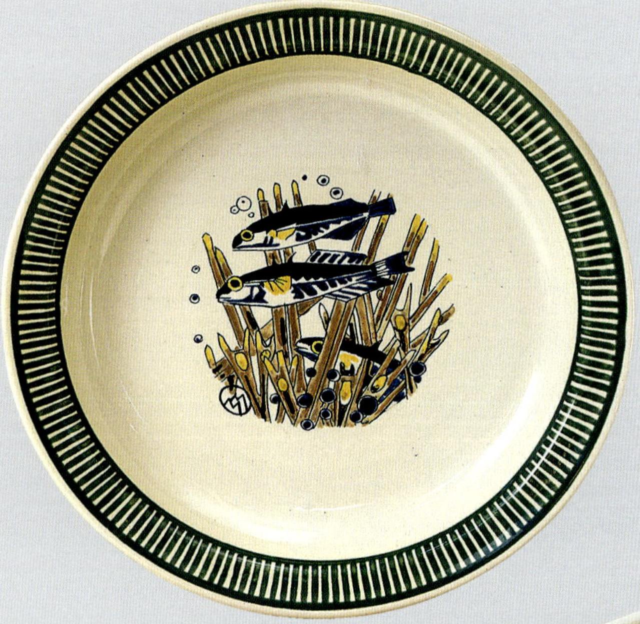

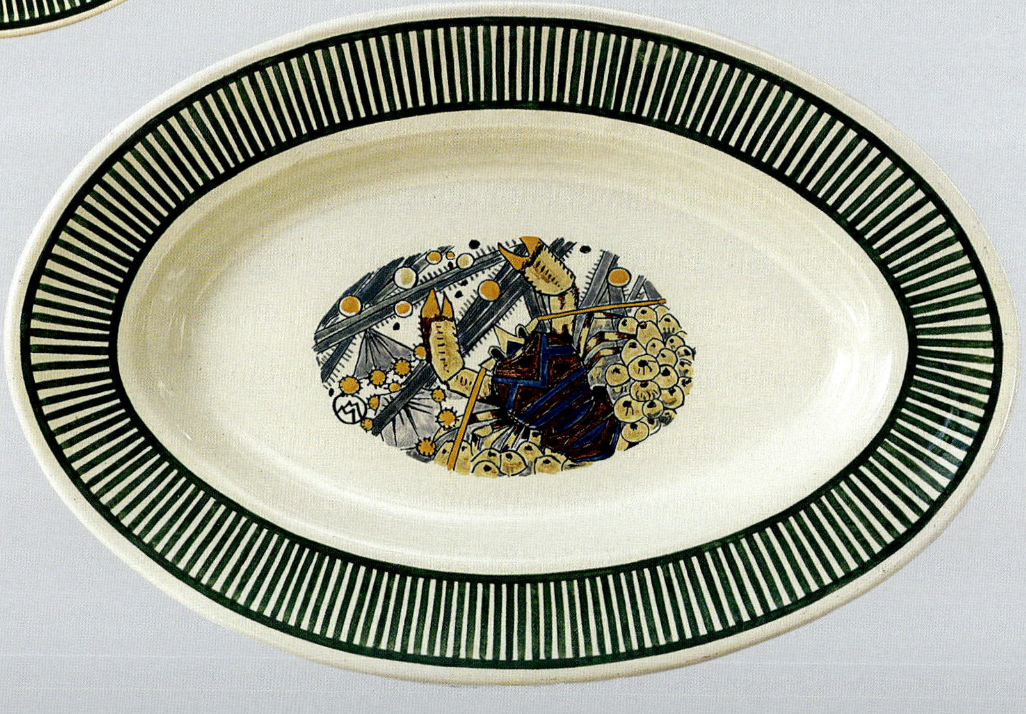

ASSIETTES ET PLATS DU SERVICE *LA MER*, MANUFACTURE HENRIOT, QUIMPER.

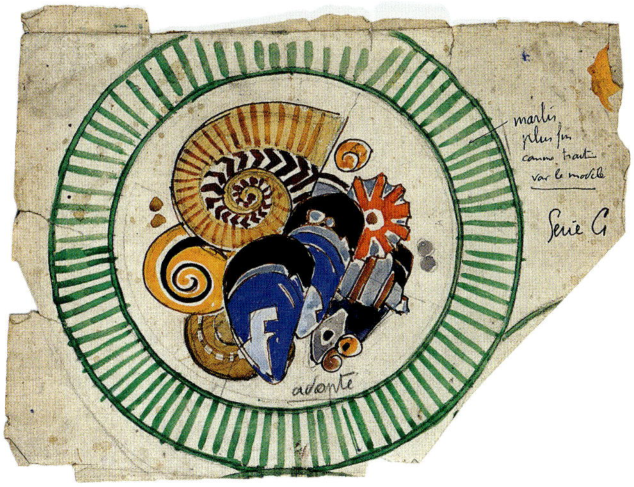

PROJET POUR LE SERVICE *LA MER*, MANUFACTURE HENRIOT, QUIMPER.
© Collection musée de la Faïence-Quimper. Cliché J.-N. Vinter © ADAGP, Paris, 2013.

À QUIMPER, CHEZ HENRIOT

Lorsqu'il s'installe à Saint-Guénolé au lendemain de la Grande Guerre, Méheut entre en contact avec Jules Henriot (1866-1951), le patron de l'une des deux faïenceries rivales de Quimper. C'est le début d'une collaboration féconde avec l'entreprise, et d'une contribution essentielle au renouveau artistique de sa production. Méheut occupe une place éminente au sein d'une nouvelle génération de créateurs qui signeront les pièces marquées Henriot : Henri Bouchard (1875-1960), Émile Bachelet (1892-1981), Louis-Henri Nicot (1878-1944), Armel Beaufils (1882-1952), le *Seiz Breur* René-Yves Creston (1898-1964), mais aussi deux proches élèves de Méheut, sa fille Maryvonne et Yvonne Jean-Haffen.

Les premiers essais datent de la fin 1919 et se poursuivent malgré le retour à Paris l'année suivante. La collaboration se fera souvent par correspondance, l'artiste adressant des projets par la poste, et se faisant envoyer des pièces de terre crue qu'il décore à Paris et qui sont ensuite cuites à Quimper. Dans les années vingt, la fabrique de Locmaria, où il disposera d'un atelier, est une étape obligée de ses fréquents séjours d'été dans le Finistère. La manufacture est un lieu de création et d'expérimentation où il prend plaisir aux échanges avec les différents intervenants de la chaîne opératoire : tourneurs, mouleurs, peintres sur céramique qu'on appelle « peinteurs ». Lui-même modèle, incise, décore, suit de près l'émaillage ou la cuisson, très soucieux de la qualité du produit sortant du four. *Il fallait voir l'impatience de Méheut au moment de l'ouverture, s'approchant trop près et se brûlant les mains, sa joie des vitrifications somptueuses parfois imprévues, son chagrin d'une pièce fendue avec de mauvaises coulures*[29]. La jeune écrivaine Claude Dervenn (1898-1978) qui rend visite à Henriot, « au pays des faïences », suit l'artiste dans son atelier : *Par les vitres, le matin lumineux verse une clarté drue sur les surfaces brillantes que caressent les mains agiles de Méheut. Je songe aux heures d'observation passées dans la nuit glauque des aquariums, à ces croquis minutieux, d'une précision quasi japonaise, accumulés avant d'enfermer en quelques traits, si simples, et qui sont la vie, cette pieuvre mouvante sur ces goémons charnus, ces étoiles de mer crispées, ces coquilles qui s'inscrivent sur un fond de plat ou sur des carreaux de céramique. Maritimes encore, ces statuettes d'émail blanc : le pêcheur de raies, les porteuses d'ex-voto, élevant, lentes, sur quelque quai armoricain, la goélette offerte à la Vierge*[30]. Ce témoignage saisit la double inspiration, marine et maritime, des créations de Méheut à Quimper.

Parmi les premières pièces produites chez Henriot figurent des assiettes décorées d'animaux marins : crabe, coquille Saint-Jacques, raie, plie ou turbot, hippocampe, et d'autres espèces moins aisément identifiables, tels des cnidaires (hydraires, gorgones, méduses, anémones), des mollusques ou des échinodermes (ophiures, étoiles de mer) dont il retient les structures formelles, transcrites en principes géométriques.

Après plusieurs essais, l'artiste élabore un service de table intitulé *La Mer* qui compte, dans sa version classique au marli orné de hachures concentriques vertes, 76 pièces, et dans sa version extensive, 104 ! Au centre, les motifs d'animaux marins aux lignes stylisées sont traités dans des tons de bleu et de jaune orangé : pieuvres, anémones, oursins, langoustes, moules, poissons, hippocampes, étoiles de mer, directement issus de la collecte roscovite sont

DOUBLE PAGE PRÉCÉDENTE *HOMARD ET CRUSTACÉS*, MANUFACTURE JULES HENRIOT, QUIMPER.
© Collection musée de la Faïence-Quimper. Cliché J.-N. Vinter © ADAGP, Paris, 2013.

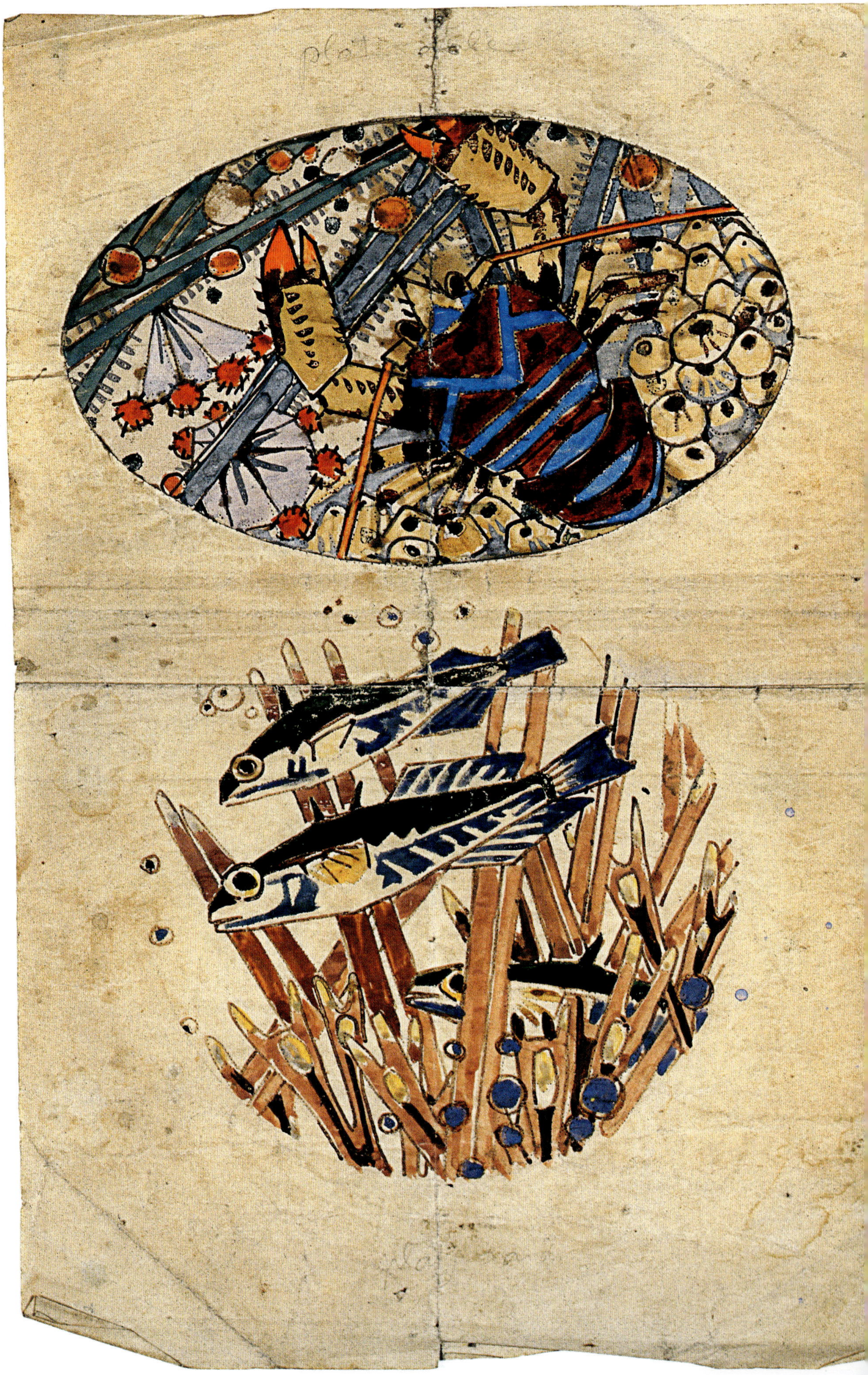

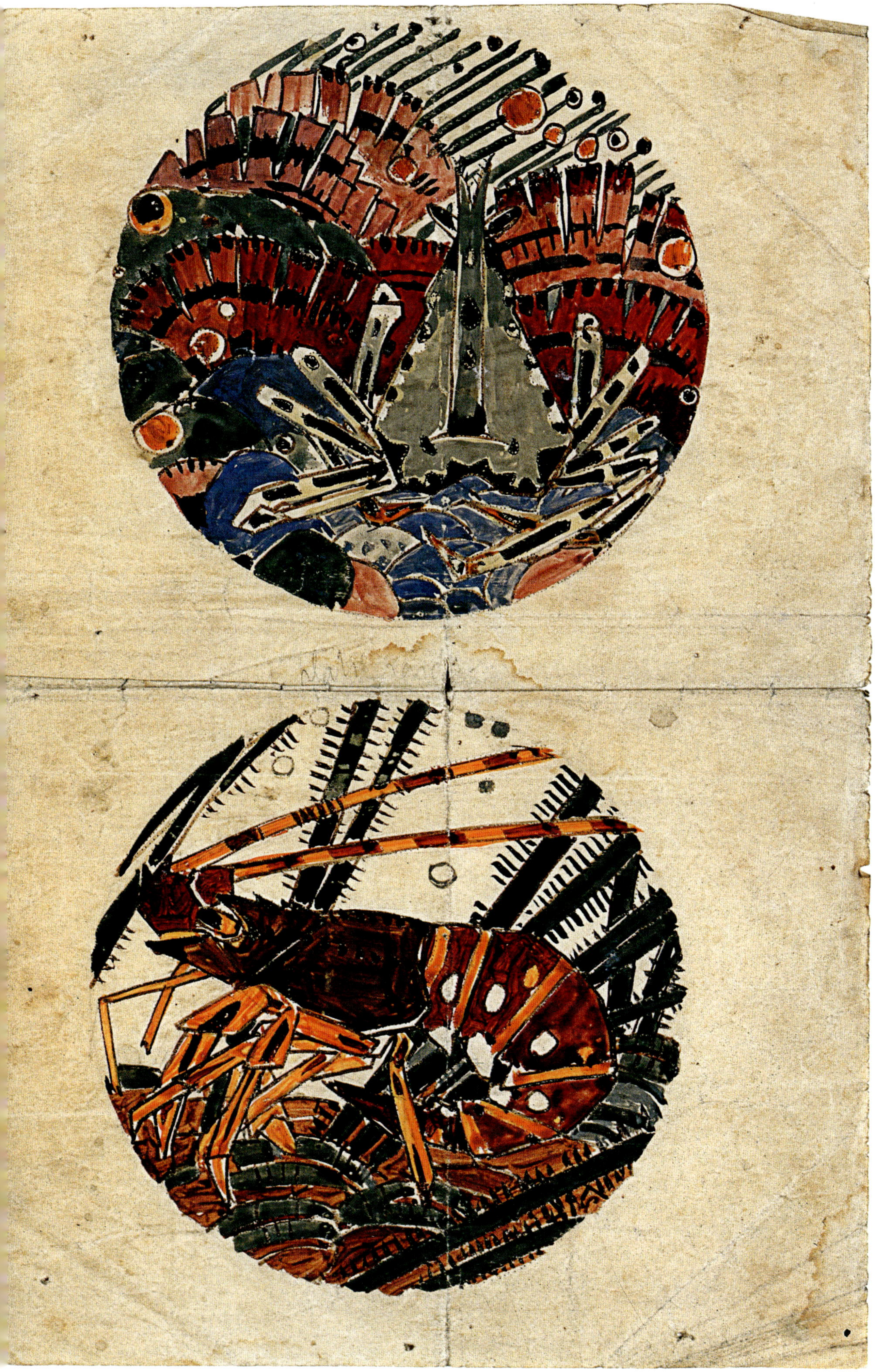

QUATRE PROJETS DE MOTIFS CENTRAUX POUR LE SERVICE *LA MER*, MANUFACTURE HENRIOT, QUIMPER.

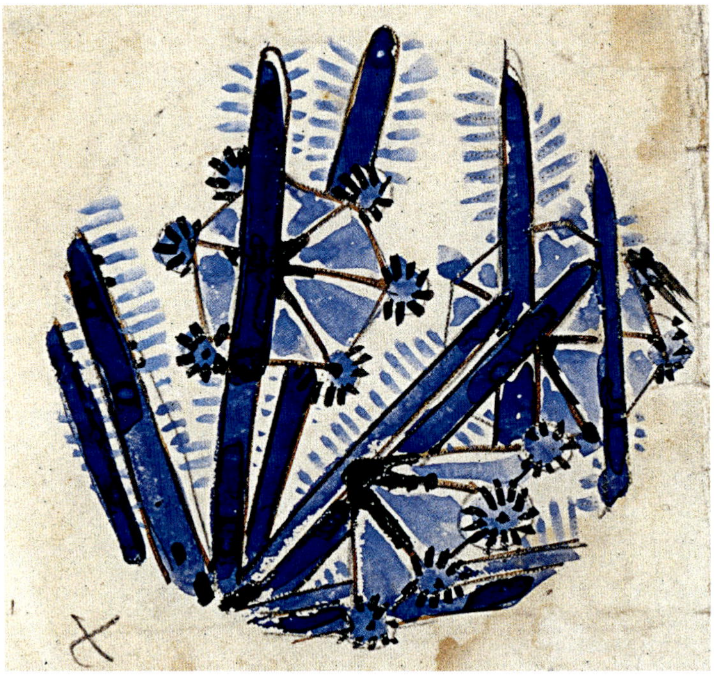

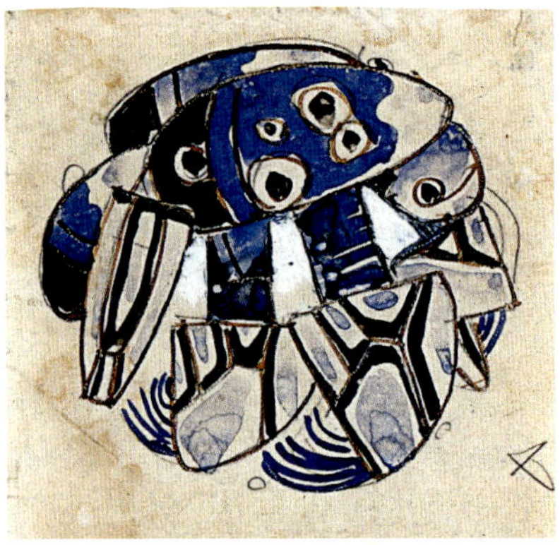

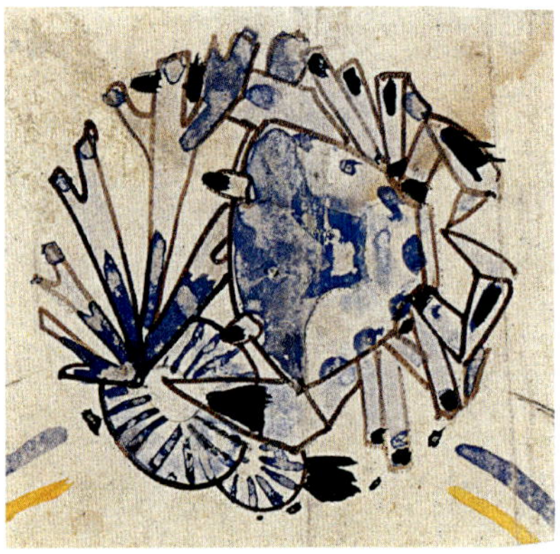

TROIS DESSINS POUR UNE VARIANTE EN CAMAÏEU DE BLEU DU SERVICE *LA MER*, MANUFACTURE HENRIOT, QUIMPER.

interprétés dans des compositions à la polychromie éclatante. Ce service connaît une large diffusion commerciale, qu'atteste le nombre abondant d'éléments qui subsistent aujourd'hui. Successivement présenté au musée des Arts décoratifs en 1921, à l'Exposition des arts appliqués de Rennes en 1922, à Rouen en 1923 et à l'Exposition des arts décoratifs à Paris en 1925, il contribue au succès de la maison Henriot qui reçoit quinze récompenses (dont cinq médailles d'or) à cette occasion et le fait figurer en bonne place dans le catalogue de ses productions. Sur ce thème du bestiaire marin, Méheut explore plusieurs variantes : dans certains cas, seule la bordure de l'assiette porte une frise de motifs très géométriques ; dans d'autres cas, elle est ornée de simples filets et le centre de la vaisselle de sujets en un ou deux tons. Un service en camaïeu de bleu propose douze motifs différents : seiche, pieuvre, crustacés, coquillages, poissons dans un environnement d'algues et d'herbiers.

Ne se cantonnant pas aux sujets marins, Méheut conçoit à Quimper deux autres services de table. Le service *La Forêt*, qui connaîtra un succès plus limité, présente de nombreuses analogies avec le précédent. Les hachures rayonnantes du marli sont cette fois d'un jaune orangé, couleur dominante des sujets animaliers et végétaux posés au centre des assiettes : cervidé accroupi vu de dos, couple d'écureuils, oiseau déterrant un ver, champignons, là encore stylisés. Le service à gâteaux *La Galette*, récompensé par un Grand Prix à l'Exposition de 1925 est d'une conception assez différente : une douzaine de saynètes très vivantes montrent des personnages, essentiellement féminins, affairés à l'obtention des matières premières et à la vente des produits fermiers : gerbes de blé moissonnées, puis battues au fléau, vannage, grain porté au moulin à vent ; traite de la vache, barattage, vente du beurre au marché ; ramassage des pommes, pétrissage de la pâte à pain, miches rapportées du four, et enfin vente des galettes. Ces scènes composent un récit. On est dans la figuration narrative, loin de la tentation de la géométrisation appliquée aux formes de la nature sur les deux précédents services.

À côté de cette contribution remarquable au renouveau des arts de la table, Méheut produit chez Henriot des sujets en trois dimensions, pièces uniques ou faisant l'objet d'éditions, inspirées par la faune littorale ou par les travailleurs de la mer. Les modelages animaliers en faïence polychrome s'efforcent de transcrire la palpitation du vivant : ondulation de la seiche, attaque du calmar, victoire du cormoran aux ailes déployées qui saisit dans son bec un congre, trio de macareux dressés sur leur rocher. D'autres groupes, le plus souvent en faïence blanche, exaltent les efforts des pêcheurs. C'est la femme de Roscoff tirant derrière elle des squales et le marin marchant d'un bon pas, portant au bout de chaque bras une raie. Ce sont les deux couples de pêcheurs de crevettes, l'un horizontal, en mouvement, montrant les deux personnages ployant sous le poids du dranet, et l'autre vertical, alors qu'ils sont au repos. Ce sont, enfin, les fameux groupes d'hommes et de femmes portant en procession des emblèmes de l'identité maritime : une ancre et un modèle de navire. Le premier, intitulé *Doue diwal*

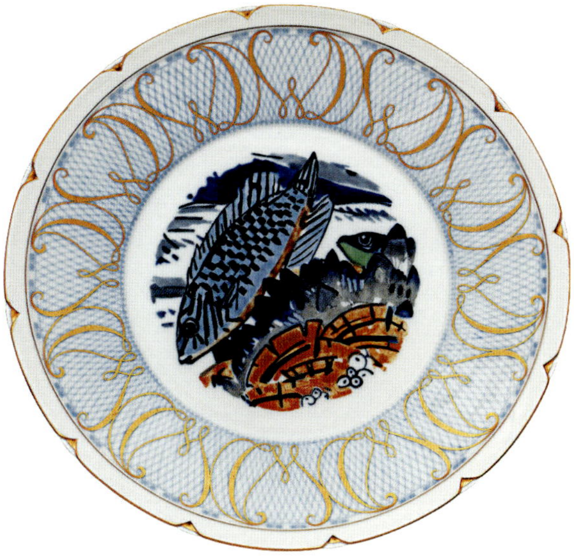
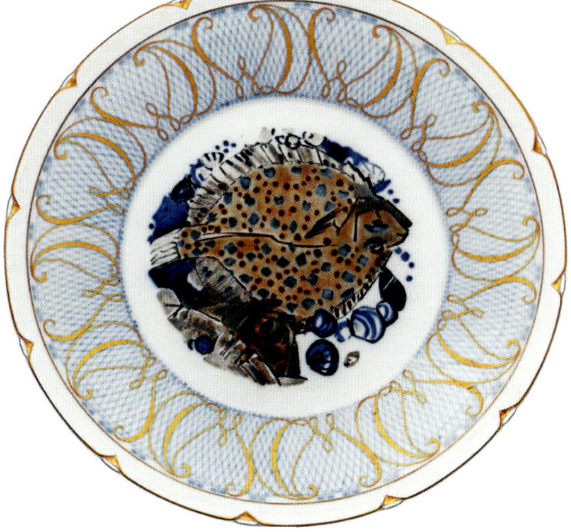
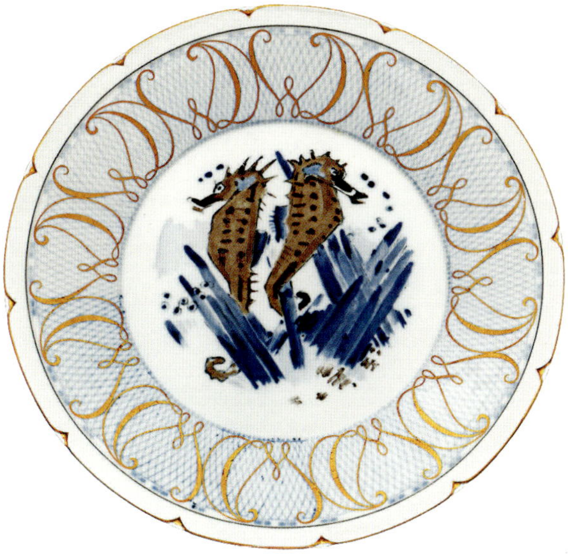
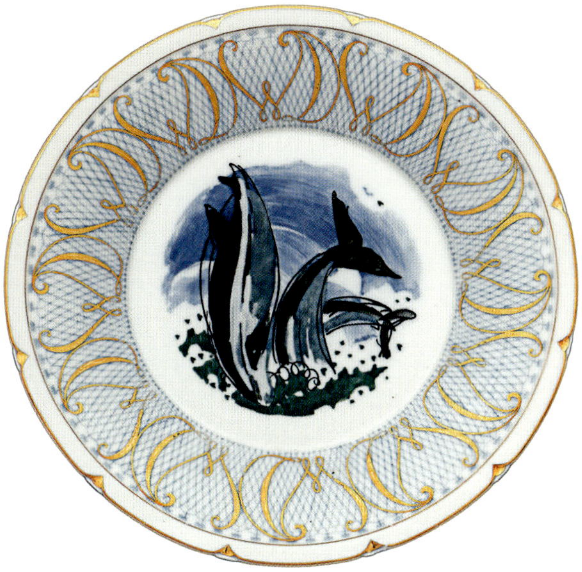
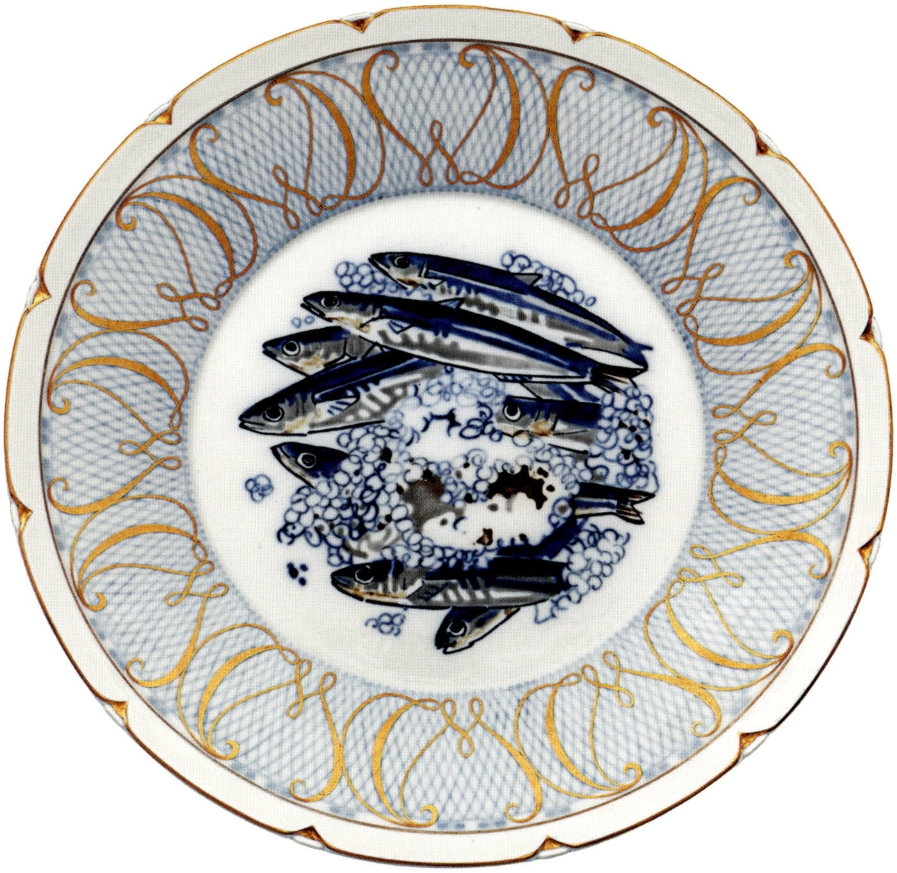
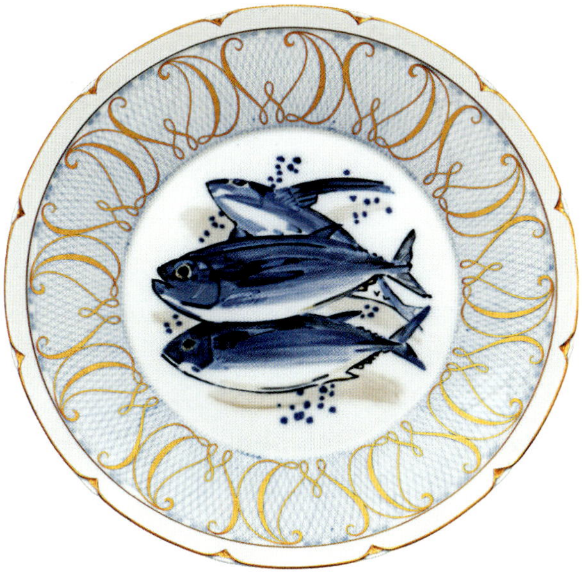

ASSIETTES DU SERVICE À POISSON *DAVID-WEILL*, PORCELAINE POLYCHROME, MANUFACTURE DE SÈVRES.
Coll. part. © Musée national de la Marine/A. Fux

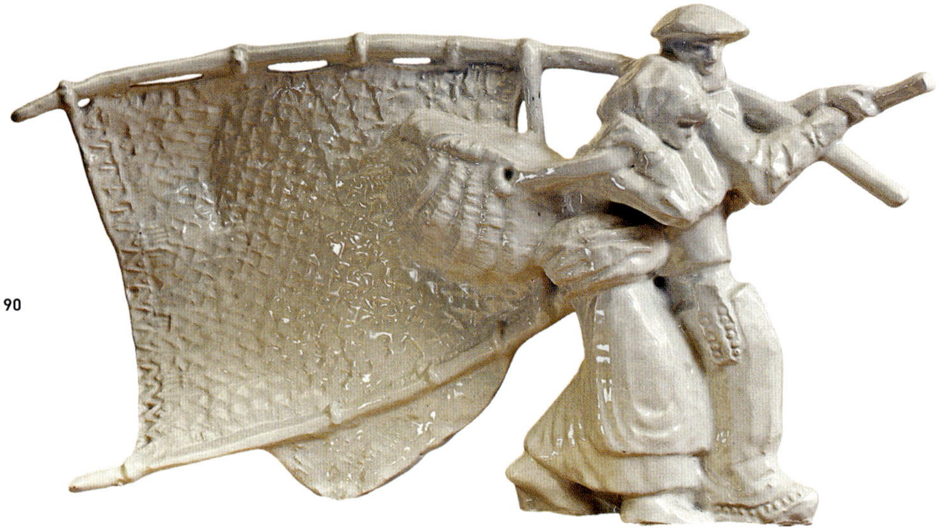

***PÊCHEUR DE CREVETTES*,**
FAÏENCE BLANCHE,
MANUFACTURE
JULES HENRIOT, QUIMPER.
© Collection musée de la Faïence-Quimper. Cliché J.-N. Vinter
© ADAGP, Paris, 2013.

ar vag (Dieu protège le bateau) est présenté en 1929 au sein d'une exposition de l'art breton moderne qui regroupe à Douarnenez des productions des deux manufactures de Quimper. Il montre des femmes portant sur un brancard un voilier, geste propitiatoire que Méheut a observé (et dessiné) à maintes reprises dans des pardons du littoral breton, à Notre-Dame-de-la-Joie (Kérity), à Notre-Dame-des-Naufragés (pointe du Raz), à Saint-Cado (Belz). Le second groupe, un quatuor de marins avançant tête nue, le couvre-chef à la main, porte le titre symbolique *Itron Varia ar Mor* (Notre-Dame-de-la-Mer).

Apportant, avec d'autres créateurs, une contribution décisive au renouveau de la céramique de Quimper entre les deux guerres, Méheut participe aussi à l'image de marque de l'entreprise Henriot en illustrant divers documents de communication, catalogues de vente ou publicités.

À SÈVRES

Les succès remportés aux expositions suscitent l'intérêt d'institutions parisiennes comme le musée des Arts décoratifs, qui fait l'acquisition d'un plat en 1925, ou la Manufacture nationale de céramique de Sèvres, qui l'invite fin 1927 à travailler dans ses ateliers. Il investit avec enthousiasme ce nouveau terrain d'expériences, qui lui permet de se confronter à des matières et à des techniques inédites tout en approfondissant l'art de la sculpture expérimenté à Quimper. Le fruit de ce travail est présenté au public en décembre 1928, au sein d'une exposition personnelle à la Galerie Jean Charpentier, rue Saint-Honoré. Le catalogue recense 39 faïences, grès et porcelaines de Sèvres, presque tous à sujets animaliers : sept plats, trois vases, deux surtouts et vingt-sept sculptures puisent leur inspiration dans la faune marine et terrestre, familière ou exotique, la distance s'établissant dans l'espace (kangourous) comme dans le temps (mammouth). Près de la moitié des pièces s'inscrivent dans la filiation des thèmes explorés à Roscoff, à Hawaï et au Japon : buisson de corail, poissons, homards, seiches, calmars, pieuvres. S'inspirant de scènes observées dans les aquariums de Roscoff avant-guerre, Méheut conçoit, cette fois en trois dimensions, de saisissants instantanés : homard et congre, pieuvre et homard, seiches et harengs, se livrent de furieux combats. Ces corps à corps traités en couleurs vives insufflent aux sculptures le mouvement de la vie.

Dans la perspective de l'Exposition coloniale qui doit se tenir en 1931 à Paris, Méheut conçoit le décor d'une série des vases destinés au Salon de l'Afrique du nouveau Musée permanent des colonies de la Porte Dorée. Pour prendre place sur une forme créée par le grand décorateur ensemblier Jacques-Émile Ruhlmann (1879-1933), il décline cette fois huit sujets inspirés par la faune et la flore africaines et par des activités traditionnelles : préparatifs pour la pêche à bord de pirogues et danses rituelles précédant la chasse. On s'adresse à la fois au peintre animalier, à l'auteur du livre *La Plante exotique* et à un artiste décorateur qui a déjà donné dans l'africanisme à l'occasion de la décoration de paquebots. La collaboration avec Sèvres lui vaut également de participer en 1933-34 à la réalisation d'un prestigieux service de table commandé à la Manufacture par l'un de ses administrateurs, David David-Weill. Cet ensemble comporte 332 pièces réparties entre un service d'entrée et un service à poisson, et c'est d'ailleurs la toute dernière commande de cette importance passée à Sèvres. Du fait de la crise économique, la tradition des « grands services » décline inéluctablement, et le mécénat

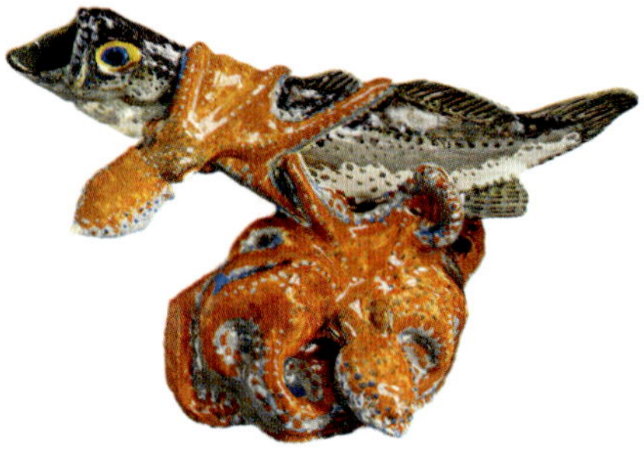

***POISSON ET PIEUVRE*,**
MANUFACTURE JULES
HENRIOT, QUIMPER.
© Musée national de la Marine/
P. Dantec © ADAGP, Paris, 2013.

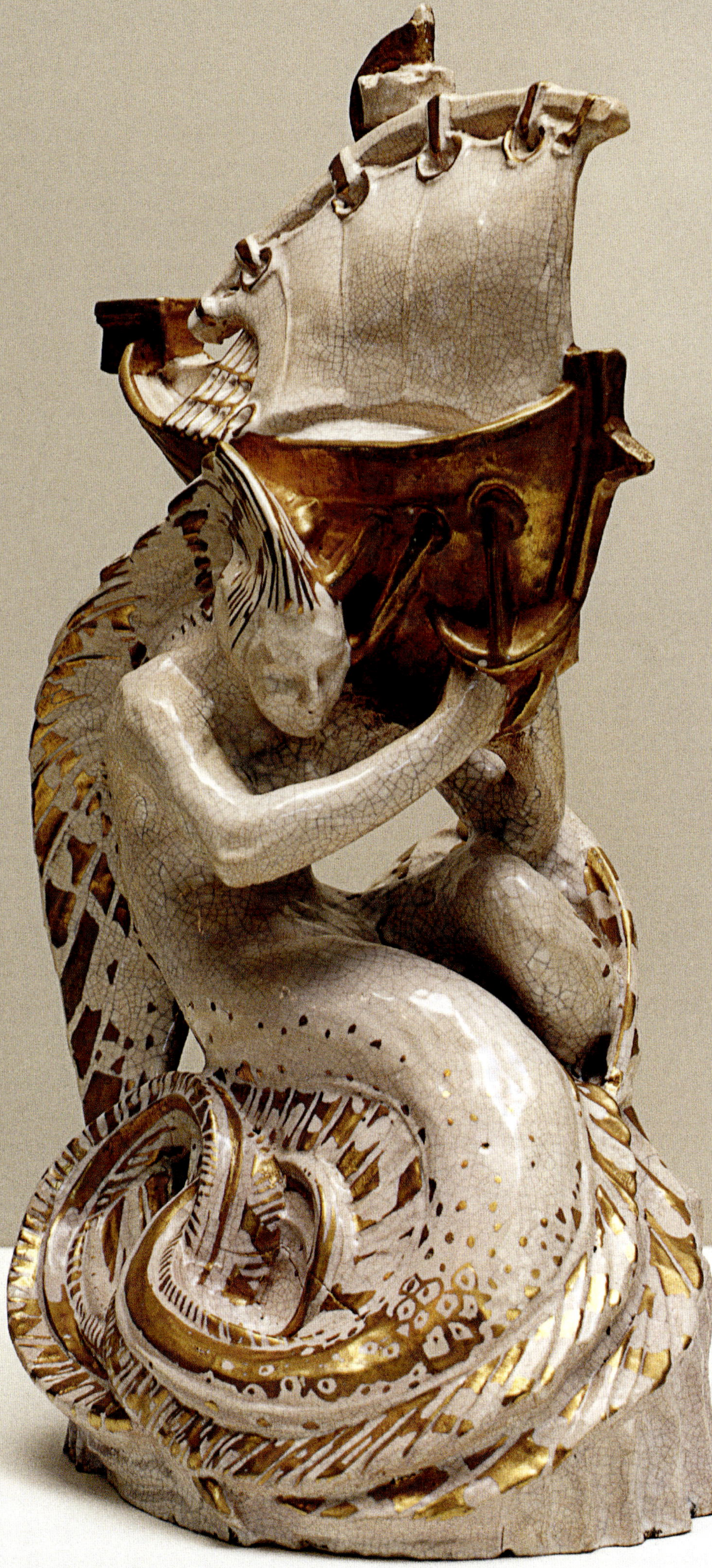

***SIRÈNE*, MANUFACTURE DE SÈVRES. QUIMPER, GALERIE LE CORNET À DÉS.**

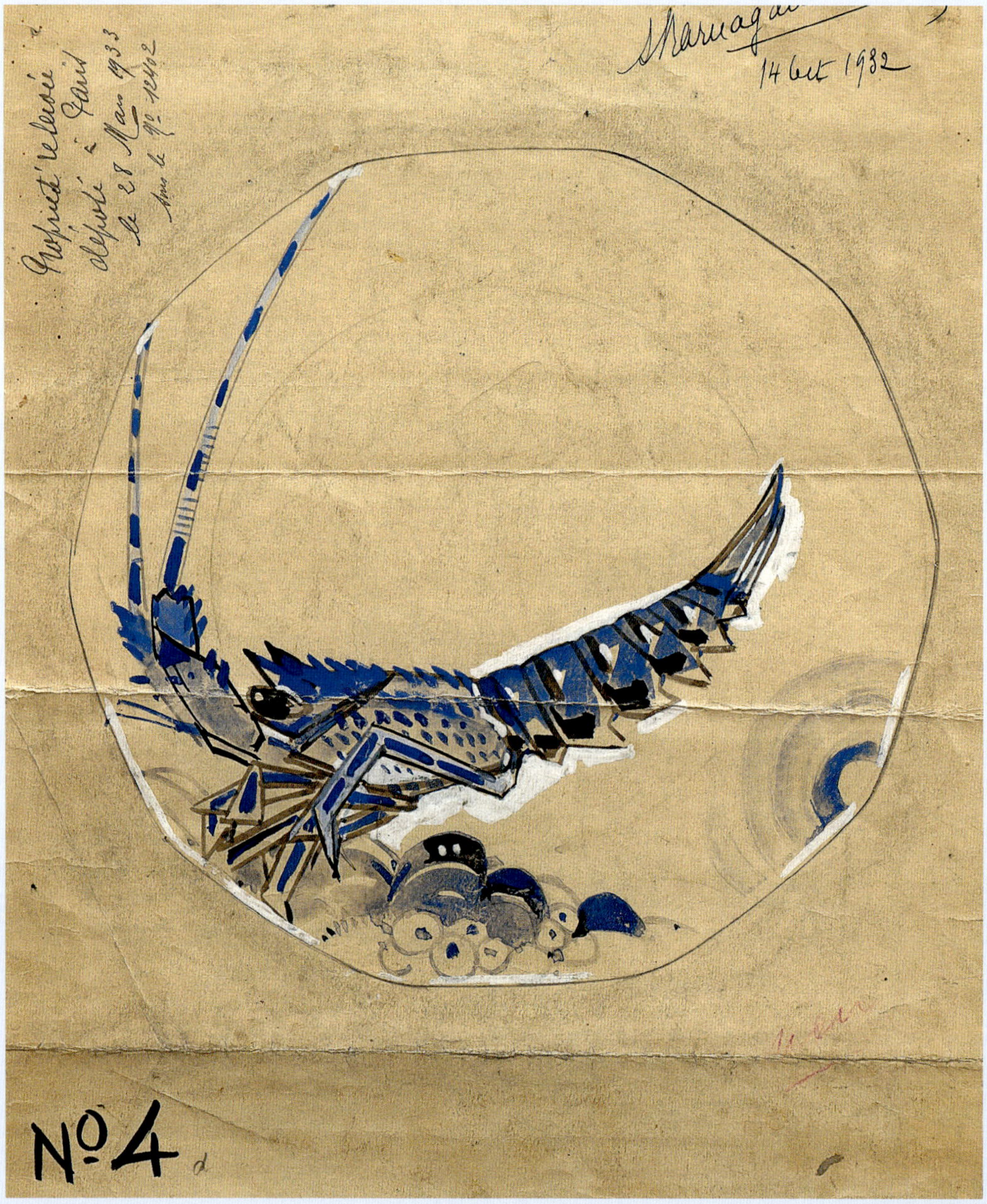

***La Langouste*, gouache sur papier. Projet accepté par Madame Barnagaud-Prunier le 14 octobre 1932.**
Lamballe, musée Mathurin-Méheut
© E. Rousseau, Grand Angle,
Lamballe © ADAGP, Paris, 2013.

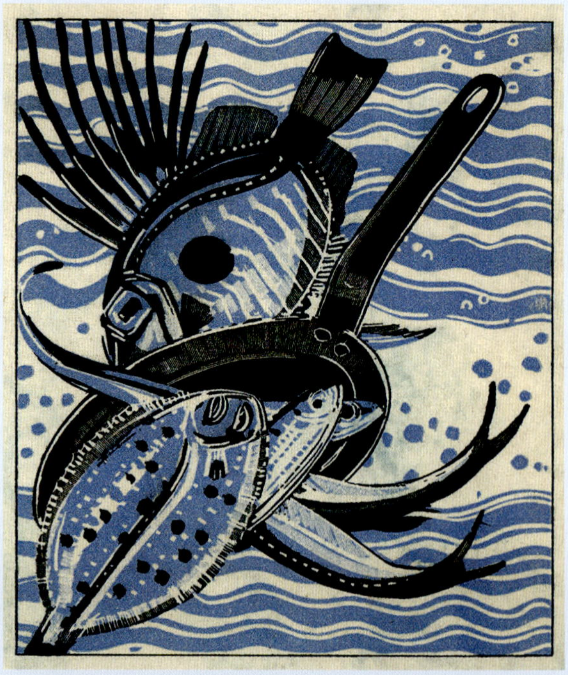

Menu pour le repas de lancement du livre de cuisine de Madame Prunier, le 8 octobre 1938 à Londres.
Lamballe, musée Mathurin-Méheut
© E. Rousseau, Grand Angle,
Lamballe © ADAGP, Paris, 2013.

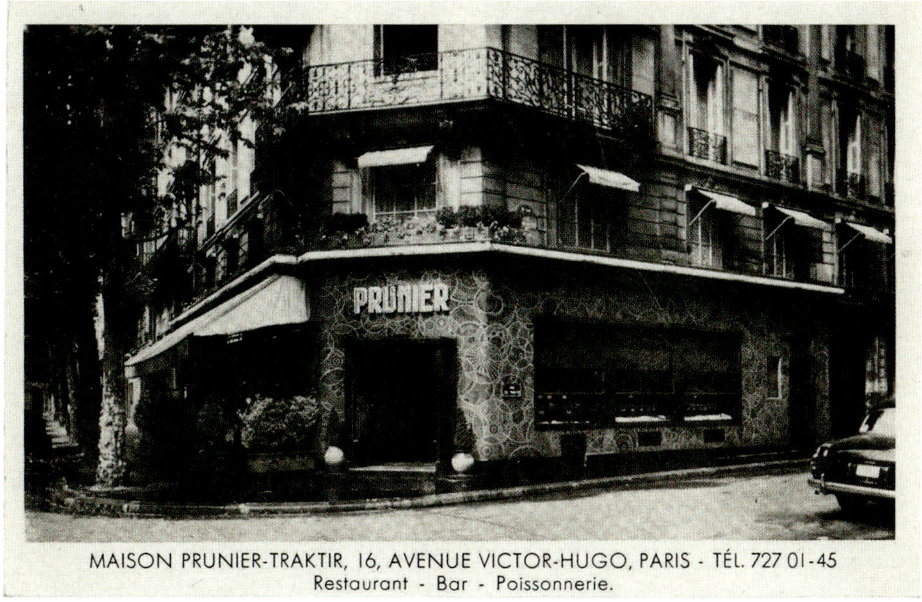

MAISON PRUNIER-TRAKTIR, 16 AVENUE VICTOR-HUGO, PARIS. CARTE POSTALE.
Coll. Restaurant Prunier © Musée national de la Marine/A. Fux.

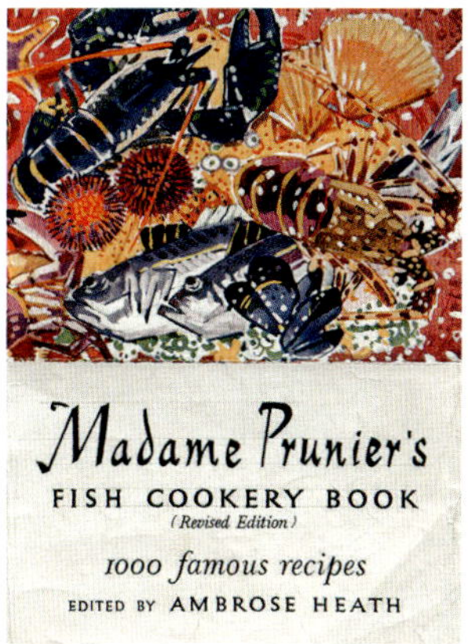

***MADAME PRUNIER'S FISH COOKERY BOOK*, JAQUETTE DE COUVERTURE.**
Lamballe, musée Mathurin-Méheut © E. Rousseau, Grand Angle, Lamballe © ADAGP, Paris, 2013.

du commanditaire vise à maintenir vivants les savoir-faire. Les pièces de forme, dues à Maurice Daurat, comportent sur le marli un décor de filet bleu créé par Anne-Marie Fontaine, surmonté d'une frise d'initiales dorées. Composé de 42 assiettes plates, deux grands plats ovales à brochet, deux plats ovales à crustacés et deux plats à turbot, le service à poisson comporte douze motifs centraux différents, qui déclinent une nouvelle fois, avec finesse et élégance, les richesses de la faune marine. Sardines, turbots, raies, oursins, homard, hippocampes sont peints sur porcelaine avec réalisme et délicatesse, les tons d'ocre des animaux se détachant sur des fonds d'herbiers et d'algues bleu-vert.

LES RESTAURANTS PRUNIER

Au début des années trente, Méheut collabore étroitement avec les restaurants Prunier. Héritier du célèbre restaurant de la rue Duphot qu'il a spécialisé dans les produits de la mer, Émile Prunier a ouvert en 1924 à l'angle de l'avenue Victor-Hugo et de la rue du Tratkir une seconde adresse où les hommes d'affaires du quartier de l'Étoile viennent déguster des huîtres sur des tabourets de bar et faire l'emplette de produits de la mer fraîchement livrés. À la veille de l'Exposition internationale des arts décoratifs, il a fait appel à l'architecte Louis-Hippolyte Boileau et à une pléiade d'artistes décorateurs : Auguste Labouret a couvert façades et sol de mosaïques d'inspiration marine ; les panneaux de verre ont été gravés par Paul Binet ; des œuvres en métal repoussé sont dues au sculpteur Gaston Le Bourgeois, avec lequel Méheut avait partagé les salles du pavillon de Marsan en 1921. Après la mort de Prunier en 1925, sa fille Simone Barnagaud s'adresse à plusieurs reprises à Méheut. En 1931, celui-ci réalise pour la salle à manger du restaurant un grand panneau de plus de 3 mètres de large. Dans un décor sous-marin tapissé de laminaires brunes évolue toute une faune inquiétante. Un banc de grandes roussettes, un couple de chabots, un crabe vert aux prises avec deux seiches sont les principaux acteurs d'un ballet aquatique dont les figurants sont nombreux : Méheut a disposé çà et là des anémones, des étoiles de mer, des crustacés (langouste, galathée), des coquillages (moules, ormeaux…), transposés de ses observations roscovites. En 1932, il conçoit pour Prunier un service de table à nouveau issu du bestiaire marin, mais limité cette fois à des espèces comestibles : langouste, oursin, sardine, congre, saint-pierre et esturgeon, ce dernier bienvenu dans une maison qui produit son propre caviar. Sur des assiettes de forme décagonale, les sujets habilement décentrés sont dessinés sur une partie de l'aile et du bassin des assiettes, dans une variation de bleu intense d'une grande modernité. Au-delà de cette

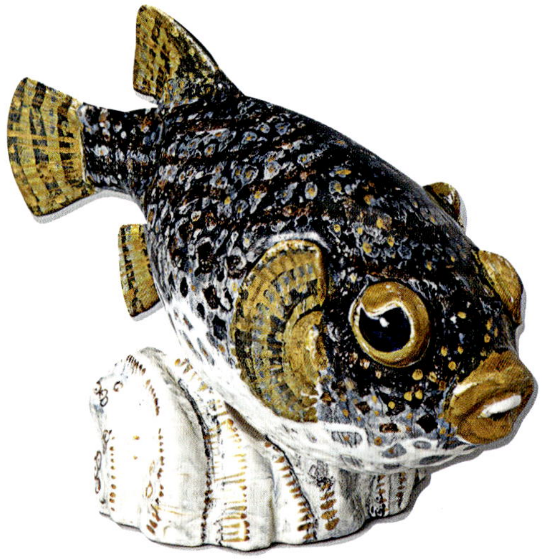

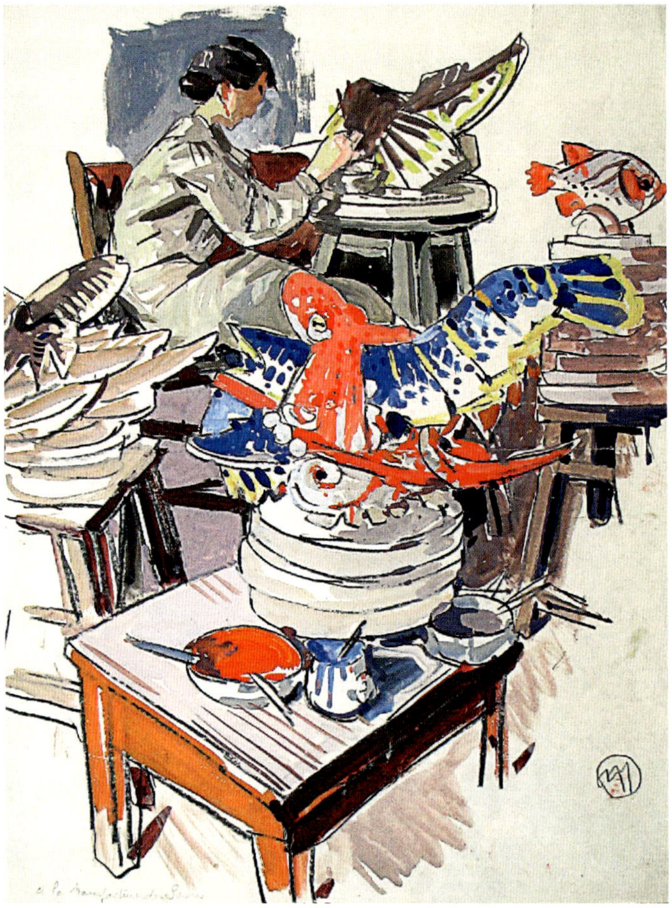

POISSON JAPONAIS, 1928, MANUFACTURE NATIONALE DE SÈVRES.

YVONNE JEAN-HAFFEN TRAVAILLANT À SÈVRES AVEC MÉHEUT, 1928. LETTRE LM 290.
Dinan, musée Yvonne-Jean-Haffen-Maison d'artiste de la Grande Vigne/C. Pigot

vaisselle initialement éditée en faïence fine chez Villeroy et Boch, Méheut accompagne le développement des restaurants Prunier en illustrant de nombreuses cartes-menus et le livre de recettes de cuisine de produits de la mer (*Madame Prunier's Fish Cookery Book*, 1938), maintes fois réédité, et en déclinant sur une série de cendriers publicitaires le slogan de la maison : « À Paris toute la mer. »

LA CÉRAMIQUE ARCHITECTURALE

Méheut se rendra après-guerre à Mettlach (Sarre) chez Villeroy et Boch, entreprise dont les méthodes modernes de travail le séduisent. On y concevra le décor en carreaux de céramique de la piscine du paquebot *Liberté*, pour lequel il a partagé plusieurs projets avec Yvonne Jean-Haffen. Une autre utilisation de la céramique explorée par Méheut, dont il reste peu de traces, est celle des décors architecturaux. Pour la villa Le Caruhel à Étables, c'est le mosaïste rennais d'origine italienne Isidore Odorico qui exécute en 1924 les sols du rez-de-chaussée et de la terrasse en transposant les raies, le poulpe et les coquillages dessinés par Méheut. Pour le siège de la Compagnie des messageries maritimes près de la Madeleine, ce sont les céramistes de Boulogne-sur-Seine Gentil et Bourdet qui posent en 1927 un décor au sol évoquant les destinations septentrionales : goélette au gréement couvert de glace, ours polaires et pingouins. Cette entreprise spécialisée dans la céramique architecturale fournit également au restaurant lillois *À l'huîtrière* les trois panneaux de mosaïque d'après Méheut, illustrant la relève des filets, le débarquement de la pêche, et une nouvelle composition marine foisonnant de poissons et de crustacés. Des carreaux de faïence, enfin, ont servi à des décors intérieurs ou extérieurs. Le plus emblématique était celui de la façade des faïenceries Henriot à Quimper, pour lequel Méheut avait repris un sujet déjà réalisé sur l'un des pignons du pavillon de la Bretagne pour l'exposition de 1937 : des couples en costume de fête, dansant. De la destruction du bâtiment en 1977 ont été sauvées quelques plaques de seize carreaux à motifs animaliers, traités en jaune et bleu.

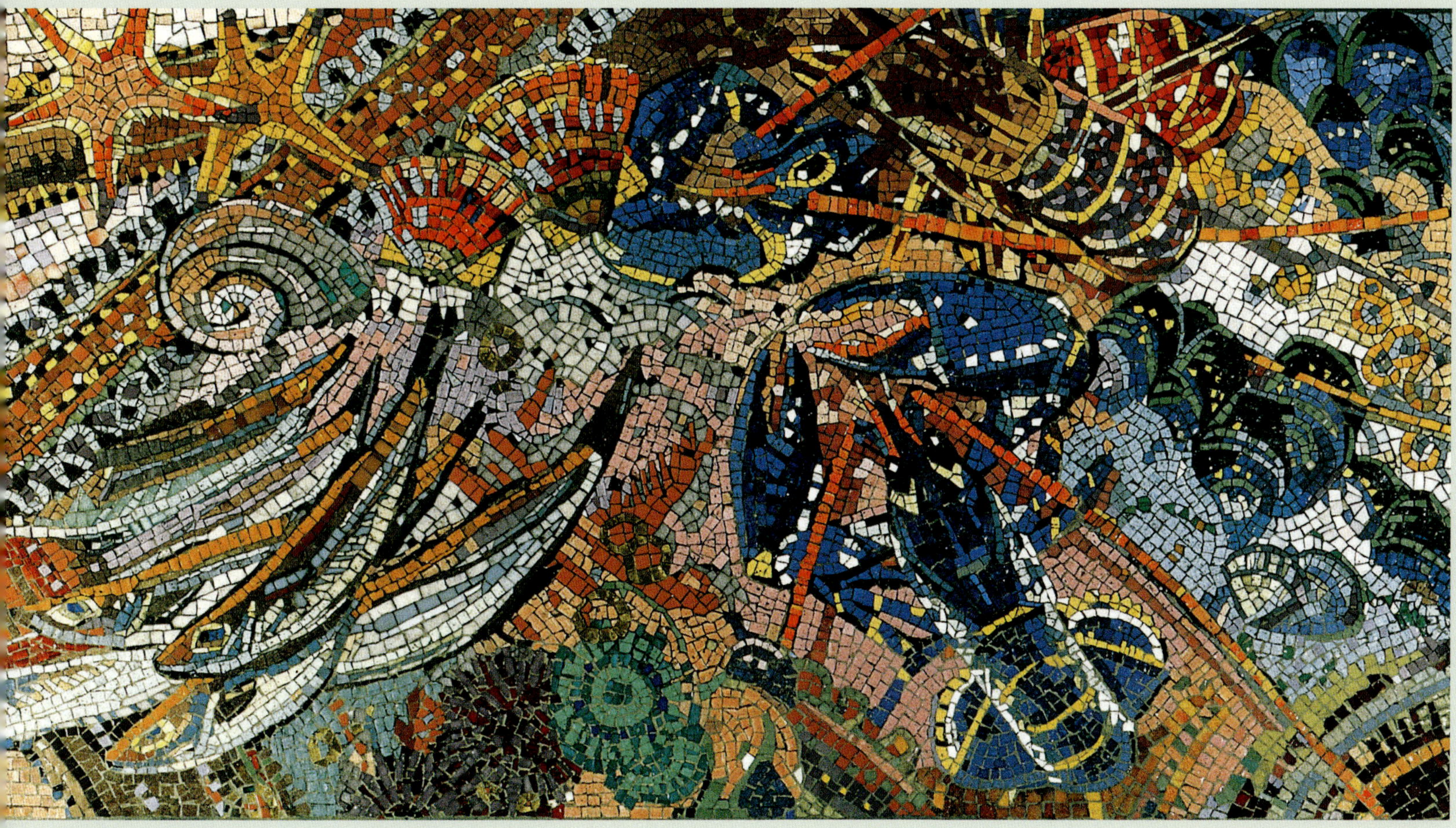

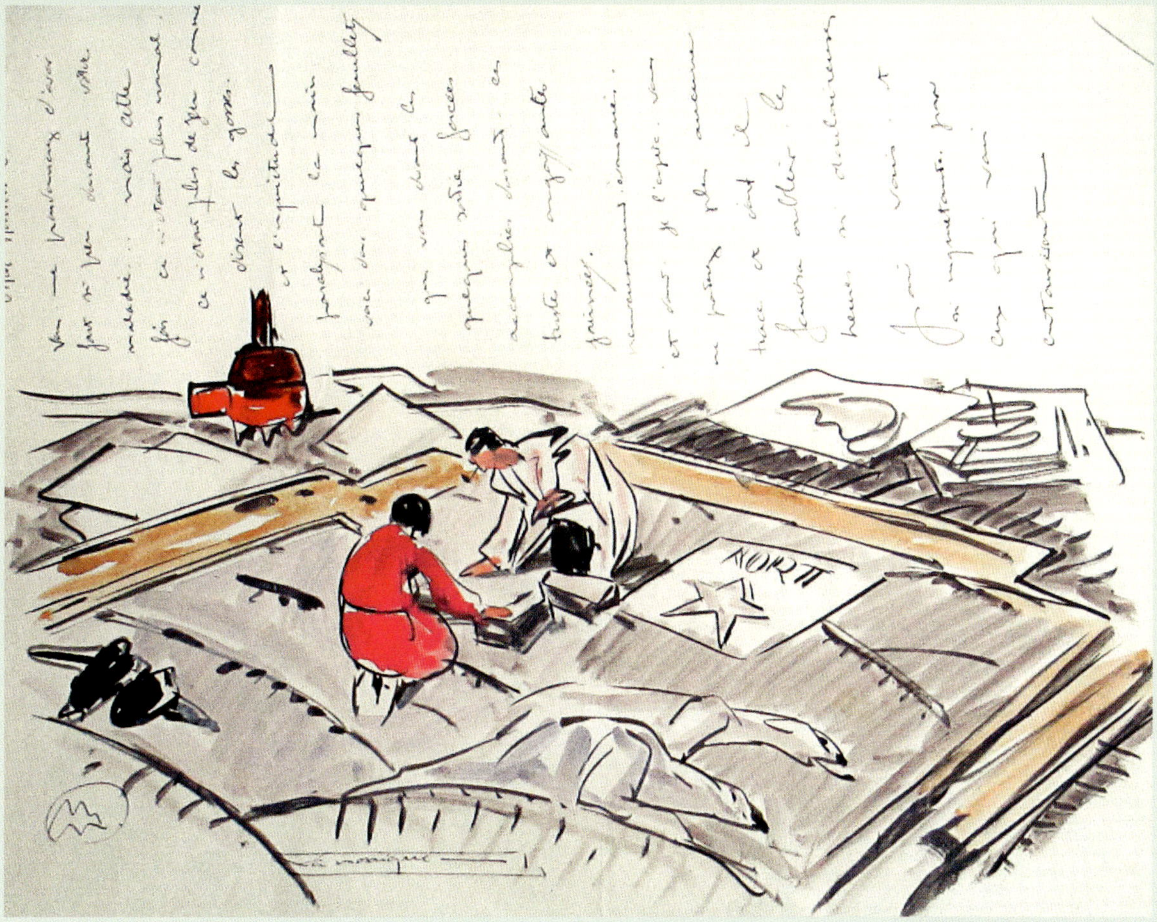

***COMPOSITION AUX HOMARDS*, MOSAÏQUE POUR LE RESTAURANT *À L'HUÎTRIÈRE*, LILLE, RÉALISÉE PAR LA MANUFACTURE GENTIL-BOURDET À BOULOGNE-SUR-SEINE, 1940.**
© L. Malaisie © ADAGP, Paris, 2013.

***LA MOSAÏQUE* [MÉHEUT ET SA FILLE MARYVONNE TRAVAILLANT À LA MAQUETTE DE LA MOSAÏQUE DÉCORANT LE SOL DE L'IMMEUBLE DES MESSAGERIES MARITIMES À PARIS], ENCRE ET GOUACHE, LETTRE DU 22 NOVEMBRE 1927. LETTRE LM 150.**
Dinan, musée Yvonne-Jean-Haffen-Maison d'artiste de la Grande Vigne/ C. Pigot © ADAGP, Paris, 2013.

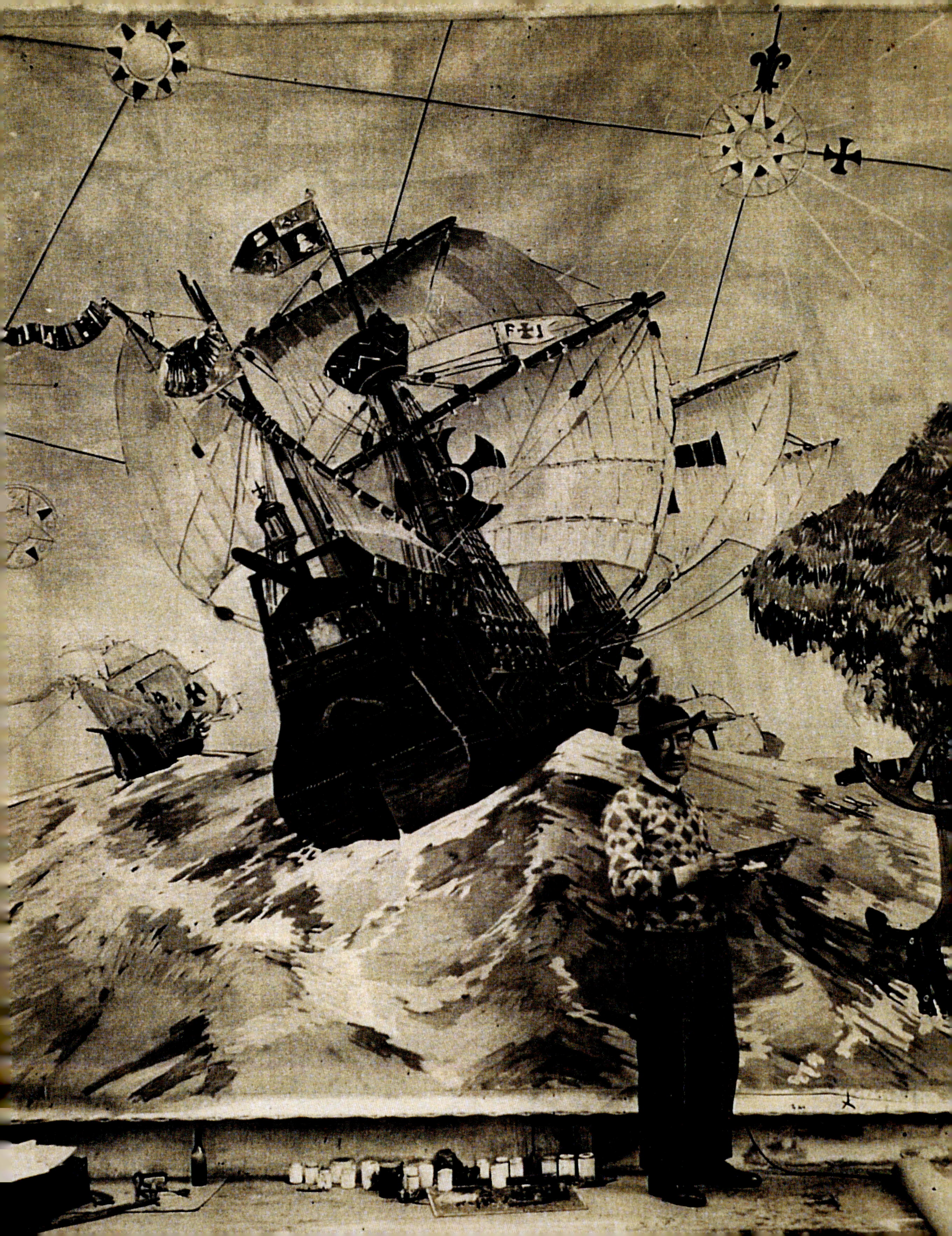

DÉCORS MARINS À TERRE

À l'occasion de ses deux premières expositions parisiennes, en 1913 et 1921, Méheut exprime son ambition de décorateur en présentant des séries de panneaux de grandes dimensions sur le thème des quatre saisons ou de la vie d'une barque. Dès le début des années vingt se dessine l'une des voies qui lui procureront du labeur durant trois décennies : les commandes décoratives pour des navires, paquebots entre les deux guerres, pétroliers dans les années cinquante. Pendant près d'un demi-siècle, ses œuvres parcourent mers et océans. À terre, il déploie son imagination dans des maisons particulières, d'abord, puis dans des édifices publics quand de grandes commandes lui sont passées. Il y développe les thèmes qui lui sont chers – la vie marine et maritime, l'histoire et la culture de la Bretagne –, mais s'aventure aussi parfois vers des horizons plus exotiques.

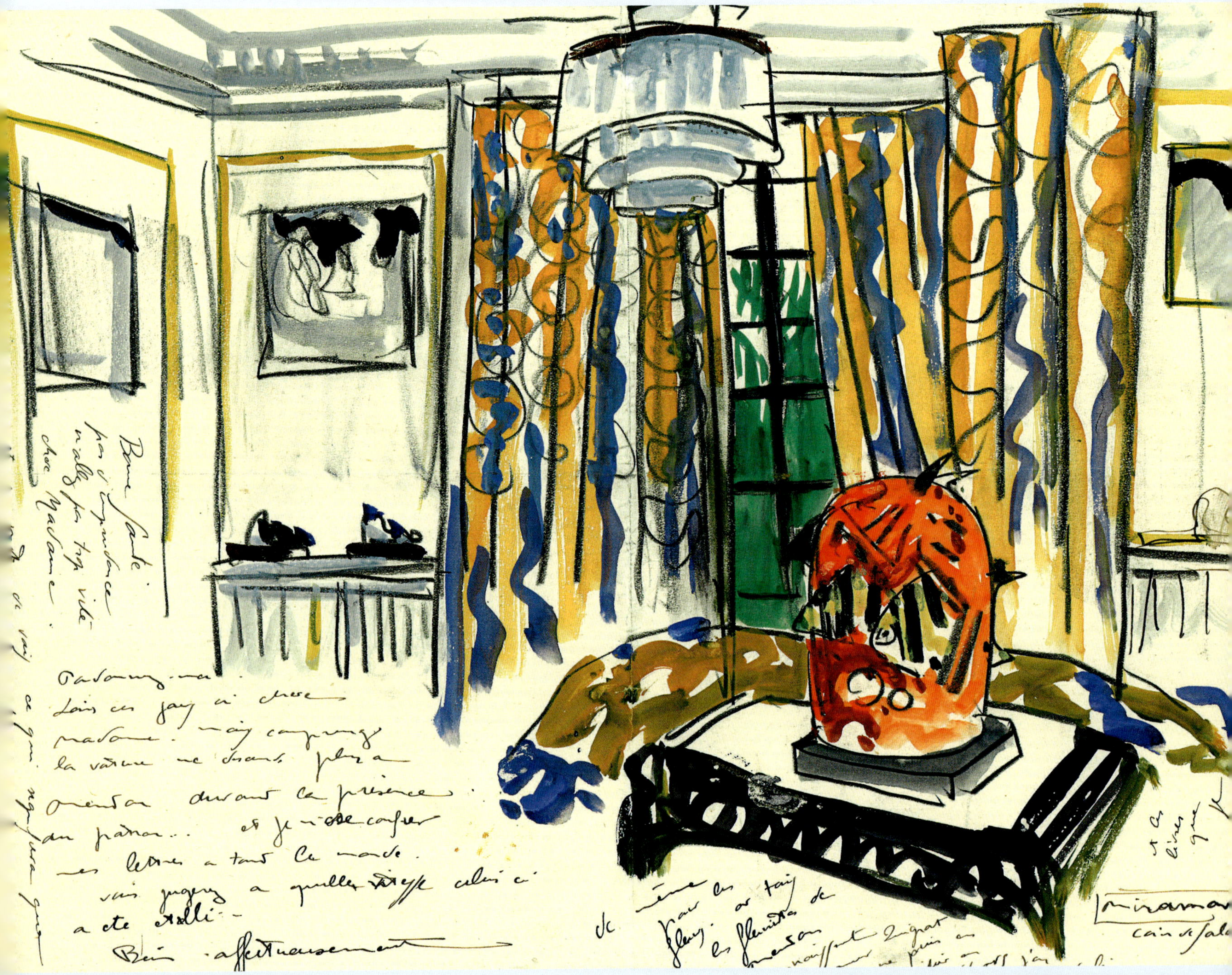
Bonne santé
Bien affectueusement

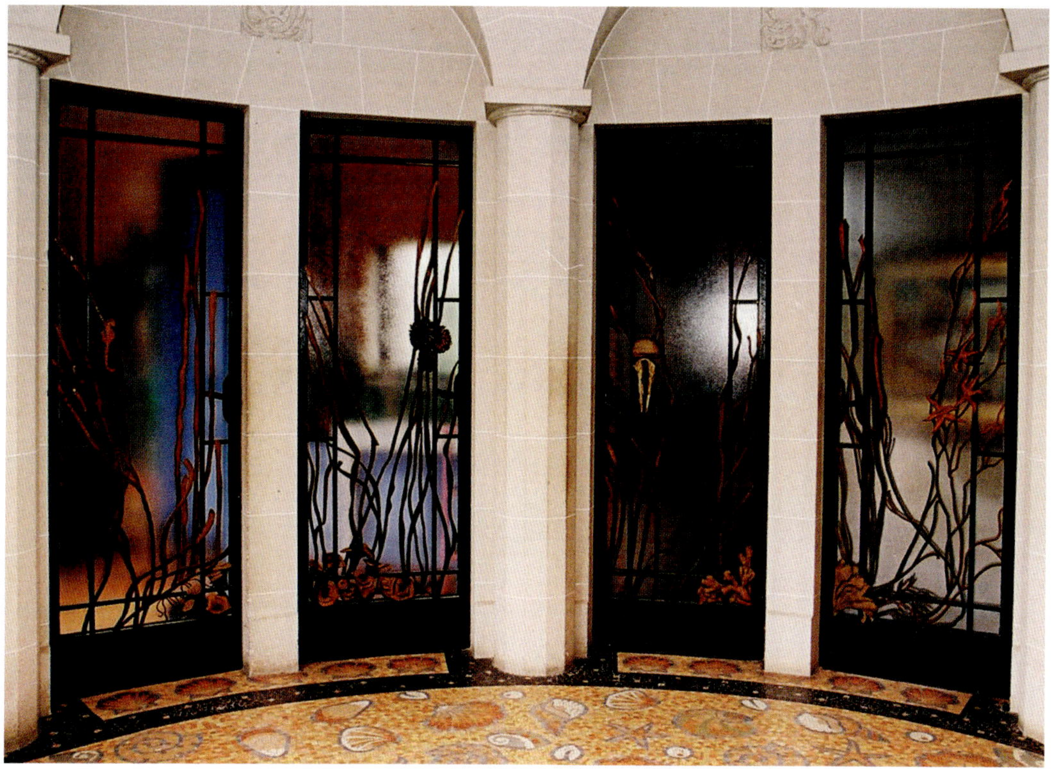

DÉCORS EN FER FORGÉ DES PORTES DE LA VILLA LE CARUHEL À ETABLES, RÉALISÉS PAR LES FERRONNIERS EDGAR BRANDT ET RAYMOND SUBES, VERS 1925.

Les villas à la décoration desquelles il se consacre dans les années vingt sont marquées par la mer. L'observation attentive et systématique de la flore et de la faune des océans, à Roscoff puis à Honolulu et plus tard à Monaco, fournit à Méheut un répertoire de sujets dans lequel il puise à plusieurs reprises. Dans des tonalités variées, tantôt en camaïeu, tantôt en couleurs contrastées, il propose pour des habitations particulières et pour des lieux publics des panneaux où se mêlent laminaires et anémones, étoiles de mer, coquillages et poissons des mers tempérées, et où se glissent parfois un poisson japonais ou un crabe du Pacifique : l'harmonie picturale l'emporte parfois sur la vérité naturaliste.

MAISONS PARTICULIÈRES

La villa Le Caruhel à Étables s'inscrit dans un site balnéaire. Résidence de villégiature d'un homme d'affaires, Louis Fricotelle, qui l'agrandit en 1925, elle est un parfait exemple des applications décoratives d'inspiration marine dont la source est l'*Étude de la mer*. Sur le sol du rez-de-chaussée comme sur la terrasse, le mosaïste rennais Isidore Odorico a parsemé des animaux marins : pieuvre, poulpes, raies, coquillages. Appliquées aux portes et aux frontons des fenêtres, des ferronneries exécutées par Raymond Subes et Edgar Brandt mêlent flore (algues) et faune (méduse, étoiles de mer, crabe, homard).

La maison édifiée à la même époque au hameau d'Alleray par Julien Heulot pour Méheut comporte également un tympan à thème marin très stylisé (couple de dauphins et nef antique), dominant la porte en fer forgé au motif d'hippocampe surgissant d'un groupe d'himanthales. Quant à la propre maison qu'Heulot se fait construire en 1932 à Champigny-sur-Marne, dont il était l'architecte municipal, Méheut participe en retour à sa décoration. Ce pavillon en briques pourvu de larges baies est, au rez-de-chaussée, garni de boiseries dans lesquelles s'insèrent quatre peintures de Méheut. L'un de ces grands panneaux décoratifs place au centre d'un paysage marin deux personnages féminins dont le corps nu émerge d'un grand coquillage. Dans un décor qui rappelle les roches du plateau des Duons près de Roscoff, l'artiste

PAGE DE GAUCHE COIN DE SALON DE LA VILLA MIRAMAR. LETTRE LM 336.
Dinan, musée Yvonne-Jean-Haffen-Maison d'artiste de la Grande Vigne/C. Pigot

DOUBLE PAGE PRÉCÉDENTE MATHURIN MÉHEUT AU TRAVAIL À PITTSBURGH DEVANT UN ÉLÉMENT DU DÉCOR DU HALL DES NATIONS.
Photographie anonyme. Coll. musée Mathurin-Méheut, Lamballe

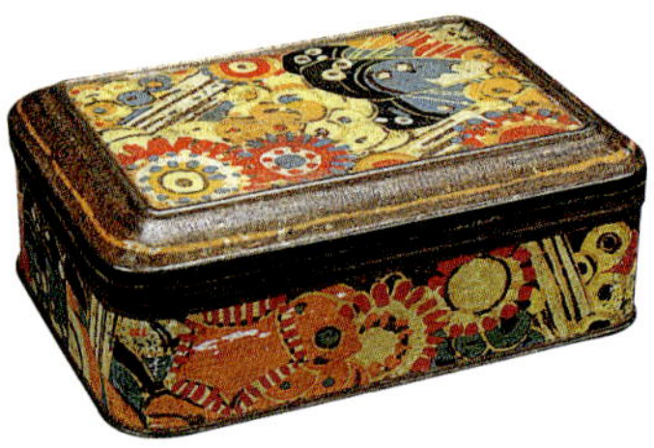

BOÎTE DE CONSERVE (DE SARDINES EN CHOCOLAT), AMIEUX, 10,7 X 8 X 4 CM.

mêle algues et animaux marins de Bretagne et des mers tropicales, composant une scène insolite dont le symbolisme a conservé son mystère : s'agit-il d'une allusion à la féminité naissante de sa fille Marguerite alors adolescente ? L'être fantastique qu'il invente ici, à nouveau présent sur une affiche de 1937, prend place au sein d'une mythologie marine (Neptune, licornes, sirènes) dans laquelle il s'aventure à plusieurs occasions, explorant cet imaginaire à travers le dessin, la peinture ou la céramique. Dans une plaquette consacrée aux réalisations de Julien Heulot, Auguste Dupouy écrit : *Pour la décoration, c'est une rare chance que d'avoir la collaboration gratuite d'un Méheut, dont le pinceau a si heureusement parachevé, dans son logis d'artiste, à l'intérieur et à l'extérieur, l'œuvre de l'architecte son compatriote.* Salon et salle à manger sont séparés par un paravent articulé dont les six panneaux de verre sont gravés de motifs imaginés par Méheut : attributs du fumeur et du pêcheur à pied, navires de l'époque des Découvertes…

Faune et flore marine constituent le répertoire de plusieurs autres décors intérieurs, comme les cinq panneaux hauts de 2,05 mètres présentés aujourd'hui à Brest, dont les dimensions laissent supposer qu'ils garnissaient les murs d'une même pièce, peut-être dans la villa d'un ami qui accueillait Méheut en Normandie. Peints dans des tonalités de gris et d'ocre doré, ils évoquent des paysages sous-marins. Les rubans gaufrés des laminaires, les disques des himanthales, les botrylles s'inscrivent dans la lignée des interprétations décoratives présentées en 1913 ; les pouces-pieds ou les hippocampes paraissent plus réalistes. Une esquisse d'un panneau conçu pour la salle à manger de la villa Miramar, conservée au musée Albert-Kahn, montre le même vocabulaire décoratif marin traité dans des camaïeux de gris bleu. Pour le salon de cette villa, comme pour son propre domicile parisien, Méheut a trouvé une source d'inspiration chez Rudyard Kipling, l'un de ses auteurs de prédilection. Réapparus en 2008, quatre panneaux figurant un cornac sur son éléphant, une panthère, le face-à-face d'un caracal et d'un python et enfin un cactus témoignent de son intérêt pour la faune et la flore exotique, stimulé par le goût d'Albert Kahn.

COMPOSITIONS AUX ALGUES, POISSONS, HIPPOCAMPES, COQUILLAGES… **CINQ PANNEAUX PEINTS DE 2 M DE HAUT ET DE LARGEUR VARIABLE.**
Collection musée des Beaux-Arts de Brest, en dépôt à Océnopolis

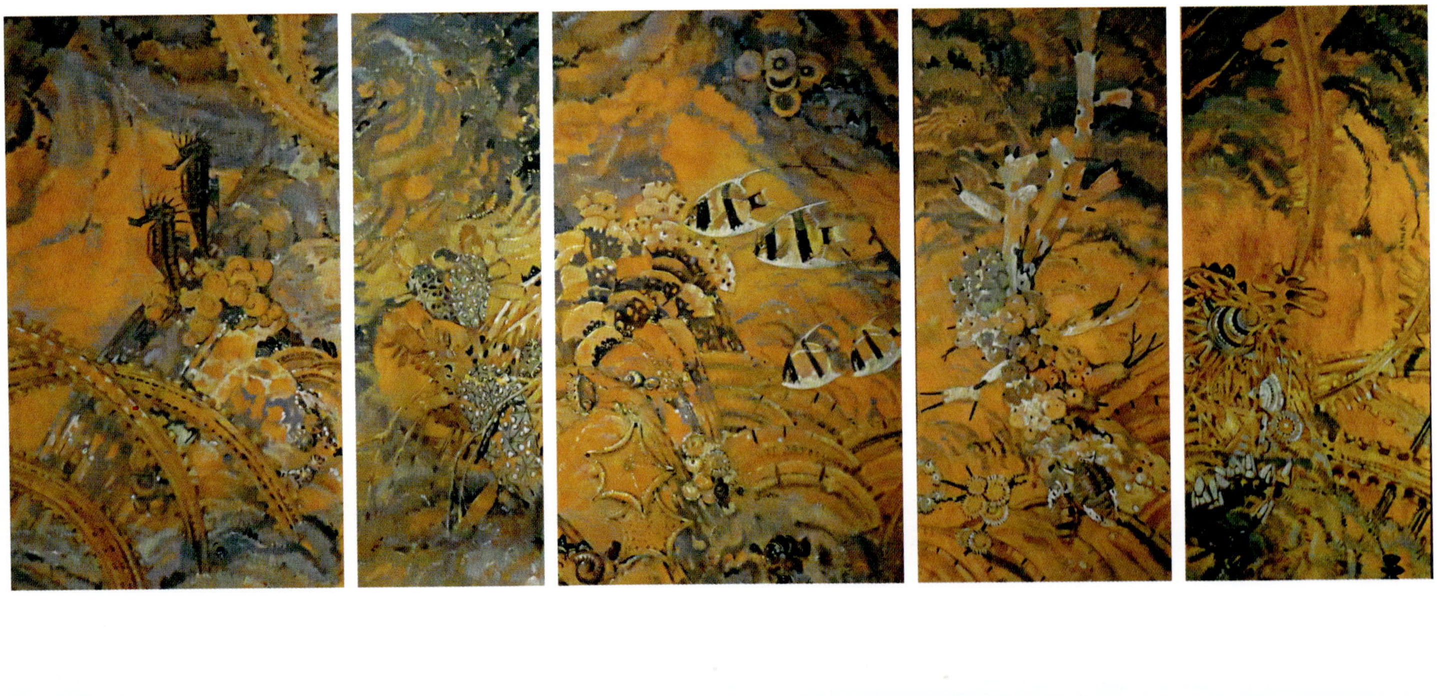

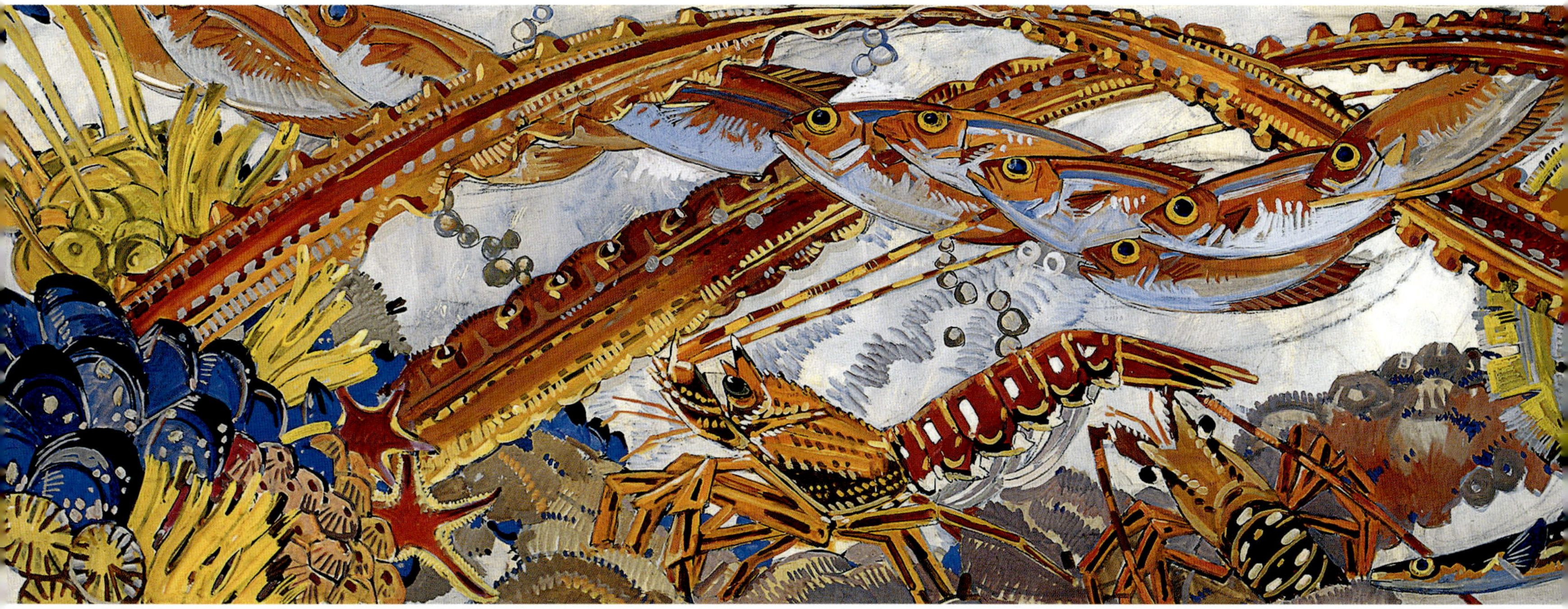

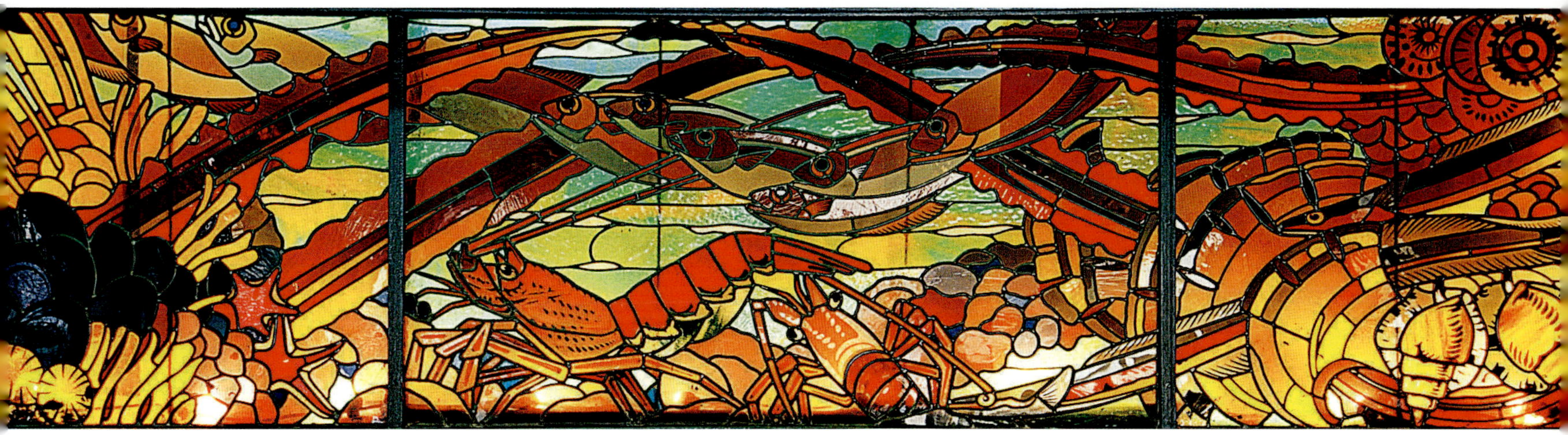

***COMPOSITION MARINE À LA LANGOUSTE*. GOUACHE ET ENCRE SUR CARTON, PROJET POUR UN VITRAIL DU RESTAURANT *À L'HUÎTRIÈRE*, LILLE, 1940.**
Coll. part. © E. Rousseau, Grand Angle, Lamballe © ADAGP, Paris, 2013.

***COMPOSITION MARINE À LA LANGOUSTE*, VITRAIL. LILLE, RESTAURANT *À L'HUÎTRIÈRE*.**
© ADAGP, Paris, 2013.

DÉCORS PUBLICS

L'univers marin et sous-marin reste cependant le thème dominant de ses décors de lieux publics. Plusieurs panneaux de format horizontal, réalisés pour des lieux très variés, s'inspirent de la faune et de la flore des mers. Ce sont les compositions produites pour le restaurant Prunier (1931), pour le restaurant *À l'huîtrière* (1941) et pour l'Institut de géologie de Rennes (après 1941). Les ondulations des grandes laminaires, éléments de décor théâtral, abritent des habitants qui varient d'un panneau à l'autre. Ici des seiches et des chabots, là une langouste ou un homard ; des coquillages, des grappes de moules, des anémones ou des étoiles de mer ; et dans chacun de ces univers reconstitués, parfois inquiétants par leurs sourdes tonalités, parfois séduisants par leurs teintes éclatantes, un groupe de petits squales ou de grandes roussettes chassant en bande est une sorte d'élément narratif récurrent.

Ces compositions inspirées par la vie sous-marine se retrouveront également déclinées, à des échelles variées, sur toutes sortes de supports allant des menus de la Transat aux cartonnages imprimés pour des flacons de parfum et aux boîtes de métal pour des sardines en chocolat !

À TRAVERS L'ATLANTIQUE

Avec le chantier du Hall des Nations de l'immeuble Heinz à Pittsburgh (Pennsylvanie), Méheut entreprend une œuvre ambitieuse à la fois par ses dimensions exceptionnelles (une quinzaine de panneaux d'une largeur totale de 90 mètres) et par son sujet : une fresque historique et allégorique sur les relations entre l'Europe et l'Amérique, à laquelle ne manquent

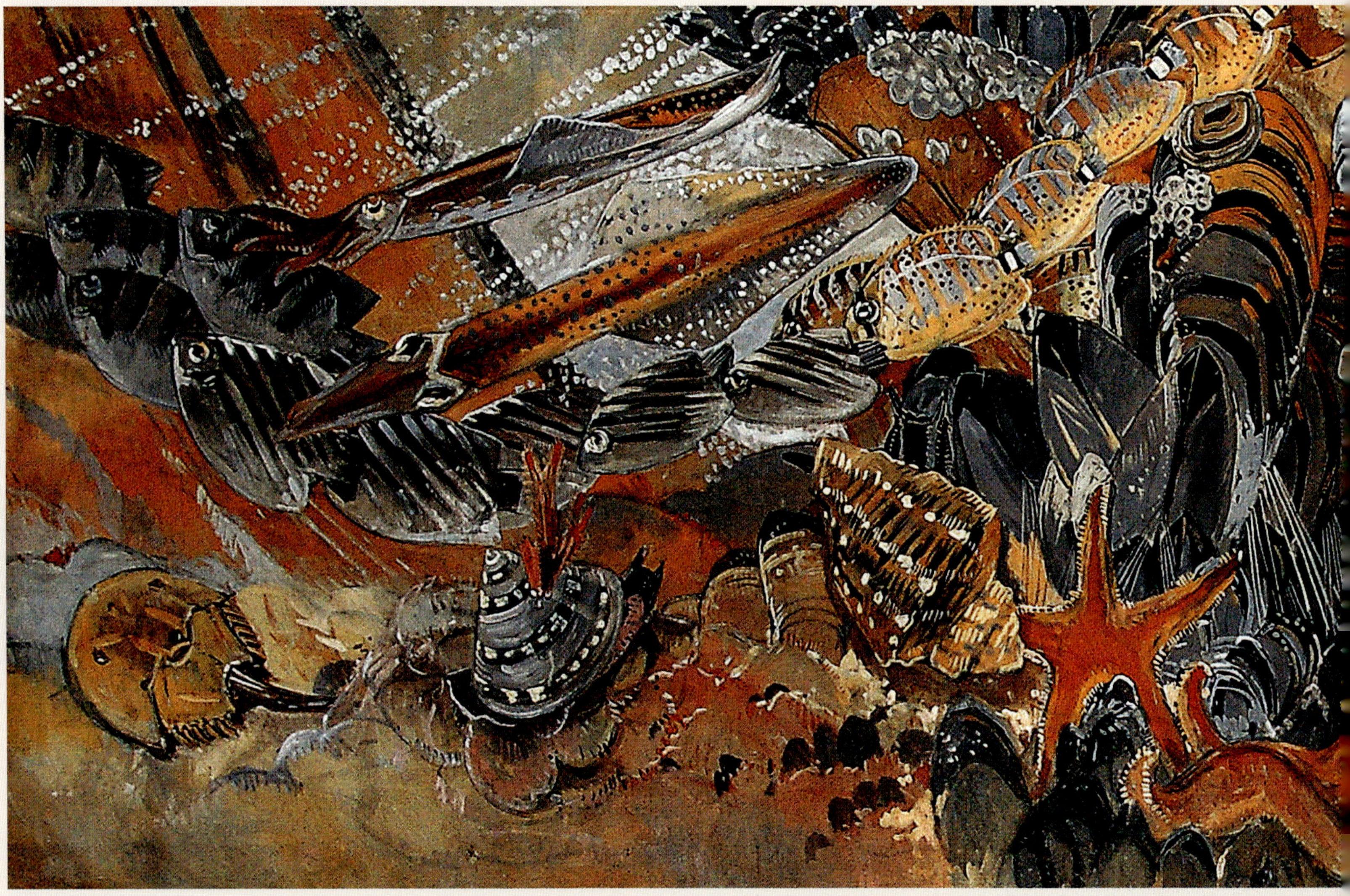

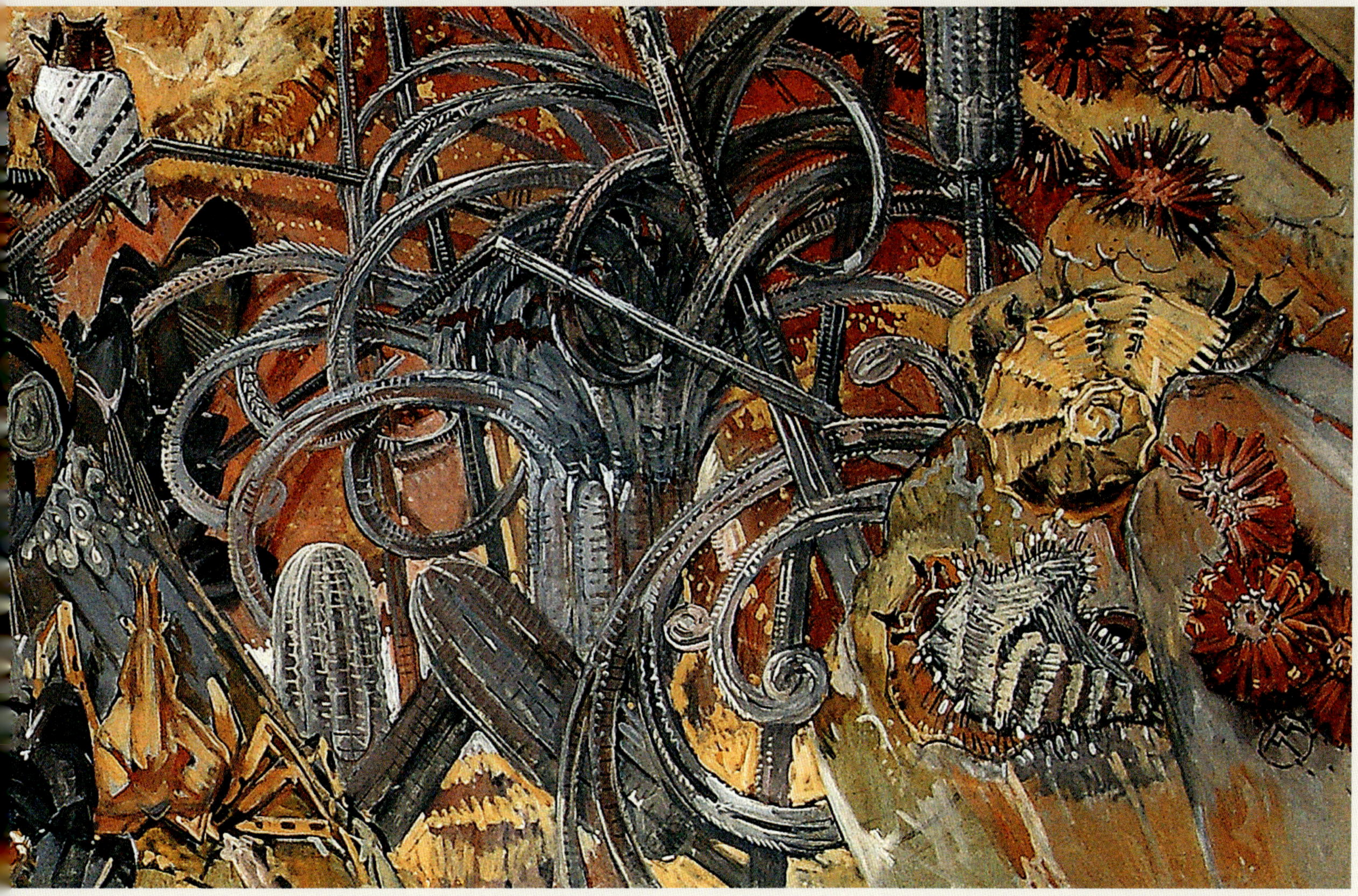

***LA FAUNE DES MERS CHAUDES* (155 X 465).** Rennes, Institut de Géologie.

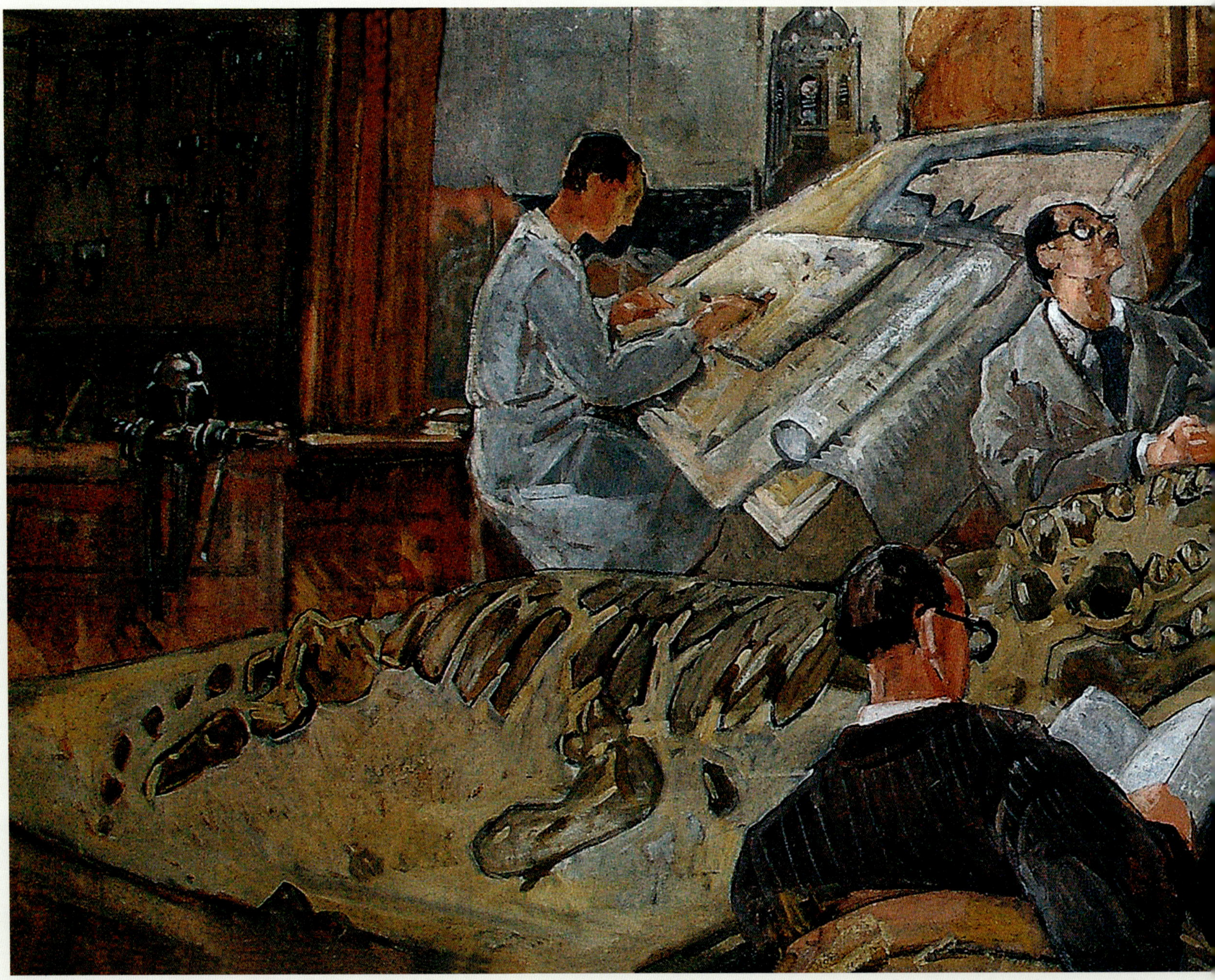

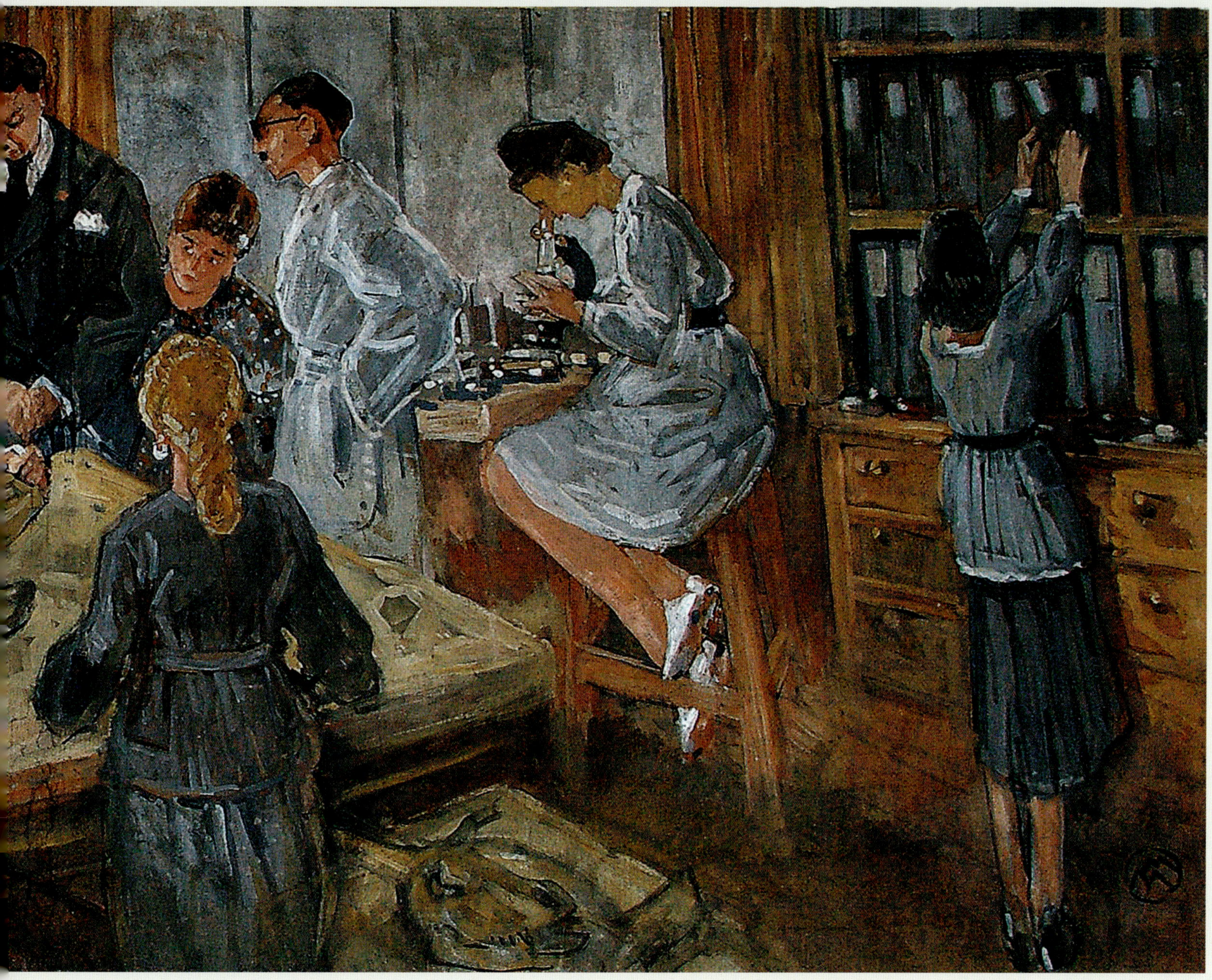

***LES GÉOLOGUES AU LABORATOIRE* AUTOUR DU PROFESSEUR MILON 1946. (115 X 298).** Rennes, Institut de Géologie.

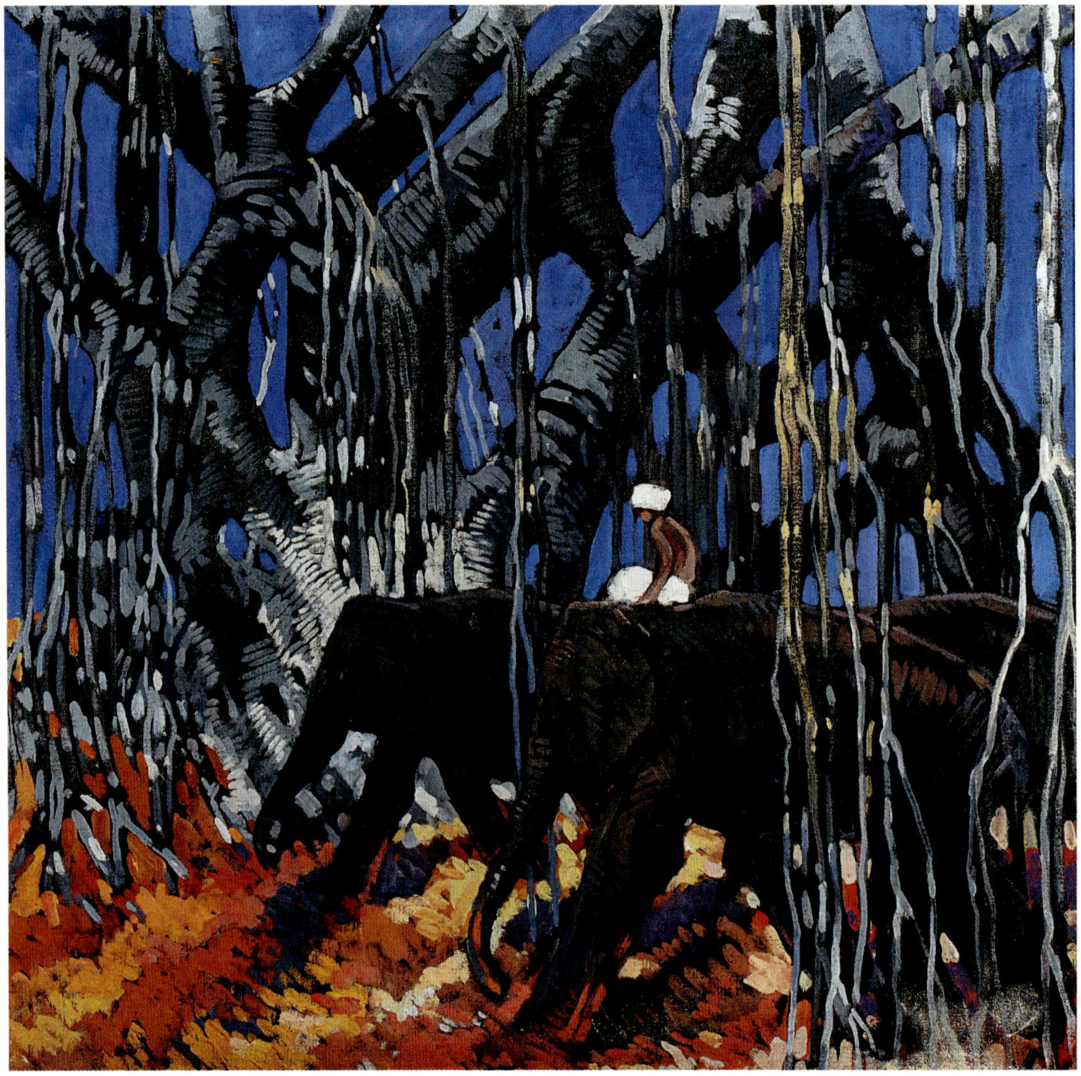

LE CORNAC
(DÉCOR DE LA VILLA MIRAMAR D'ALBERT KAHN). CASÉINE SUR TOILE, 101 X 101, INV. 2008.1.1.
Lamballe, musée Mathurin-Méheut
© E. Rousseau, Grand Angle, Lamballe © ADAGP, Paris, 2013.

PAGE DE DROITE
FEMMES BERNARD-L'ERMITE.
Lamballe, musée Mathurin-Méheut
© Musée national de la Marine/ A. Fux © ADAGP, Paris, 2013.

ni la trame d'un immense planisphère, ni le tracé des demi-globes figurant l'Ancien et le Nouveau Monde. L'époque des Découvertes est évoquée par des caravelles et des galions lancés à l'assaut de l'océan, la colonisation par les figures de conquistadors en armure. Plantes, animaux et peuples du Nouveau Monde, ports de tous les continents démontrent l'aptitude de l'artiste à aborder les thèmes les plus variés, à dépeindre des univers qu'il n'a ni observés ni même fréquentés. Les compagnies d'armement maritime savent compter sur cette capacité à s'adapter à des sujets et à des espaces lointains.

Quant à Yvonne Jean-Haffen, qui l'a secondé sur ce chantier, elle n'hésitera pas à se lancer à son tour dans des compositions monumentales, comme le triptyque qu'elle consacrera en 1951 au pardon de Sainte-Barbe au Faouët. Dix ans plus tard, Méheut l'associera étroitement au grand projet décoratif qui va l'occuper durant toute la Seconde Guerre mondiale, à Rennes.

L'INSTITUT DE GÉOLOGIE

L'Institut de géologie de Rennes, récemment installé à Rennes dans un beau bâtiment Art déco, est dirigé par Yves Milon (1897-1987), doyen de la Faculté des sciences, qui passe commande en 1941 à Méheut d'un ensemble décoratif en rapport avec la discipline enseignée et avec la Bretagne. Les vingt-cinq toiles de très grandes dimensions sont peintes pendant la guerre en étroite collaboration avec Yvonne Jean-Haffen, qui en signe cinq. On parcourt les temps géologiques, explorant la faune marine et terrestre (mammouths, diplodocus, ptérodactyles) ; on découvre plusieurs paysages remarquables (rochers de la côte de Granit rose, ria du petit Traouïero, falaises du cap Fréhel et des Tas de Pois, Mont-Dol et marais de Dol-de-Bretagne) et les utilisations par l'homme de ces sites et des matériaux qu'ils recèlent. Deux panneaux s'inspirent de la faune des mers tempérées (154 x 290 mètres) et de la faune des

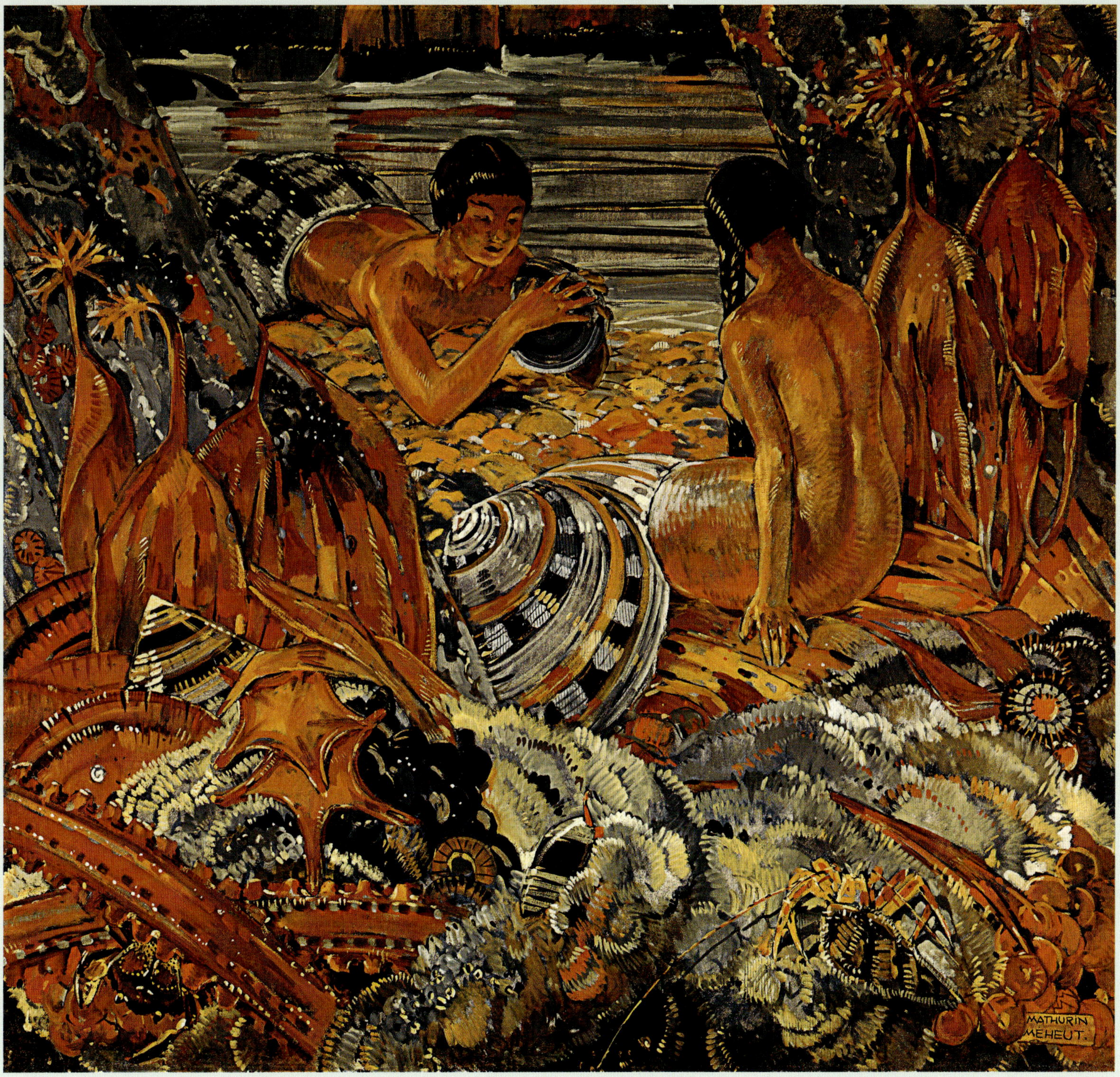
MATHURIN
MÉHEUT

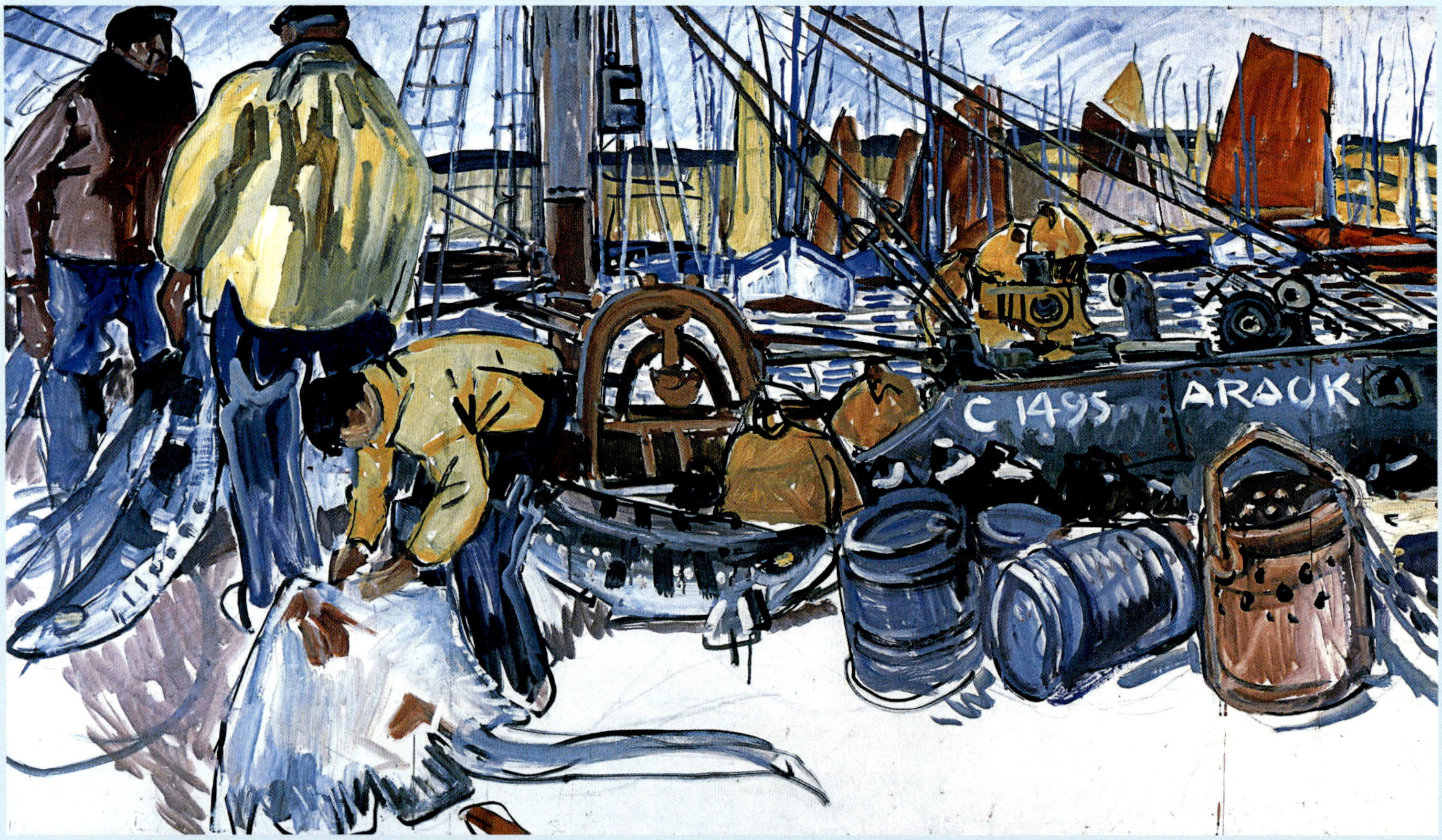
C 1495
ARAOK

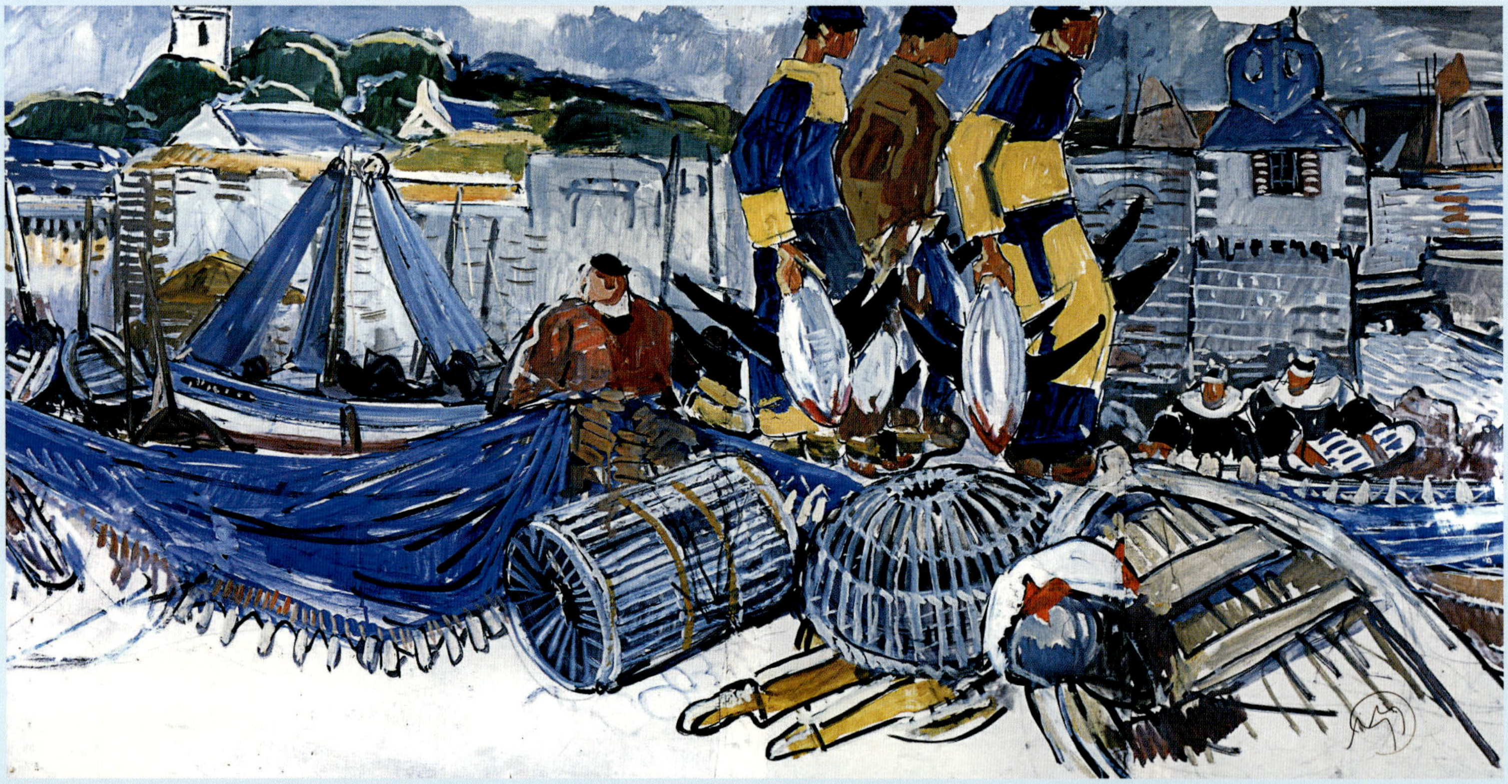

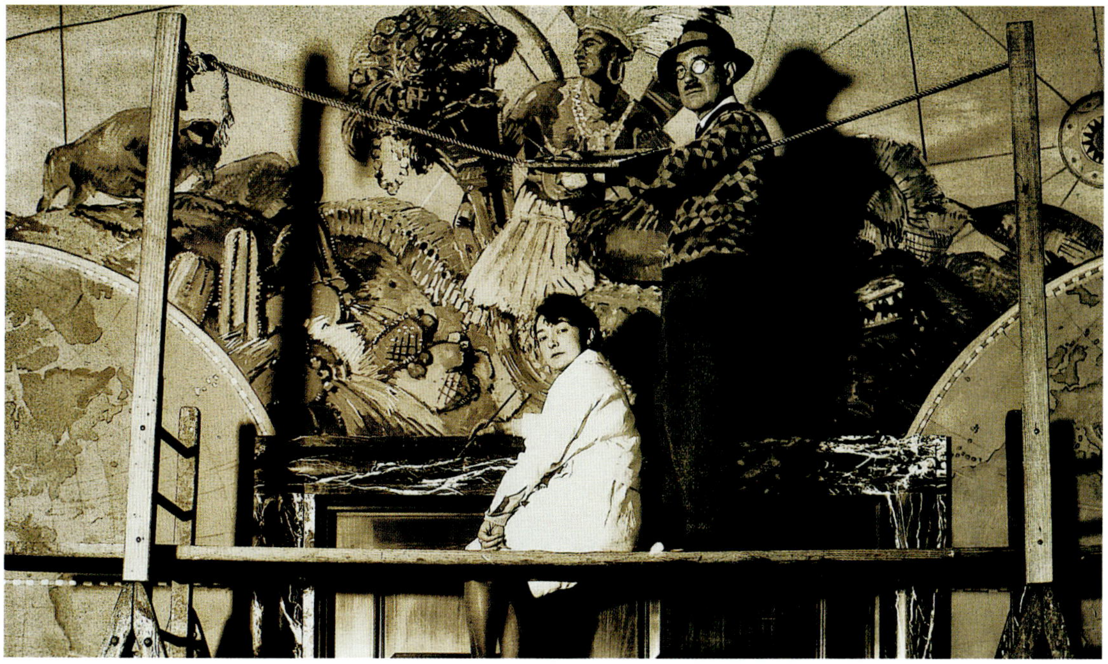

YVONNE JEAN-HAFFEN ET MATHURIN MÉHEUT SUR L'ÉCHAFAUDAGE À PITTSBURGH. PHOTOGRAPHIE.
© J.L.M., Lamballe
© ADAGP, Paris, 2013.

DÉBARQUEMENT DE POISSONS.
GOUACHE SUR PAPIER.
Concarneau, Mairie.
Alain Le Cloarec
© ADAGP, Paris, 2013.

DÉBARQUEMENT DE THON DEVANT LA VILLE-CLOSE À CONCARNEAU.
GOUACHE SUR PAPIER.
Concarneau, Mairie.
Alain Le Cloarec
© ADAGP, Paris, 2013.

mers chaudes (155 x 465 mètres). Le premier met de nouveau en scène l'univers marin issu des observations faites à Roscoff, et l'on y retrouve laminaires et ascidies, patelles et oursins, crabe, langoustes et galatées, groupes de seiches et famille de roussettes… Le second réunit des espèces d'origine plus variée pour une composition dans laquelle l'exotisme l'emporte sur la réalité scientifique. Yves Milon a en outre commandé deux panneaux montrant les géologues en exploration sur le terrain et, réunis autour de lui, en observation au laboratoire. Ornant aujourd'hui les locaux de Géosciences sur le campus universitaire de Rennes-Beaulieu, conformément à sa vocation initiale, ce cycle décoratif exceptionnel est protégé au titre des Monuments historiques.

MARINS ET PORTS DE CORNOUAILLE

En 1940, Méheut puise dans son répertoire marin et maritime pour décorer à Lille un nouveau restaurant dédié aux fruits de la mer, rue des Chats-Bossus, où l'on peut aujourd'hui encore déjeuner ou dîner dans cet environnement créé par Méheut. Trois vitraux et trois mosaïques composent la décoration marine commandée par le restaurateur, Pierre Bailleul. Homards, langoustes et squales, algues et coquillages ont été transposés par le maître verrier Largillier aux dimensions du carton initial. Les panneaux de mosaïque de fins carreaux de céramique sont dédiés à la présentation des produits de la marée : une composition d'animaux marins où l'on retrouve le homard de *Regarde !*, et deux scènes finistériennes de relèvement des filets et de débarquement de la marée, hommage aux travailleurs de la filière des produits de la mer.

Les dernières grandes œuvres décoratives, dans les années cinquante, sont consacrées à des paysages familiers de Cornouaille. La ville de Concarneau conserve quatre grandes scènes portuaires aux sujets classiques (construction navale, débarquement du poisson), situées à Douarnenez et Concarneau. Les panneaux décoratifs, conçus à cette même époque, sont restés à l'état de projets. Ces esquisses de grandes dimensions, brossées à la gouache sur de larges feuilles nous renseignent sur la façon dont Méheut élabore ses œuvres de décorateur : le sujet central est posé, les silhouettes coupées par la position haute de la ligne d'horizon, le premier plan reste inachevé. Pour la Caisse d'Épargne de Pont-l'Abbé, l'artiste a également composé un panorama du port de Sainte-Marine, situé sur la rive droite de l'estuaire de l'Odet. Cette représentation idyllique d'un charmant village rural et littoral condense tous les stéréotypes des images traditionnelles de la Bretagne, mais se veut tournée vers l'avenir : un jeune garçon allongé dans l'herbe, jouant avec un modèle de bateau, rêve à son destin de marin.

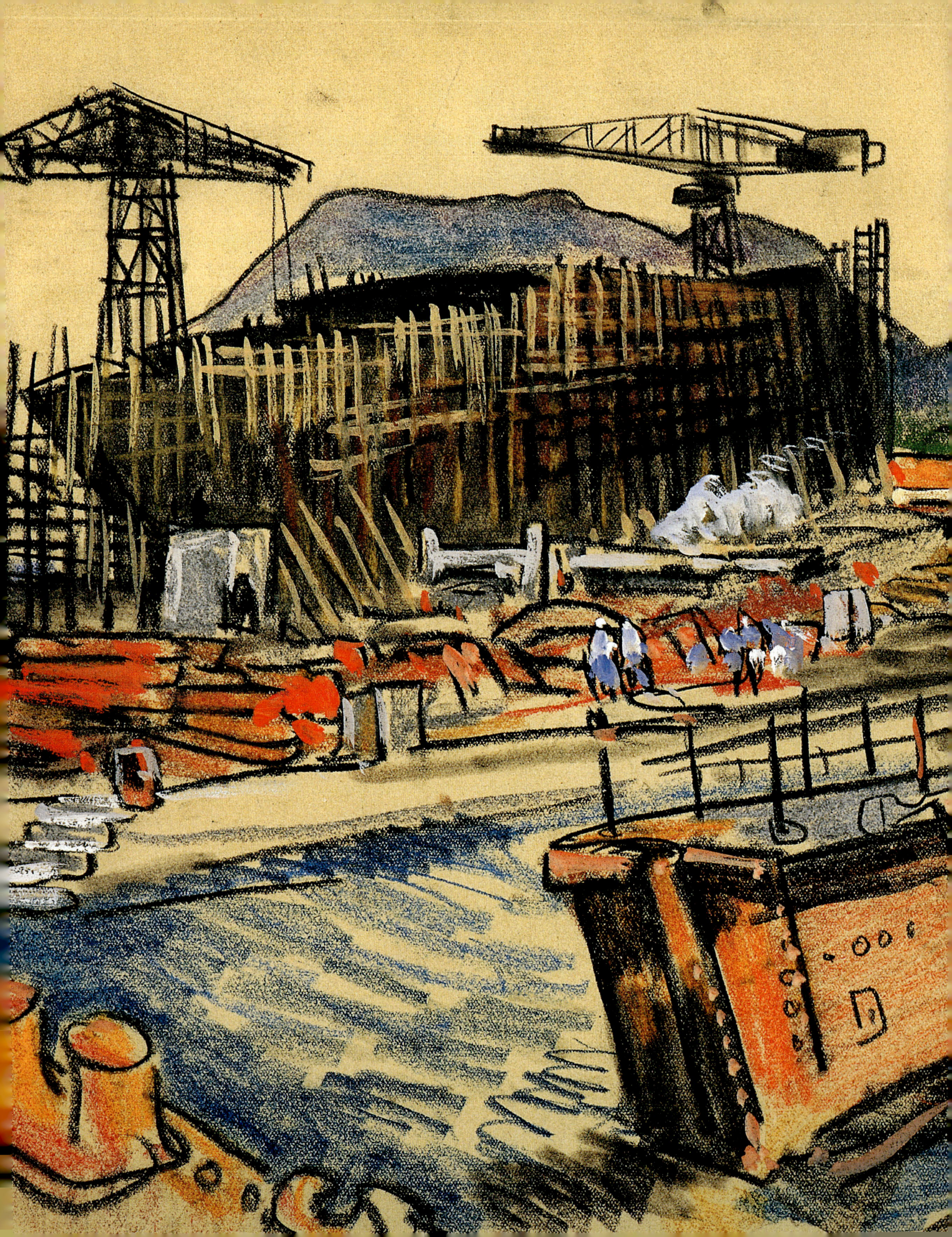

AU SERVICE DU MILIEU MARITIME

La mise en service de nouveaux paquebots par les principales compagnies maritimes françaises, dans les deux décennies qui suivent la Première Guerre mondiale, donne l'occasion aux décorateurs et ensembliers d'imposer à bord des navires de ligne le style Art déco dont les nombreux domaines d'application – architecture, ameublement, éclairage, arts de la table – sont révélés en 1925 à l'occasion de l'Exposition internationale des arts décoratifs de Paris. Si la modernité s'impose à bord des grands paquebots transatlantiques de la Compagnie générale transatlantique, l'*Île-de-France* (1926), l'*Atlantique* (1930) et surtout le *Normandie* (1934), ceux qui sont mis en service par la Compagnie des messageries maritimes, sur les lignes du Moyen et de l'Extrême-Orient, des océans Indien et Pacifique, se caractérisent par des espaces collectifs aux décors archaïsants, pendant que l'aménagement des cabines allie confort et style moderne. C'est dans ce contexte que Méheut œuvre sans relâche durant trois décennies pour les grandes compagnies d'armement maritime.

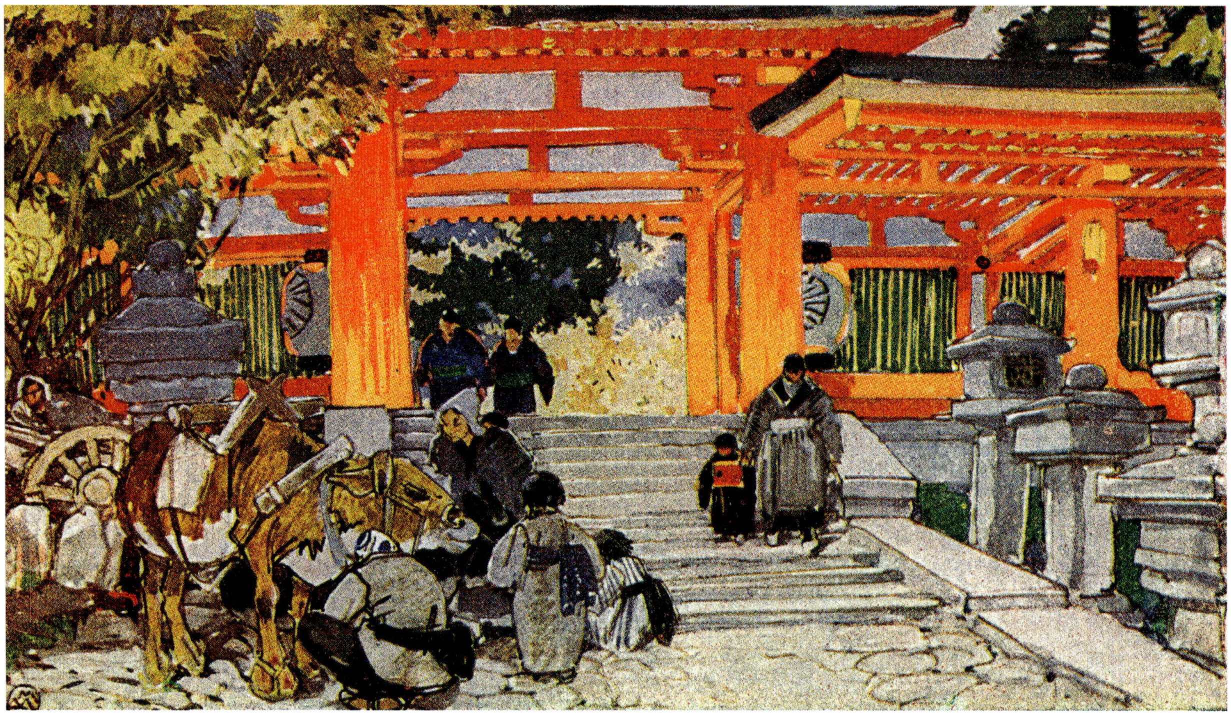

***UN TEMPLE SHINTOÏSTE AU JAPON*. MENU ILLUSTRÉ POUR LES MESSAGERIES MARITIMES, 1923.**
Coll. Patrick Delon/Denis-Michel Boëll © ADAGP, Paris, 2013.

La participation aux décors intérieurs de navires est l'une des activités les plus importantes (et les plus rémunératrices) de l'artiste. Mais c'est un labeur très contraignant, qui lui impose des sujets très éloignés de ses thèmes de prédilection. Après l'Exposition des arts décoratifs de 1925, il travaille presque sans discontinuer pour les Messageries maritimes et la Compagnie générale transatlantique puis, après-guerre, pour la Société française de transports pétroliers. Il intervient sur une trentaine de navires, réalisant une bonne centaine de panneaux de formats et de sujets très variés : thèmes marins, animaliers et forestiers, scènes tirées de l'histoire de l'art et de la littérature ou inspirées de l'Antiquité, évocation de contrées sur lesquelles il doit se documenter (l'Afrique, Madagascar ou l'Australie). Ces travaux répondent à des prescriptions très précises, transmises par les ingénieurs et les architectes responsables des aménagements intérieurs : les matériaux, tant le support que la peinture, doivent être ininflammables (pour le paquebot *Président-Doumer*, il est spécifié « sur contreplaqué toile d'amiante[31] ») et le calendrier de réalisation est très contraint, puisque les œuvres doivent venir s'insérer dans des menuiseries ou des baguettes d'encadrement mises en place à la date fixée par des ensembliers comme les Ateliers Marc Simon ou l'entreprise Schmit & Cie du Faubourg-Saint-Antoine, avec laquelle Méheut connaît quelques problèmes de « calage » en 1934. Dans cette activité de décorateur, l'artiste dispose d'un peu de liberté créatrice quand il propose ses maquettes, mais l'exécution finale des œuvres ne laisse aucune place à l'initiative individuelle.

Peu après la fin de la Première Guerre mondiale, alors qu'il est en Bretagne, Méheut reçoit un courrier du directeur de la Compagnie des chargeurs réunis, qui assure, depuis sa création en 1872, un service régulier avec le Brésil et l'Argentine, et dessert également les côtes d'Afrique : *Nous avons souvent eu l'occasion de remarquer vos œuvres, et nous pensons qu'il pourrait s'établir entre nous un courant de relations profitables. Nous estimons, en effet, que votre genre de décoration s'adapterait parfaitement et serait tout à fait à sa place dans le cadre de nos grands navires. Dans cet ordre d'idées, il nous semble qu'une exposition de vos œuvres dans les salons des paquebots rapides de la Compagnie Sud-Atlantique, ligne Bordeaux-Brésil-Plata, serait appelée à un certain retentissement ; qu'en penseriez-vous ? Nous allons même plus loin, et dans le but d'encourager votre talent, que nous apprécions beaucoup, nous serions disposés, si vous en aviez le désir, à vous faciliter dans une certaine mesure un voyage d'études en Amérique du Sud ou en Afrique et à mettre une cabine à votre disposition.*

DOUBLE PAGE PRÉCÉDENTE *LA CIOTAT*. CHANTIER NAVAL. CRAYON DE COULEUR GRAS ET REHAUTS DE GOUACHE. (DÉTAIL)
Lamballe, musée Mathurin-Méheut © ADAGP, Paris, 2013.

MESSAGERIES MARITIMES. LIVRET-GUIDE DU PASSAGER POUR 1923.
Coll. part./Denis-Michel Boëll © ADAGP, Paris, 2013.

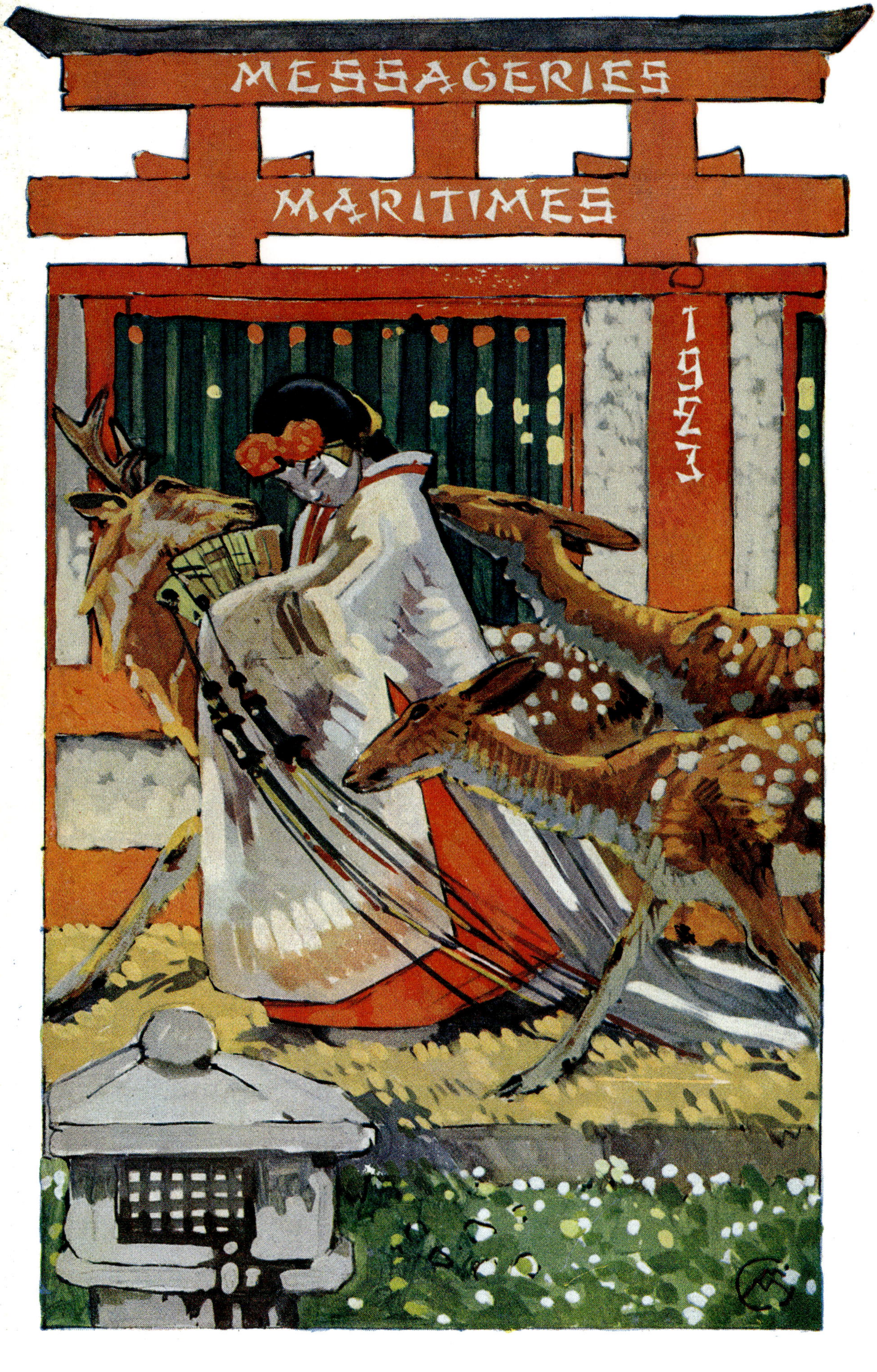
MESSAGERIES
MARITIMES

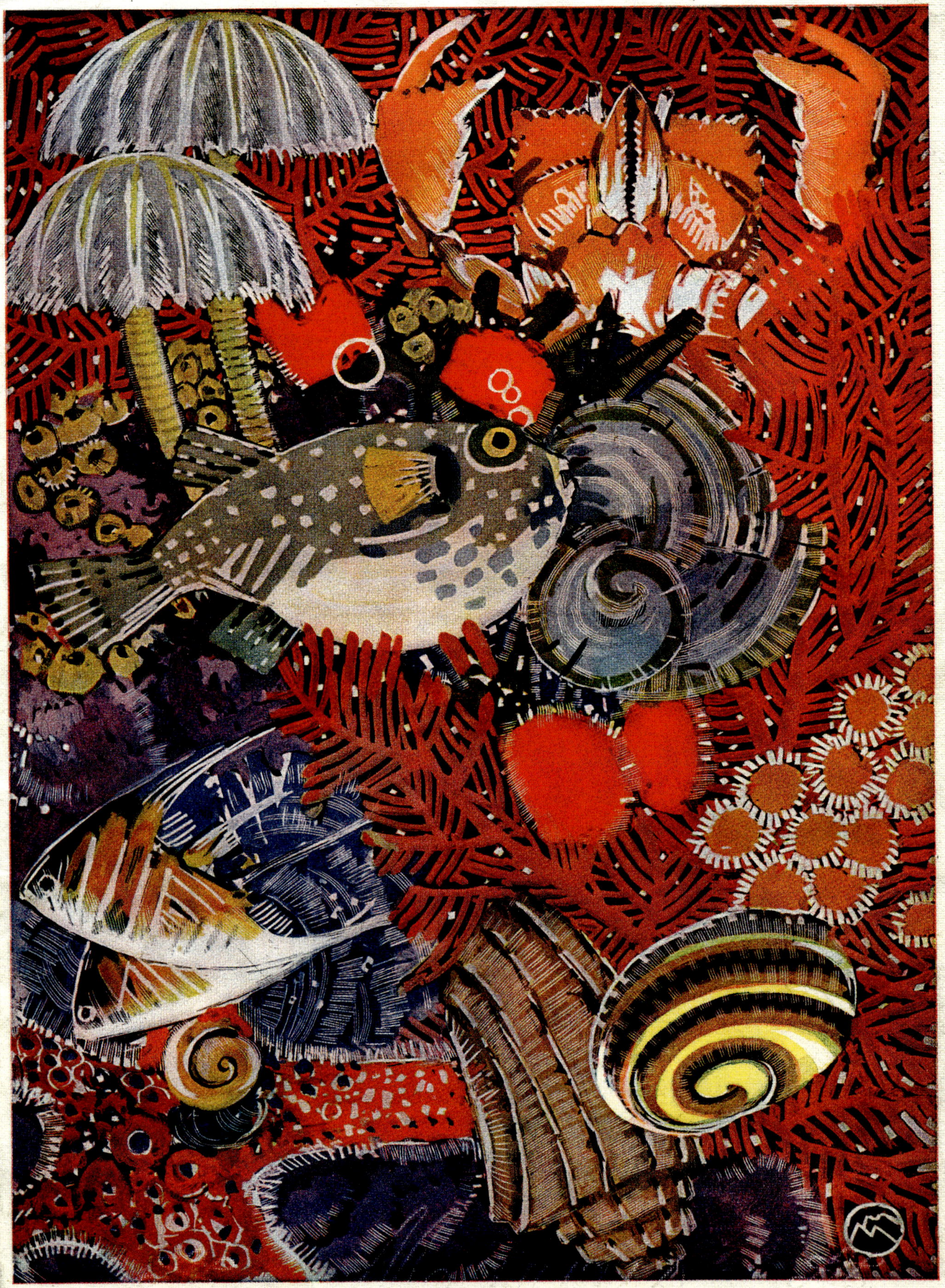

Cie Gle TRANSATLANTIQUE

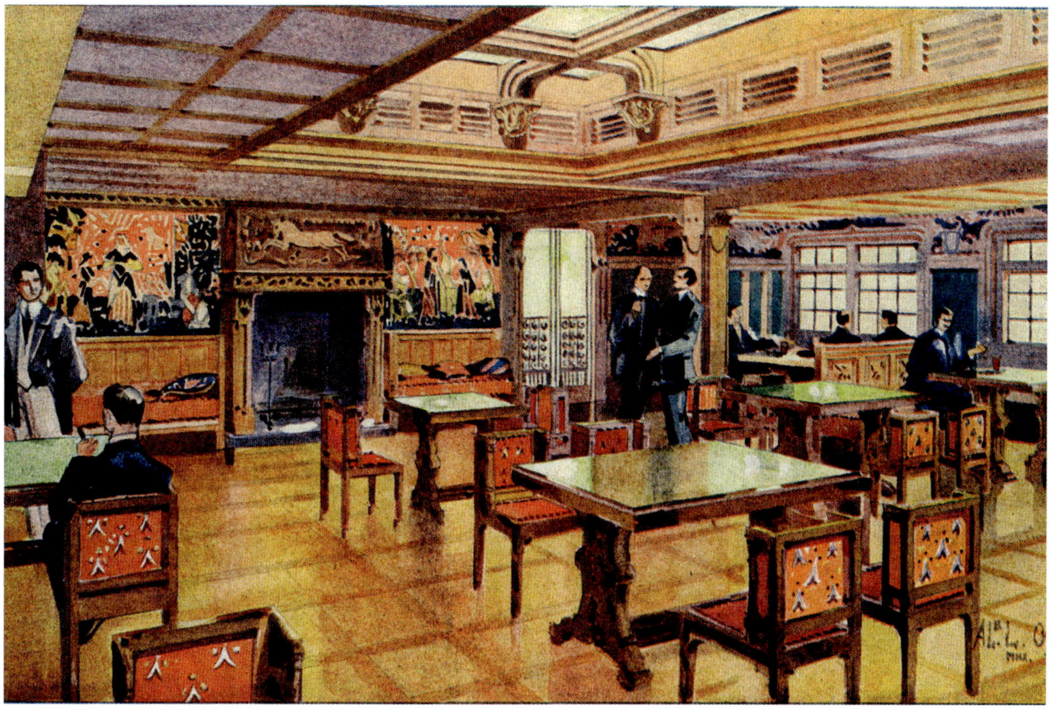

COMPOSITION MARINE. **ILLUSTRATION DE MENU POUR LA COMPAGNIE GÉNÉRALE TRANSATLANTIQUE (1934).**
Coll. Part./Denis-Michel Boëll, ©ADAGP, Paris 2013.

ALBERT LOUIS OGER (1886-1947) : LE FUMOIR DE PREMIÈRE CLASSE À BORD DU PAQUEBOT *CHAMPOLLION* (MM 1925-1952).
Coll. French Lines ©ADAGP, Paris, 2013.

LES MESSAGERIES MARITIMES

L'artiste ne répond pas à cette proposition, préoccupé dans l'immédiat de reprendre sa place sur la scène artistique. C'est après sa seconde exposition parisienne au musée des Arts décoratifs, en 1921, qu'il entre en contact avec les Messageries maritimes. Fondée à Marseille en 1852 pour assurer le service postal, propriétaire des chantiers de construction navale de La Ciotat, cette compagnie a connu un essor prodigieux sous le Second Empire et la Troisième République, en lien avec l'extension de l'empire colonial français. Elle a développé un faisceau de lignes de plus en plus dense en Méditerranée, en mer Noire (après la guerre de Crimée), dans l'océan Indien (pour desservir la Réunion, puis Madagascar), en Océanie (la ligne d'Australie fait escale en Nouvelle-Calédonie) et jusqu'en Extrême-Orient, Chine et Indochine.

L'exposition de 1921 ayant révélé les œuvres d'Hawaii et du Japon, Méheut paraît tout indiqué pour illustrer la brochure annuelle qui évoque les services et les destinations lointaines de la compagnie. En 1923, les plats de couverture sont ornés de deux images inspirées par le voyage d'avant-guerre, une scène de temple japonais, et une scène de plage à Honolulu : deux pêcheurs près d'une pirogue à balancier. Pour la première, il recompose dans un format vertical plusieurs éléments dessinés lors de sa visite au sanctuaire de Kasuga Taisha : une lanterne de pierre au premier plan ; la silhouette gracieuse d'une jeune fille – une *miko* – entraînant un troupeau de daims, biches et faons, et le portique d'entrée (torii) vermillon transformé en enseigne portant le nom calligraphié de la compagnie. Pour la seconde, il puise dans ses notes de terrain d'Hawaï, où il a observé les pirogues à balancier et la pêche à l'épervier qui se pratique dans le lagon depuis le rivage. Deux autres aquarelles, reproduites en pages intérieures, respectivement légendées *Temple shintoïste à Nara* et *Laboureurs japonais*, sont également imprimées en couleurs sous forme de carte-menu et de cartes postales détachables.

L'ANIMAL FABULEUX

Quatre ans plus tard, en 1927, il collabore à l'*Album* édité à l'occasion du 75ᵉ anniversaire de la compagnie, pour lequel il élabore des compositions sur le thème de la licorne. Cet animal fabuleux est en effet le totem des Messageries maritimes depuis le XIXᵉ siècle. Le cheval marin était en effet devenu l'emblème de cette entreprise qui avait à sa création hérité de la mission de service postal de messageries terrestres (à cheval). Les travaux préparatoires montrent qu'il a laissé libre cours à son imagination pour évoquer la licorne, emblème de la compagnie : des études à la mine de plomb et à l'encre, fougueuses et enlevées, présentent La Licorne précé-

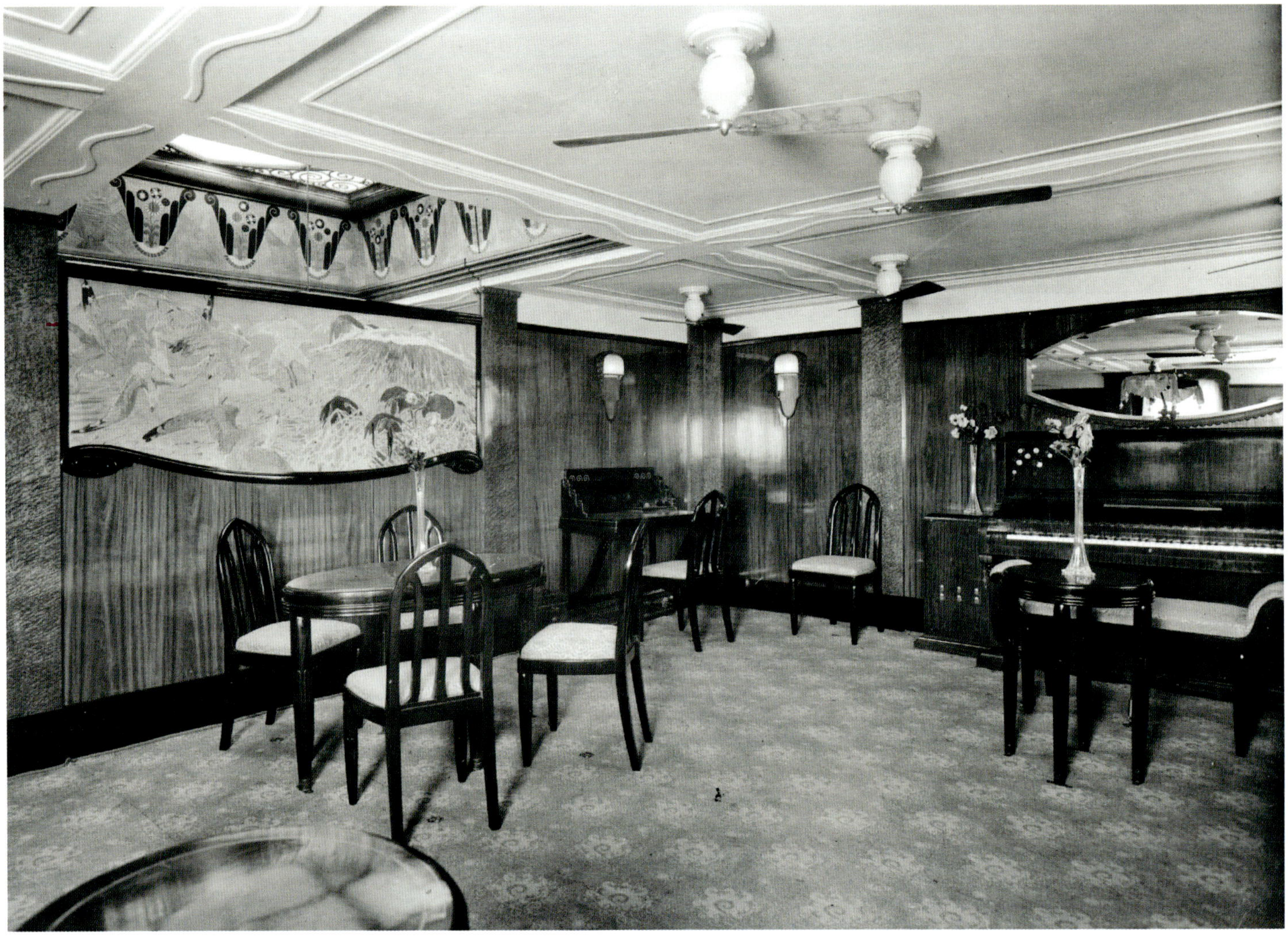

SALON DES DAMES DE LA DEUXIÈME CLASSE À BORD DU PAQUEBOT *D'ARTAGNAN*. À GAUCHE, LE PANNEAU *PAYSAGE MARIN* (1924).
Coll. French Lines.

dant *la flotte des Messageries maritimes*. L'animal fabuleux, cabré, surgit des flots sur lesquels voguent une pirogue à balancier, une jonque à voiles lattées, et les navires de la compagnie dont les cheminées émergent de la houle. Pour la publication, il utilise un burin doté de plusieurs taillants parallèles, le vélo, dont il apprécie l'économie et l'efficacité, et produit des illustrations à la fois sobres et très lisibles. À la demande de Georges Philippar, président du comité d'organisation de l'exposition française au Caire de mars-avril 1929, il en illustre le catalogue, produisant, outre la couverture, une série de lettrines et de cul-de-lampe.

La Première Guerre mondiale ayant causé la destruction de près d'un tiers de la flotte des Messageries maritimes, un programme ambitieux de lancement de nouvelles unités est engagé par le président Félix Roussel et par son collaborateur, puis successeur à partir de 1925, Georges Philippar. Après avoir rendu hommage aux mousquetaires d'Alexandre Dumas en lançant à la veille du conflit l'*Athos* et le *Porthos*, suivis par le *D'Artagnan* en 1924 et l'*Aramis* en 1932, la compagnie donne la plupart du temps à ses paquebots les noms de savants, de poètes, d'écrivains, d'explorateurs, de chefs militaires ou d'administrateurs coloniaux dont le renom est étroitement associé avec les pays que ces navires vont être appelés à visiter. Ces noms ne sont pas sans importance : tout comme les destinations desservies, ils vont souvent déterminer le programme décoratif des aménagements intérieurs. Durant la décennie 1924-1934, Méheut participe à la décoration de dix paquebots des Messageries maritimes : *D'Artagnan* (1924), *Champollion* (1924-25), *Mariette-Pacha* (1925), *Leconte-de-Lisle* (1925-26), *Éridan* (1928-29), *Jean-Laborde* (1930), *Georges-Philippar* (1931), *Aramis* (1932), *Maréchal-Joffre* (1933), *Président-Doumer* (1934-35). Il travaille pendant toute cette période sous la direction de l'architecte marseillais Georges Raymond qui va devenir un ami, avec qui il découvre La Ciotat, siège des chantiers de la Société provençale de construction navale, et Cassis où il se fera construire une villa en 1934. C'est à La Ciotat que sont lancés et aménagés huit des dix paquebots des Messageries maritimes sur lesquels il va intervenir.

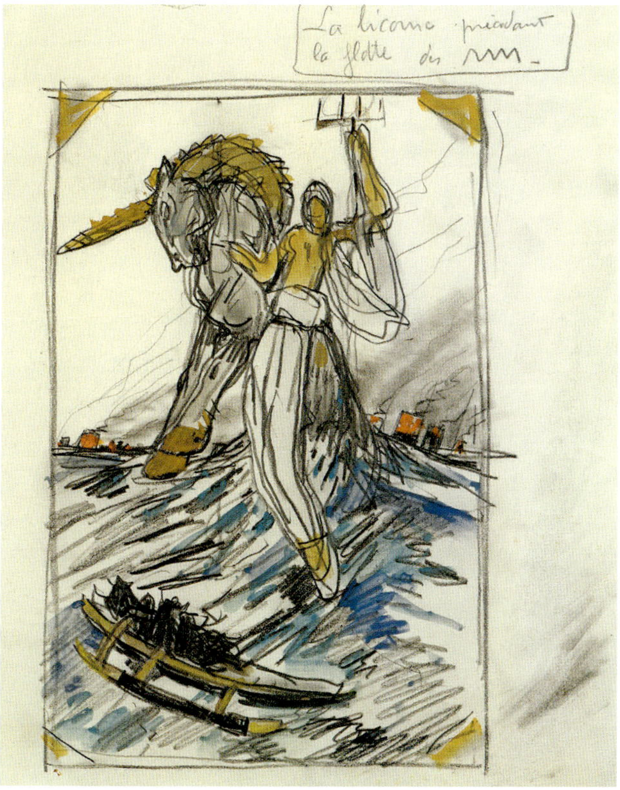

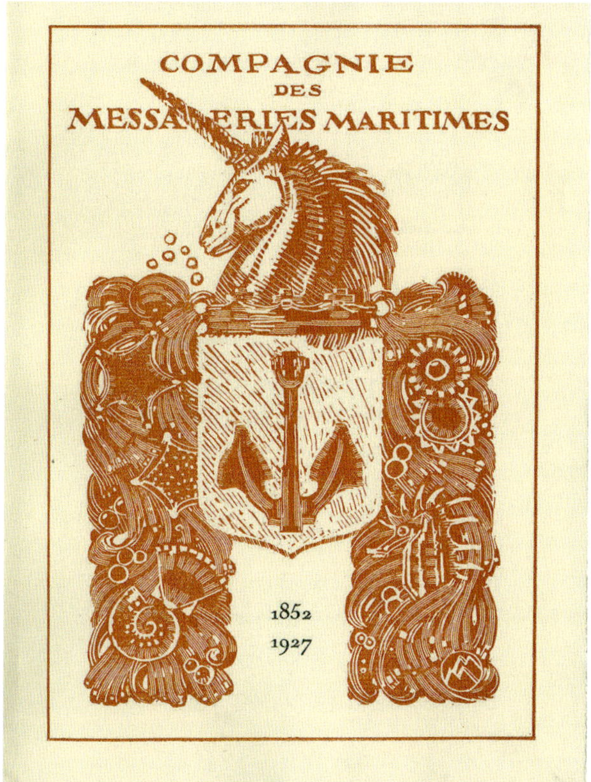

***LA LICORNE PRÉCÉDANT LA FLOTTE DES MESSAGERIES MARITIMES.* PROJET (1927).**
Lamballe, musée Mathurin-Méheut
© ADAGP, Paris, 2013.

FRONTISPICE DE L'ALBUM DU 75[E] ANNIVERSAIRE DES MESSAGERIES MARITIMES 1852-1927. (1928)
© Musée national de la Marine/
S. Dondain © ADAGP, Paris, 2013.

D'ARTAGNAN

Le premier d'entre eux est le *D'Artagnan* construit par les Ateliers et Chantiers de la Gironde à Bordeaux en 1924, qui naviguera de 1925 à 1942 sur les lignes de Marseille à l'Extrême-Orient. La presse de l'époque souligne *le cachet vraiment moderne* de la décoration des espaces publics (salles à manger, salons de musique, fumoirs) de ce navire. Georges Raymond a fait appel à plusieurs artistes, tels le peintre orientaliste algérois Gilbert Galland, déjà auteur de plusieurs affiches pour la compagnie ou Jean Lefeuvre (1882-1975), Grand Prix de Rome, auteur des portraits des mousquetaires qui ornent le fumoir de première classe. Méheut se voit confier la réalisation d'un grand panneau horizontal pour le salon des dames de deuxième classe, son premier et dernier paysage de mer à bord d'un navire. De grands oiseaux, probablement des fous de Bassan, volent au-dessus de vagues festonnées d'écume. Malheureusement placé sous une claire-voie, le tableau est détérioré au bout de quelques années par des infiltrations d'eau. En juin 1934, en effet, Georges Raymond écrit à Méheut, en joignant une photographie des dégâts, pour lui proposer de réaliser un nouveau panneau sur le thème de « La mer » qui sera placé au-dessus du piano, à la place d'un miroir ovale qu'il fera déposer. La forme et les dimensions (0,60 x 2,18 mètres) de ce panneau nous sont précisées par un croquis sur calque joint à la commande, passée le 30 juin 1934. La facture de Méheut, de 4 500 francs, sera réglée en février 1936.

CHAMPOLLION ET *MARIETTE-PACHA*

En 1923-1924, la Société provençale de constructions navales met en chantier deux navires conçus essentiellement pour le transport de passagers sur les lignes d'Égypte et de Syrie. Le *Champollion*, lancé le 16 mars 1924, et le *Mariette-Pacha*, lancé le 8 février 1925, portent le nom de deux éminents égyptologues, le déchiffreur des hiéroglyphes Jean-François Champollion (1790-1832) et le créateur du Service des Antiquités de l'Égypte François-Auguste Mariette (1821-1881). Ces deux paquebots offrent au voyageur un dépaysement dans l'Antiquité grâce à un décor de colonnes, de statues ou de peintures orientalistes de Jean Lefeuvre qui témoignent du regain de l'égyptomanie suscité par la découverte en 1922 du tombeau de Toutankhamon. Cependant, la tâche confiée à Méheut ne s'inscrit pas dans cette perspective orientaliste et antiquisante, mais dans un style « médiéval ». Les panneaux qui lui sont com-

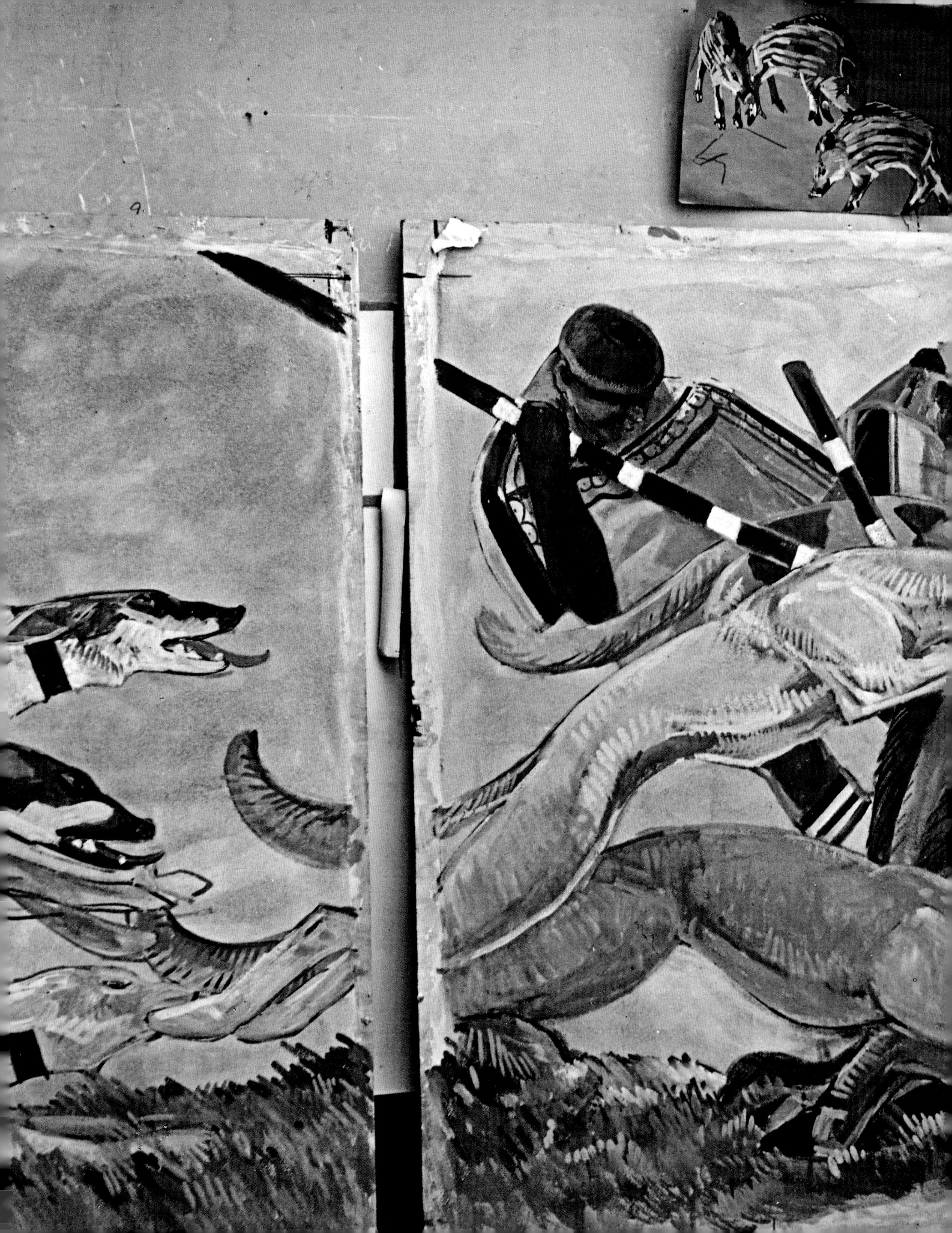

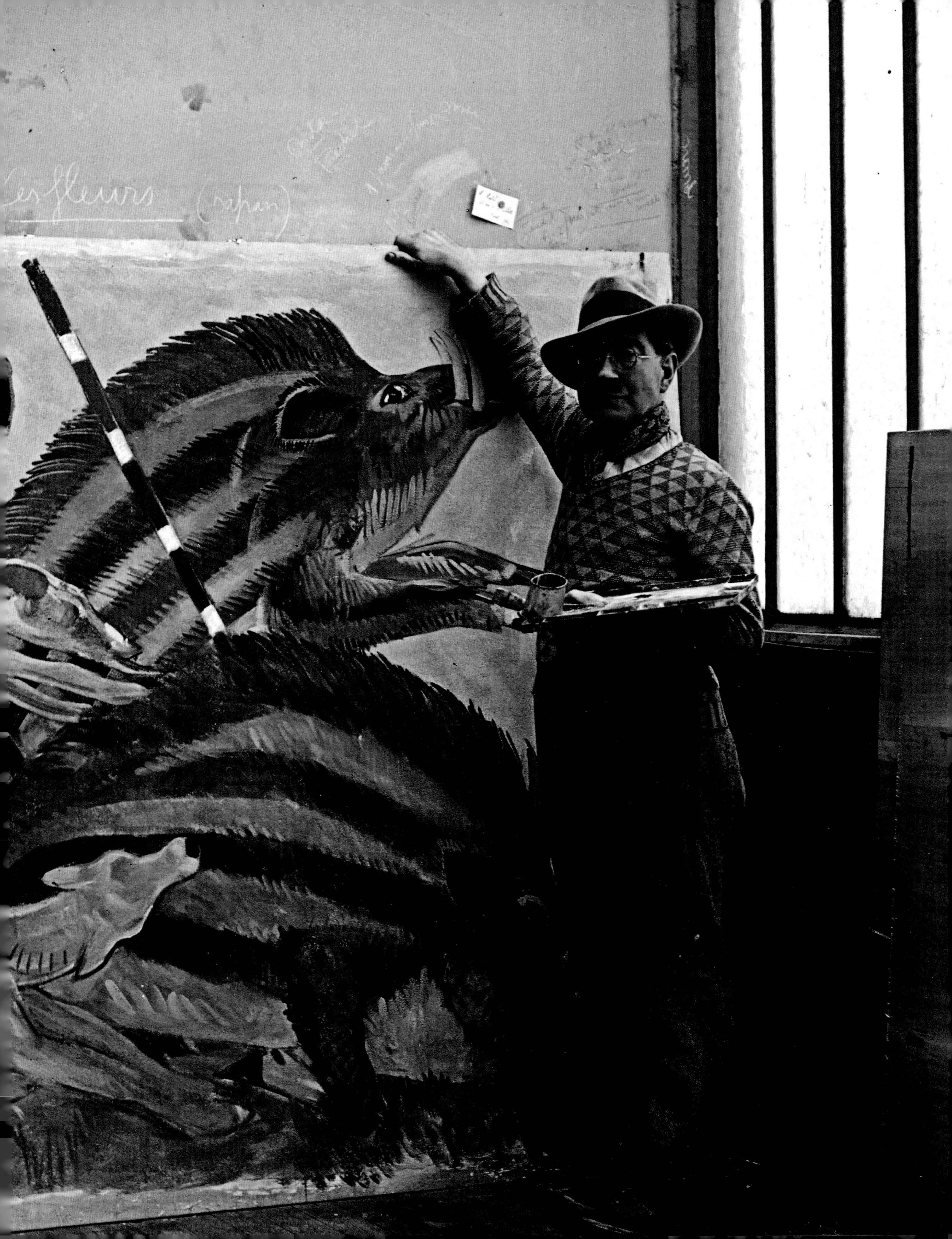

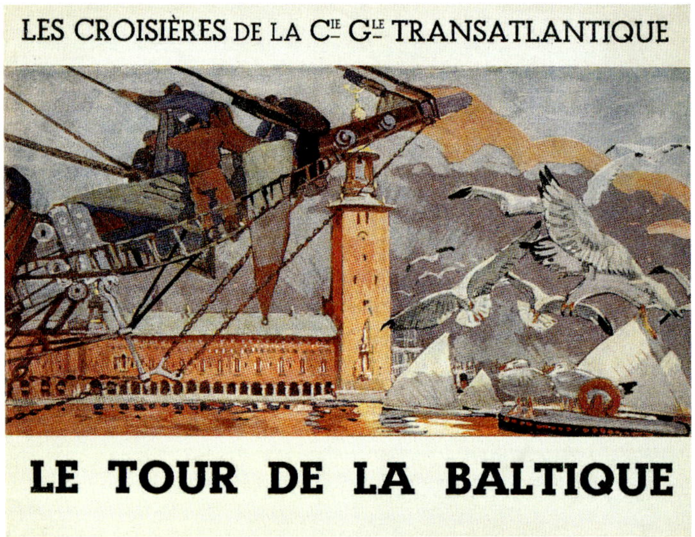

LE TOUR DE LA BALTIQUE. LES CROISIÈRES DE LA CIE GLE TRANSATLANTIQUE.
Lamballe, musée Mathurin-Méheut

DOUBLE PAGE PRÉCÉDENTE
MATHURIN MÉHEUT DANS SON ATELIER DEVANT UN DÉCOR CRÉTOIS POUR LE PAQUEBOT ARAMIS. PHOTOGRAPHIE, PLAQUE DE VERRE, 9 X 12.
Coll. part. © Musée national de la Marine/A. Fux

PAGE DE DROITE
CABINE DE LUXE À BORD DU PAQUEBOT MARÉCHAL-JOFFRE (MM 1933-1960). AU MUR, PEINTURE DE MATHURIN MÉHEUT REPRÉSENTANT UN MARCHÉ MALGACHE.
Coll. French Lines

SALLE À MANGER DU PAQUEBOT LECONTE-DE-LISLE.
Photographie anonyme. Coll. part. © Musée national de la Marine/A. Fux

mandés pour le fumoir de première classe doivent s'insérer dans les lourdes boiseries d'une taverne pourvue d'un mobilier en noyer d'inspiration néogothique. Il s'agit de libres interprétations des six tapisseries flamandes de la fin du XVe siècle de la célèbre Dame à la licorne du musée de Cluny, dont cinq représentent des allégories des sens. Méheut transpose aussi une œuvre de l'atelier de Martin Schongauer conservée au musée Unterlinden à Colmar : la *Chasse mystique*, fragment du retable des Dominicains, qui figure également une licorne. Pour réaliser ces panneaux, Méheut est allé copier sur place à la gouache les œuvres dont il doit s'inspirer ; de passage dans les Vosges pour son *Étude de la forêt*, il écrit ainsi une carte postale postée de Colmar : *Je fais des infidélités à la Dame à la licorne pour venir me pâmer devant la merveille de Mathias Grünewald.*

LECONTE-DE-LISLE

En 1922, la Société provençale de constructions navales a lancé un paquebot destiné à la ligne de l'océan Indien qui dessert Madagascar, le *Leconte-de-Lisle*, baptisé en hommage au poète natif de l'île de la Réunion. Après des essais à la mer infructueux et une refonte totale de la motorisation, ce paquebot pouvant embarquer 232 passagers ne fait son voyage inaugural qu'en juin 1926. Sur le pont supérieur, à l'arrière des cabines de première classe, un fumoir aux murs couverts de panneaux en bois exotiques se prolonge par une terrasse, à l'abri du vent et du soleil. Le recueil des *Poèmes barbares* est la source d'inspiration de son décor : la desserte est garnie d'une épreuve en bronze à patine noire de Rembrandt Bugatti *Deux éléphants se suivant*, légendée d'un extrait du poème « La Forêt vierge ». Derrière elle, le paysage de brousse africaine commandé à Méheut fait référence au poème « La panthère noire », dont l'avant-dernière strophe est citée au-dessous de l'œuvre : *Le python, du milieu d'un cactus écarlate/Déroule son écaille, et, curieux témoin/Par-dessus les buissons, dressant sa tête plate,/ La regarde passer au loin.*

ÉRIDAN

Une nouvelle commande d'inspiration exotique est reçue en janvier 1928 pour l'*Éridan*, premier d'une série de navires que Georges Philippar a baptisés *nautonaphtes* pour signifier qu'ils sont munis d'un moteur Diesel et non plus d'une machine à vapeur. Éridan est le nom d'une constellation de l'hémisphère austral. Le paquebot étant destiné à la ligne de l'Australie (au départ de Dunkerque, et par le canal de Suez), l'artiste doit exécuter pour le salon carré deux grands tympans de 5,50 mètres de diamètre et six petites gouaches sur le thème de la faune et de la flore australiennes. Les gouaches seront payées 900 francs l'une, les deux tympans 25 000 francs l'un. Le total de la commande s'élève donc à 55 400 francs. L'acompte est versé le 7 mars 1928 ; le solde est demandé le 30 mai 1929, payé le 11 juillet. L'artiste se documente en consultant à la bibliothèque de l'École normale supérieure le *National Geographic Magazine* et les deux volumes de l'ouvrage classique des anthropologues

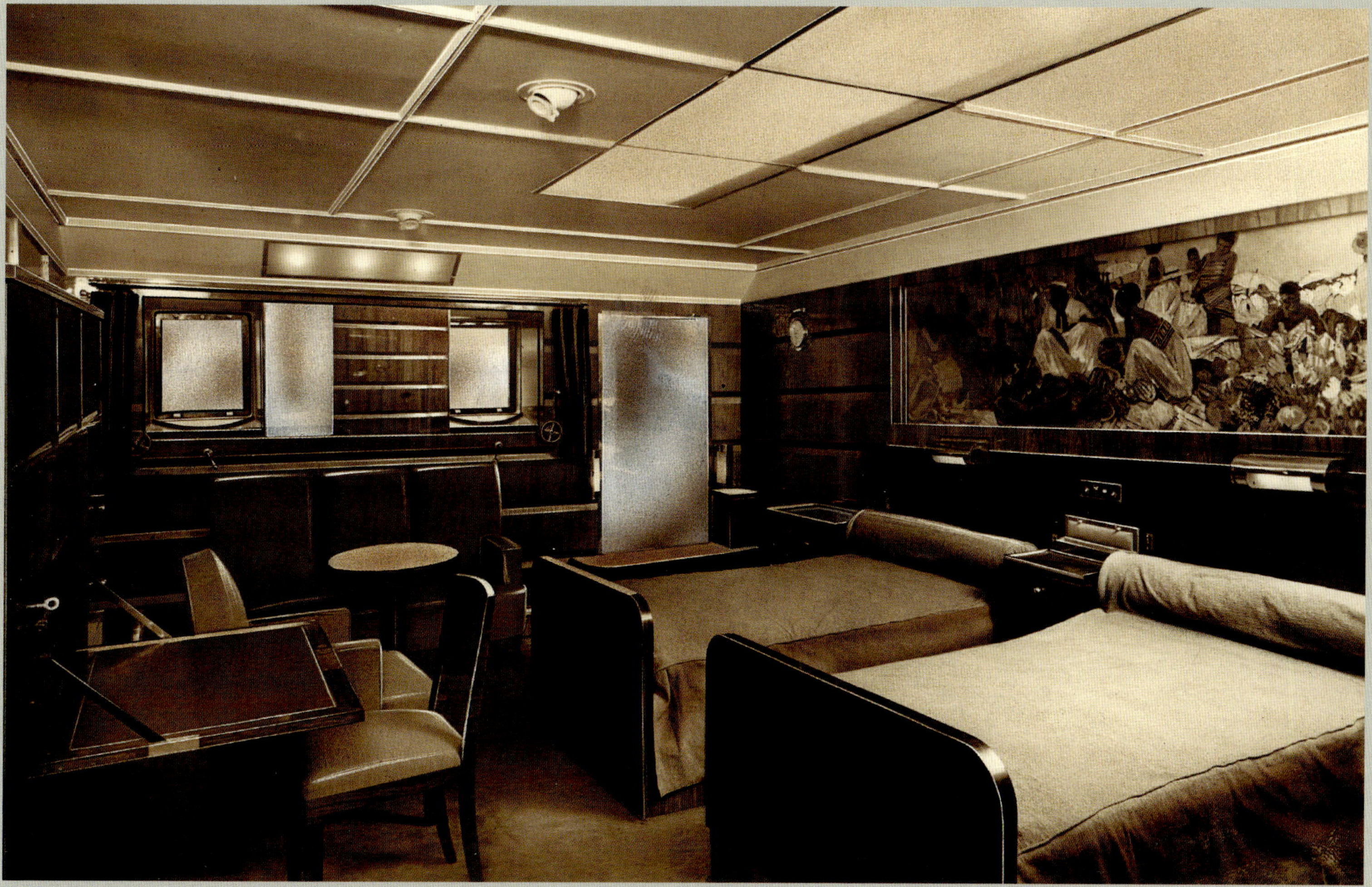

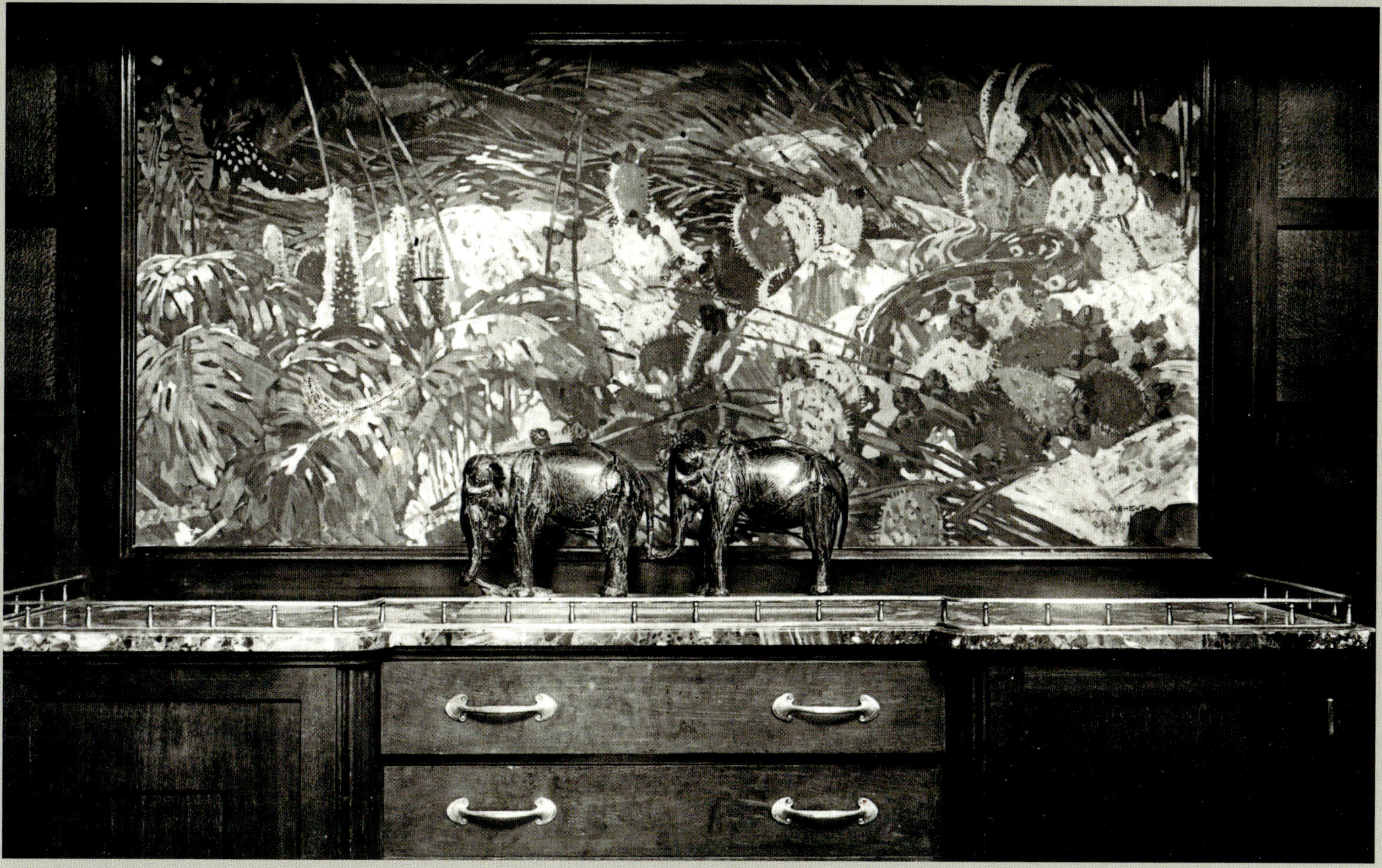

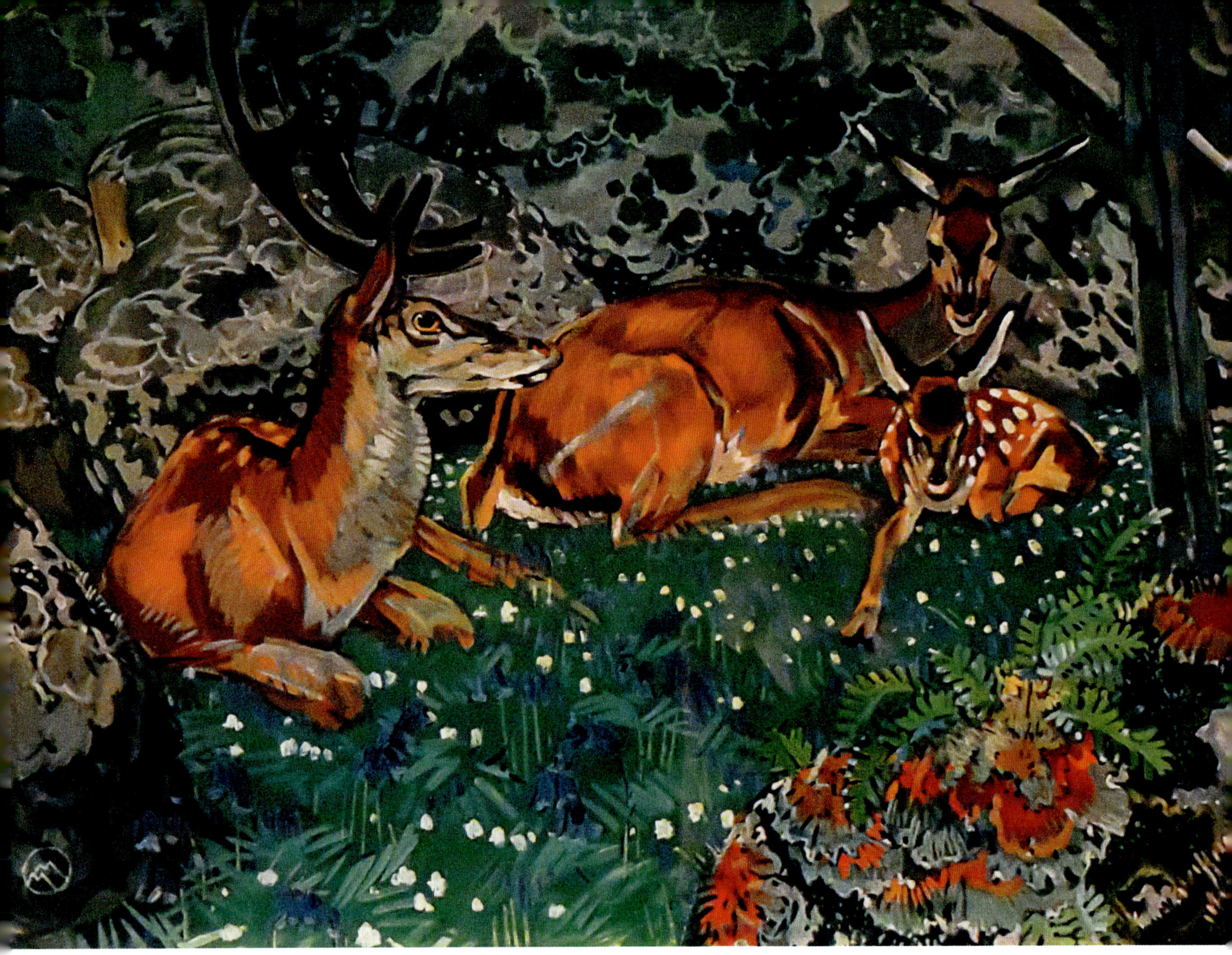

CERVIDÉS EN FORÊT. DÉCORATION DE LA SALLE À MANGER DU PAQUEBOT *GEORGES-PHILIPPAR*. ILLUSTRATION POUR UN MENU.
Coll. part./Denis-Michel Boëll

Walter Baldwin Spencer et Francis James Gillen, *Across Australia*, publié à Londres en 1912. De passage à Marseille, il écrit à Yvonne Jean-Haffen : *Voici un croquis fait hier à la Ciotat de notre « Éridan » en voie d'achèvement aux chaudières. Épatant, vu votre emplacement très bien, petite galerie circulaire, nous en recauserons, comme échelle*[32]. Elle brosse en effet de son côté une série d'animaux exotiques : serpents, casoar, makis, caméléons qui sont le pendant des fougères, eucalyptus et grappes de pandanus de Méheut.

JEAN-LABORDE

Tous deux travaillent sur des sujets proches pour le *Jean-Laborde* destiné à la ligne de l'océan Indien qui dessert la côte orientale de l'Afrique. Lancé le 28 septembre 1929, mis en service le 20 mars 1931, ce paquebot porte le nom du premier consul de France à Madagascar, nommé par Napoléon III en 1862. Commerçant et industriel gascon entreprenant, Laborde fut directement impliqué dans le développement économique et les soubresauts politiques de la grande île, desservie par la ligne de la côte orientale d'Afrique. Deux grandes toiles de Méheut encadrent le palier supérieur de l'escalier qui descend à la salle à manger. Traitées en brun, noir et gris sur fond or, elles représentent d'une part des fruits exotiques (bananes, maïs, ananas) et d'autre part des animaux de l'océan Indien. De son côté, Yvonne Jean-Haffen a produit pour une salle des pas perdus trois petites gouaches animalières (makis, mangoustes, salamandres) et a peint *en tons vifs rehaussés à l'or*[33], à même les cloisons en chêne clair du fumoir, cinq motifs de fleurs et de feuilles de tabac.

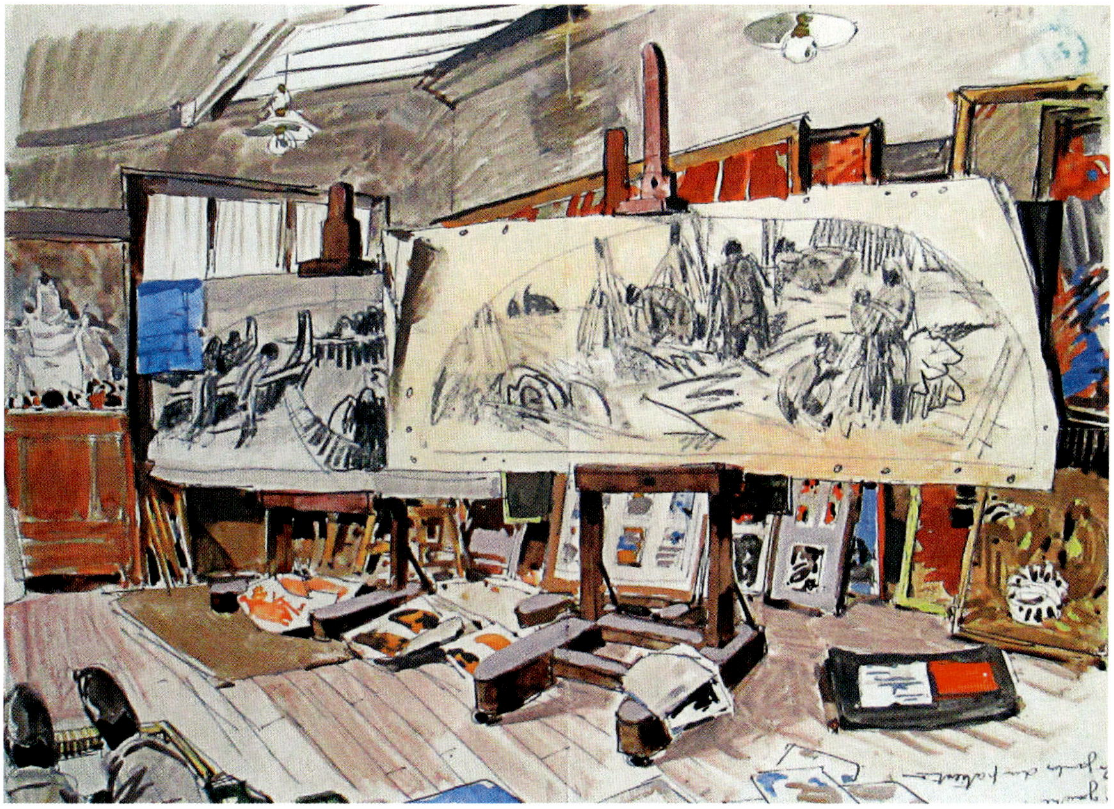

L'ATELIER BIEN RANGÉ. **ÉTÉ 1929. EN COURS DE PRÉPARATION, DEUX TYMPANS POUR LE PAQUEBOT *ERIDAN* (1929). LETTRE LM 308.**
Dinan, musée Yvonne-Jean-Haffen-Maison d'artiste de la Grande Vigne/Denis-Michel Boëll © ADAGP, Paris, 2013.

GEORGES-PHILIPPAR

Un courrier de Georges Raymond en date du 21 mars 1931 manifeste l'intention du président des Messageries maritimes, Georges Philippar, de confier à Méheut la réalisation de sept grands panneaux pour la salle à manger de première classe du paquebot qui porte son nom, construit par les Ateliers et Chantiers de la Loire à Saint-Nazaire en 1930. Une photographie nous montre l'artiste devant l'un de ces panneaux qui mesurent 1,10 mètre de haut sur 1,80 mètre de large et dont les décors représentent des cerfs, des biches et des faons en forêt. La rémunération globale sera de 66 500 francs. On sait que ce navire, parti de Marseille le 26 février 1932, est détruit le 16 mai suivant par un incendie qui fait 54 victimes, dont le célèbre journaliste Albert Londres. Un témoignage de ces décors subsiste sous la forme d'une carte-menu imprimée en couleurs, figurant un sous-bois peuplé de cervidés.

YVONNE JEAN-HAFFEN COPIANT LE *PRINCE AUX FLEURS DE LYS* POUR LE DÉCOR DE L'*ARAMIS*. LETTRE LM 623, 1931.
Dinan, musée Yvonne-Jean-Haffen-Maison d'artiste de la Grande Vigne/C. Pigot © ADAGP, Paris, 2013.

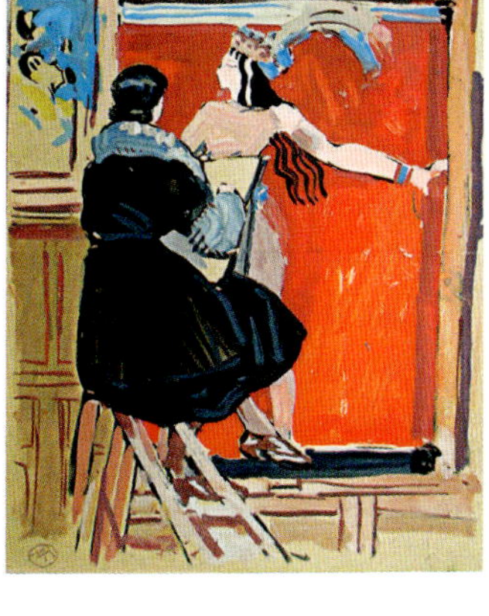

ARAMIS

En 1932, Méheut effectue à l'invitation des Messageries maritimes un voyage en Crète, auquel se joint Yvonne Jean-Haffen qui va également participer à la décoration de l'*Aramis*, un navire de 172 mètres de long pouvant accueillir plus de 1 000 passagers. Construit l'année précédente par les Chantiers et Forges de la Méditerranée à La Seyne, ce paquebot desservira à partir de l'automne 1932 les lignes d'Extrême-Orient. Le programme décoratif choisi par Georges Philippar est original : il s'agit d'évoquer une civilisation égéenne antique découverte en Crète par l'archéologue anglais Arthur Evans (1851-1941) qui a fouillé le site de Cnossos à partir de mars 1900, mettant au jour un ensemble de palais décorés de fresques figurant animaux et activités humaines. Méheut et sa collègue explorent le site et relèvent la plupart des décors conservés sur place ou dans les musées d'Athènes et d'Héraklion (Candie). En avril 1932, Méheut reçoit commande, pour la salle à manger de première classe, de 27 panneaux qui s'inséreront dans un décor conçu par Georges Raymond et réalisé par l'architecte-décorateur Marc Simon à qui l'on doit les aménagements intérieurs de la gare maritime de Cherbourg (1928) et qui œuvrera bientôt à bord du *Normandie*. La transposition des fresques crétoises, en bandeaux aériens, s'harmonise parfaitement avec le décor constitué de colonnes, de pilastres et de copies de jarres à huile. On loue la vertu pédagogique de la reconstitution en grandes dimensions de cet art égéen. *À ce point de vue, on ne saurait trop féliciter le président des Messageries maritimes du choix qu'il a fait de Mathurin Méheut comme*

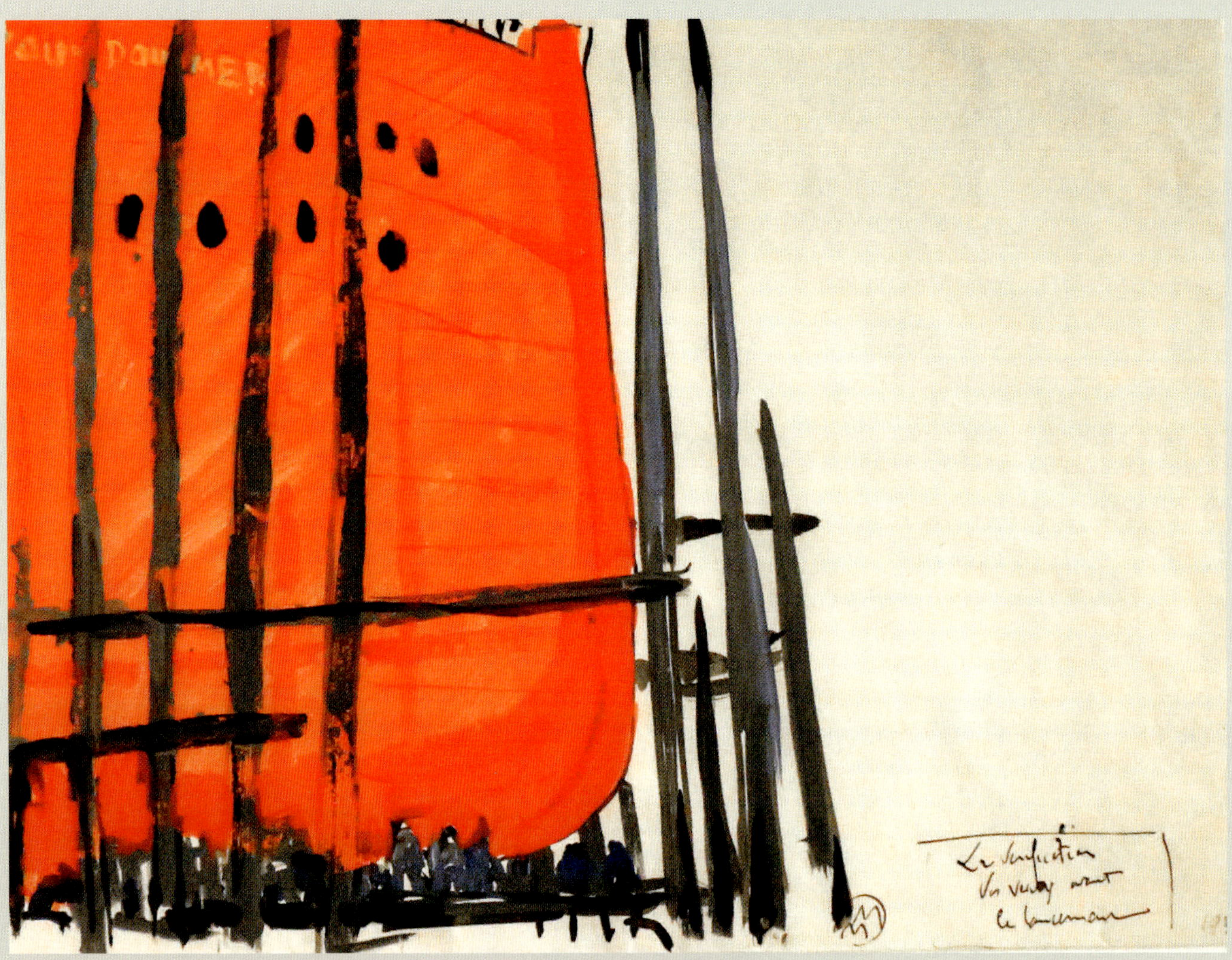

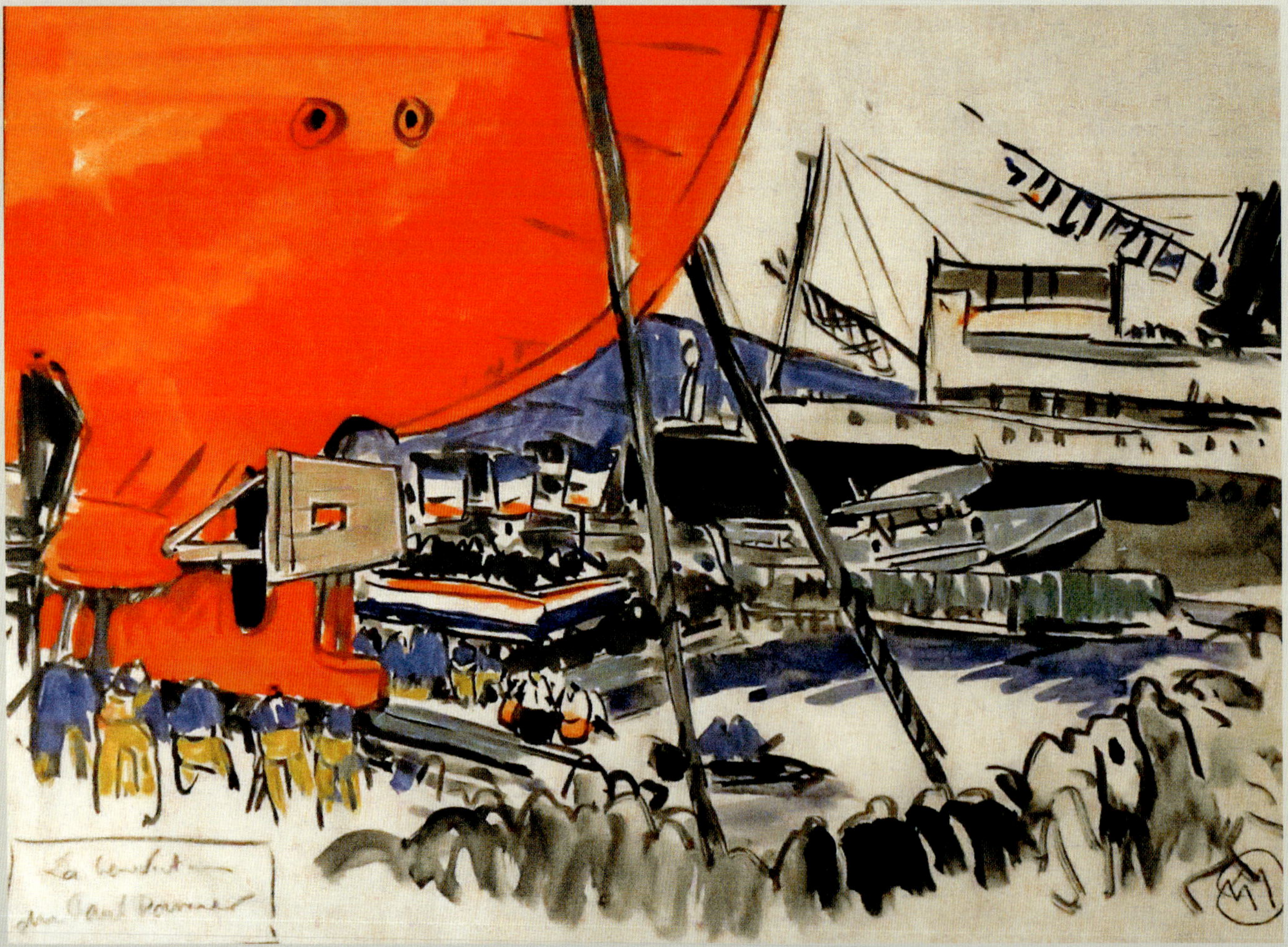

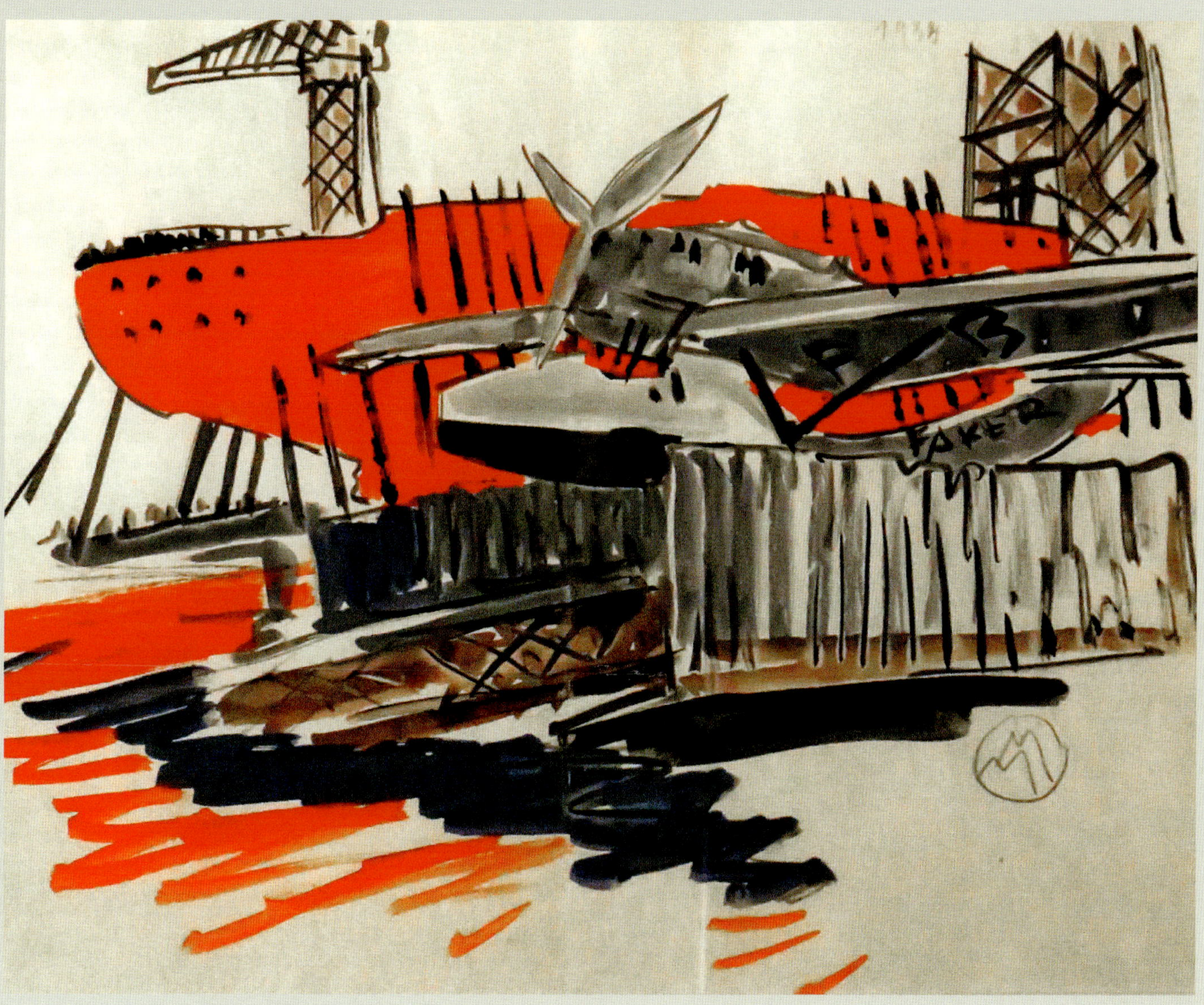
FAKER

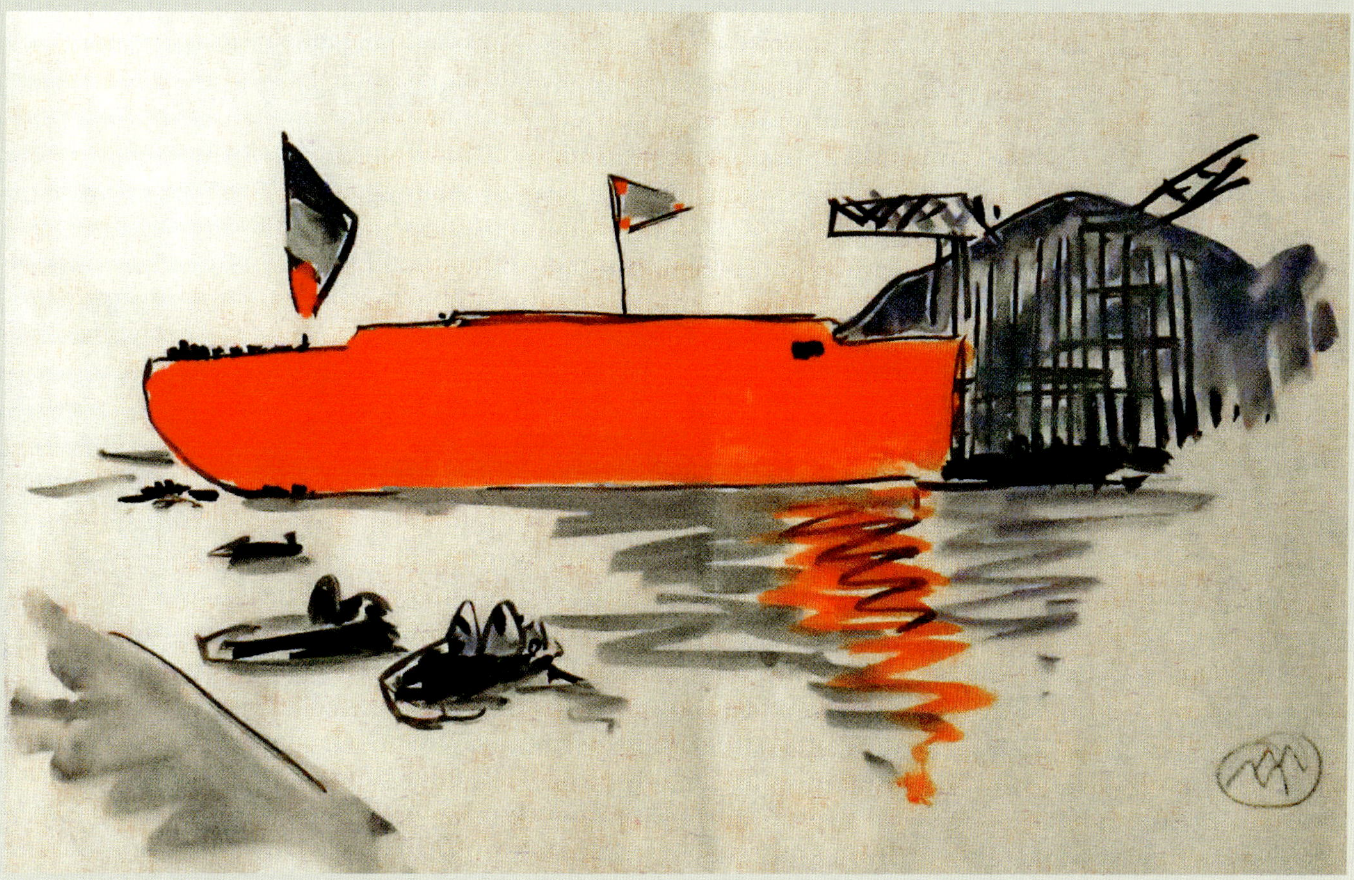

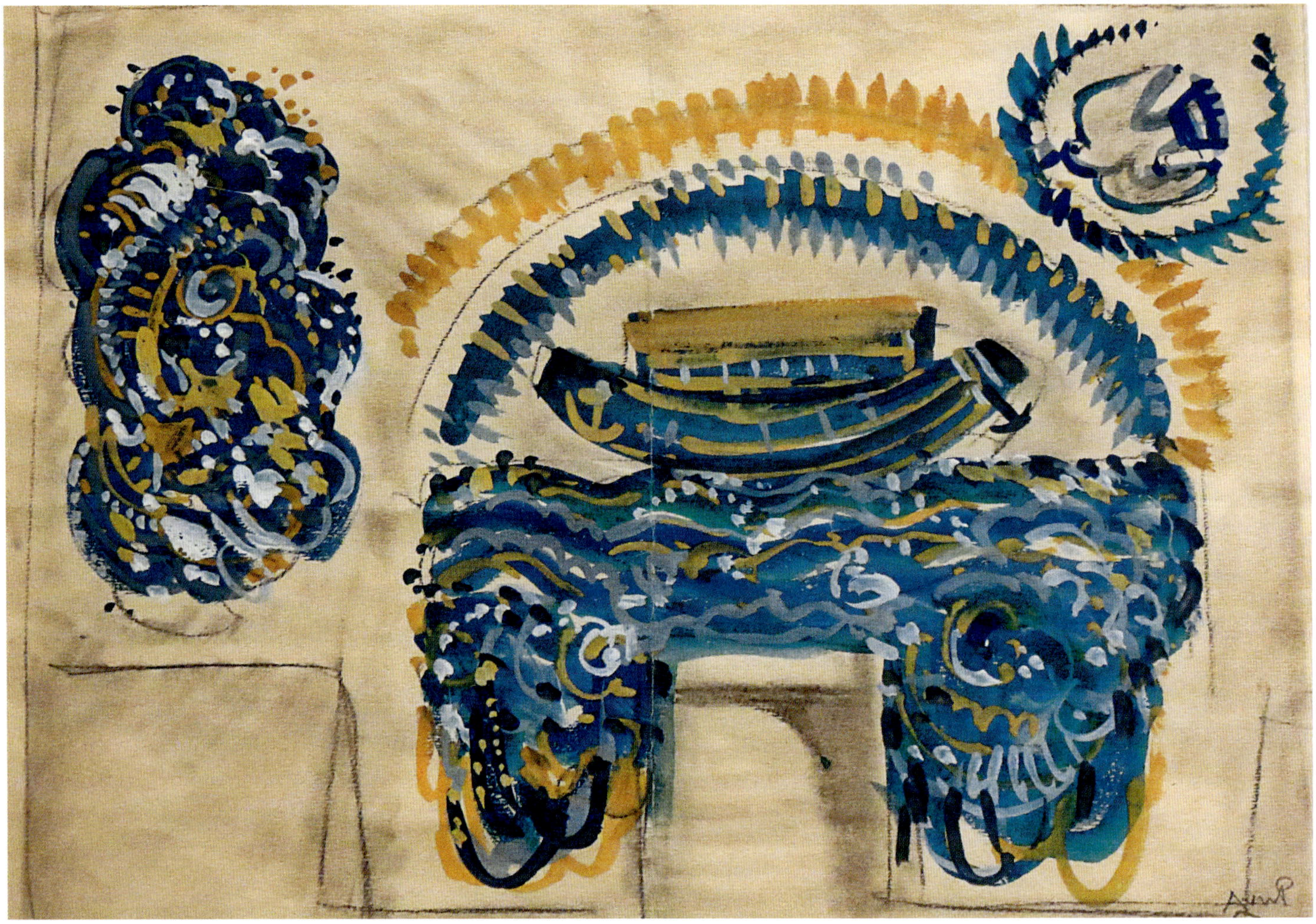

ARCHE DE NOÉ, AVRIL 1950.
PROJET POUR LE DÉCOR DE LA PISCINE DU PAQUEBOT *LIBERTÉ*.
LETTRE LM 248D.

principal interprète des chefs-d'œuvre crétois[34]. Fruit d'une enquête attentive et d'une période de créativité exaltante, ce sera la plus imposante réalisation de l'artiste à bord d'un navire. De son côté, Yvonne Jean-Haffen signe le panneau central de la descente de première classe, reproduisant le *Prince aux fleurs de lys*, et dessine pour la piscine une longue frise qui décline un bestiaire marin d'inspiration minoenne.

MARÉCHAL-JOFFRE

Méheut revient aux sujets malgaches pour le paquebot *Maréchal-Joffre*, construit en 1931 et baptisé en hommage au chef militaire mort le 3 janvier de la même année. Pouvant accueillir 296 passagers, il entre en service sur la ligne de l'océan Indien en janvier 1933. Pour les deux cabines de luxe, Méheut peint une scène de marché et cinq paysages de Madagascar, mais, pour le salon de deuxième classe, on lui commande aussi un triptyque représentant *Le Mont Canigou dominant un village du Roussillon*. En effet, le « vainqueur de la Marne » était né à Rivesaltes et, à côté des panneaux d'inspiration orientaliste de Galland ou de Deluermoz, le navire est aussi un mausolée flottant : buste en bronze, images d'Épinal de la Grande Guerre, assiettes à emblèmes patriotiques, fumoir aménagé en *bodega*, et dix toiles de Georges Leroux (1897-1957) évoquant des villages catalans !

DOUBLE PAGE PRÉCÉDENTE
BÉNÉDICTION DU PAUL DOUMER [SIC]. LETTRE LM 38B.

VÉRIFICATION DES VÉRINS AVANT LE LANCEMENT.
LETTRE LM 42B.

LE PRÉSIDENT-DOUMER DANS LE BASSIN APRÈS LE LANCEMENT. LETTRE LM 41B.

LE PRÉSIDENT-DOUMER SUR SA CALE DE LANCEMENT. AU PREMIER PLAN, UN HYDRAVION. LETTRE LM 40B.

PRÉSIDENT-DOUMER

Le 22 janvier 1933 Méheut est invité au lancement du paquebot *Président-Doumer*, qui a lieu en présence des enfants et petits-enfants du président de la République assassiné l'année précédente. Il adresse à Yvonne Jean-Haffen cinq remarquables gouaches qui forment un reportage en images sur la manifestation. Trois vues précèdent la mise à l'eau, montrant la coque sur ses accores masquée par un hydravion, la vérification des vérins, puis la bénédiction du navire. Dans les deux dernières, la silhouette massive du navire flotte au milieu du port. Ce même jour, le *Maréchal-Joffre* est inauguré officiellement, et précède le *Pré-*

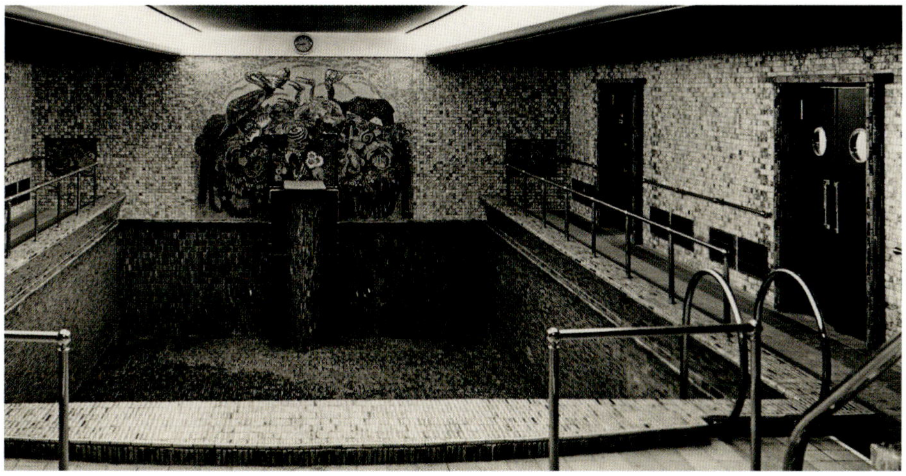

PISCINE DE PREMIÈRE CLASSE À BORD DU PAQUEBOT *LIBERTÉ*. LE DÉCOR DE MOSAÏQUE AUTOUR DU PLONGEOIR, *NID D'OISEAUX MARINS*, EST RÉALISÉ D'APRÈS LE PROJET DE MÉHEUT.
Coll. French Lines

sident-Doumer sur les mêmes lignes de la côte orientale d'Afrique et de Madagascar, à partir de Marseille. Cette fois encore, l'inspiration de la décoration est médiévale, afin de *rappeler la région dont M. Paul Doumer était originaire, c'est-à-dire l'Auvergne*. Voûtes en berceau et portes à plein-cintre, fausses fenêtres en verre dépoli, motifs héraldiques, mobilier inspiré de la haute époque caractérisent le décor qui veut rappeler l'art roman. Pour la salle à manger de première classe, Méheut se voit commander quatre panneaux inspirés du roman de *Tristan et Iseut*. En novembre 1933, Georges Raymond précise en ces termes le programme : *1. Le verger de Tintagel… De beaux arbres y croissaient sans nombre, chargés de fruits, d'oiseaux et de grappes odorantes./ 2. La forêt du Morois… À travers le toit de feuillages un rayon de soleil descendait./ 3. L'ermitage de frère Ogrin. Sous un bois léger d'érables./ 4. Le château d'Yseut à Carhaix. C'était un beau pays riche en prairies et en terres de labour, ici des moulins, là des pommiers, là des métairies.*

La commande est passée le 23 mars 1934, pour un montant total de 80 000 francs. Les toiles parviennent à La Ciotat le 15 janvier 1935 ; la facture, émise le 26 décembre 1934, est réglée le 9 janvier 1935. L'artiste a produit un nouveau cycle des quatre saisons en Bretagne. *Quatre grands panneaux décoratifs de Mathurin Méheut occupent la partie principale des bas-côtés. Ce sont de puissantes évocations de la légende de Tristan et Iseult, présentées par le grand artiste comme des stylisations du printemps, de l'été, de l'automne et de l'hiver à Tintagel, dans la forêt de Morois et à Carhaix. Ce ne sont pas à proprement parler des illustrations de la belle reconstitution qu'a faite M. Joseph Bédier des grands fabliaux du Moyen Âge et, notamment, de la célèbre geste de Béroul. Ce sont plutôt des notations très modernes, mais très justes aussi de paysages bretons, avec l'indication à peine marquée du passage des amants. La nature ici occupe tout le premier plan et l'histoire d'amour est reléguée au fond du décor […] Encadrant ces belles toiles, de lourdes licornes de bois sculptées rappellent à la fois l'emblème des Messageries et l'un des motifs héraldiques le plus souvent utilisés au Moyen Âge*[35].

Yvonne Jean-Haffen a, de son côté, décoré le salon de jeux des enfants d'interprétations du *Roman de Renart*, autre chef-d'œuvre de la littérature médiévale.

LA COMPAGNIE GÉNÉRALE TRANSATLANTIQUE (CGT)

Au lendemain de la Grande Guerre, la Compagnie générale transatlantique a également perdu le tiers de sa flotte de navires sillonnant l'Atlantique, et doit construire de nouveaux paquebots dans ses chantiers de Saint-Nazaire. Mais c'est seulement en 1934 que Méheut collabore activement avec cet armateur. L'année précédente, il a reçu dans son atelier la visite de l'administrateur directeur général Henri Cangardel (1881-1971), appelé en 1931 par le gouvernement pour redresser la compagnie en difficulté ; celui-ci a proposé en octobre 1932 de baptiser *Normandie* le nouveau grand navire rapide dont la construction a commencé l'année précédente à Saint-Nazaire. À la suite de sa rencontre avec Méheut, Cangardel lui écrit : *J'espère que nous aurons dans quelque temps à faire appel à vous pour préparer une décoration qui vous intéressera. Veuillez y réfléchir et ne rien commencer avant que je vous en aie fait part*[36].

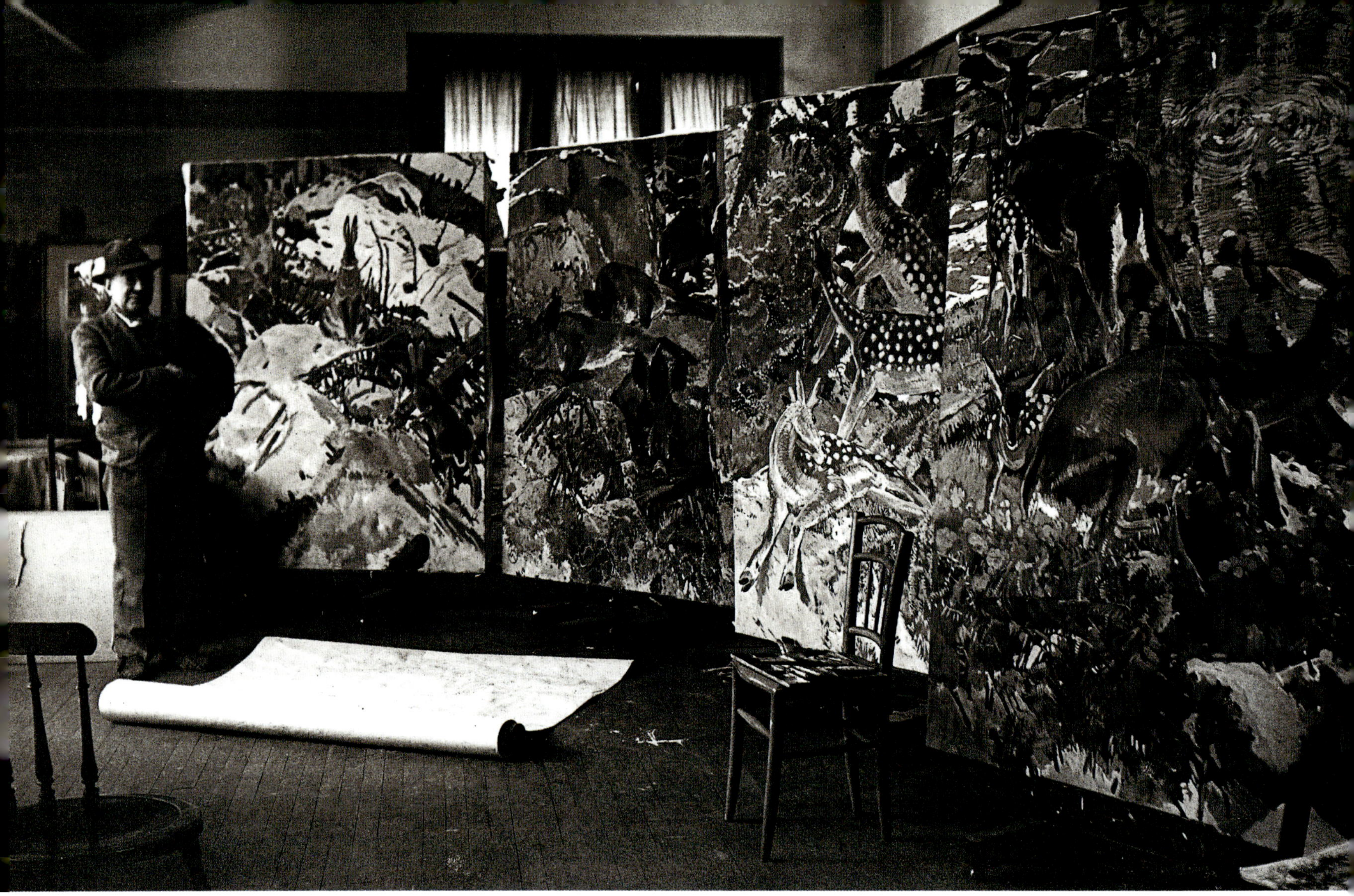

MATHURIN MÉHEUT ET QUATRE PANNEAUX POUR LE PAQUEBOT *NORMANDIE*, DANS L'ATELIER DE LA RUE D'ALLERAY. PHOTOGRAPHIE SUR PLAQUE DE VERRE, 9 X 12.
Coll. part. © Musée national de la Marine/A. Fux

NORMANDIE

Méheut ne peut réfréner son enthousiasme et esquisse plusieurs projets : des scènes historiques (flottille de drakkars, siège de Paris par les Vikings en 835) et des images plus conventionnelles célébrant le cidre et les falaises d'Étretat. Finalement, c'est à Alfred Janniot, Pierre Poisson et Albert Pommier que sont commandés les grands bas-reliefs en stuc doré qui prennent place dans les spacieuses salles à manger et qui symbolisent l'abondance des productions maritimes et terrestres de la Normandie.

En avril 1934, Méheut est avisé par le cabinet des architectes Pierre Patout et Henri Pacon qu'il aura à réaliser quatre panneaux de 1,90 mètre de haut sur 1,50 mètre de large pour l'une des petites salles à manger latérales du paquebot. On lui signale *que sur un de ces panneaux indiqué au plan il est prévu une desserte fixe de 1 m de hauteur sur 1 m de largeur environ. Nous vous prions de composer ce panneau en tenant compte de ce meuble. Nous serions heureux de recevoir des esquisses dans un mois si possible*[37]. Quatre semaines plus tard, le verdict tombe et les mêmes maîtres d'œuvre l'informent : *À une réunion tenue avec la direction de la Cie Gle Transatlantique, et après examen des projets remis par les artistes pour la décoration des pièces du paquebot, il fut décidé que les petites salles à manger auraient pour thèmes (les saisons) (les arts). Nous avons le plaisir de vous informer que le sujet qui vous a été confié est : l'HIVER.*

Autour de la salle à manger principale sont en effet disposées huit salles plus intimes dont la décoration éclectique est confiée à huit artistes différents : à Germaine Chantaud-Chabas, les produits de la terre et de la mer en Normandie ; à Joseph de La Nézière les chefs-d'œuvre de l'architecture normande ; à Étienne Bouchaud les fruits des colonies. Les thèmes des saisons sont distribués entre Louis Degallaix (le printemps), Edy Legrand (la moisson), Josué Gaboriaud (l'automne) et Mathurin Méheut (l'hiver, la chasse). Dans la lignée des sujets traités deux ans auparavant pour le *Georges-Philippar*, il poursuit donc sa série de scènes animalières nourries de notes prises en forêt de Fontainebleau, à Rambouillet ou dans les Vosges : cervidés dans les futaies, marcassins, lièvre transi dans un sous-bois neigeux…

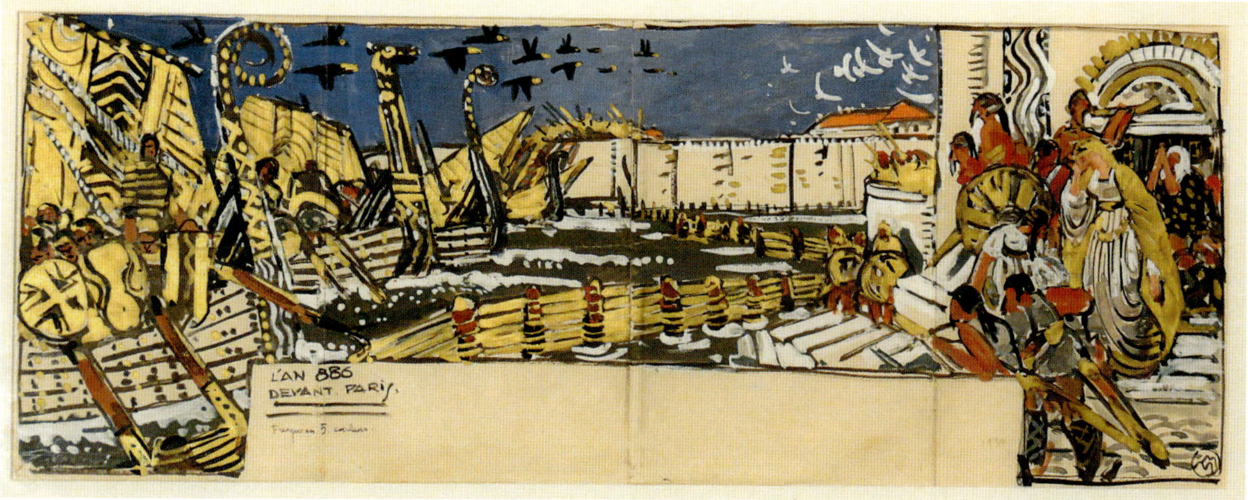

L'AN 886 DEVANT PARIS.
PROJET POUR LE PAQUEBOT *NORMANDIE*,
GOUACHE SUR PAPIER, 1934.
LETTRE LM 116B.
Dinan, musée Yvonne-Jean-Haffen-Maison d'artiste de la Grande Vigne/ Denis-Michel Boëll

ILLUSTRATIONS POUR LA TRANSAT

Pendant qu'est agencé le paquebot *Normandie*, qui entrera en service en juin 1935, Méheut travaille activement pour la compagnie comme illustrateur. Il fournit plusieurs images pour illustrer des cartes-menus, dont il surveille avec exigence la qualité d'impression : *Je suis honteux de vous adresser des épreuves aussi lamentables de notices Transatl. Mais elles sont toutes ratées y compris un des menus adressés hier et dont j'ai refusé le tirage*, écrit-il à Yvonne Jean-Haffen. Le menu *Pêcheurs bretons*, qui donne une nouvelle version des marins à l'aviron dessinés en 1920 sera largement diffusé, pendant plusieurs années, à bord des paquebots de la compagnie. En 1934, l'artiste illustre également dix brochures présentant des croisières proposées dans des directions très variées : « Sicile, Grèce, Turquie, Sud-Tunisien » à bord du *De Grasse*, « Maroc, Canaries, Madère », à bord du *Mexique*, Pays-Bas (« Au pays des polders et des carillons »), à bord du *La Fayette*, « Fjords de Norvège », à bord du *Colombie*, « Islande, Spitzberg, Antilles, Cap-Nord », à bord du *La Fayette*, « Le tour de la Baltique », à bord du *Colombie*, « En Baltique », à bord du *Mexique*, « Tour de la Sicile », à bord du *De Grasse*, « Les capitales nordiques », à bord du *Colombie*, « Canada et USA », à bord du *Champlain*. Pour cette croisière à bord du paquebot *Champlain*, les illustrations de menus se partagent entre chefs indiens du Canada et navires malouins de pêche à Terre-Neuve. La célébration du quatrième centenaire de l'arrivée de Jacques Cartier au Canada stimule l'imagination de Méheut qui représente à nouveau *La Grande-Hermine*, le navire du navigateur malouin et son manoir de Limoëlou à Rothéneuf.

NAVIRES D'APRÈS-GUERRE

Henri Cangardel développe l'activité de la CGT en Méditerranée en mettant en service au milieu des années trente le *Ville-d'Oran* et le *Ville-d'Alger*. Après la guerre, ce dernier navire est totalement refondu, et Méheut accepte en 1947 (pour la somme de 140 000 francs) de réaliser pour la salle à manger un très grand panneau de facture orientalisante qui réunit cinq sujets symboliques ou allégoriques sur une sorte d'écran entouré d'une frise décorative, à la manière d'une tapisserie.

L'*Île-de-France*, à bord duquel il avait traversé l'Atlantique en 1930, est lui aussi totalement réaménagé aux chantiers de Penhoët. Deux tableaux sont commandés en 1948 à l'artiste : celui qui ornera le salon de l'appartement de luxe « Fontainebleau » est une vue du chevet de la cathédrale Notre-Dame de Paris prise depuis le restaurant *La Tour d'argent*. Cette peinture sur toile marouflée sur carton, payée 45 000 francs, est la seule œuvre de cette nature qui nous soit parvenue. Le second tableau, commandé un an plus tard et payé 75 000 francs, représente un château de la région parisienne et décore l'appartement du commissaire de première classe.

De 1947 à 1949, l'ancien paquebot allemand *Europa* lancé en 1928 à Hambourg, attribué à la CGT au titre des dommages de guerre, subit une transformation totale de structure aux chantiers de Saint-Nazaire. Il s'appellera désormais *Liberté*. Les aménagements sont modi-

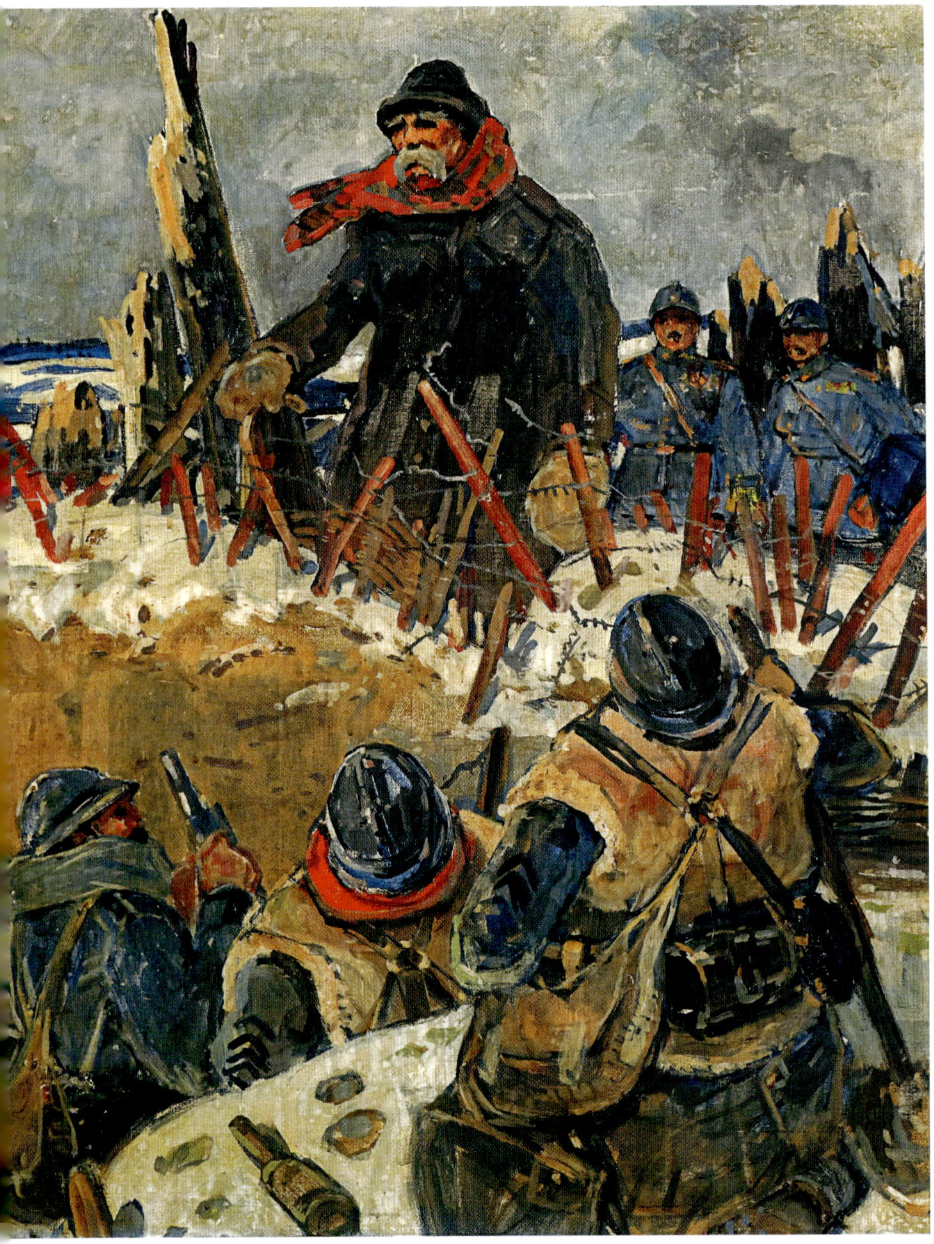

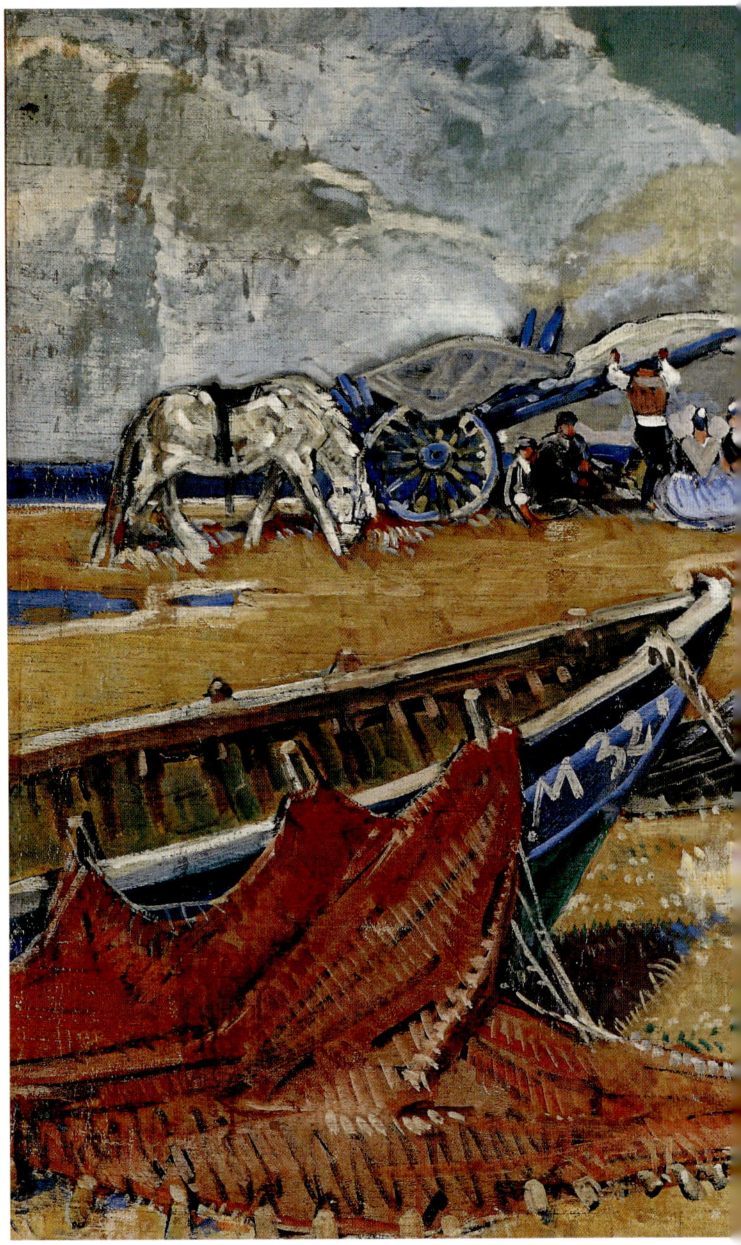

***CLÉMENCEAU VISITANT UNE TRANCHÉE*, HUILE SUR TOILE, VERS 1955. PANNEAU POUR LE PETROLIER *VENDÉE* DÉPÔT DU SERVICE HISTORIQUE DE LA DÉFENSE.**
Lamballe, musée Mathurin-Méheut © E. Rousseau, Grand Angle, Lamballe © ADAGP, Paris, 2013.

fiés sous la conduite d'André Domin (1883-1962), qui mobilise de grands créateurs : Jules Leleu (1883-1961), Baptistin Spade (1891-1969) ou Germaine Darbois-Gaudin[38]. Méheut participe cette fois à l'aménagement de la chapelle du bord, pour laquelle il fournit le motif du tapis (une frise de poissons et d'étoiles de mer), et au décor de la piscine. Après avoir hésité entre plusieurs sujets – arche de Noé, nid d'oiseaux de mer[39]… –, il tranche pour une famille de pélicans dont les parents nourrissent les petits au-dessus d'une composition d'algues et d'animaux marins. Traité en mosaïque de grès émaillé par Gentil et Bourdet, ce décor marin se reflétant dans la piscine est une grande réussite. Pour le grand tableau qui ornera la descente arrière de la première classe, il propose en juillet 1950 une vision de la Statue de la Liberté directement tirée des croquis faits en arrivant à New York vingt ans plus tôt[40].

Pour le cargo *Atlas*, en service de 1950 à 1969, Méheut fournit en 1949 un grand tableau figurant une scène pastorale avec, en arrière-plan, la chaîne de montagnes qui a donné son nom au navire. La même année, pour le *Ville-de-Marseille* qui sera en service de 1951 à 1973, il exécute deux grands panneaux, l'un pour le hall de première classe, l'autre pour l'escalier qui descend au bar-fumoir. Comme pour le *Ville-d'Alger*, il s'agit d'une allégorie – cette fois des échanges entre l'Afrique du Nord et la métropole –, placée sous le patronage de la ville de Bordeaux que symbolise une treille de vigne. En 1951 et 1952, Méheut fournit encore des panneaux décoratifs pour les paquebots *Ville-de-Tunis*, *Gascogne* et *Flandre*, ce qui porte à neuf le nombre des navires de la CGT pour lesquels il a créé.

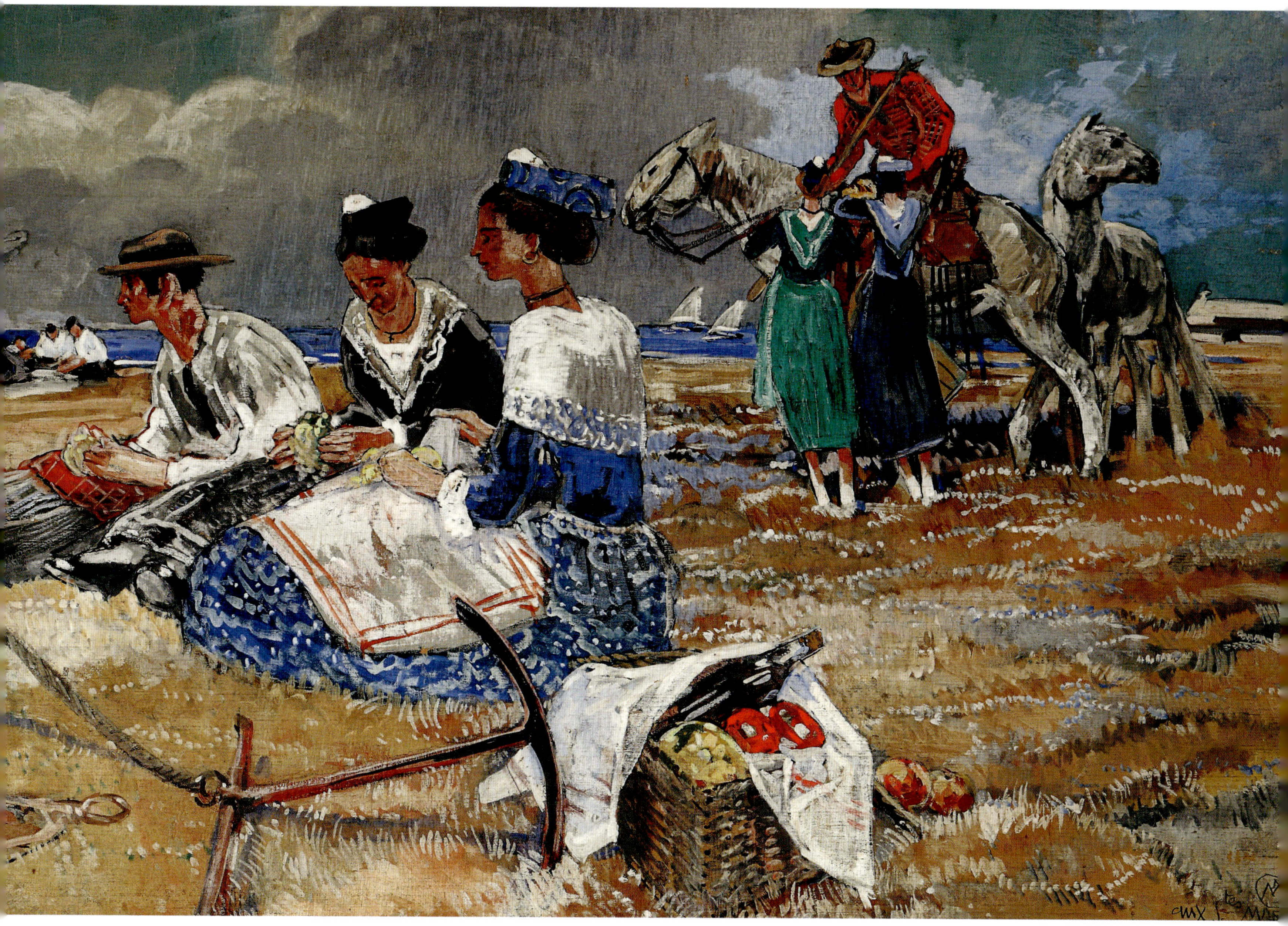

***LES SAINTES-MARIES-DE-LA-MER*, PANNEAU POUR LE PÉTROLIER *CAMARGUE* DE LA SFTP.**
Compagnie nationale de navigation © Musée national de la Marine/S. Dondain © ADAGP, Paris, 2013.

LA SOCIÉTÉ FRANÇAISE DE TRANSPORTS PÉTROLIERS (SFTP)

Après avoir fourni du rêve aux passagers des lignes et des croisières des années trente, Méheut embellit le quotidien des officiers de la marine marchande des années cinquante. De 1951 à 1957, il réalise des œuvres destinées à orner les carrés des pétroliers de la SFTP, compagnie créée en 1938 par l'armateur Hippolyte Worms à la demande de l'État, soucieux de faire face au développement du transport des hydrocarbures. Une des caractéristiques de sa flotte est de porter le nom de provinces françaises, l'autre est de se renouveler fréquemment, ce qui vaut aux œuvres de Méheut de naviguer à bord de navires successifs portant le même nom durant plusieurs décennies. Il s'agit moins de décors que de tableaux à usage décoratif, dont les sujets sont en rapport avec les noms de provinces françaises de ces pétroliers. Un paysage de vignoble et une scène de vendange pour l'*Anjou*, une ferrade (marquage des taureaux au fer) et le pèlerinage des Saintes-Maries-de-la-Mer pour la *Camargue*, le château de Niort pour le *Poitou*, une vue de la place Stanislas sous le Premier Empire pour la *Lorraine*, une chasse à courre et le château de Lassay pour la *Sologne* : ici plus encore, l'artiste subit les contraintes de la commande et du sujet imposé. Comme toujours, il puise dans ses « documents » ou retourne sur le terrain compléter son information, puis il s'exécute, souvent avec talent.
L'une de ces œuvres aura eu une carrière à la mer singulière. Pour le pétrolier *Vendée*, Méheut brosse le portrait de l'un des plus célèbres Vendéens du XXe siècle, Georges Clemenceau. Il le représente visitant les postes avancés du front, et s'inspire de ses croquis de guerre pour

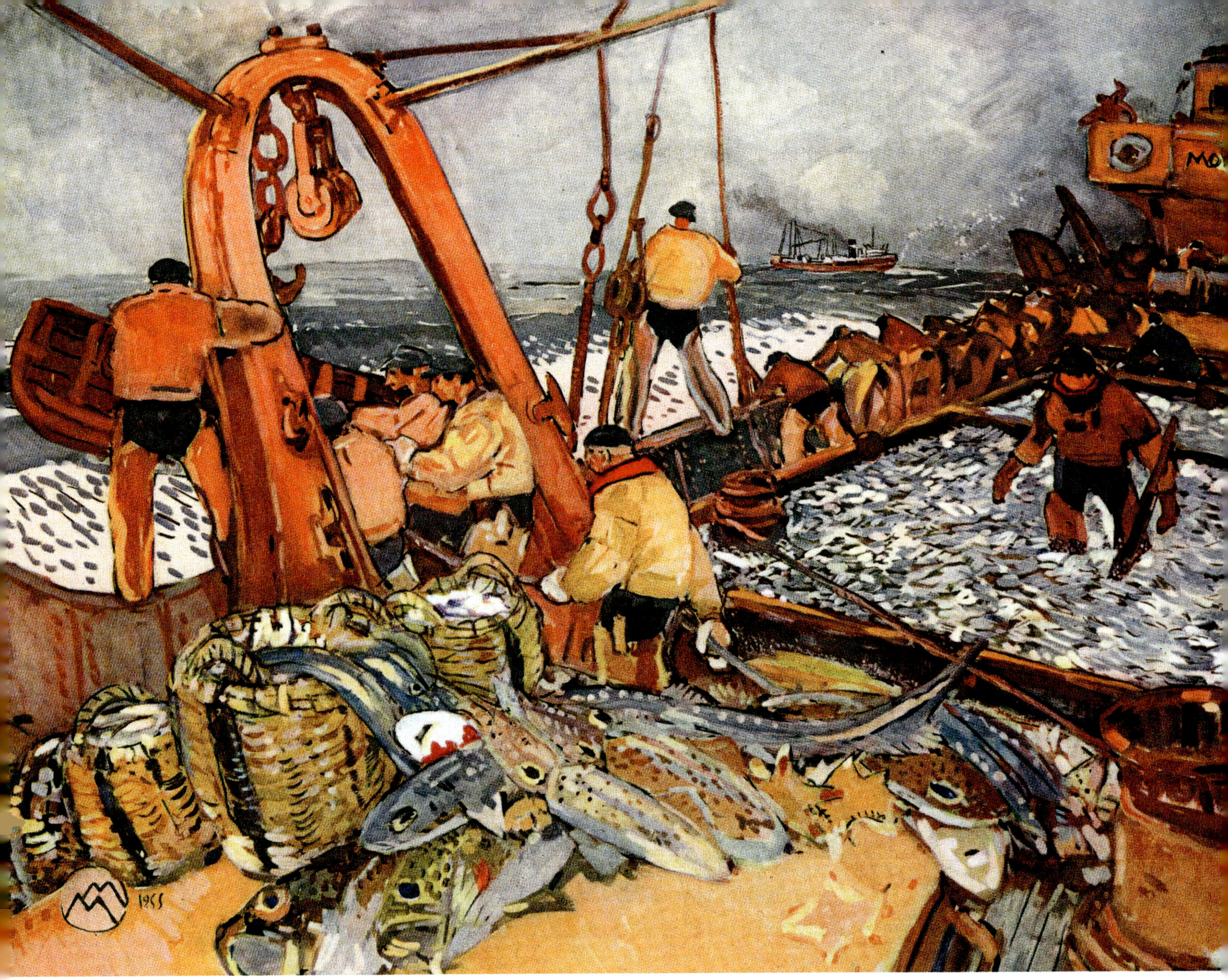

L'ÉQUIPAGE AU POSTE DE CHALUT. **REPRODUCTION DANS** ***PÊCHEURS DES QUATRE MERS,*** **NANTES, IMPR. MODERNE DE NANTES, BEUCHET ET VANDEN BRUGGE, 1958.**

restituer la terre éventrée, hérissée de troncs d'arbres déchiquetés et de fils de fer barbelés, et pour évoquer les Poilus emmitouflés dans leurs capotes et leurs gilets de peau de mouton, et encombrés par leur barda. Le «Tigre», silhouette trapue en manteau sombre, les mains dans d'épaisses mitaines, émerge d'une terre enneigée, suivi de deux officiers relégués à l'arrière-plan. Cadré en contre-plongée, il domine la scène, et en particulier les trois Poilus dont les regards convergent vers la figure salvatrice. Méheut a-t-il été témoin de la scène ? Sa fille Maryvonne a mentionné, parmi les nombreuses visites reçues par l'artiste à Paris, celle de madame Jacquemaire-Clemenceau qui lui rappelait sa rencontre avec son père sur le front, qui a pu avoir lieu en janvier 1916 ou en juillet 1918. Mais peu importe. Après avoir orné le carré du pétrolier, l'œuvre décore le bar-fumoir du carré du porte-avions *Clemenceau*, mis en service en 1961. La SFTP en avait fait don à la Marine nationale. C'est paradoxalement la seule œuvre de ce peintre de la Marine à avoir figuré à bord d'un navire militaire.
Le bilan de cette activité de décorateur de navires est impressionnant : plus d'une centaine de panneaux commandés et réalisés, une activité quasiment continue (de 1924 à 1934, puis de 1947 à 1955) et des revenus réguliers pendant ces périodes : les derniers tableaux pour la CGT sont rémunérés 225 000 francs au début des années cinquante. L'artiste a gardé la confiance des armateurs et de leurs architectes d'intérieur, par-delà les modes : archaïsme éclectique des premiers paquebots des Messageries maritimes, explosion de l'Art déco, modernisme de l'après-guerre. Il traite des sujets très variés, paysages animés, scènes de genre, évocations

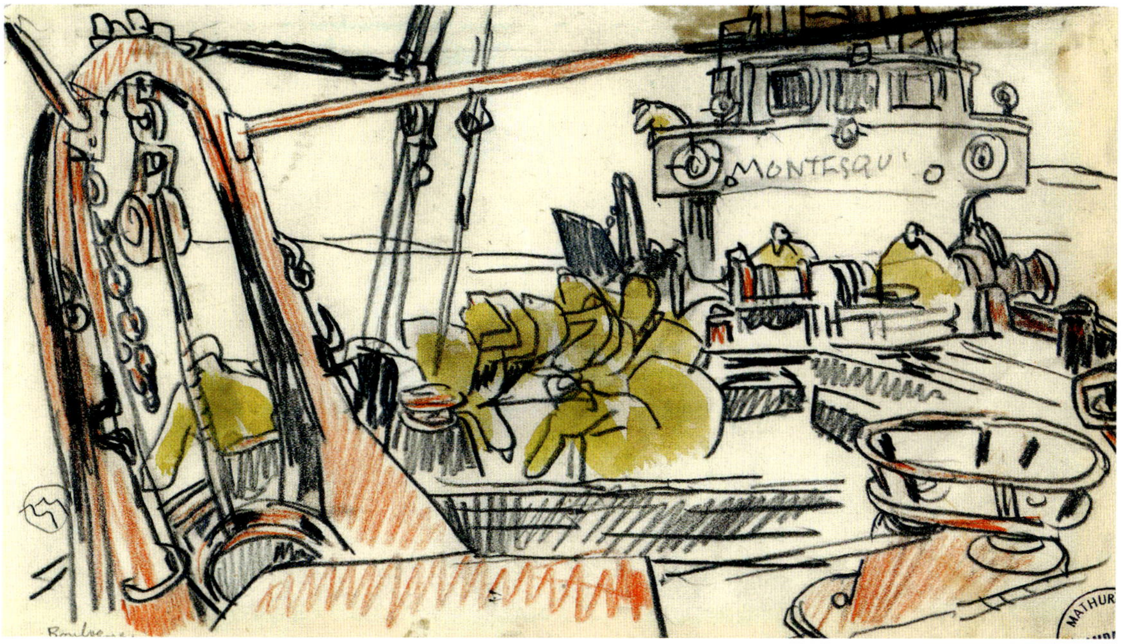

L'ÉQUIPAGE À LA MANŒUVRE SUR LE PONT DU CHALUTIER (1953). CRAYONS DE COULEUR ET GOUACHE.
Lamballe, musée Mathurin-Méheut
© ADAGP 2013

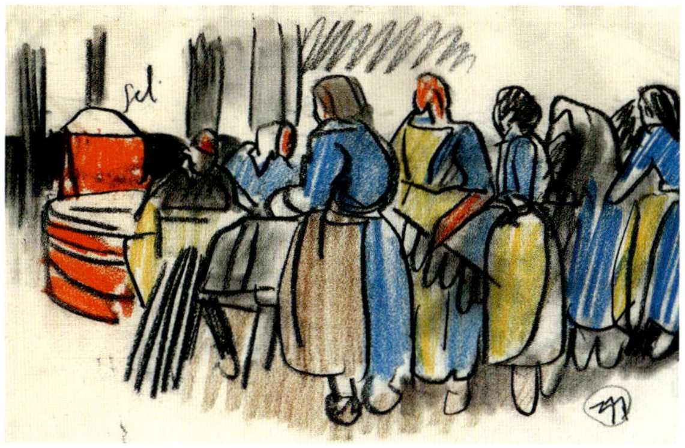

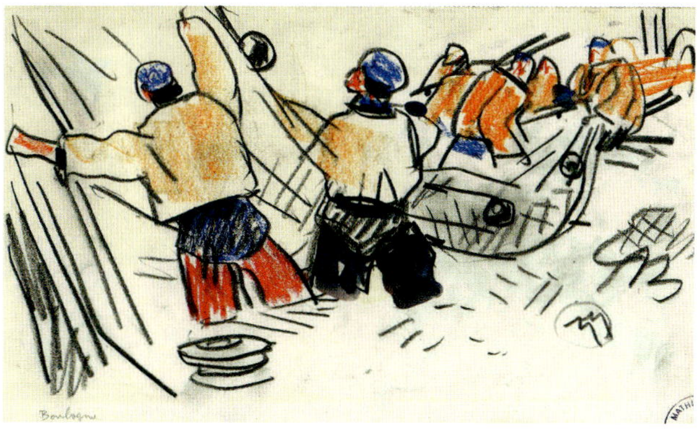

CI-DESSUS
OUVRIÈRES TRAITANT LE POISSON DANS UNE SAURISSERIE DE BOULOGNE (1953). CRAYONS DE COULEUR.
Lamballe, musée Mathurin-Méheut
© ADAGP 2013

MARINS TIRANT LE CHALUT À BORD DU *MONTESQUIEU* (1953). CRAYONS DE COULEUR.
Lamballe, musée Mathurin-Méheut
© ADAGP 2013

historiques, allégories, mais très rarement dans ses domaines de prédilection : jamais la Bretagne, exceptionnellement le monde marin, quelquefois la forêt et ses animaux, plus souvent la nature et surtout la flore exotique. La décoration des navires l'amène à explorer un ailleurs bien éloigné, dans le temps et dans l'espace, des hommes et des femmes, travailleurs de la terre et de la mer, à la représentation desquels il s'est tant attaché.

À BOULOGNE-SUR-MER, LA DERNIÈRE MARÉE

C'est pour un projet entrepris avec l'armateur Jean Delpierre que Méheut revient au début des années cinquante sur les bords de la Manche, précisément dans le Pas-de-Calais. Delpierre a pris avant guerre la direction de l'entreprise familiale fondée en 1875 et l'a développée. Avec une dizaine de chalutiers, sa société assure le quart des arrivages de poissons du principal port de pêche français. Méheut prépare l'illustration d'un ouvrage intitulé *Boulogne en Picardie*. Dans ce but, il embarque une nouvelle fois avec des marins-pêcheurs, à bord cette fois d'un chalutier classique des Pêcheries Delpierre, le *Montesquieu*. À soixante-dix ans passés, il découvre la pêche industrielle, dont Boulogne est le premier port d'armement, et réalise durant cette marée une multitude de croquis. Prolongeant son enquête, il s'intéresse au travail des ouvrières transformant le hareng dans les saurisseries. Mais, dans la nuit du 25 au 26 novembre 1955, un chalutier de l'armement Delpierre, le *Colbert*, est victime d'une collision avec un autre navire de pêche dans le nord-ouest du cap Gris-Nez. La presse titre : « Un mort, 9 disparus, 13 marins sauvés. » Le projet d'édition s'en trouve modifié, et la publication du livre, dont Roger Vercel rédige le texte, s'effectue en février 1956 au profit du « Comité d'entraide aux familles des marins péris en mer du chalutier *Colbert* ». C'est la dernière contribution de Méheut, artistique et caritative, au milieu maritime.

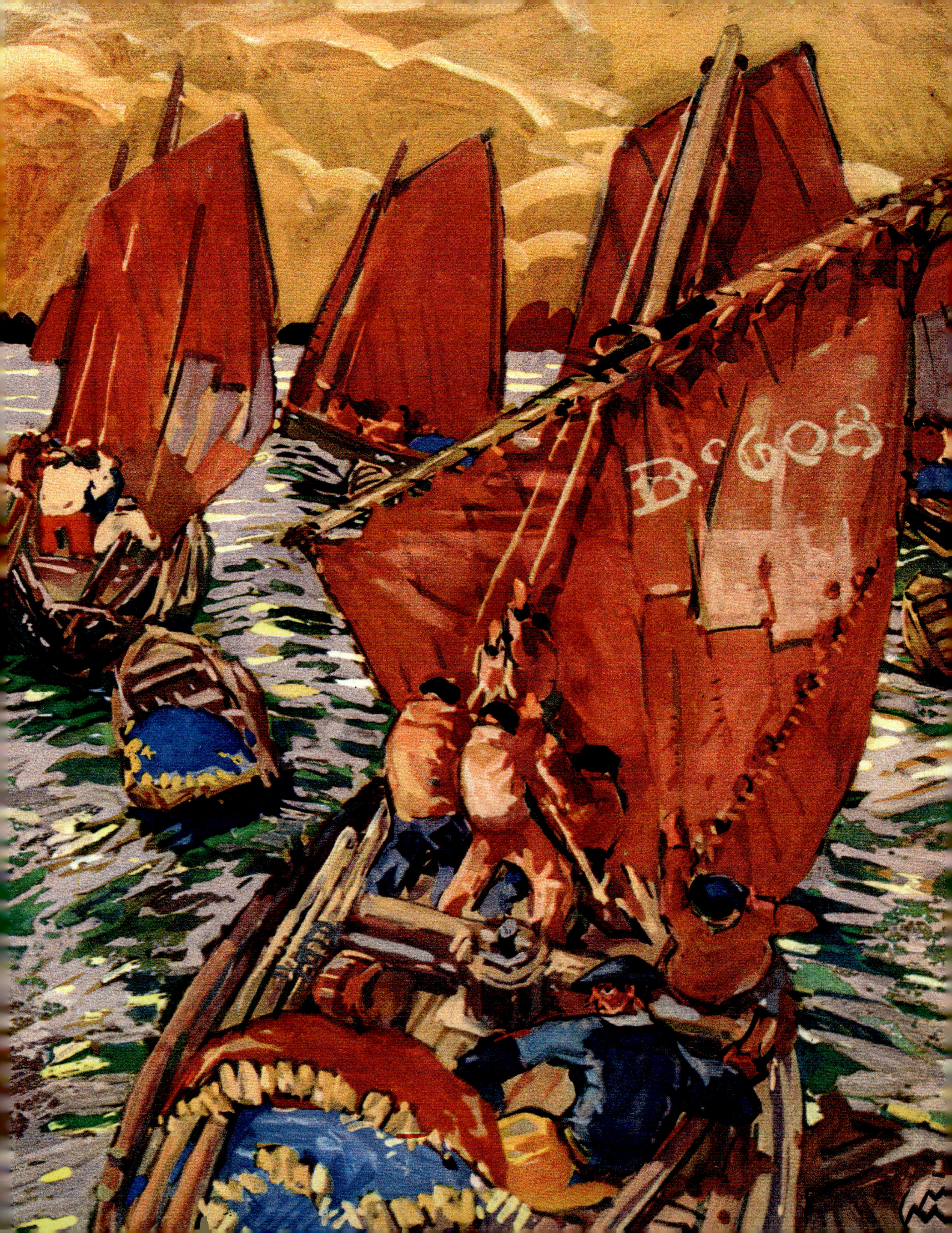

LE PEINTRE DE LA MER ET DES MARINS

Réalisée à l'orée de la soixantaine, la tapisserie *La Mer* synthétise une double approche, marine et maritime, de l'écosystème littoral dont l'artiste a exploré tout au long de sa vie les multiples facettes, attiré sans relâche par les exploitants de l'estran, goémoniers ou paludiers, par les charpentiers de marine, les pêcheurs à pied et embarqués, à bord des chaloupes à voile puis des chalutiers motorisés, sans oublier les simples matelots en col bleu, croisés dans tous les ports du ponant, à Marseille ou à Montparnasse.

La commande initiale de 1910 pour *Art et Décoration* a en effet consacré Méheut comme révélateur et illustrateur des merveilles de l'océan. Les deux années passées à Roscoff lui ont également permis d'approcher le quotidien des populations côtières de ce coin du Léon, mais aussi des ports de Cornouaille, au premier rang desquels Douarnenez. Cette double dimension, marine et maritime, est par la suite présente dans tous les registres de sa création, dans ses travaux d'illustrateur, de céramiste, de décorateur. Nombre de ses œuvres les plus impressionnantes sont inspirées par la faune et la flore marine ou par les activités littorales.

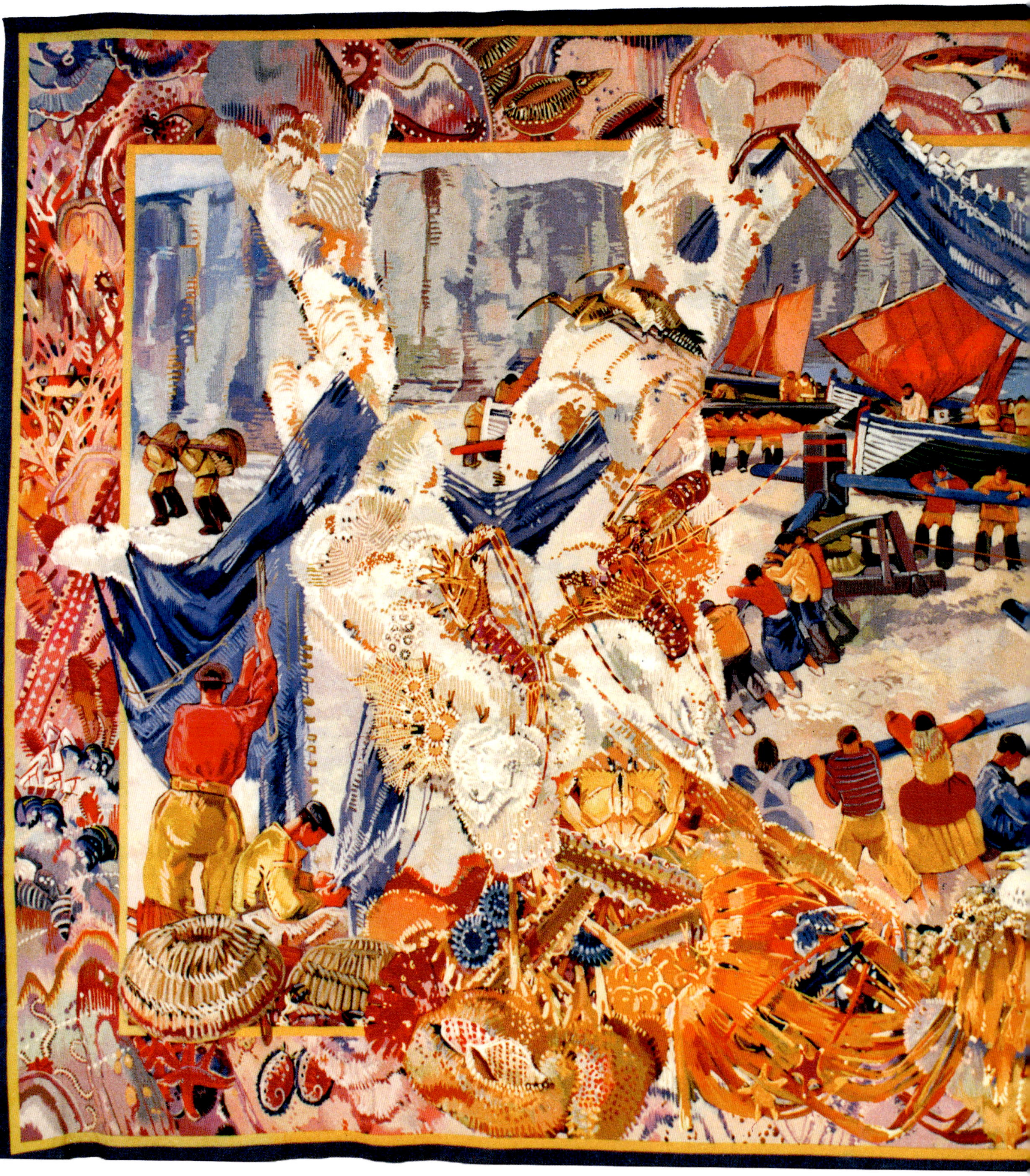

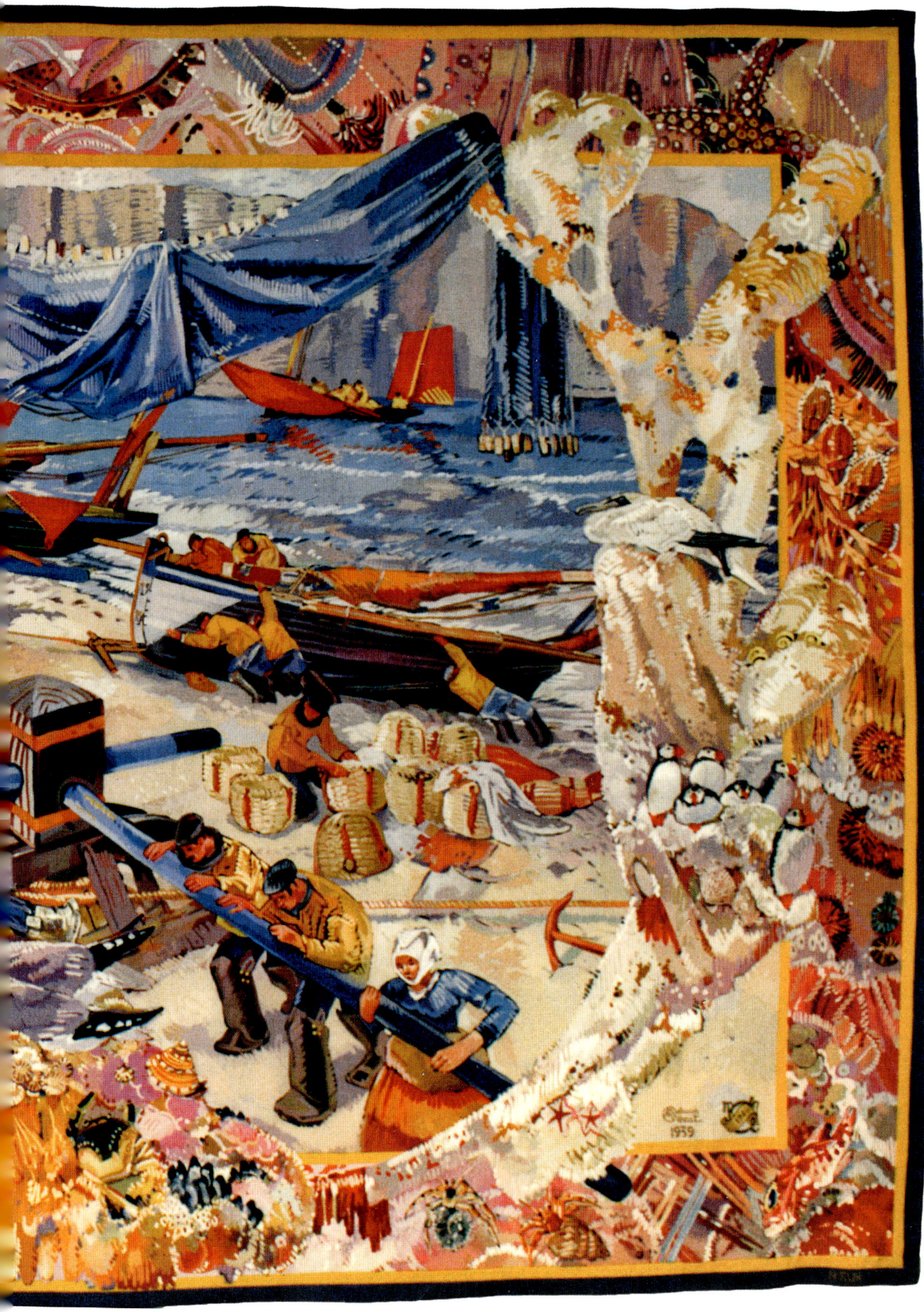

DOUBLE PAGE PRÉCÉDENTE
***DÉPART DES CHALOUPES SARDINIÈRES DANS LA BAIE DE DOUARNENEZ*. GOUACHE REPRODUITE DANS *UNE PORTE DE L'EUROPE, NANTES*, 1951, P. 129.**
Coll. part./Denis-Michel Boëll

LA MER
TAPISSERIE COMMANDÉE PAR LA MANUFACTURE NATIONALE DES GOBELINS EN 1939 ET TERMINÉE APRÈS LA GUERRE. AMBITIEUSE SYNTHÈSE DE DEUX SUJETS MAJEURS DE L'ŒUVRE DE MÉHEUT : LES GENS DE MER, AU CENTRE, LA FAUNE ET LA FLORE MARINE, SUR LE POURTOUR.
Paris, Mobilier National, en dépôt à la préfecture des Côtes-d'Armor.

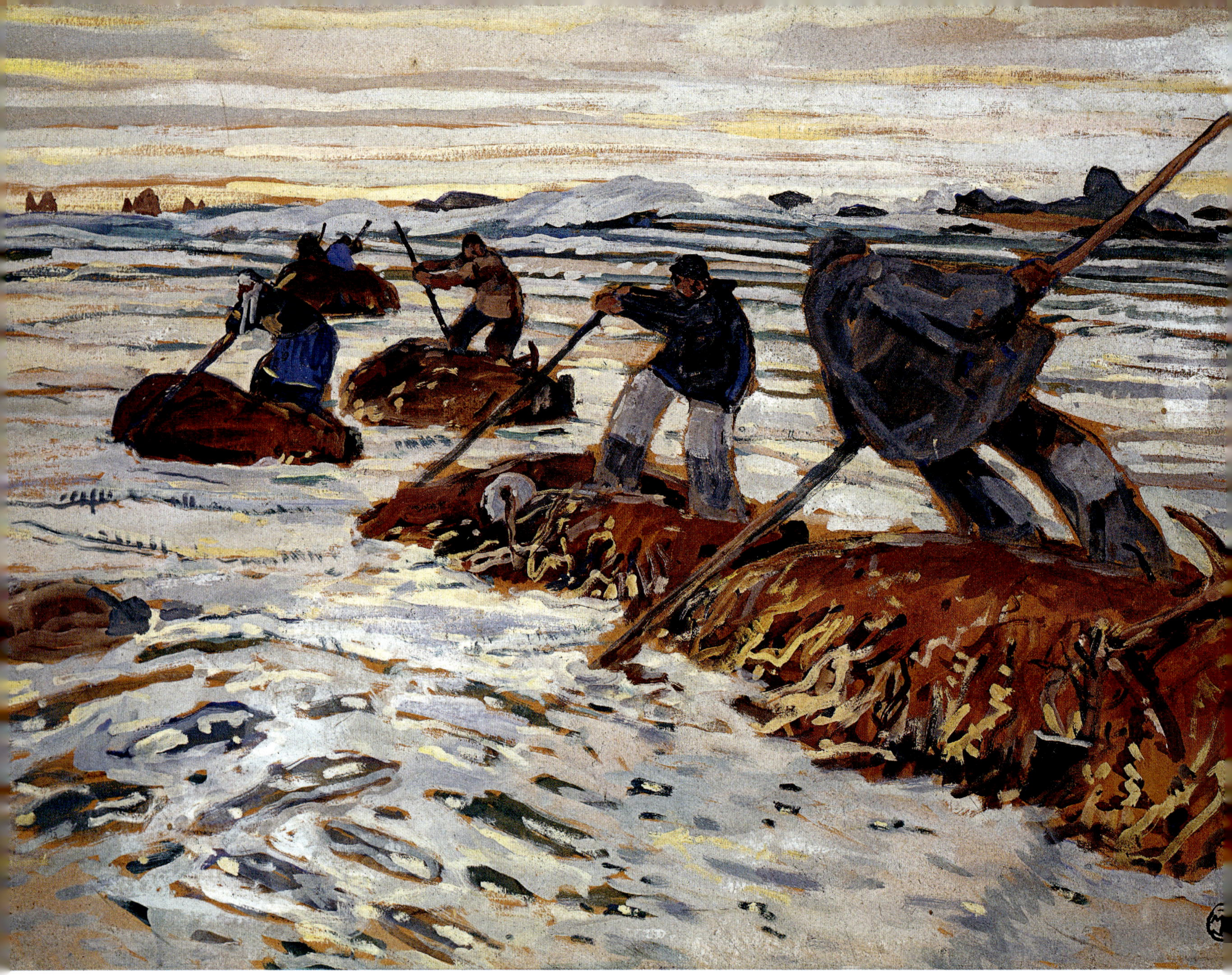

***GOÉMONIERS SUR LEURS DRÔMES*, 195. CASÉINE SUR TOILE, 76 X 106.**
Lamballe, musée Mathurin-Méheut
© E. Rousseau, Grand Angle, Lamballe © ADAGP, Paris, 2013.

LES MERVEILLES DE L'OCÉAN

La mer est initialement, pour le jeune collaborateur d'*Art et Décoration*, un milieu naturel à comprendre, à analyser par le dessin. Ce monde marin et sous-marin encore largement inconnu dont il a entrepris la description attentive et systématique lui fournit une série de motifs qui vont faire partie de son vocabulaire décoratif. Fucus et laminaires, anémones et méduses, homards, langoustes, étoiles de mer, oursins, hippocampes, roussettes, saint-pierre seront transposés en céramique, sur toile, vitrail, mosaïque, imprimés sur textile, tissés en tapisserie, et même déclinés sur des boîtes d'emballage en métal pour des sardines en chocolat ou des étuis cartonnés pour le parfumeur Roger et Gallet. Méheut tirera de ses observations naturalistes tantôt des transpositions délicates, réalistes dans les moindres détails, tantôt des interprétations décoratives jouant sur les contrastes de couleurs et la géométrisation des formes, et quelquefois même des plongées envoûtantes dans un univers sous-marin tapissé d'algues mordorées et habité par d'étranges femmes bernard-l'ermite. Le registre décoratif dépend de la destination de l'œuvre et des souhaits du commanditaire, mais aussi des matériaux et de la technique mise en œuvre : algues aériennes, méduse, crabe et homard ou encore hippocampe en fer forgé par les grands ferronniers d'art Edgar Brandt et Raymond Subes, pour la villa Le Caruhel et la maison de la rue d'Alleray ; fourmillement polychrome des mosaïques et vitraux du restaurant *À l'huîtrière* ; camaïeux d'ocres et de bruns ponctués de touches dorées pour les panneaux muraux de plusieurs décors privés et publics.

PAYSAN AU GOÉMON, L'HIVER.
AQUARELLE REPRODUITE DANS *L'ART ET LES ARTISTES*, N° 102, SEPTEMBRE 1913.
Coll. part./Denis-Michel Boëll

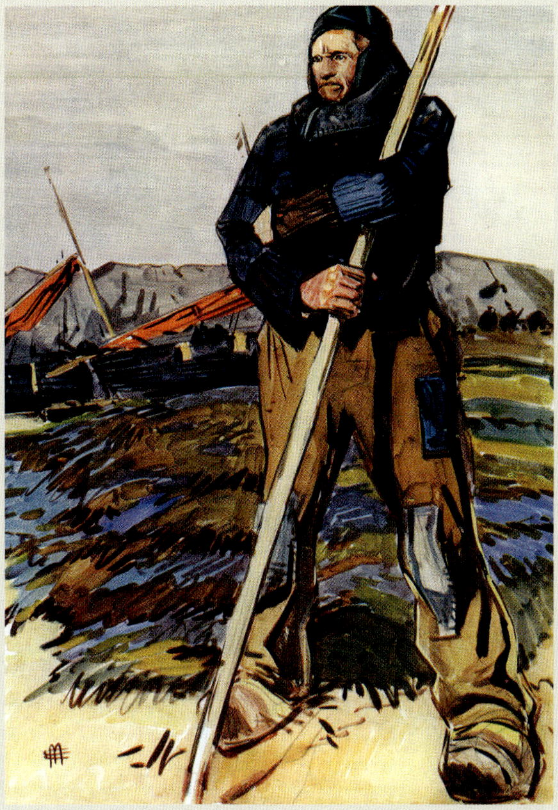

LE RAMASSAGE DU GOÉMON, ÎLE DE BATZ. **(1939). CASEINE SUR TOILE, 96,5 X 146,5.**
Quimper, Musée départemental breton

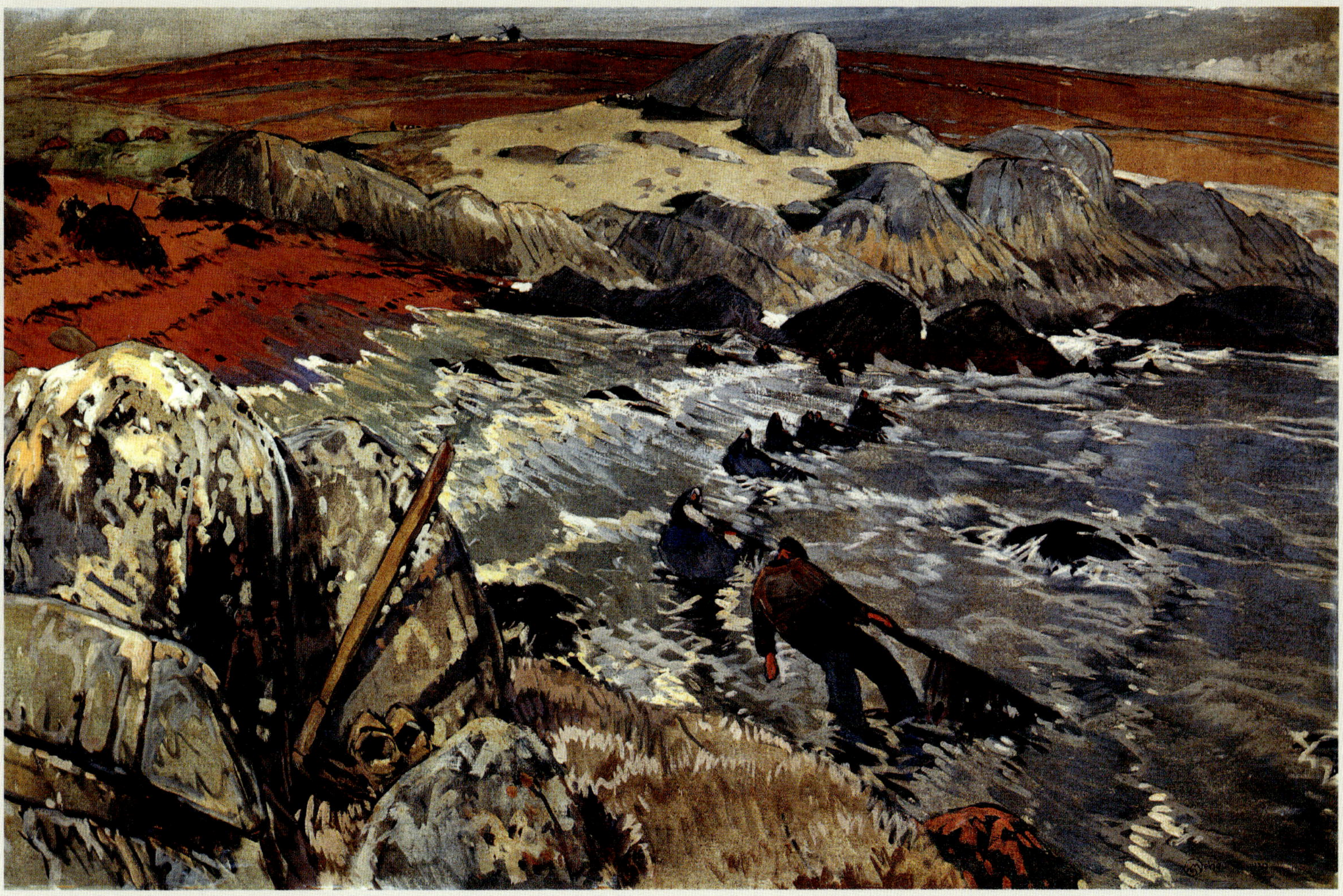

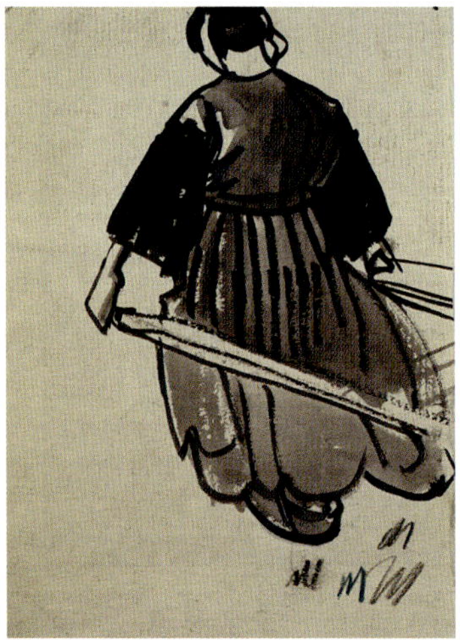

GOÉMONIÈRE À LA CIVIÈRE.
LAVIS D'ENCRE NOIRE SUR PAPIER.
Lamballe, musée Mathurin-Méheut

UN MILIEU NOURRICIER

La mer est un milieu qui fournit aux populations qui le côtoient des richesses qu'il faut aller cueillir : Méheut ne cessera de s'intéresser, avec curiosité et empathie, aux communautés côtières qui exploitent les ressources marines, le goémon fertilisateur, le précieux sel, les poissons et les crustacés : goémoniers, paludiers, marins-pêcheurs. Dès la préface et l'introduction de l'*Étude de la mer* (1913), vingt illustrations au crayon, parfois rehaussées à la gouache blanche, situent le contexte dans lequel l'artiste a œuvré : une côte rocheuse battue par les vagues, une grève festonnée d'écume en hiver, l'île de Batz sous la neige… un univers peuplé d'animaux et particulièrement d'oiseaux marins, marsouins, cormorans, plongeons, goélands, hirondelles de mer, mais également un univers humain, habité par des paysans, des paysannes et des pêcheurs portant ou pliant leurs filets, attendant la basse mer pour la coupe du goémon, et chargeant celui-ci sur une charrette. Si la plupart de ces dessins ont pour cadre Roscoff et l'île voisine de Batz, on notera que le livre s'ouvre sur une vue du port du Rosmeur et des chaloupes au mouillage autour de la cale ronde à Douarnenez, port que Méheut ne cessera de fréquenter. Une autre série de quatorze dessins de paysages littoraux et de pêcheurs en mer ouvre la seconde partie de l'ouvrage, consacrée aux animaux marins, poissons et crustacés. En quelques traits de crayon précis, les maisons côtières et les grèves d'échouage du littoral léonard sont posées avec une grande sûreté. Les cotres caseyeurs y sont reconnaissables, les carènes et les gréements finement restitués. Dans un petit chantier naval, cinq charpentiers s'affairent autour des formes ventrues d'un canot dont les membrures sont dressées en attente de la pose du bordé. Courant le long de cette charpente, les lisses sont mises en place. Par un efficace jeu d'ombres, les volumes sont parfaitement évoqués. Enfin, trois scènes croquées à bord montrent qu'en embarquant, Méheut a su saisir les attitudes et les gestes des hommes au travail tout en percevant la structure et les moindres détails fonctionnels du bateau de pêche : vaigrage, banc de pompe, pommes de racage, disposition de la voile au cabanage. Sur une double page se déploie, comme une nature morte, la nappe textile d'une senne séchant sur le muret d'un quai. La disposition théâtrale de ce filet, comme une sorte de drapé esquissé à grands traits, sera traitée à plusieurs reprises dans des compositions où ce sont des hommes qui le portent. Ces quelques dizaines de dessins constituent la matrice de nombreuses œuvres maritimes à venir.

À la différence de beaucoup d'artistes, depuis que la peinture de plein air a pris le littoral pour motif, Méheut s'attache moins aux paysages qu'aux activités et aux scènes de la vie dans les ports et sur l'estran, cette zone côtière découverte par chaque marée basse, et qui permet l'exploitation pédestre des richesses de la mer. Cueillette du goémon, récolte du sel sont des sujets qu'il affectionne : les gestes des goémoniers et des paludiers donnent lieu à de vigoureuses représentations d'hommes et de femmes saisis en plein effort, dans des paysages littoraux d'une beauté époustouflante, qu'il s'agisse des grèves sauvages auxquelles on arrache l'« or brun » ou des damiers ensoleillés aménagés pour l'exploitation de l'« or blanc ». L'accoutrement étrange, et particulièrement les coiffures des habitants de ces contrées côtières, ne cessera de l'intriguer, qu'il s'agisse du *kalabousen*, cagoule portée par les goémoniers du pays *pagan*, ou des linges dont les paludières ceignent leur visage pour le protéger de la réverbération solaire.

La récolte des algues est certainement l'un des spectacles qui aura le plus fasciné Méheut. Des côtes léonardes au pays bigouden, il en a observé tous les aspects : cueillette et ramassage, transport à bras d'homme (ou de femme…) sur des civières, chargement sur des charrettes à cheval qui processionnent en direction des champs, brûlage. Ses premières observations de cette activité à Roscoff et à Batz donnent naissance à de grands tableaux qui célèbrent l'effort des hommes pour récolter cette manne. Il restitue dans un tableau tardif (1957) le spectacle impressionnant des dromes, ces tas d'algues constitués en radeaux instables, véhiculés par le flot et dirigés à l'aide de perches. L'énergie déployée dans ce mode de propulsion primitif pour maîtriser le courant et les vagues déferlantes est exprimée par le jeu des obliques et les

RAMASSEUSES DE SEL À GUÉRANDE.
PARIS, MUSÉE D'ORSAY, RF1986-80.

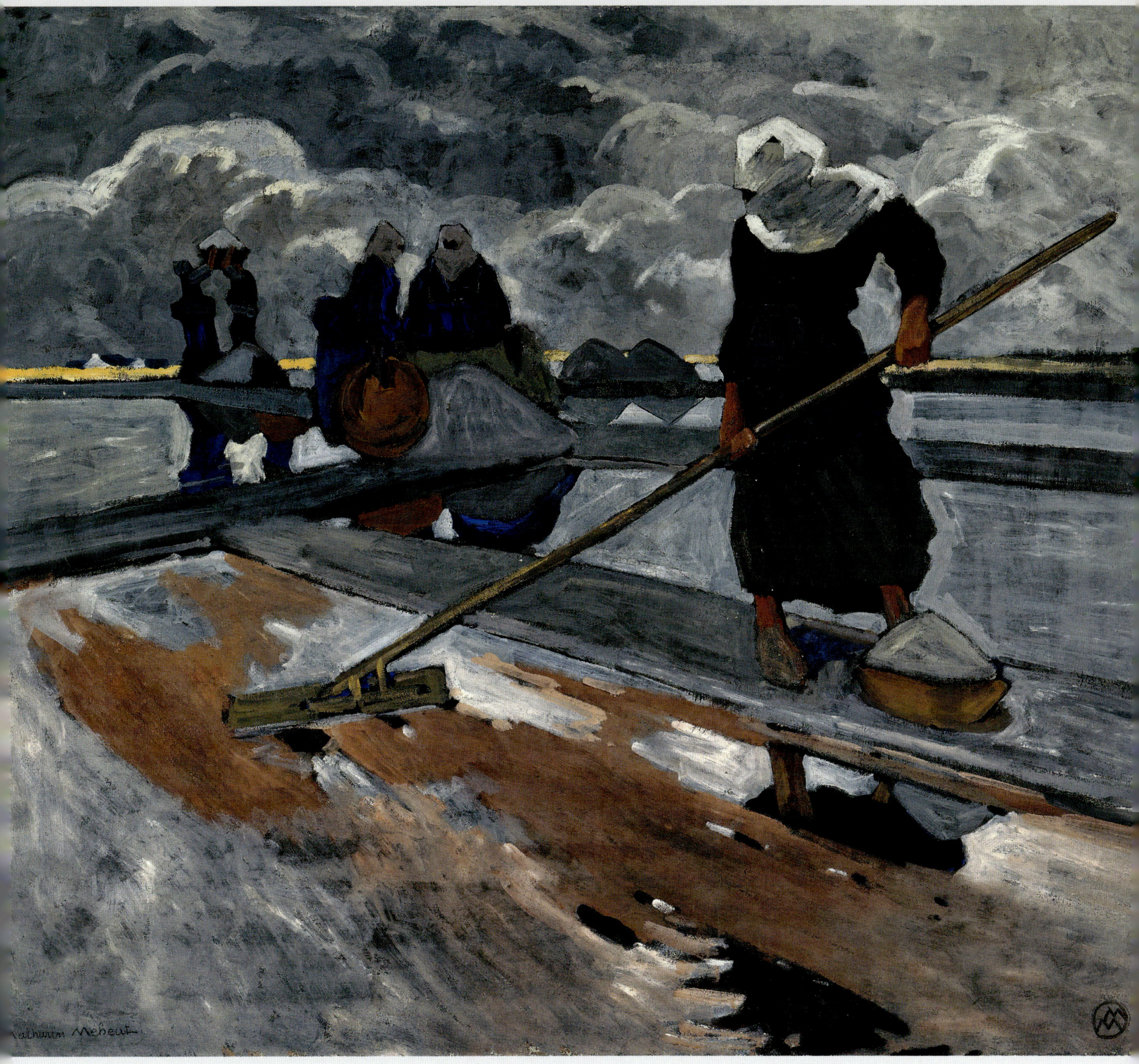

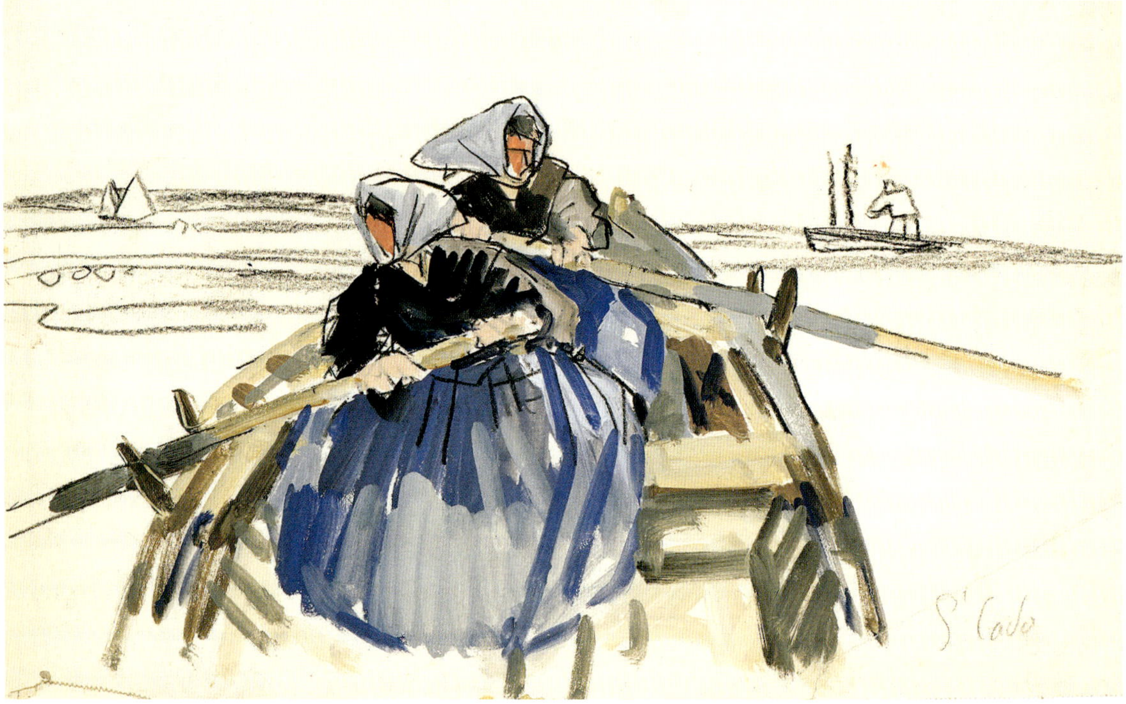

FEMMES DE SAINT-CADO AUX AVIRONS.
CRAYON GRAS ET GOUACHE.
Lamballe, musée Mathurin-Méheut

PAGE DE DROITE
***TRAVAILLEURS À LA BASE DU PHARE*, DANS *LES ÎLES DE L'ARMOR*, PARIS, HORIZONS DE FRANCE, 1951.**

silhouettes humaines cassées par l'effort. Sur la côte, Méheut a su également transcrire le spectacle étonnant du brûlage des algues qui, quand elles ne sont pas utilisées pour l'amendement des terres de la ceinture dorée, sont livrées à la combustion dans des fours de pierre insérés dans le sable afin d'être transformées en pains de soude destinés à l'industrie chimique qui en extraira l'iode.

L'activité des marais salants l'a attiré à plusieurs reprises au cours des années vingt, puis des années quarante quand il complète sa documentation pour *Vieux Métiers bretons*. Dans la petite saline du Breno à Carnac comme dans les immenses marais du pays de Guérande, il prend de multiples notes sur les paysages, l'architecture des villages et tout le processus de l'activité salicole. Chose peu fréquente, il s'intéresse au paysage aménagé par l'homme, au quadrillage des vasières et des étiers, au miroir en damiers des œillets dont la couleur varie en fonction du degré d'évaporation de l'eau saumâtre sur le sol argileux, de l'inclinaison du soleil et de la densité des formations nuageuses. Ses très nombreux croquis saisissent les gestes, les mouvements, les attitudes paludiers et paludières : les hommes halant le gros sel à l'aide de leur *lasse* au long manche, les femmes cueillant la fleur de sel à la *lousse* et portant en équilibre sur leur tête les *gèdes* en bois. La dimension ethnographique de ces reportages s'accentue en 1941-1942, mais, dès la fin des années vingt, Méheut a composé des tableaux d'assez grand format autour du travail du sel. Plusieurs versions de *Paludiers un soir d'orage*, dont l'une est reproduite dans *L'Illustration* en 1929, témoignent d'une activité dont l'intensité redouble sous la menace de la pluie. Un ciel plombé de nuées sombres donne une tonalité dramatique à *Ramasseuses de sel à Guérande*, acquis par l'État en 1928 pour le musée du Luxembourg (aujourd'hui au musée d'Orsay). La singularité vestimentaire des femmes encapuchonnées accentue l'étrangeté d'une scène composée autour d'un jeu de lignes obliques et d'une palette réduite de gris et d'ocre bruns, et de silhouettes sombres se détachant sur une ligne d'horizon jaune d'or.

Un autre usage de l'estran a permis à Méheut d'insérer le travail des gens de la côte dans un cadre grandiose : il s'agit des pêcheurs à pied poussant le dranet au bas de l'eau ou relevant les nasses des grandes pêcheries fixes implantées au plus profond de la baie du Mont-Saint-Michel, où l'artiste s'est aventuré en vue de l'illustration du texte de Roger Vercel, *Sous le pied de l'archange*.

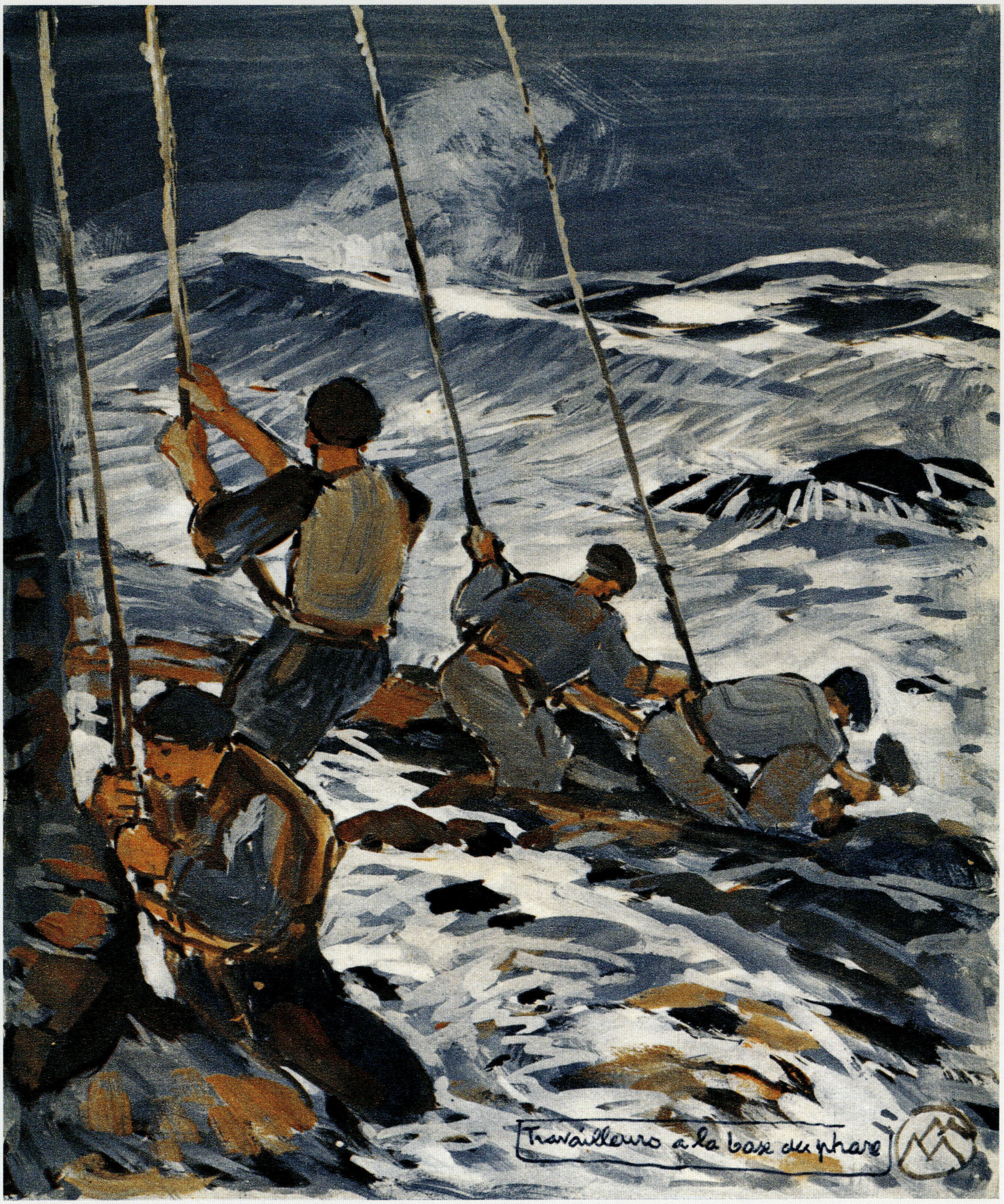
Travailleurs a la base du phare

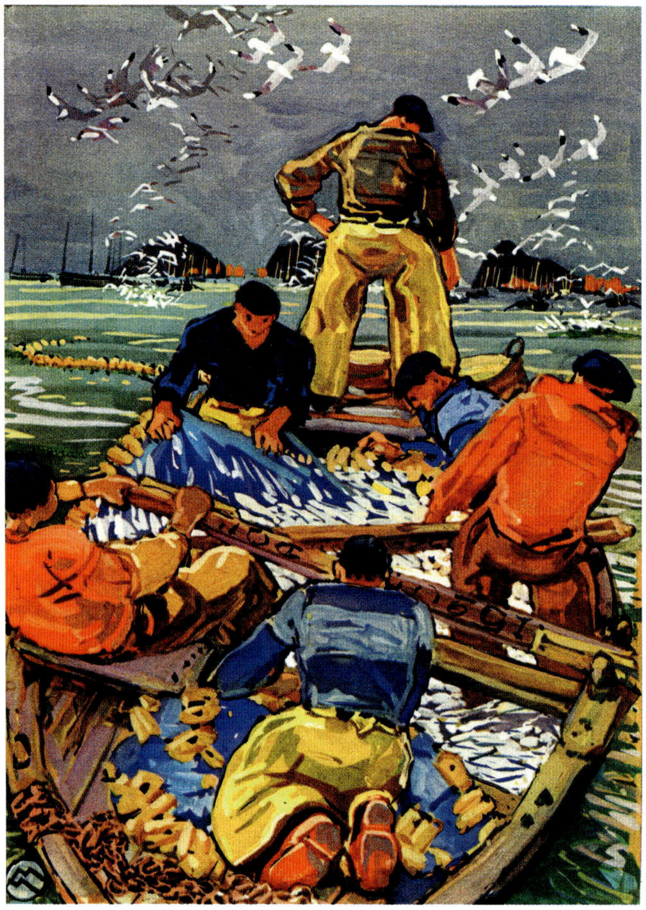

PÊCHE À LA SARDINE AUX ABORDS DES TAS DE POIS, FINISTÈRE. **GOUACHE REPRODUITE DANS** ***UNE PORTE DE L'EUROPE,*** **NANTES, 1951.**

LE BATEAU, OUTIL DE TRAVAIL

Les travailleurs de la mer, Méheut ne se contente pas de les fréquenter sur les quais. Il les accompagne à maintes reprises à bord de leurs bateaux de pêche : canots sardiniers et maquereautiers, chaloupes creuses ou semi-pontées, sloups caseyeurs, dundees thoniers, pointus de Méditerranée… Il prend part à la pêche à la sardine à la pointe de Bretagne en 1920, à des sorties dans le golfe du Lion dans les années trente, à une marée à bord d'un chalutier de Boulogne-sur-Mer après-guerre. Approchant au plus près le travail quotidien des marins-pêcheurs, il tire de ses embarquements quelques-uns de ses motifs les plus puissants, qu'il s'agisse du départ vers le large de la flottille compacte des chaloupes (*Le Printemps, les sardiniers*, exposé en 1921), de la manœuvre énergique des grands *karennou*, les avirons à fût carré, ou du geste auguste du jeteur de rogue (l'appât pour la sardine) dans ses gravures en taille d'épargne.

Ces bateaux, il en étudie attentivement la construction et la réparation, dans des chantiers navals où il retrouve les émotions d'enfant ressenties dans l'atelier de menuiserie paternel. Il en décrit le halage au cabestan sur les galets de Haute-Normandie, ou la remontée à l'abri sur la cale de Saint-Guénolé, qui mobilisent les efforts de toute une communauté d'hommes et de femmes. Surtout, il en décrit avec une remarquable fidélité le fonctionnement et le comportement sur l'eau. S'il saisit en effet parfois imparfaitement les formes des carènes, il est d'une extrême précision dans la représentation des gréements, de l'accastillage, des allures, des aménagements : points d'amures des voiles, emplantures des mâts, emplacements des tolets pour la propulsion à l'aviron, encastrement du banc de pompe dans un banc, emplacement du moulin métallique servant à broyer l'appât… aucun détail de l'outil de travail n'échappe à son crayon rapide et efficace. À bord, il note avec justesse la place de chaque matelot, en fonction de l'activité du moment et de l'allure du déplacement, à la voile ou à l'aviron. En quelques traits, il sait résumer la posture des marins campés en équilibre, calés sur les bancs ou au creux de la coque. Gestes efficaces du relevage ou de la mise à l'eau du filet, concentration dans l'effort ou nonchalance quand le canot file dans la brise, regroupement chaleureux autour de la cotriade prise en commun, l'authenticité des représentations résulte d'une véritable familiarité, empreinte de respect, avec les communautés embarquées.

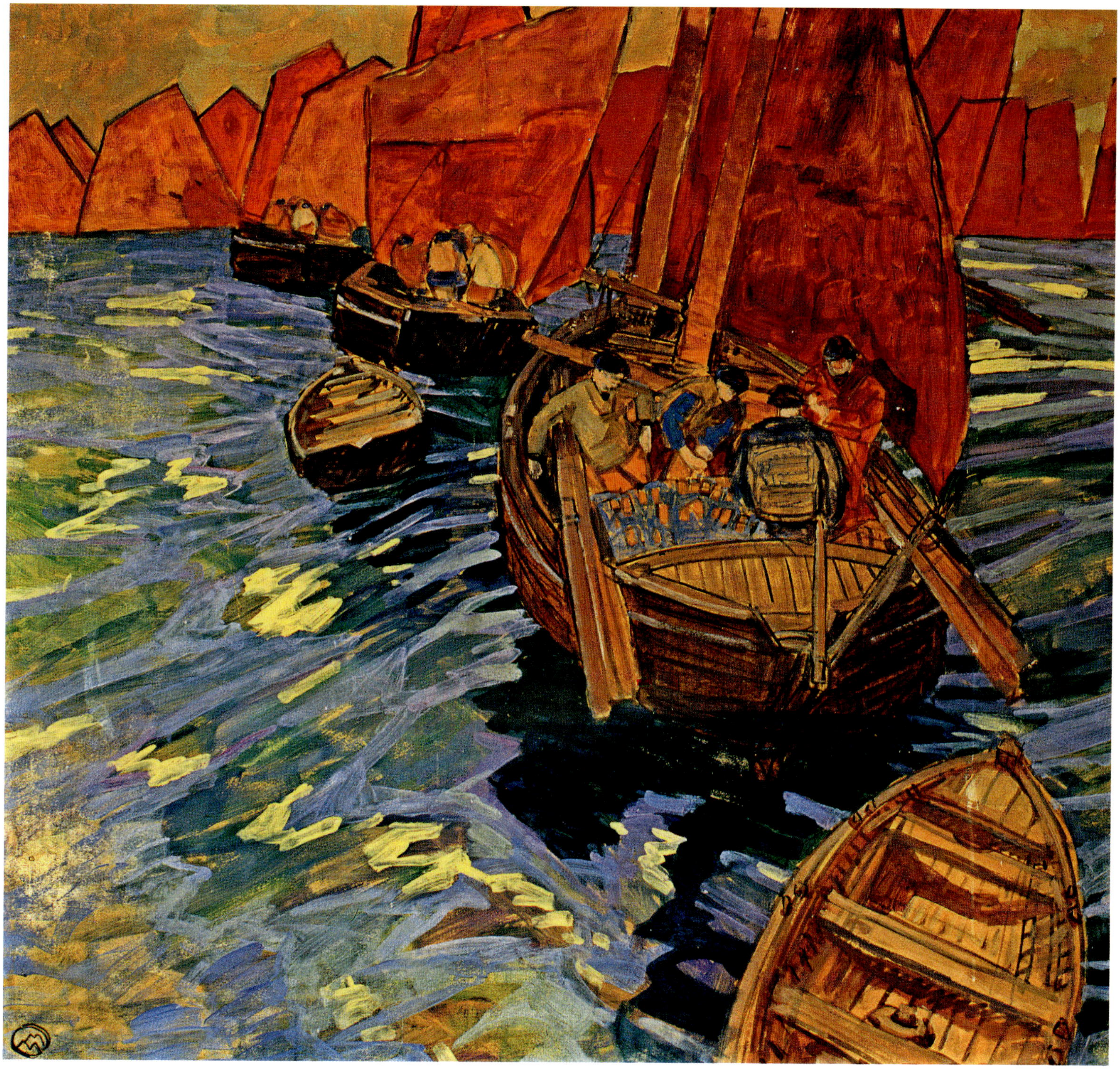

LE PRINTEMPS, LES SARDINIERS.
CASÉINE SUR PAPIER
MAROUFLÉ SUR TOILE, 1921.

Dans les années cinquante, c'est à bord d'un navire de pêche industrielle qu'il effectue ses dernières marées de croquis, à plus de soixante-dix ans ! À bord de ce chalutier classique équipé de portiques latéraux, il assiste à une campagne fructueuse de l'année 1953, la meilleure de l'après-guerre, qui voit la flottille boulonnaise mettre à terre 120 000 tonnes, pour moitié de hareng et pour moitié d'autres espèces : merlan, merlu, maquereau, lieu noir, morue. C'est bien le sentiment d'abondance qu'expriment les tableaux peints à la suite de cette expérience. C'est par quintaux que se déverse sur le pont et dans les parcs le contenu du chalut. Les matelots chaussés de cuissardes pataugent dans le grouillement argenté de la dernière palanquée. Partout sur le pont règne une fiévreuse activité : les treuillistes surveillent ou manœuvrent les câbles ; des silhouettes emmitouflées et gantées amarrent les panneaux de chalut à leur potence ; d'autres aident la lourde poche à se vider ; certains enfin sont occupés à *tricoter* (ramender le filet avarié). En variant les angles de vue de ses compositions, le peintre saisit une fois encore la diversité des tâches, des gestes, des métiers.

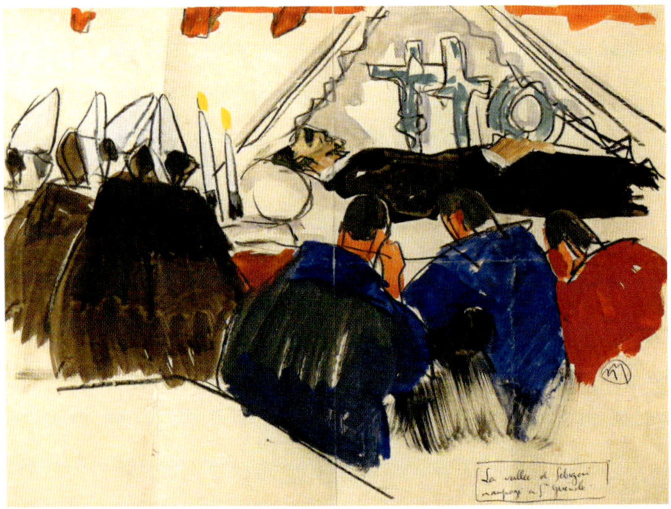

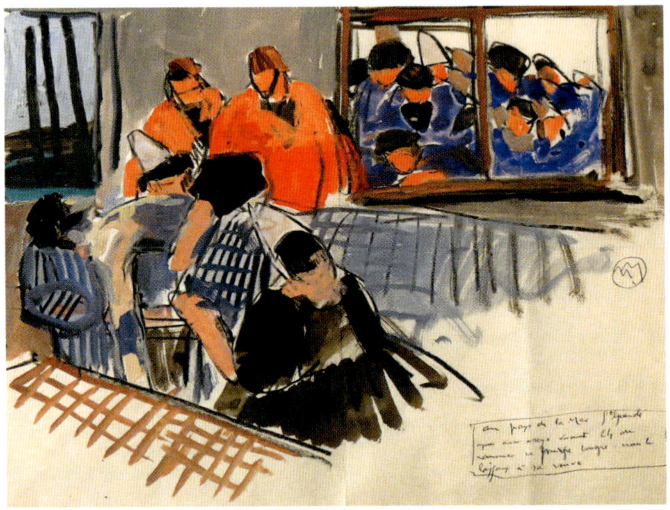

LA VEILLÉE DE SÉBIGOU NAUFRAGÉ À SAINT-GUÉNOLÉ. **LETTRE LM 587.**

AU PAYS DE LA MER. SAINT-GUÉNOLÉ. NOUS LE LAISSONS À SA VEUVE. **LETTRE LM 188.**
Dinan, musée Yvonne-Jean-Haffen-Maison d'artiste de la Grande Vigne/ Denis-Michel Boëll
© ADAGP, Paris, 2013.

A LA MÉMOIRE DE CEUX DU PROMÉTHÉE (1932). **IMPRESSION EN COULEURS SUR PAPIER.**
Coll. Gilles Baratte/Denis-Michel Boëll © ADAGP, Paris, 2013.

DANGERS DE LA MER

En 1921, Méheut expose au pavillon de Marsan plusieurs séries de panneaux de grandes dimensions, parmi lesquelles les quatre scènes de «L'Histoire d'une barque». Aujourd'hui disparus, ces tableaux nous sont connus par leur reproduction en noir et blanc dans la revue *Art et Décoration*. Dans le format horizontal qu'il affectionne, Méheut évoque successivement le lancement d'un lourd canot dans son chantier de construction, puis les préparatifs pour la campagne de pêche à la sardine au pied des quais de Douarnenez. Ces deux scènes exaltent l'effort des hommes, halant le chariot de mise à l'eau ou ployant sous les trains de filets qu'ils chargent à bord. Dans les deux autres panneaux, intitulés *Le Mauvais Coin* et *Les Débris*, la nature reprend le dessus: violente tempête côtière sous les yeux de spectateurs impuissants et angoissés, puis recueil des vestiges du bateau dans une anfractuosité rocheuse. L'affrontement de l'homme et de la nature, au péril de la vie, est dépeint avec une sobriété qui contraste avec de nombreux tableaux de Salons peints depuis quelques décennies. Le danger est présenté comme une composante ordinaire du quotidien des gens de mer, l'un des horizons de leur labeur.

Dix ans plus tard, dans une série de lettres illustrées à Yvonne Jean-Haffen, Méheut fait le récit d'un drame de la mer survenu à Saint-Guénolé. Depuis l'annonce du naufrage au bar des Bélougas (*Mauvaises Nouvelles*) jusqu'à la veillée funèbre du noyé, les gouaches alternent scènes proprement maritimes (le renforcement des amarres à terre; la sortie du canot de sauvetage) et les répercussions de l'événement dans la communauté littorale. Méheut légende ainsi la dernière image de cette séquence: *Au pays de mer St Guénolé après avoir essayé pendant deux heures de ramener le pauvre bougre, le laisse à sa veuve*[41]. Approchant au plus près l'intimité des personnes concernées, il rend compte avec pudeur et émotion des risques du métier de marin-pêcheur côtier, et par son témoignage en images, se fait le chroniqueur de la communauté maritime.

La perception de cette dimension périlleuse ne se traduit pas chez Méheut par une dramatisation ou une héroïsation des métiers de la mer. Elle affleure cependant dans l'intérêt qu'il porte, à terre, aux manifestations religieuses orchestrées par le clergé dans les paroisses du littoral. L'une de ses premières gravures en taille d'épargne, issue du séjour en pays bigouden en 1919-20, montre le baptême d'une barque. Familier des pardons, il n'omet pas de signaler la présence des modèles de navires portés en procession à la pointe du Raz (à Notre-Dame-des-Naufragés), à Saint-Cado en Belz, à Notre-Dame-de-la-Joie en pays bigouden, signes identitaires des communautés maritimes. Ce geste symbolique devient le sujet de trois de ses plus imposants groupes sculptés en céramique qui montrent l'ex-voto porté sur un brancard sur les épaules de femmes et d'hommes, qu'il intitule *Intron Varia ar Mor* et *Doué diwall ar vag*: *Notre-Dame-de-la-Mer* et *Dieu protège le bateau.*

L'ex-voto qui, dans les pèlerinages côtiers, manifeste la présence (ou l'absence) des marins est précisément choisi par Méheut pour sa valeur emblématique lorsqu'il compose une image pour le programme d'une manifestation de bienfaisance consécutive au naufrage, le 7 juillet 1932, du sous-marin *Prométhée* sorti de la rade de Cherbourg pour effectuer des essais à la mer.

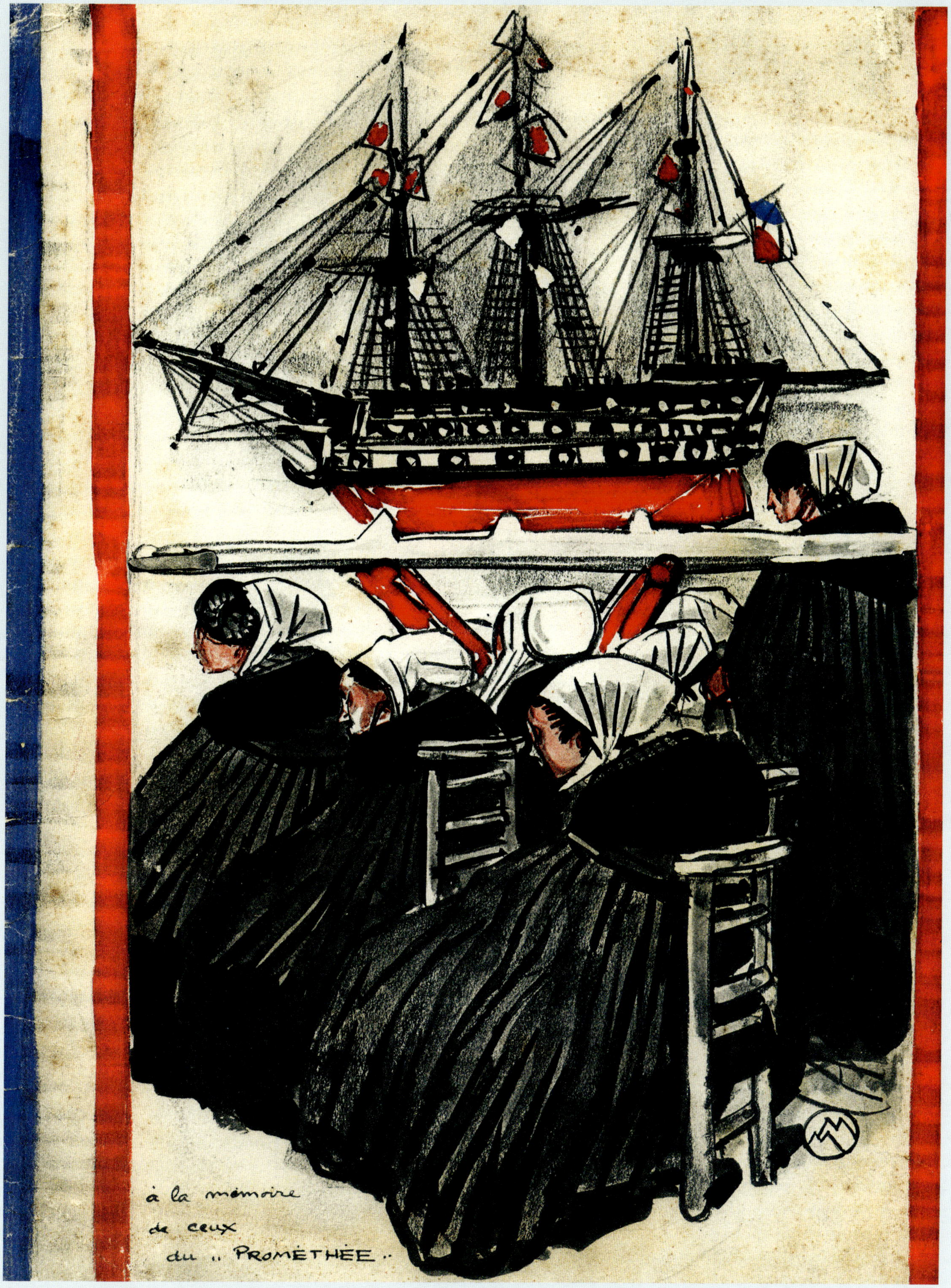
à la mémoire
de ceux
du „ PROMÉTHÉE „

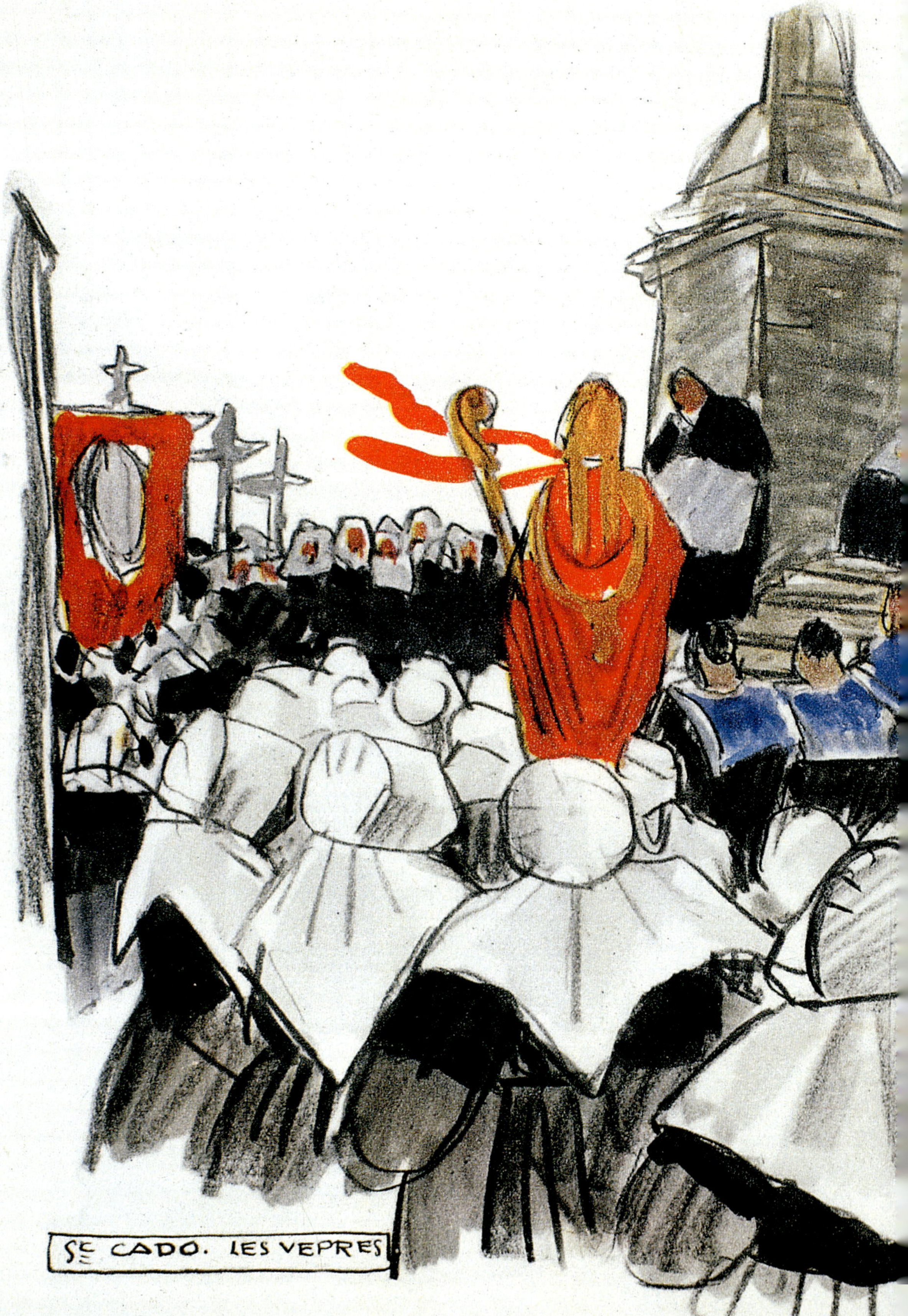
Ste CADO. LES VEPRES

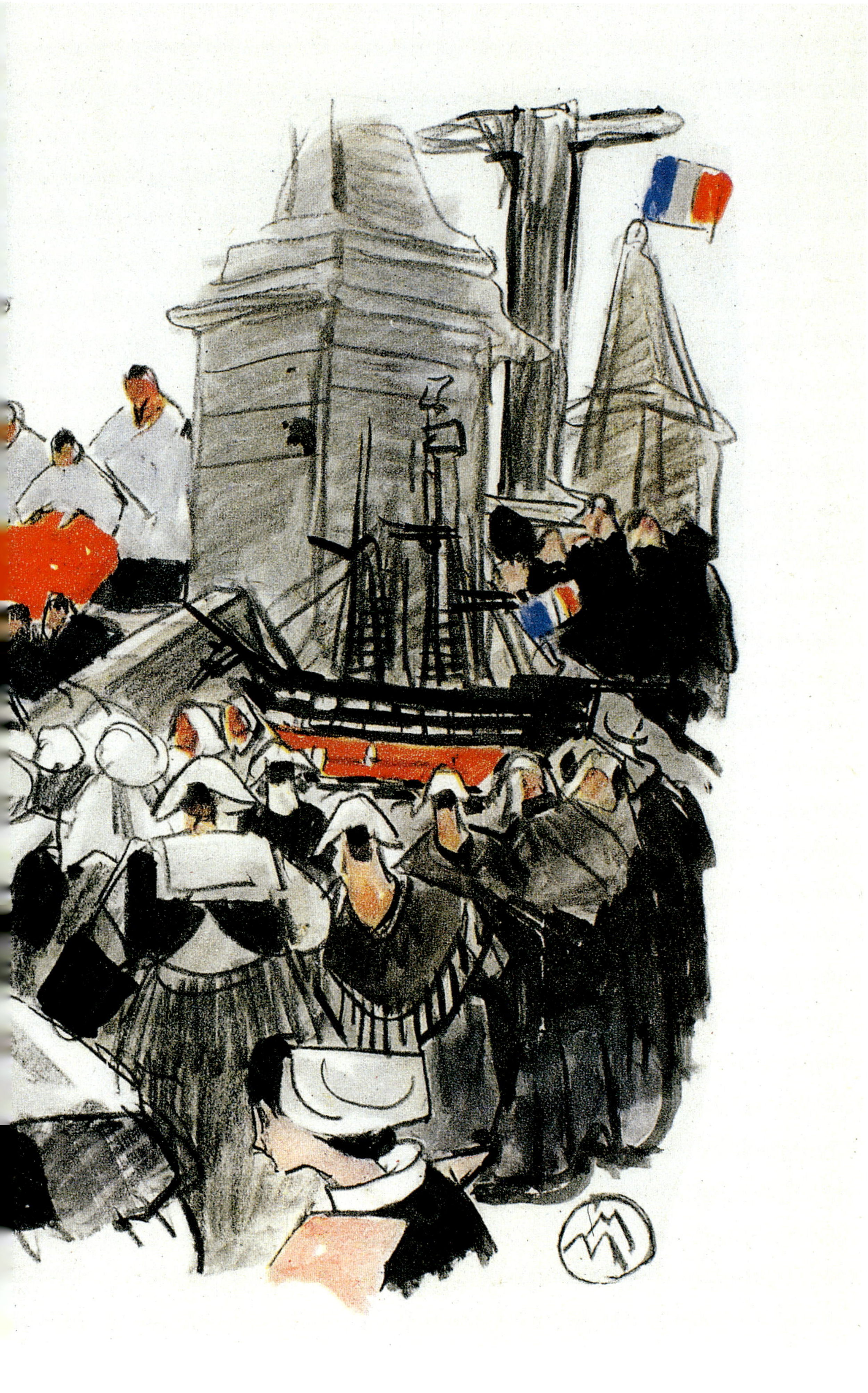

St CADO. LES VÊPRES.
ILLUSTRATION POUR *BRETAGNE AU BOUT DU MONDE, TYPES ET COUTUMES*, 1930.
Lamballe, musée Mathurin-Méheut.

« ET VOICI POUR FINIR LES SOUVENIRS DE VOYAGE LE DERNIER CROQUIS EN GARE DE MARSEILLE OÙ DES KERMADEC SAOULS COMME DES BARRIQUES NE FAISAIENT PAS HONNEUR À LA BRETAGNE ».
LETTRE LM 373, JUIN 1929.
Dinan, musée Yvonne-Jean-Haffen-Maison d'artiste de la Grande Vigne/ Denis-Michel Boëll

EN ROUTE.
CRAYON ET GOUACHE.
Lamballe, musée Mathurin-Méheut

Rendant hommage aux 83 victimes, marins, ingénieurs et ouvriers de l'arsenal, disparus dans ce naufrage, Méheut encadre de filets tricolores une maquette de vaisseau posée sur son brancard qui attend d'être portée en procession, symbolisant ainsi la communauté des gens de mer.

La mer comme espace de navigation de loisir est ignorée de Mathurin Méheut. Ni les voiliers de plaisance, ni les régates ne font partie de son horizon culturel : il n'en fera jamais l'expérience. Tout juste a-t-il l'occasion de représenter quelques engins de plage, embarcations de plaisance légère déposées sur la cale d'un port méridional. Car c'est au bord de la Méditerranée, à Monte-Carlo dans les années vingt, à Cassis au cours de la décennie suivante, qu'il s'étonne et qu'il témoigne des nouveaux usages du bord de mer : baignade et autres plaisirs de la plage. De nombreuses lettres illustrées expédiées depuis le Midi esquissent des corps dénudés et exposés au soleil, de Cassis à Monaco. Dans le Sud, il découvre une tradition nautique à laquelle il consacre de nombreuses séries de dessins : les joutes. Il en décrit le rituel, en analyse les gestes et les instruments, campe les vigoureuses silhouettes des jouteurs, mais n'oublie pas les attitudes des spectateurs. Il s'intéresse à toutes les facettes de la compétition et du spectacle, tout comme il le fait ailleurs dans les frontons des jeux de pelote basque ou dans les arènes des courses taurines.

MARINS

Les marins, ce sont avant tout les marins-pêcheurs, Méheut les dessine et les peint dans tous les moments de leur vie : à bord, dans les gestes du travail, mais aussi à terre, dans les moments de détente ou de fête. Il porte un regard empreint de sympathie et d'affection sur une catégorie particulière de marins : ce sont les matelots de la Royale, les *Kermadec*[42], dont il rencontre les cols bleus à Recouvrance et rue de Siam, à Brest, sur la Canebière, à Marseille, sur les quais de Toulon et les boulevards parisiens, dans les salles de bal, dansant au son du piano mécanique à Ouessant, attablés à la terrasse d'une brasserie de Montparnasse ou d'un café provençal, au *Bar des bélougas* bigouden ou sous la tente au pardon de Notre-Dame-de-la-Joie. À la gare Saint-Charles à Marseille, il saisit en 1929 un détachement de matelots au milieu d'un amoncellement de sacs de marins. Il croque la silhouette de l'un d'eux ployant sous le poids du paquetage, d'un autre accoudé et fatigué au milieu des ballots. Dix ans plus tard à Brest, il consacre une importante série de gouaches aux effusions de soldats et de marins dansant, buvant, flirtant au *Boum Daisy*, en compagnie de femmes très court vêtues !

Peintre de la mer et des marins, compagnon des marins-pêcheurs, artiste qui eut pour principaux clients de son œuvre décorative les grandes compagnies d'armement au commerce, Méheut a très peu fréquenté la marine de l'État. Des marins de la Royale, il ne donnera, en dehors du personnage d'Yves Kermadec et de l'image des matelots au bistrot, au bal populaire ou dans les maisons de passe, que l'image mondaine des galas officiels parisiens, qu'il s'agisse d'une Nuit bleue des anciens élèves de l'École navale, dont il illustre un programme, ou d'un Bal de la Marine donné durant l'Exposition universelle de 1937, pour lequel il conçoit une affiche étonnante : autour d'une ancre monumentale à jas de bois, un officier de marine en tenue de gala dialogue avec un groupe de figures de bal costumé et avec une femme bernard-l'ermite dénudée surgie de son imaginaire marin. Fier du titre de peintre officiel de la Marine qui lui est octroyé en 1921, Méheut l'estime mérité par ses premiers travaux d'illustrateur de la mer et de romans maritimes. Présent à plusieurs reprises au Salon de la marine, il est souvent critique à l'égard des œuvres présentées par d'autres exposants, comme son voisin et néanmoins ami Albert Brenet. Cette indépendance manifestée en toutes circonstances, ce farouche trait de caractère en fait un artiste singulier, en marge des modes et des mouvements artistiques de son temps. Singularité qui le rapproche des gens de mer, auxquels il rend hommage dans son discours de réception – reconnaissance tardive – à l'Académie de Marine en 1956 : *Dès mon enfance, j'ai subi l'attraction de l'océan. [...] Je devais y consacrer ma vie. [...] Je m'attachai aux travailleurs de la mer, aux combattants de la mer, à ceux qui la ressentent de si près dans leur corps qu'elle leur donne cette allure et ce caractère inimitable.*

DOUBLE PAGE SUIVANTE
LES GRANDS FILETS.
CASÉINE SUR TOILE, 140 X 190.
Coll. part.

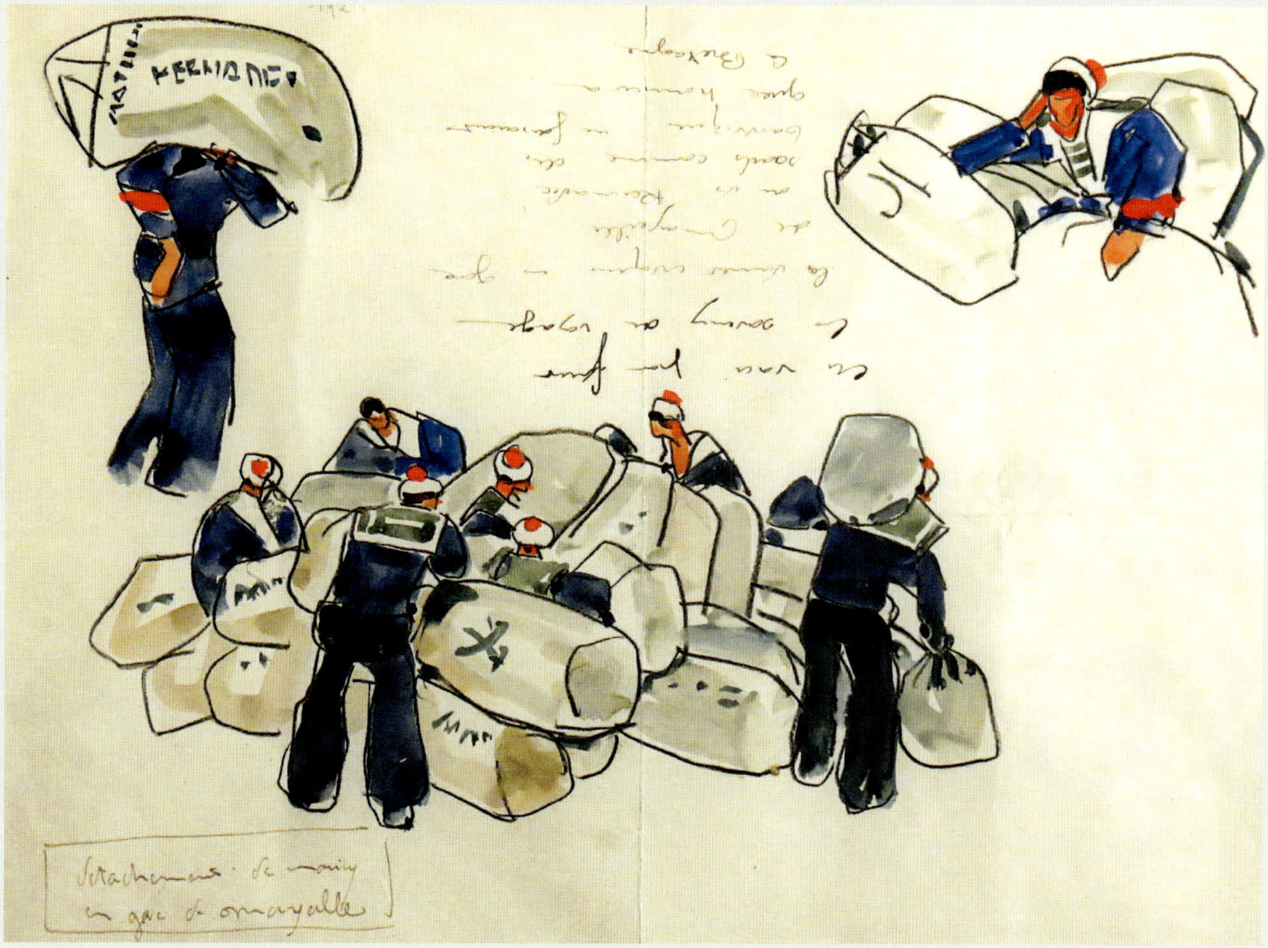
Détachement de marins

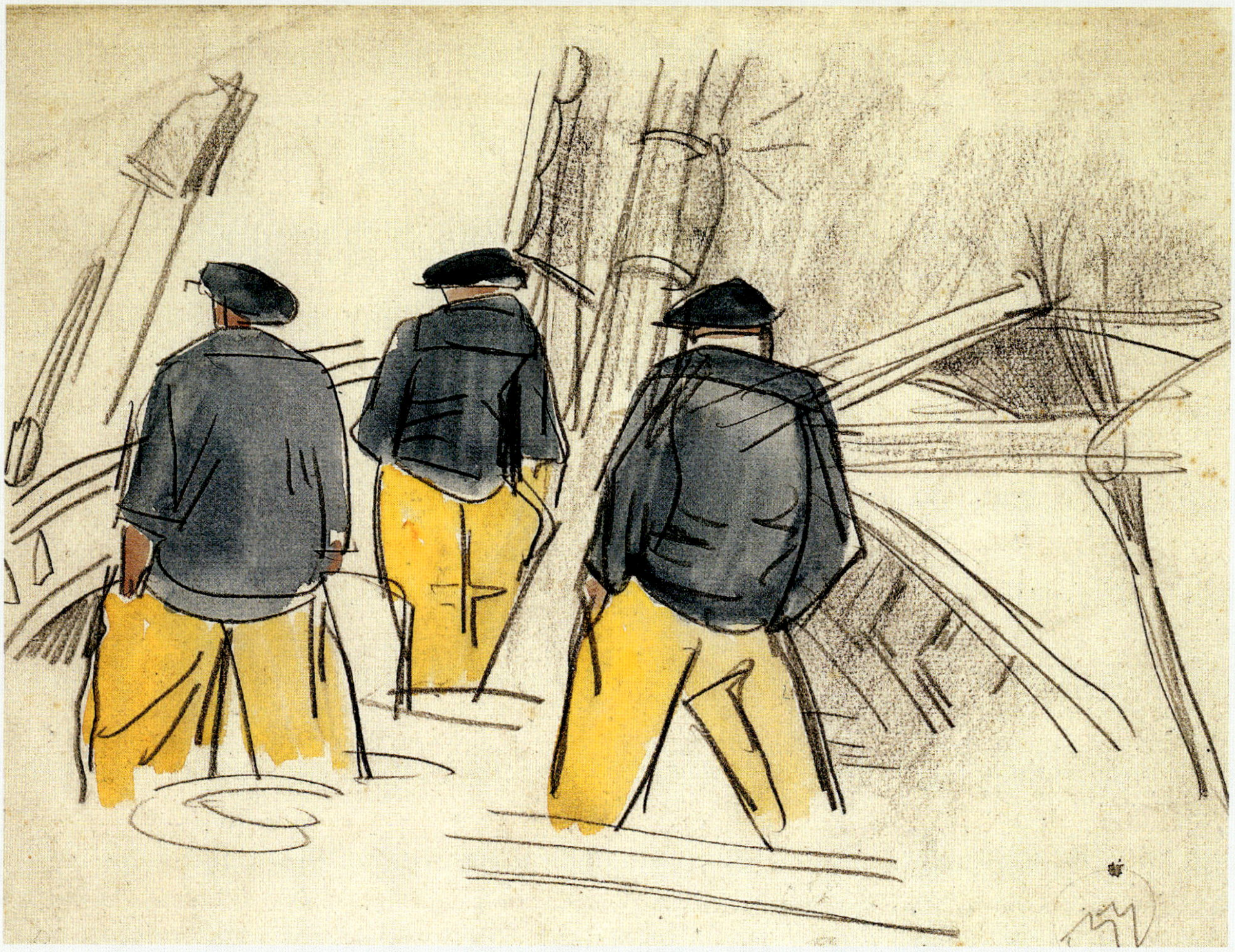

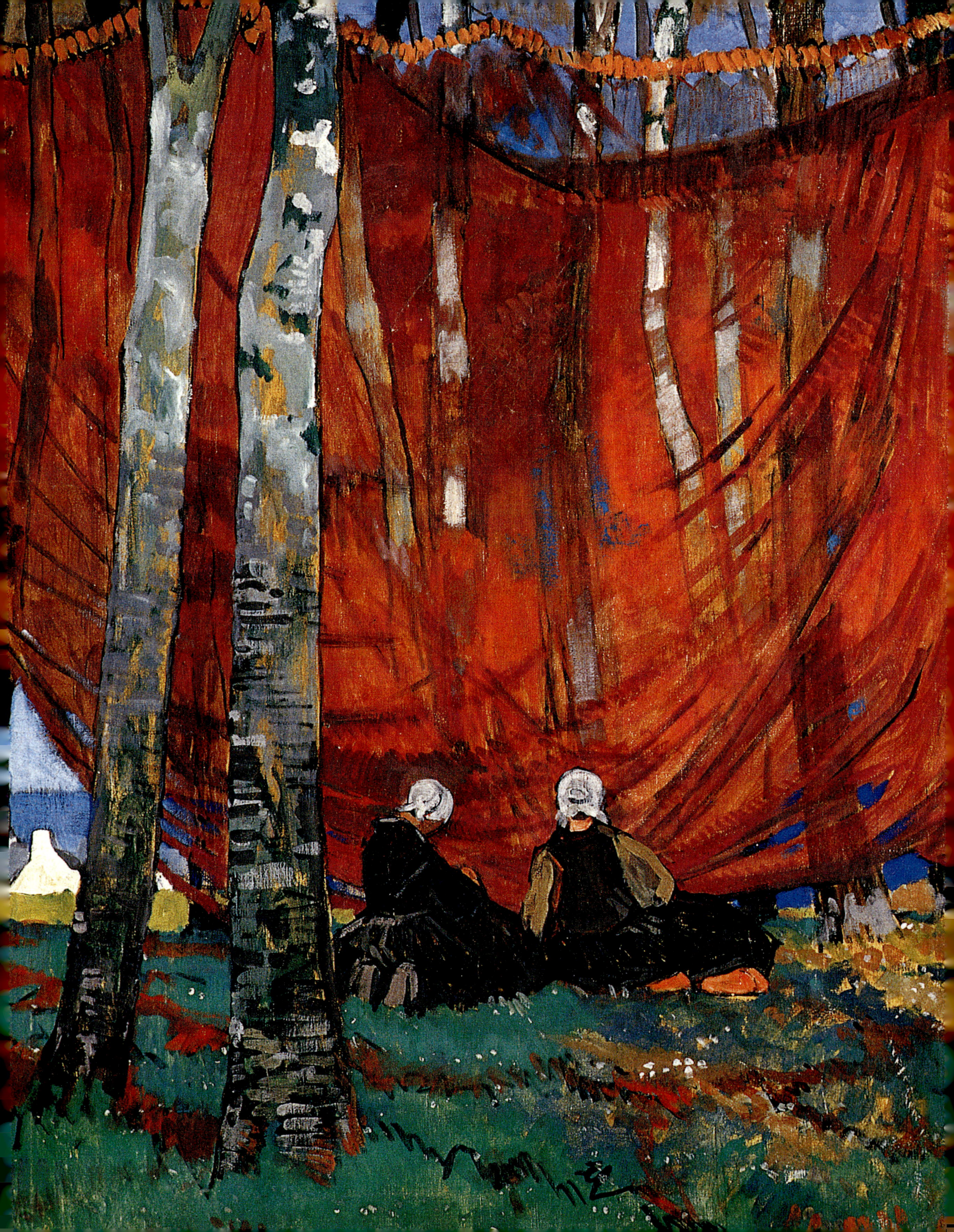

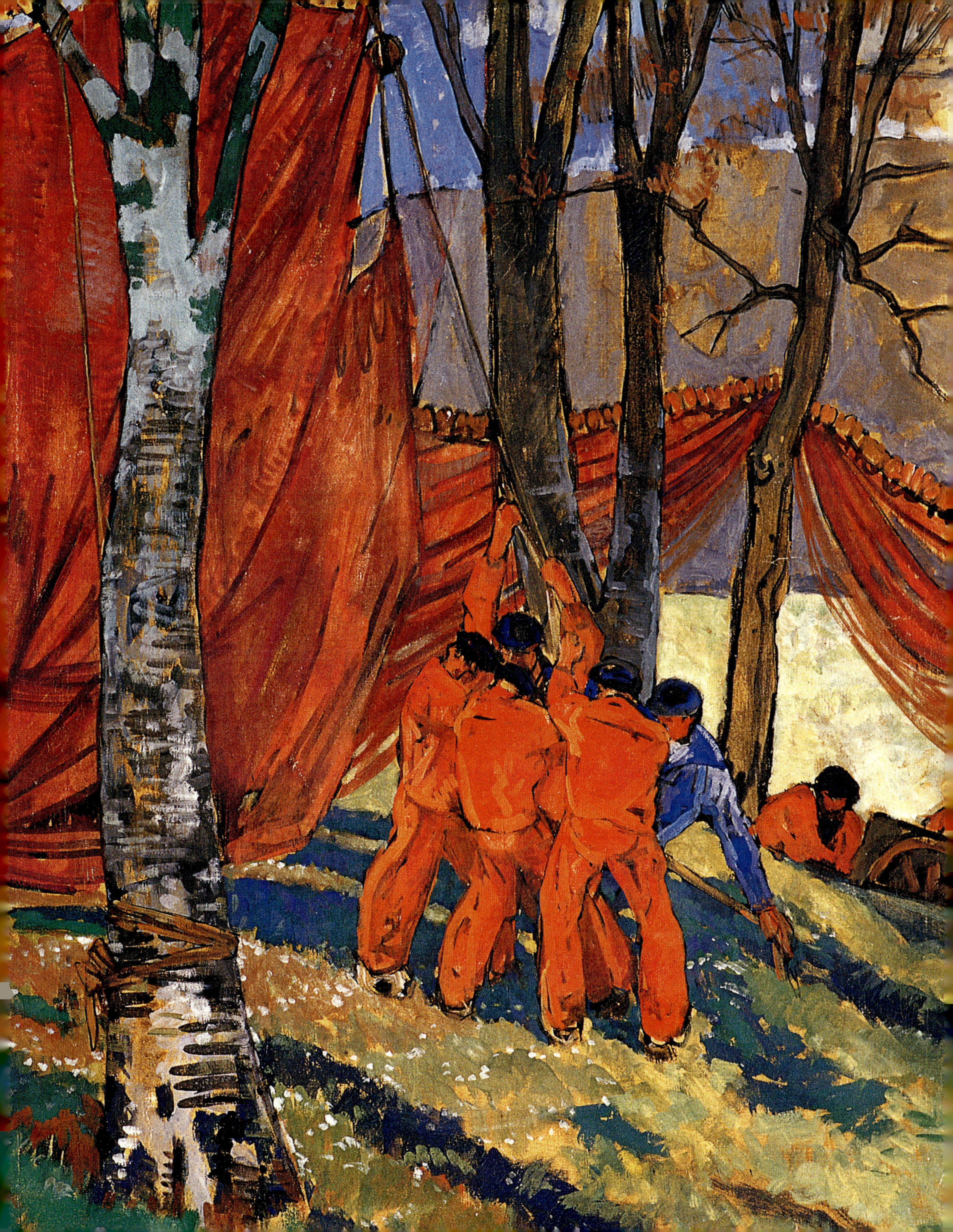

REMERCIEMENTS

Le livre *Mathurin Méheut, la mer et les marins* prolonge l'exposition produite au musée national de la Marine à Paris du 27 février au 1er septembre 2013. Il en développe les textes mais ne propose qu'une sélection des œuvres présentées, car reproduire la totalité des six cents œuvres et documents exposés était matériellement impossible.
La publication de ce livre a été rendue possible grâce à la générosité des ayants droit de l'artiste, MM. Alain, Emmanuel et Patrick Jude, et aux concours du musée national de la Marine, du musée Mathurin-Méheut à Lamballe et du musée Yvonne-Jean-Haffen - Maison d'artiste de la Grande-Vigne à Dinan. Que soient ici remerciés l'amiral Jean-Marc Brûlez, directeur du musée national de la Marine, M. Alain Leclair, président de l'association des Amis de Mathurin Méheut et M. René Benoît, maire de Dinan, ainsi que toutes celles et ceux qui ont accompagné, soutenu, et enrichi ce projet, en particulier : Gilles Baratte, Patrick Delon, Denise Delouche, Anne de Stoop, Émilie Fourgous, Arnaud Fux, Élodie Goessant, Corinne Jez-Namont, Pascale Marchand, Philippe Schmidt, Claudine Pigot, Marie Robert, Kim Savina, Bernard Verlingue.
L'auteur remercie l'association *French Lines* et M. Gaëtan Crespel, qui a effectué les premières recherches systématiques sur les navires décorés par Mathurin Méheut.

Musée Mathurin Méheut

Musée national de la Marine

Musée Yvonne-Jean-Haffen - Maison d'artiste de la Grande-Vigne

NOTES

1 Art et Décoration, tome XII, juillet-décembre 1902, p. 139.
2 Patrick Jude, *Mathurin Méheut, richesse et diversité*, Éditions Ouest-France, 1997, p. 27.
3 Delage, 1913 : I.
4 Delage, 1913 : II.
5 *Bulletin de la société Autour du monde*, 14 juin 1931, tome I, p. III.
6 Clet-Bonnet Nathalie, « Les bourses autour du monde », *in* Beausoleil Jeanne et Ory Pascal (dir.), *Albert Kahn, 1860-1940. Réalités d'une utopie*, Musée Albert-Kahn, Boulogne, 1995, p. 146.
7 Delouche Denise, Stoop Anne de, Le Tiec Patrick, *Mathurin Méheut*, Glénat-Le Chasse-Marée, 2001, p. 28.
8 « Carnet de route du peintre Mathurin Méheut », *Bulletin de la société Autour du monde*, 4e année, janvier-avril 1917.
9 *Ibid.*
10 *Ibid.*
11 *Ibid.*
12 Lettre citée dans le catalogue de Saint-Cyr Coëtquidan, 1995, p. 44.
13 Dayot Armand, « Au front (1914-1915) », *L'Art et les Artistes*, numéro spécial, 1915, p. 19.
14 Dayot Armand, « Un artiste combattant », *L'Illustration*, no 3834, 26 août 1916.
15 *Mathurin Méheut. Croquis, dessins, aquarelles, peintures.* Catalogue publié par le musée des Arts décoratifs.
16 Conservées aujourd'hui par le Musée national d'art moderne et la Bibliothèque nationale de France.
17 Légué à la Ville de Dinan, ce fonds est conservé par le musée Yvonne-Jean-Haffen-Maison d'artiste de la Grande Vigne.
18 Lettre à Yvonne Jean-Haffen, …ref à compléter
19 Lettre à Yvonne Jean-Haffen, ….ref à compléter
20 Lettre à Yvonne Jean-Haffen, 6 mars 1934.
21 LM 108C.
22 René Le Bihan, « Une tête et quatre mains pour le décor de l'Institut de géologie de Rennes (1941-1948) », *in* Delouche Denise, Stoop Anne de, *Yvonne Jean-Haffen*, Ville de Dinan – Palantines, 2012, p. 60-67.
23 LM 295D.
24 Genevoix Maurice, « Le domaine de Méheut est une Brocéliande », *Les Cahiers de l'Iroise*, 19e année, n° 4, octobre-décembre 1972, p. 201.
25 Genevoix Maurice, lettre-préface *in* Hesse Raymond, *Mathurin Méheut, étude critique*, « Les Artistes du livre », Paris, Henry Babou, 1929, p. 1-3.
26 Delage, 1913 : II.
27 Lettre du 13 juin 1922, archives du Service historique de la Défense.
28 Brevet déposé à l'Institut national de la propriété industrielle par Méheut le 19 avril 1944. Voir le catalogue d'exposition du musée de Lamballe *Mathurin Méheut, un peintre illustrateur*, 2003, p. 36-37.
29 Jean-Haffen Yvonne, « Souvenirs », *in* Collectif, *Quimper, 3 siècles de faïence*, Éditions Ouest-France, 1990, p. 160.
30 Cité dans *La Route des peintres en Cornouaille*, Quimper, 1990, p. 27.
31 Courrier de Georges Raymond du 29 novembre 1933, archives familiales.
32 Dinan, musée Yvonne-Jean-Haffen-Maison d'artiste de la Grande Vigne, lettre LM 369.
33 Archives French Lines, 1997, 002 5296.
34 *Journal de la Marine marchande*, 29 septembre 1932, p. 1868.
35 Archives French Lines 1997, 002 4971.
36 Lettre du 12 février 1933, archives familiales.
37 Lettre du 19 avril 1934, archives familiales.
38 *Journal de la Marine marchande*, 19 octobre 1950, en particulier « La décoration des locaux et cabines », p. 2207-2219.
39 Lettres à Yvonne Jean-Haffen LM 227D, 247D, 248D, musée Yvonne-Jean-Haffen-Maison d'artiste de la Grande Vigne, Dinan.
40 Lettres à Yvonne Jean-Haffen LM 258D, 259D, musée Yvonne-Jean-Haffen-Maison d'artiste de la Grande Vigne, Dinan.
41 Vérifier le libellé exact + indiquer la référence précise des lettres à Dinan
42 Le patronyme du héros du roman *Mon frère Yves* de Pierre Loti, illustré en 1828.

PAGE DE GARDE DÉBUT
ÉTUDES DE COTTUS
REPRODUITES DANS
***L'ILLUSTRATION*, N° 3695,**
20 DÉCEMBRE 1913, P. 510.

PAGE DE TITRE
MOULES SUR SCHISTES
***DE DUON*, PLANCHE**
REPRODUITE DANS *ÉTUDE*
DE LA MER. FAUNE ET FLORE
***DE LA MANCHE ET DE L'OCÉAN*,**
PARIS, A. LÉVY, 1924. (DÉTAIL).

PAGE 6
LA RÉCOLTE DU GOÉMON
***À L'ÎLE DE BATZ* (1939).**
CASEINE SUR TOILE (DÉTAIL).
Quimper, Musée départemental
breton

PAGE DE GARDE FIN
HOMARD COMMUN
***(HOMARUSVULGARIS)*,**
PLANCHE REPRODUITE DANS
ÉTUDE DE LA MER. FAUNE ET
FLORE DE LA MANCHE ET DE
***L'OCÉAN*, PARIS, E. LÉVY, 1913.**

Editeur : Matthieu Biberon
Coordination éditoriale : Caroline Brou
Collaboration éditoriale : Nicolas Cartelet
Conception graphique et mise en pages : Marie-Noëlle Heude & Julie Richard
Photogravure : graph&ti, Cesson-Sévigné (35)
Impression : Sepec, Péronnas (01) - 08315170619

ISBN 978-2-7373-6491-4
N° d'éditeur : 7346.02.01.07.17
Dépôt légal : Septembre 2014
www.editionsouestfrance.fr

PEFC 10-31-1470 / Certifié PEFC / Ce produit est issu de forêts gérées durablement et de sources contrôlées. / pefc-france.org

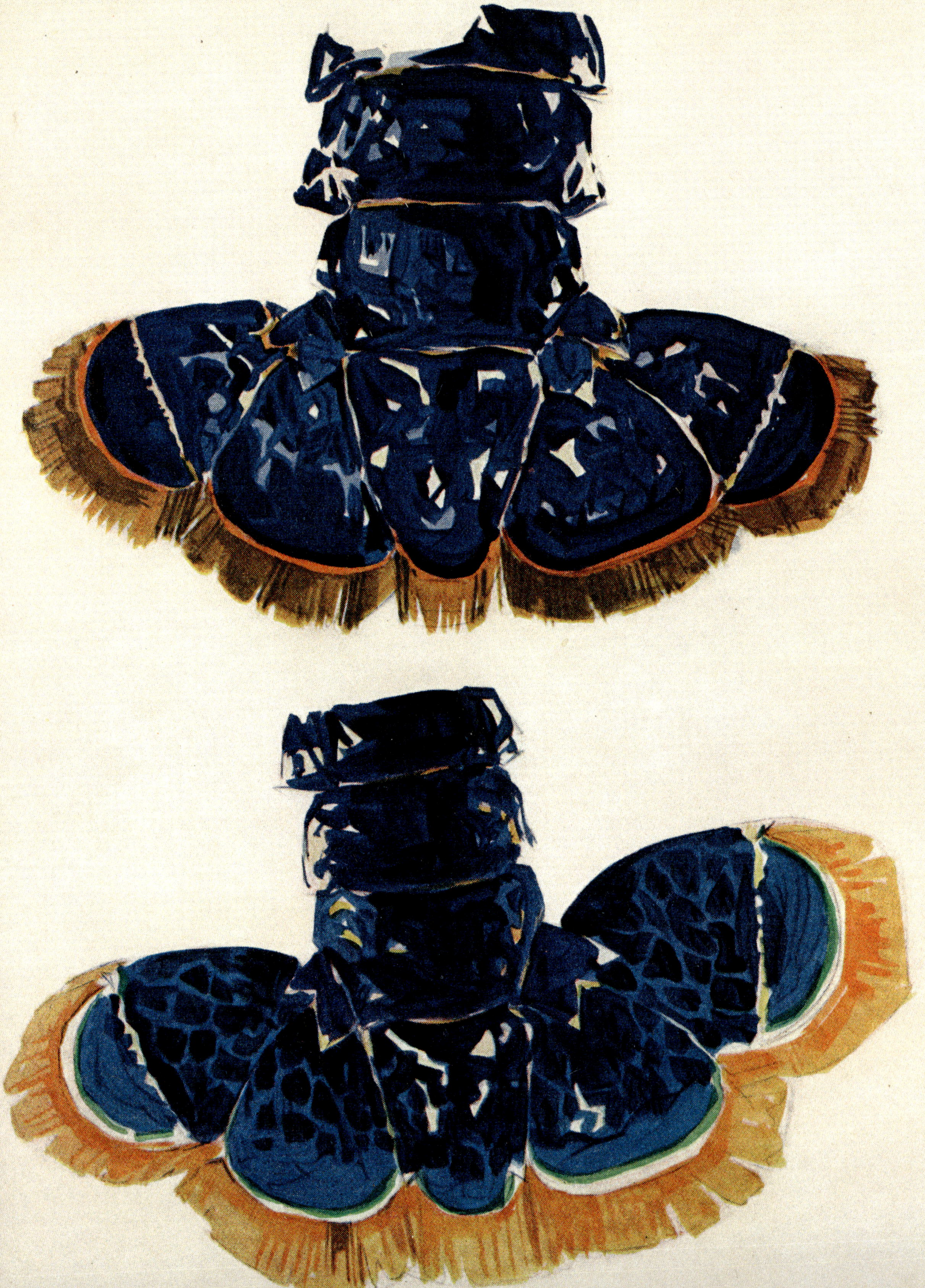

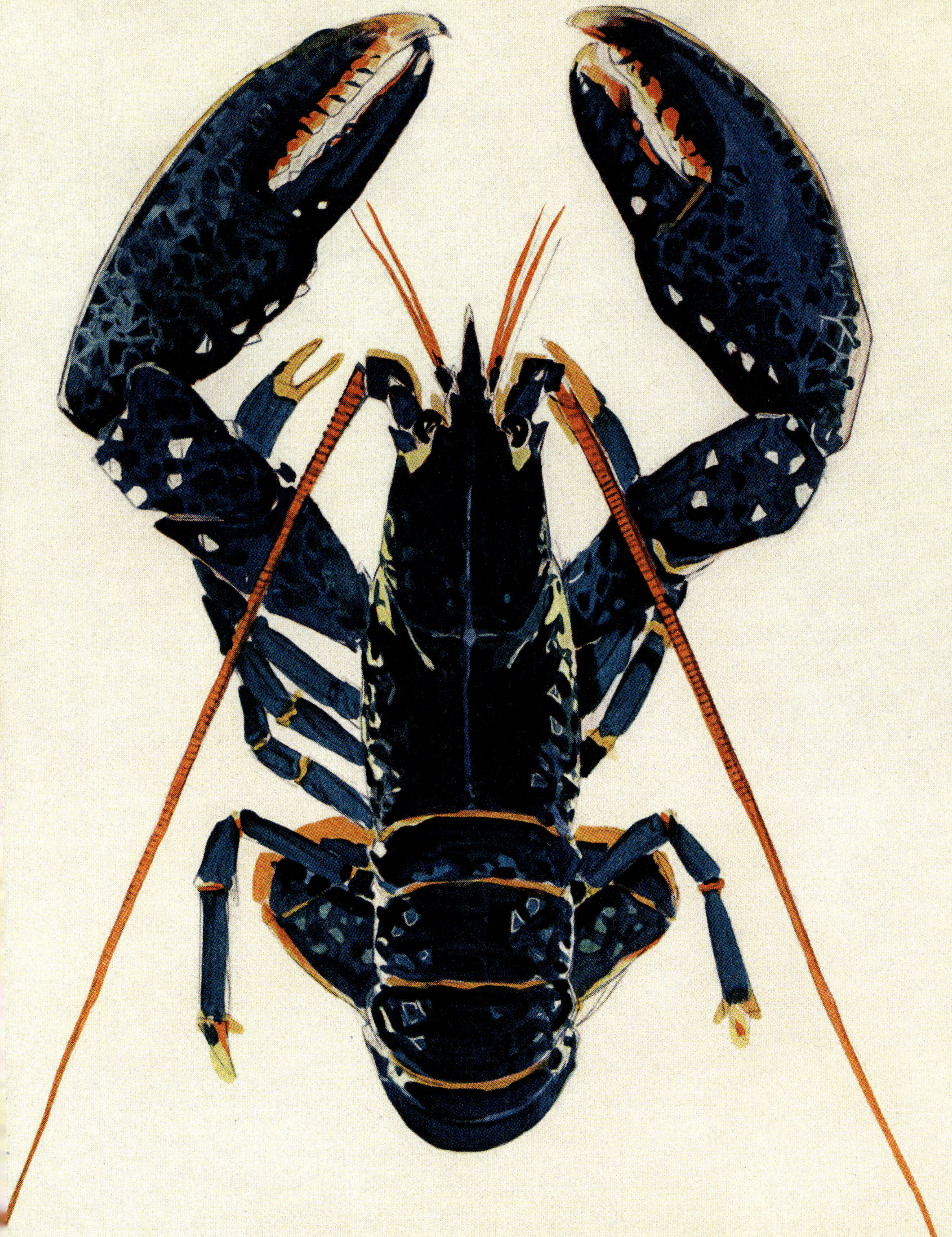